创业成长与股权融资

徐宏玲　李双海 ◎编著
张　璐　杨明高

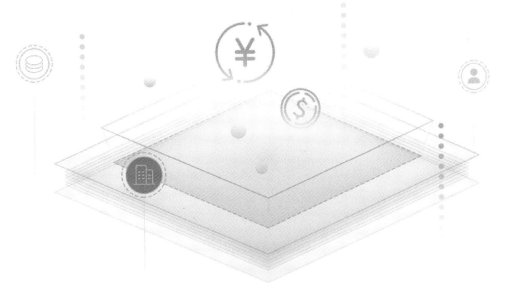

西南财经大学出版社

中国·成都

图书在版编目(CIP)数据

创业成长与股权融资/ 徐宏玲等编著.--成都:
西南财经大学出版社,2024.10. --ISBN 978-7-5504-6370-7

Ⅰ.F241.4;F275.1

中国国家版本馆 CIP 数据核字第 2024W0A811 号

创业成长与股权融资

CHUANGYE CHENGZHANG YU GUQUAN RONGZI

徐宏玲　李双海　张　璐　杨明高　编著

责任编辑:王　利
责任校对:植　苗
封面设计:墨创文化
责任印制:朱曼丽

出版发行	西南财经大学出版社(四川省成都市光华村街 55 号)
网　　址	http://cbs.swufe.edu.cn
电子邮件	bookcj@ swufe.edu.cn
邮政编码	610074
电　　话	028-87353785
照　　排	四川胜翔数码印务设计有限公司
印　　刷	郫县犀浦印刷厂
成品尺寸	185 mm×260 mm
印　　张	20.375
字　　数	453 千字
版　　次	2024 年 10 月第 1 版
印　　次	2024 年 10 月第 1 次印刷
书　　号	ISBN 978-7-5504-6370-7
定　　价	58.00 元

前 言

　　创新是一个国家、一个民族发展和进步的不竭动力，是推动人类社会前进的重要力量。提高自主创新能力，建设创新型国家，是党中央、国务院做出的战略部署，是中国全社会的共同目标。各国实践表明，中小企业是自主创新的主要载体，创新型中小企业更是其中最为活跃的力量。创新型企业以高度不确定性和信息不对称性为其标志性特征，随之所产生的高风险性不容轻视。

　　股权架构是企业内部的"宪法"，是企业治理结构的基础。股权架构决定着股东之间的权利与义务关系，决定着企业各个利益相关者是否能够齐心合力。科学合理的股权架构能够平衡各方利益，激发企业活力，助力企业稳健发展。但股权设计不当所带来的问题，就如同企业没有打好地基就开始建高楼。在当今的创新创业时代，因股权纠纷造成企业夭折的案例，数不胜数。因此，围绕股权设计向企业商业模式、合伙人类型、未来发展估值、内部现代企业制度、融资机会识别等多点展开学习，形成科学全面的股权思维，是创新型中小企业成长必备的专业知识。

　　在数字社会变迁、科技创新变迁、国际格局变迁大趋势下，数字时代的人才越来越需要具备多学科知识融合、伦理道德健全、能力素质综合的特征。为促进学科专业交叉融合，实现知识学习与掌握运用在场景化中发展，企业管理本硕专业培养目标也正在面临着转型变革，管理+数智、管理+科技、管理+法律等综合知识体系，已成为培养学生专业知识和技能的新命题。

　　《创业成长与股权融资》教材的编写，以中国情景下的中小创新型企业成长过程为研究对象，融合了公司法、投资学、企业战略管理、股权激励、现代企业制度等专业知识，同时，结合中国企业家精神研究，将创业企业成长过程中的股权融资分为融资知识准备、融资行为过程以及融资后专业管理三个环节，以资本要素为知识学习和专业技能纽带，以应对创新型中小企业成长困境。

　　本教材具有以下特点：一是理论性与实践性兼具。本教材各章先从基本理论导入，然后对具体操作方法与过程进行描述，最后还编写了专门案例。这样不但能够提高读者理论水平，还能提高其实务操作能力。二是金融学、管理学与技术经济学等学科知识的强交叉性。本教材按照企业股权设计以终为始的思维逻辑，以风险投资的资金要素为纽带，将风险投资及其运作的金融特点、组织管理特点和被投资企业的商业模式、团队建设、企业家精神、成长曲线理论、现代企业制度、初创企业估值和合伙人制度设计等专业模块知识，融入企业融资前准备、融资过程和融资后管理，为学员进行综合知识学习和运用提供了一条新路径。三是中国元素非常丰富。本教材融合企业家创新精神、企业技术创新成长、国有企业现代企业制度改革等中国课程思政元素，让学员充分理解中国企业管理实践中的独特智慧和民族创新精神，培养学员中国现代化建设责任感的复合式管理人才。

本教材是在总结多年教学经验、科研心得基础上编写的，除了确保内容的完备性和正确性外，尽可能将相关理论与中国企业实践相结合。案例主要来自中国本土企业实践，以适应 MBA、EMBA 以及经济管理专业本科和硕士生的教学需要。正文中除知识结构导图外，还通过"案例""延伸阅读""问题讨论"等模块设计，尽可能激发学员兴趣、共鸣和思考。

尽管本教材开发历经课程组十余年探索，但受 2023 年 12 月公司法修订以及股权设计实践模式的创新影响，直到本教材即将付印时，仍有许多不完备之处，还望读者不吝赐教，以便我们进一步修订完善。

特别鸣谢：

西南财经大学具有深厚的金融学和管理学学科体系知识沉淀，高校经济管理类本硕专业对数字时代复合人才教学培养模式具有转型的需求，在西南财经大学教务处、西南财经大学出版社的大力支持和推动下，本教材负责人徐宏玲召集四川大学商学院李双海副教授、西南财经大学张璐副研究员、西华师范大学管理学院杨明高副教授，组建了本教材开发建设团队，经多次商讨后确定了本教材知识体系和章节内容安排，前后历经 5 年多时间，终于开发完成了《创业成长与股权融资》教材并出版。在此对有关各方表示诚挚感谢。

徐宏玲

2024 年 7 月

教学建议

一、教学目的

《创业成长与股权融资》适合经济管理类各专业本科生以及企业管理专业硕士研究生含 MBA、EMBA 的专业方向课程。课程的主要目的：依托中国情景的创新型中小企业成长创新突破实践，对股权融资和股权设计知识进行单点突破，按照融资前知识准备、融资过程以及融资后管理三大环节，形成风险投资运作、现代企业制度、融资机会识别、主体股权设计类型、企业成长理论与模式、企业家及团队股权激励模式、企业融资估值和合伙人制度设计等九个专业知识模块，培养学员综合知识和实践运用技能；同时，融合企业家创新精神、企业技术创新成长、国有企业现代企业制度改革等中国课程思政元素，让学员理解中国企业管理实践中的独特智慧和民族创新精神，培养具有中国式现代化建设责任感的复合式管理人才。

二、课时分配建议

章节名称	课时安排
第一章创业与股权融资概述	6
第二章风险投资及运作	6
第三章 现代企业制度	6
第四章行业分析与机会评估	6
第五章企业组建与主体股权设计	6
第六章企业成长理论与模式	3
第七章企业家与创业团队	6
第八章企业融资估值方法	6
第九章合伙人制度设计	6

本教材编写组

2024 年 5 月

目　录

1

3

创/业/成/长/与/股/权/融/资

创/业/成/长/与/股/权/融/资

第一章
创业与股权融资概述

本章知识结构导图

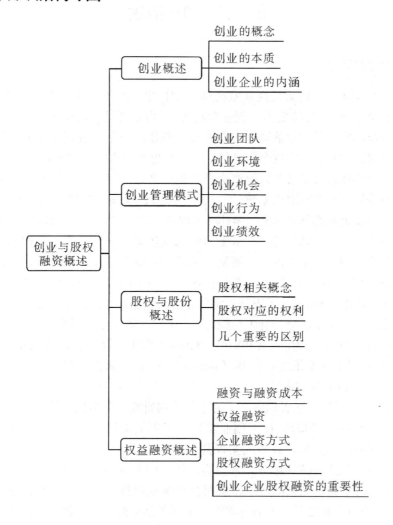

学习目标

（1）知道创业企业的定义及特点；
（2）了解常见的创业陷阱现象；
（3）了解团队、环境、机会、行为和绩效的创业管理模型；
（4）了解股权融资对创业企业的重要性。

关键概念

权益融资、股权融资；创业

第一节　创业概述

一、创业的概念

德鲁克在其著作《创新与企业家精神》中指出，经济发展已由"管理型经济"转为"创新型经济"，再转变为"创业型经济"，由此可见，创业在社会经济发展中的重要性。企业层面对创业活动也非常关注，创业活动是实现创业价值的过程。从个人层面来看，创业也是实现个人价值、人生理想和积累财富的有效手段。

虽然创业的概念由来已久，但理论界对创业概念的讨论，由于存在研究视角和研究方法的差异，还没有形成系统的、统一的概念。Low（1988）把创业活动简单地定义为新创业企业的创建过程。Weber（1990）认为"创业是指接管和组织一个经济体的某部分，并且以自己可以承受的经济风险通过交易来满足人们的需求，目的是创造利润。"熊彼特（1934）则从创新研究的角度出发，认为创业是新产品、新工艺、新组织和新市场的组合，并强调这一系列的组合行为，会为创业者和整个社会创造新的价值。Kirzener（1973）将创业定义为正确地预测下一个不完全市场和不均衡现象在何处发生的套利行为与能力[①]。众多学者从创业行为的角度进行研究，Covin 和 Slevin（1991）、Miller（1983）、Morris（2001）等学者认为创业（entrepreneurship）具有三个基本维度：创新（innovativeness）、承担风险（risk taking）、超前认知和行动（proactiveness）。

进入 21 世纪之后，学者们丰富了对于创业的研究，更多地从综合、动态的角度研究创业。Timmons（2002）在《创业学》一书中定义创业：一个发现和捕获机会并由此创造出新颖的产品、服务或实现其潜在价值的过程[②]。该定义讨论了创业机会、创业过程、创业产品（服务）等内容，认为创业本身需要付出努力，付出时间和资金成本，并承担一系列的风险，从而获得金钱回报、个人满足与自主自由等回报。Baron（2005）在之后发表的专著中，丰富了创业的定义，他强调创业的过程还

---

① KIRZNER I M. Competition and Enterprenurship ［M］. Chicago：The University of Chicago Press，1973：63-65.
② 杰弗里·蒂蒙斯，小斯蒂芬·斯皮内利. 创业学（原文第 6 版）［M］. 周伟民，吕长春，译. 北京：人民邮电出版社，2005：9-10.

应扩展到新创业企业创立以后的持续经营上。

总结国内外学者对创业的定义，虽然未形成统一标准，但可归结出三大特征[①]：首先，创新是创业活动的前提。创业活动本身，是对各项经济资源的重新配置，这种配置必须实现更优的生产效率或产出更有利于使用的产品。新产品的出现，本身就是一种创新活动，具有明显的创新性。如果没有新产品出现，则创业活动必须有新工艺或新方法。其次，创业活动具有收益性，创业的目的是获得收益。创新带来创业活动，促进商业活力与经济增长，创造社会价值和个人财富。在美国这样创业活动频繁的国家，有许多创业企业正逐步成长为具有世界影响力的大企业。最后，创业活动具有风险性。创新行为本身就包含着风险，资源重新组合的可行性、新技术的可行性、市场盈利的能力，在付诸实施之前，都是理论探讨，在现实中能否实现、新创造出来的产品能否得到市场的认同，存在不确定性，创业的风险与收益并存。各国政府出台了一系列创业支持政策，其目的是降低创业者的风险，提高他们创业的积极性。有关创业概念的不同视角及观点见表 1-1。

表 1-1 有关创业概念的不同视角及观点

视角	观点
财富的创造	创业包含了为获得利润而进行生产的风险承担
企业的创造	创业体现为一项从前没有过的新型企业
创新的创造	创业包含了对已有生产方式或是过时产品的资源独特组合方式
变革的创造	创业包含了为了抓住环境中的机会而进行的创造性变革，包括对个人职业生涯、方法、技能等的调整、修正、改变等
雇佣的创造	创业包含了对生产要素包括劳动力的雇佣、管理和发展等创新思维
价值的创造	创业是开发没有被开启的市场机会，为顾客创造新价值的过程
增长的创造	创业是销售、收入、资产和雇佣的新增长

二、创业的本质

创业是在资源不足的情况下把握机会的过程，创业所关注的是是否能创造新的价值，而不在于是否设立新公司。台湾中山大学管理学院教授刘常勇先生认为：创业不仅包括精神层面的含义——代表一种以创新为基础的做事与思考方式，而且包括实质层面的含义——代表一种发掘机会，并组织资源建立新公司，进而提供市场新价值。创业活动的本质体现在以下几个方面：

（一）机会导向

一般的生产经营活动通常对资源利用考虑比较多，主要考虑自己能做什么。创业活动则不同，其显著特点是机会导向。机会的最初状态是未精确定义的市场需求或未得到利用或未得到充分利用的资源和能力，机会意味着生存和发展的空间，意

[①] 计东亚. 创业企业成长能力研究 [D]. 杭州：浙江工商大学，2013.

味着潜在的收益。一般来说，创业活动的初始条件并不理想，创业者缺乏资源特别是物质资源，包括资金、人力、物力等，客观的现实迫使创业者思考在较少资源的条件下生存和发展的可能性。在市场经济环境中，决定企业生存与发展的关键力量是顾客即市场。因此，创业者必须优先地从市场、从顾客需求中识别和发现创业机会，探寻生存和发展的空间。

创业活动的机会导向进一步决定了创业活动的顾客导向，这也是创业与发明、创新不同的重要表现。要识别创业机会，就必须深入了解顾客需求，对顾客的需求做细致入微的研究分析。这不同于简单的市场细分，而是要把握顾客的本质需求。有调查显示，大多数成功的创业者往往是对顾客有深入了解的人，他们创建的新事业往往是对原来工作的升华，是在原来工作基础上的创新，他们对顾客需求的感知是在长期工作中认真思考的结果。

（二）资源整合

创业的本质是资源整合，熊彼特所强调的"新的组合"本质上也是资源整合。创业活动强调在资源不足的情况下把握机会，这并不是不重视资源，相反，这样的定义恰恰是在提醒创业者必须创造性地整合资源。

资源是人类开展任何活动所需要具备的前提，要把握创业机会，同样需要具备相应的资源。资源的种类很多，有有形资源，也有无形资源；有物质资源，也有非物质资源。对于创业者来说，自身所具备的知识、社会关系网络、专长、组织领导才能、沟通能力、对市场和顾客需求的洞察能力等都有可能成为助其创业成功的重要资源。合理地运用这些资源，创业者才有可能成功地整合资金、人力和物力，进而为创业成功奠定基础。

资源流动是经济全球化的重要特征，资源整合可以突破空间、组织和制度等方面的限制，在更加广阔的范围内开展活动，这也是创业活动活跃的重要原因之一。要成功地整合资源，创业者必须要有创新的思维，要兼顾各方面利益相关者的利益，达到多赢、共赢的境界。

（三）价值创造

创业活动的机会导向和顾客导向的实质是创造价值，学者们对创业活动的分类本身也是为了引导创业者关注价值创造。价值创造首先意味着要向顾客提供有价值的产品和服务，透过产品和服务使消费者的需求得到实质性的满足。改革开放以来，不少人利用消费者购买力增强、对生活质量的要求提高、商品知识不充足等特点，做虚假广告，诱导顾客购买，这样做尽管也获得了很可观的经济收益，却无法做到持续经营和健康发展。价值创造强调的是对社会和经济发展的贡献，强调对人们物质和精神生活的丰富。只有突出价值创造的创业活动才有生命力，才更有助于生存和发展。

（四）超前行动

创业活动的机会导向特征决定了创业活动必须突出速度，做到超前行动。机会都具有时效性，甚至有可能瞬间即逝。持续存在的事件往往不是机会，至少是创业者无法在短期把握的机会。例如，从人类认识癌症这种疾病开始，人们就知道提供治疗癌症的药品是一个巨大的商业机会，但能把握这种机会的创业者很少。

在现实生活中，创业者一旦有了创业的想法，往往会在比较短的时间里付诸行动。他们在实践中不断摸索、改进、寻求发展。在许多情况下，进行周密的市场调查，制订周密的工作计划和严格的预算等，是大企业的做法，并不适合创业者创业行为。创业者善于做别人已经做过的事情：海尔电器不是第一家生产冰箱的企业，正大集团早在希望集团之前就在中国大陆生产和销售饲料，联想集团销售计算机之前许多中国人已经在使用计算机，巨人集团推出"脑黄金"的时候人们早就知道保健品是什么，但它们把平凡的事情做出了不平凡的业绩，取得惊人成绩的背后是创新。这其中有技术创新，更有制度创新和管理创新。对于创业者来说，仅有创新是不够的，但没有创新的创业将难以生存和发展。

同时，创新与变革紧密关联。如果创业者不改变自己长期形成的陈旧思维模式，将难以识别创业机会，也无法做到创新。对于创业者及其所创建的企业来说，创业与发展的过程永远是不断变革的过程。

三、创业企业的内涵

创业企业是创业活动的载体，创业企业是创业者发现市场机会，搜集各种优势资源，组织特定团队实施创业活动而组建的一个工作组织。《全球创业观察》将成立时间不到 42 个月的企业视为创业企业。美国风险资本协会定义创业企业为职业金融家投入到新兴的、发展迅速的、有巨大竞争潜力的企业（特别是中小型企业）。从企业的生命周期视角出发，根据伊查克·爱迪思生命周期理论的十阶段划分，创业企业指的是处在孕育期、婴儿期、学步期、青春期这四个成长阶段的企业。房四海（2010）认为创业企业指处于企业成熟期之前的企业，包括处于种子期、初创期、成长期以及扩张期阶段的企业。

创业企业的行为包括：辨识机会、资源整合、组建团队、提供新产品或服务、创造新价值等。创业企业计划实现的新价值越大，企业所面临的风险与不确定性越高，对创业者的要求也越高。因此，能够良好发展和成长的创业企业，其在战略、战术和企业管理方式上往往具有与一般企业不同的特点[1]：①创新意识强，对未来可能出现的趋势有很强的洞察力，企业能快速反应并形成企业活动；②成长空间大且快速，高风险下可能获得超高的收益；③企业面临较大不确定性，一旦创业企业在成长过程中遇到不可解决的困难，就会很快面临业绩下滑或倒闭的危机；④对外部资源的可控性低，创业企业在支配外部资源时处于劣势；⑤管理结构简单，但运作灵活，企业运转效率较高；⑥核心团队的凝聚力是创业企业的关键，核心团队的解散也是可能面临的较大风险。

一般来说，创业企业具有以下几个方面的特征[2]：

（1）大多是科技型中小企业。通常创业企业技术含量较高，这可以用其拥有科技人员的比例和研究开发的投入比例两个指标来衡量。但其生产规模、固定资产、

---

[1] 库那提可，韦尔茨. 创业成长战略 [M]. 杨玉明，惠超，译. 北京：清华大学出版社，2005：28-29.
[2] 房四海. 风险投资与创业板 [M]. 北京：机械工业出版社，2010：33.

员工人数和销售额等主要指标都处于较低水平。

（2）盈利不确定性大，面临较大风险。创业企业探索性强，创新程度高，不确定性因素多。与普通企业相比，创业企业投资的成功率往往很低，其投资回报和投资收益是极不确定的，创业企业通常面临较大风险。新时代的技术发展与市场需求变化迅速，以及新进入者的竞争，都可能使创业企业的经营优势丧失，使得企业难以维持稳定发展。并且，很多创业企业所从事的是新发明、新技术、新商业模式为基础的研发活动，从而不可避免地存在开发失败的风险。

（3）企业组织结构尚不健全。创业企业的组织结构在逐步形成和完善之中，但与成熟企业相比还很不健全，各项规章制度如激励机制等正处于初建时期。创业企业组织结构比较简单，管理层级少，公司治理还不完善，处于成长过程中。

（4）产品的市场前景具有高度的不确定性。大多数创业企业开发的是新产品或新服务，新产品或新服务能否被市场广泛接受存在不确定性；在现代科学技术快速发展的背景下，新产品迭代更新的速度加快，被后进入者替代的风险加大。因此，新产品的市场前景具有高度不确定性。

第二节　创业管理模式

一、创业团队

作为一种特殊的团队形式，创业团队的概念界定是以团队的概念为基础的。根据国内外学者关于创业团队的概念阐释，可知已有的创业团队概念主要有三层含义：一是为了实现共同的创业目标而加入到企业的创建过程中来；二是在创业活动开展过程中分工协作，并能影响到创业决策的制定；三是对新创业企业的存活与发展负有责任，同时也能分享企业的经济利益[1]。但是，目前对创业团队的概念界定还存在一定的不足。Vanaelst 等（2006）指出，现有的研究对创业团队的定义较为混乱的原因主要是先前的研究者们基本都是从静态角度去解释创业团队的，而没有从动态发展的角度去对创业团队进行理解，其指出应该根据新创业企业发展的不同阶段去理解创业团队[2]。本教材通过借鉴以上学者的相关定义，对创业团队进行如下界定：创业团队指的是由两个或两个以上的个体组成的群体，这些个体具有共同的创业目标，一起参与了企业创建的过程，同时也对企业的存活与发展承担责任，并能分享企业的利益。随着成员的不断加入或退出，在创业的不同阶段，团队的成员可能会有一定的变化。

创业团队的构成不仅包括团队的成员，还包括成员的个体特征以及成员之间的

① CLARKIN J, ROSA P. Entrepreneunal teams within franchise firms [J]. International Small Business Journal, 2005, 23（3）：303-334.

② VANAELST I, et al. Entrepreneurial team development in academic spinouts：An examination of team heterogeneity [J]. Entrepreneurship Theory and Practice, 2006, 30（2）：249-271.

互动等。Lechler（2001）在对创业团队中的人际互动进行研究的过程中指出，创业团队的构成包括了三方面内容：一是团队的结构特征，包括团队的层级、规模以及领导风格等；二是团队成员的特征，包括成员的人口统计学特征以及个性特征；三是团队成员之间的人际互动，包括协调、沟通、凝聚力以及冲突的解决等，团队的结构特征以及成员特征将会对团队成员的人际互动产生重要影响[①]。杨俊辉等（2009）在总结前人研究的基础上，将创业团队的结构分为四个组成部分，分别是团队的规模角色、团队成员的关系结构、团队成员的能力结构以及权力结构，并指出不同的领导风格以及不同的文化背景等情景因素对创业团队的结构以及团队成员的行为特征等也有重要影响[②]。

作为一个特殊的群体，创业团队与创业个体及其他团队相比，具有其自身独有的一些特征，主要表现在异质性、开放性、完整性以及适应性方面[③]。

异质性是创业团队的本质性特征。简单来说，异质性是指团队的不同成员在性别、种族、年龄、学历、专业知识以及价值观等方面的个人特征的分布以及差异化程度[④]。

开放性主要表现在以下两个方面：一是创业团队在创建初期一般主要以情感为纽带组建起来，但随着创业活动的开展，资金、知识、技能以及物质资源等方面的缺乏将会不断暴露出来，为了填补这些资源缺口，团队成员一方面需要通过向外学习以获取相应资源，另一方面也需要不断招募新的成员加入到团队中来，这一过程就是一个开放的过程；二是创业团队不是完全封闭的，而是处于一个开放的系统中，创业团队的成员需要不断与外界交换信息以及资源等。对于一个创业团队而言，其开放程度取决于团队成员与外界进行物质、技能以及信息交换的意愿。

完整性是影响创业绩效的一个重要因素。创业团队的完整性主要表现在以下几方面：一是知识与技能的完整性，即成员在知识与技能方面存在的差异性使得团队能够获得创业所需的多种知识与技能，主要涉及成员之间知识与技能的互补性及相互融合性；二是职能的完整性，即团队成员全部承担了创业所涉及的所有职责及责任，主要涉及成员所承担的职责、责任与其能力的相互匹配性；三是资源的完整性，即创业团队拥有充足的创业所需的各种资源，主要涉及团队成员为团队贡献资源的渠道与意愿以及团队成员之间的资源共享程度。

面对充满复杂性及动态性的内外部环境，适应性对创业团队而言是非常重要的。在内部环境方面，创业团队的异质性增加了团队结构以及团队成员协调沟通的复杂程度。随着创业活动的逐步开展，有部分成员可能会选择退出，同时，团队也将会不断的从外部引进新的成员。在外部环境方面，目前国内以及国际的创业环境都处于一个动荡不定的形势下，因此，为了适应外部环境的不断变化及挑战，创业团队

①　LECHLER T. Social interaction：A determinant of entrepreneurial team venture success ［J］. Small Business E-conomics，2001，16（4）：263-278.

②　杨俊辉，宋合义，李亮宋. 国外创业团队研究综述 ［J］. 科技管理研究，2009，3（4）：256-258.

③　陈刚. 创业团队风险决策机理研究 ［D］. 武汉：武汉理工大学管理学院，2011.

④　JAVIER CASTRO，DANIEL GOMEZ，JUAN TEJADA. Polunomial calculation of the shapley value based on sampling ［J］. Computers & Operations Research，2009（36）：17-30.

不得不不断做调整，提升自身适应环境的能力。因此，创业过程实质上也是一个创业团队不断调整自身的过程，随着创业活动的逐步开展，创业团队也需不断调整自身的结构及成员组成。

二、创业环境

创业环境是指创业活动所需的外部依赖。创业环境也是创业活动的母体，为创业活动提供各种类型的创业可能性，即所有对创业活动产生影响和作用的外部要素都属于创业环境的范畴，也可以理解为对创业活动边界以外的可能对创业活动总体或局部产生影响的所有因素的总和（Gartner，1985）[①]。从这种视角分析，创业环境必然是一个杂乱无章的庞大系统，对于认识创业活动无法提供细致的模型和统一的标准，很难进行比较和评价。从狭义上讲，创业环境按照不同的研究视角，可以多种分析框架作为参照，但不论是哪一种研究视角，都包含着对创业、创业过程和创业精神等主要概念的阐释。

三、创业机会

创业研究就是研究由谁来发现、评价和开发创业机会，进而创造新的商品或者服务[②]。创业过程就体现出了对创业机会的识别和开发，这就需要创业者对市场中存在的商业机会要保持高度的警觉性[③]。对创业机会进行界定非常困难，不同的创业个体就可能意味着不同的机会[④]。这就需要创业者在特定的时间，通过特有的警觉性来识别和发现别人发现不了或别人暂时未发现的商业信息，从而识别创业机会[⑤]。客观的商业机会识别也是对外界现有资源进行整合的价值所在[⑥]，这种客观存在的机会就需要具有差异的创业者去发现[⑦]。Shaber（1991）认为发现创业机会就是个体对市场上存在的商业信息有意识地进行系统搜集、处理并识别的过程，其更多体现的是个体卓越的信息处理能力[⑧]。

① GARTNER W B. A Conceptual framework for describing the phenomenon of new venture creation [J]. Academy of Management Review，1985，10（4）：696-706.

② SHANE S, VENKATARAMAN S. The promise of entrepreneurship as a field of research [J]. Academy of Management Review，2000，25（1）：217-226.

③ KIRZNER I M. Preception, opportunity and profit：Studies in the theory of entrepreneurship [M]. Chicago：University of Chicago Press，1979：212-217.

④ OZGEN E. Entrepreneurial opportunity recognition：Information flow, social and cognitive perspectives [D]. Troy：Doctoral Dissertation of Rensselaer Polytechnic Institute，2003.

⑤ KIRZNER I M. Entrepreneurial discovery and the competitive market process：An austrian approach [J]. Journal of Economic Literature，1997，35（1）：60-85.

⑥ STEVENSON H H, J C JARILLO-MOSSI. Preserving entrepreneurship as companies grow [J]. Journal of Business Strategy，1986，86（7）：10-23.

⑦ SHANE S. Prior knowledge and the discovery of entrepreneurial opportunities [J]. Organization Science，2000，11（4）：448-469.

⑧ SHABER KELLY G SCOTT, LINDA R. Person, process, choice：the psychology of new venture creation [J]. Entrepreneurship Theory and Practice，1991，16（2）：23-45.

四、创业行为

彭罗斯（Penrose，1959）最早提出创业行为是在经济体系下识别机会的活动。随着创业研究的发展，这一概念逐渐多层面化、复杂化和动态化。我们通过对现有研究的梳理发现，学者们主要从机会、资源、认知和环境四个视角进行界定。从机会视角来看，大多数学者广泛认可机会的识别和利用是创业行为的本质[1]。从资源视角来看，学者们则认为资源是创业研究的重要支点，需要创业者识别、获取和利用所需且适当的资源。Keh 等（2002）从认知视角指出创业行为包括所有与感知机会和创造组织所追求的机会有关的功能、活动及行为[2]。Mcmullen 和 Shepherd（2006）从个体角度提出，创业行为是在环境不确定条件下，对以盈利为目的的机会判断和决策做出相应回应的行为[3]。

综上所述，本教材认为创业行为本质上是一系列机会开发和资源开发行为，是创业者为了回应外界环境而根据自身感知做出的一系列与机会开发和资源开发有关的追求价值回报的活动。

五、创业绩效

创业绩效是衡量创业行为效果的重要标准，是创业之初所设立目标达成程度的衡量标准，创业绩效的提升是创业企业最终赢得市场竞争优势的体现，也是创业企业创业活动成功的重要标志。对于创业绩效的含义，不同的学者从不同的角度总结，主要有三种视角：①绩效是一种行为活动；②绩效是一种行为的结果；③绩效是具备的一种能力。Murphy 等（1996）认为绩效与个人的行为分不开，这种行为是行为人能够掌控的并且是为达到行为目标所采取的，其行为熟练程度能够衡量出绩效[4]。Kane（1996）则认为绩效是人们行为最终获得的结果或者成绩，而且这些成绩与公司的战略目标密切相关。Carmona（2012）则认为创业绩效实际上体现了企业在市场上赢得的竞争优势[5]。

从以上关于创业绩效的认识和内涵的阐述，我们不难看出学者们在不同角度和不同理解上都有自己的意见，而从文献中能够发现，很多时候创业绩效的含义或者测量标准通常来自关于组织绩效的一些理论，所以本教材将创业绩效的定义归纳为：创业企业的创业活动达到的最终整体性成果。

① IRELAND R D, COVIN J G AND KURATKO D F. Conceptualizing corporate entrepreneurship strategy [J]. Entrepreneurship Theory and Practice, 2009, 33 (1): 19-46.
② KEH H T, FOO M D, LIM B C. Opportunity evaluation under risky conditions: The cognitive processes of entrepreneurs [J]. Entrepreneurship Theory and Practice, 2002, 27 (2): 125-148.
③ MCMULLEN J S, SHEPHERD D A. Entrepreneurial action and the role of uncertainty in the theory of the Entrepreneur [J]. Academy of Management Review, 2006, 31 (1): 132-152.
④ MURPHY G B, TRAILER J W, HILL R C. Measuring performance in entrepreneurship research [J]. Journal of Business Research, 1996, 36 (1): 15-23.
⑤ CARMONA R, MOMPARLER A, GIEURE C. The performance of entrepreneurial small - and medium - sized enterprises [J]. Service Industries Journal, 2012, 32 (15): 2463-2487.

第三节 股权与股份概述

一、股权相关概念

（一）股权

股权（equities），即股东的权利，是有限责任公司或股份有限公司的股东对公司享有的人身和财产权益的一种综合性权利①。股权因公司设立时出资，或因公司增股时入资，或因股权受让，或因股权受赠，或因共同财产分割和遗产继受，或因股票等证券市场交易而取得。

（二）股份

股份（shares），泛指股东对股份企业的投资，一般专指股份有限公司把股本总额按相等金额划分的最小单位，每一股份代表一定金额的股本。股份代表对公司的部分拥有权，常见的股份类型有普通股和优先股。普通股是享有普通权利、承担普通义务的股份，是公司股份的最基本形式。优先股是享有优先权的股份。优先股的股东对公司资产、利润分配等多方面享有优先权，其风险较小。股权在股票市场的范畴内，股权与股票是同义词，它们有别于公债和债券等债务性证券，都表示对一家公司的部分所有权。

股份从法律上讲是指公司资本的份额，它有三层含义：第一层，股份是股份有限公司资本的构成部分；第二层，股份代表了股份有限公司股东的权利和义务；第三层，股份可以通过股票价格的形式表现其价值。因此，股份的内涵包括资本、股权和股票三个方面②。

（三）股票

股票是股份公司发行的入股凭证或所有权凭证，是代表股份资本所有权的证书和股东借以取得股息和红利的一种有价证券③。股票上一般写明公司名称、设立登记日期、每股金额、股数、股票发行时间等信息。股票是股份公司资本的构成部分，是资本市场的主要长期信用工具，可以转让买卖但不能要求公司返还其出资。每股股票都代表股东对企业拥有一个基本单位的所有权。同一类别的每一份股票所代表的公司所有权是相等的，每个股东所拥有的公司所有权份额的大小，取决于其持有的股票数量占公司总股本的比重。

在我国，按照股东权利的不同，可将股票分为普通股、优先股和混合股三种。普通股是指在公司的经营管理和盈利及财产的分配上享有普通权利的股份，代表满足所有债权偿付要求及优先股东的收益权与求偿权要求后对企业盈利和剩余财产的索取权。普通股构成公司资本的基础，是股票的一种基本形式，二级市场上交易的股票基本都是普通股。优先股是相对于普通股而言享有优先权的股票。常见的优先

权有在利润分配时可优先分配的优先分配股和在公司清算时可优先分配剩余财产的优先求偿权。优先股对公司利润、资产等都享有优先权，因此优先股风险较小。但是在一般情况下，优先股股东对公司事务不享有表决权①，同时他们也没有选举权和被选举权，一般来说对公司的经营没有参与权。他们不能退股，只能通过优先股的赎回条款被公司赎回，但可以稳定分红。混合股是指在股息分配方面优先和在剩余财产分配方面劣后两种权利混合起来的股票。

按照票面形式的不同，我们还可以将股票分为不记名股票和记名股票、有面额股票和无面额股票；按持有主体的不同，可以分为国家股、法人股和个人股；按发行对象的不同，可分为 A 股、B 股、H 股、N 股和 S 股。A 股的正式名称是人民币普通股票。它是由中国境内的公司发行，供境内机构、组织或个人（不含台、港、澳投资者）以人民币认购和交易的普通股股票，A 股参与投资者为中国大陆机构或个人。B 股的正式名称是人民币特种股票。它是以人民币标明面值，以外币认购和买卖，在中国境内（上海、深圳）证券交易所上市交易的外资股。B 股公司的注册地和上市地都在境内。H 股也称国企股，指注册地在内地、上市地在香港的外资股（因香港英文 HongKong 首字母而得名 H 股）。N 股是指那些在美国纽约（New York）的证券交易所上市的外资股票，取纽约英文的第一个字母 N 作为名称。在我国股市中，当股票名称前出现了 N 字，表示这只股是当日新上市的股票，字母 N 是英语 new（新）的缩写。S 股可以分为两种解读：未股改股和外国上市公司。一种是指尚未进行股权分置改革或者已进入改革程序但尚未实施股权分置改革方案的股票，在股名前加 S。另一种是指那些主要生产或者经营等核心业务在中国大陆、企业的注册地也在中国大陆，但是在新加坡交易所上市挂牌交易的企业股票。

（四）期权与期股

1. 期权

期权又称为选择权，是在期货的基础上产生的一种衍生金融工具。从其本质上讲，期权是在金融领域中将权利和义务分开进行定价，使得权利的受让人在规定时间内对于是否进行交易行使其权利，而义务方必须履行。在期权交易中，购买期权的一方称为买方，而出售期权的一方则称为卖方；买方即是权利的受让人，而卖方则是必须保障买方行使权利的义务人。在持权期间你可以选择购买，也可以选择不买。就比如买期房，房子还没盖好，但是你买的价格偏低；交房后，可能房价已经增值了，你也可以在获得房产证时卖掉它，赚取差价。

期权的标的物比较广泛，一般是指选择购买或出售的资产。它包括股票、政府债券、货币、股票指数、商品期货等。期权是这些标的物衍生的，因此称衍生金融工具。在这里，我们主要解读的是基于股权激励的期权。

在没有行权时，持权人不享受所获授股权对应的分红，只有已经行权的部分才可获得对应的分红。

---

① 当公司决定连续几年不分配股利时，优先股股东可以进入股东大会来表达他们的意见，保护他们自己的权利。

2. 期股

期股是企业所有者向经营者提供激励的一种报酬制度，其实行的前提条件是公司制企业里的经营者必须购买本企业的相应股份。具体体现在企业中，就是企业贷款给经营者作为其股份投入，经营者对其享有所有权、表决权和分红权。其中所有权是虚的，只有把购买期股的贷款还清后才能实际拥有；表决权和分红权是实的，但是分得的红利不能拿走，需要用来偿还期股。要想把期股变实，其前提条件必须是把企业经营好，有可供分配的红利。如果企业经营不善，不仅期股不能变实，本身的投入都有可能亏掉。这种方式一方面可以调动员工的积极性，另一方面可以缓解员工购股时的出资压力，也能很好地使员工与企业形成利益共同体。

期股在股权激励的范畴中，我们可以把它理解成干股加期权。

两者的区别：

第一，期股是当期（签约时或在任期初始）的购买行为，股票权益在未来兑现；期权则是将来的购买行为，购买之时也是权益兑现之时。

第二，期股既可以出资购买，也可通过奖励、赠予等方式获得；期权在行权时则必须要出资购买，方可得到。

第三，经营者在被授予期股后，个人已支付了一定数量的资金，该股票在到期前是不能转让和变现的，因此期股既有激励作用，也有约束作用；而经营者在被授予期权后只是获得一种权利，并未有任何资金支付，如果行权时股价下跌，经营者只需放弃行权即可，个人利益并未受损，因此期权重在激励而缺乏约束作用。同样，经营者持股与股票期权制也不是完全相同的概念。广义的经营者持股包含了股票期权，狭义的经营者持股与股票期权却是完全不同的两种激励方式。

与国外期权相比，中国期股制的重要特点在于延期兑现。当经营者偿清所有资本信贷成为资本所有者时，这些股份并不能马上兑现，只有在经营者离任、升迁、转职离开该企业一段时间后，经过严格的财务审计没有发现潜亏等问题，再逐步兑现划给经营者。这样就可以有效地避免国企中内部人控制和经营者短期行为，把经营者的收入与企业的长效发展挂起钩来。

二、股权对应的权利

股权背后代表的是股东拥有的权利，是基于股东地位而取得的包括财产权、经营管理权在内的多种权利的集合体。只要拥有了股权，就意味着拥有了该公司的所有权。股权所对应的权利一般包含以下几个大的方面：

（一）决策权

决策权指的是股东享有的表决权，主要体现为在股东大会中针对所议事项的表决权。股东大会作为公司的最高权力机构，股东对会议上所做的任何决策都代表着最高的权力。

（二）经营者的选择权、经营管理权

这两个方面更多的是指股东有针对经营者、企业经营管理方面的选择权。股东可以选择职业经理人来进行企业的管理，如果人选不合适，可以通过股东大会换掉。

股东自己也可以亲自参与公司的经营管理，对公司的经营做出方向性的决策。

（三）知情权、质询权

任一股东，无论持股权比例大小，对于公司的所有事项都有知情权和质询权，就是当股东对某些事项不认同或者觉得有异议的时候，都可以提出质询。

（四）优先购买权、优先认购权

它们主要是指公司的股东在股权上有优先权。当公司内部有股东想要退出或者转让自己的股权时，其他股东是可以先行受让的。只有当公司内部的所有股东都不行使这个权利时，转让者方可将自己的股权转让给公司股东以外的第三方。这也是为了保证原有股东的权利，防止股权被恶意出售引入不适合公司发展需要的股东，对公司的发展造成麻烦。

（五）财产收益分配权

这主要是指分红权，当公司产生利润时，股东自然享受利润的分红。另外，还包括公司剩余财产（价值）的分配权，当公司解散或者经过发展沉淀，公司有剩余资产或者资金时，股东享受对应的索取权，应当对此部分的财产进行分配。

除以上权利外，股权的权利还有转让权、继承权、增值权和溢价权等，都属于股东在持有股权时法律赋予的应得的权利。我们只有正确了解这些权利，才能正确认识并在自己遇到问题时捍卫自己的权利，或者在股东大会上主张自己的权利。

以上我们所讲的这些权利，更多的是针对有限责任公司和股份制公司来讲的。对于个体工商户和有限合伙企业来说，它们的股权是有一定区别的。其主要区别在于，它们也对应以上权利，但是表现形式有所不同，比如在个体工商户当中是没有股东这一说法的，在有限合伙企业中一般约定的是财产份额，也无正式的股权比例之说。公司的主体不同，对应的约定、工商登记要求也有所不同。这就告诉我们在进行合伙创业时，股东之间的约定、协议的签署，都应当结合运营的法律主体，在协议的描述中表述清楚，避免协议无效。

三、几个重要的区别

（一）股份与股权的区别

1. 定义不同

股份代表对公司财产的部分拥有权，分为普通股、优先股、未完全兑付的股权。股权是股东基于其股东资格而享有的从公司获得经济利益，并参与公司经营管理的权利。

2. 使用不同

股权是针对有限责任公司来说的，而有限责任公司的股东持有的股权，主要以其认缴的出资额为限，所对应的是比例，比如张总持股30%。股份主要是针对股份公司、上市公司来说的，而股份对应的是股数，比如李总持有300万股。

3. 转让方式和相关事项不同

（1）股份转让和股权转让的定义不同

股份转让是指公司股东将公司的股份有偿全部或部分转让给他人，是一种民事法律行为；而股权转让是指公司股东将从公司获得经济利益并参与公司经营管理的权利转让给他人，是一种物权变动行为。

（2）股份转让和股权转让的转让方式不同

股份转让一般包括股份回购和并购，通常以转让股票的方式进行，即股份持有人自愿将自己持有的股票以一定的价格转让给他人。同时，股票转让还可细分为记名股票转让和无记名股票转让。记名股票转让是股份持有人以背书或法律法规规定的方式转让股票，并在转让后由公司将受让人的名字登记在股东名册上；而无记名股票转让则是股份持有人将股票交付给受让人后就立刻发生转让的效力。

股权转让必须持有人和受让人意思一致才能发生，通常以持份转让和股份转让转出股权。持份转让是指以有限责任公司的出资额转让。此时，我们可以知道股份转让和股权转让之间是一种包含关系，二者并非完全对立的。股权转让的对象又分为向内部转让和向第三人转让，这样做也是为了更好地满足部分股东对公司事务的控制和支配需要。

（3）股份转让和股权转让的部分限制不同

股份转让会使他人成为公司的新股东，为了保护公司的利益，公司法对股份转让做了一些限制：

①公司发起人持有的公司股份，自公司成立一年内不得转让；

②公司董事、监事、高级管理人员持有的公司股票，自公司股票上市交易之日起一年内不得转让；

③股东在法定的"停止过户期"时限内不得转让股份。

同样，为了保护股东的权益和公司的利益，公司法也对股权转让做了一些限制：

①股东之间可以相互转让股权，但对股东外的第三人转让时，必须经过股东过半数同意，同时不同意转让的股东应当购买该转让的出资；

②股东转让其股权，必须在依法设立的证券交易所进行。

注意：股份转让和股权转让在董事、监事、经理任职条件的限制、发起人持股时间的限制、特殊股份转让的限制上是相同的

为了避免股东之间发生股东权益纠纷，转让股份不同于转让股权，因此我们要留意转让的是股份还是股权。

股权转让需要签订股权转让协议。转让过程中，转让方需要缴纳各种税费。

① 转让方是个人：缴纳个人所得税。

② 转让方是公司：涉及的税费较多，详见公司股份转让的税费处理。

股权转让是公司股东依法将自己的股份让渡给他人，使他人成为公司股东的民事法律行为。《中华人民共和国公司法》第七十一条第一款规定，有限责任公司的股东之间可以相互转让其全部或者部分股权。

4. 主要分类

股份：

按股东权利，可分为普通股、优先股和混合股。

按票面形式，可分为记名股票和无记名股票、有面额股票和无面额股票。

按持股主体，可分为国家股、单位（法人）股和个人股。

按发行对象，可分为 A 股、B 股、H 股、N 股、S 股。

股权：

①自益权

自益权即股东基于自己的出资而享受利益的权利，如获得股息红利的权利，公司解散时分配财产的权利以及不同意其他股东转让出资额时的优先受让权。这是股东为了自己的利益而行使的权利。

②共益权

共益权即股东基于自己的出资而享有的参与公司经营管理的权利，如表决权、监察权、请求召开股东大会的权利、查阅会计表册权等。这是股东为了公司利益，同时兼为自己利益行使的权利。

（二）股权、股份、股票、期权、期股的区别

股权、股份、股票、期权与期股概念内涵的基本区别见表1-2。

表1-2 股权、股份、股票、期权与期股概念内涵的基本区别

名称	适用于公司	特点	对应人员
股权	有限责任公司	以百分比为单位，股东享受的企业所有权权利的呈现。	创业者、投资者
股份	股份制公司	以股数为单位，股东享受的企业所有权权利的呈现。	创业者、投资者
股票	股份制公司/上市公司	一种有价证券，代表股东拥有的权利，可以买卖	创业者、投资者、员工
期权	有限责任公司、股份制公司、上市公司	双方约定的一种权利，在一定的时间内，达成某项条件，按照一定的价格，进行购买	受激励员工
期股	有限责任公司、股份制公司、上市公司	需要出资购买，可以先出资一部分，剩余部分用分红进行抵偿	受激励员工

第四节 权益融资概述

一、融资与融资成本

（一）融资

融资，英文是 financing，从狭义上讲，即是一个企业筹集资金的行为与过程。从广义上讲，融资也叫金融，就是货币资金的融通，即当事人通过各种方式到金融市场上筹措或贷放资金的行为。《新帕尔格雷夫经济学大辞典》对融资的解释是：融资是指为支付超过现金的购货款而采取的货币交易手段，或为取得资产而集资所采取的货币手段。

（二）融资成本

融资成本，又称资金成本，指企业为筹集和使用资金而付出的代价。资金成本包括资金筹集费用和资金使用费用两部分。

资金筹集费用指资金筹集过程中支付的各种费用，这些费用通常为一次性支出。

资金使用费用是指使用他人资金应支付的费用，或者说资金所有者凭借其对资金所有权而向资金使用者索取的报酬。

需要补充的是，上述融资成本仅指企业融资的财务成本，或称显性成本、实际成本。除了财务成本外，企业融资还存在着机会成本，或称经济成本、隐性成本。机会成本是经济学中的一个重要概念，指把某种资源用于特定用途而放弃的所有其他各种用途中的最高收益机会。

融资成本具有以下性质：

（1）融资成本是商品经济条件下资金所有权和资金使用权分离的产物，是企业使用他人资金而花费的代价。

（2）融资成本具有一般成本的基本属性，即都是资金耗费，其一部分计入成本费用，相当一部分则作为利润分配处理。

（3）融资成本的基础是资金时间价值，通常还应包括投资的风险价值和通货膨胀因素。根据金融工具法律性质的不同，企业融资方式可分为股权融资（或权益融资）和债权融资（或债务融资）。股权融资指企业采用内部出资、政府投资、吸收直接投资、吸引投资基金以及公开向社会筹集发行股票等方式，通过出让企业的股权来引进新的股东以满足融资需求的经济活动。债权融资则是指企业通过银行贷款、发行债券、应付账款和应付票据等方式以企业负债形式借入所需资金，并按时向债权人还本付息。债权人一般没有参与企业经营管理的权利。创业企业风险较高，因而更多地依靠股权融资方式筹集发展所需资金。因此，下文将就创业企业的股权融资着重展开介绍。

二、权益融资

权益融资（equity finance）是通过扩大企业的所有权益，如吸引新的投资者、发行新股、追加投资等来实现，而不是出让所有权益或出卖股票。权益融资的后果是稀释了原有投资者对企业的控制权。权益资本的主要渠道有自有资本、朋友和亲人或风险投资公司。权益融资具有如下作用：

第一，权益融资筹措的资金具有永久性特点，无到期日，不需归还。项目资本金可以保证项目法人对资本的最低需求，是维持项目法人长期稳定发展的基本前提。

第二，没有固定的按期还本付息压力，股利的支付与否和支付多少，视项目投产运营后的实际经营效果而定，因此项目法人的财务负担相对较小，融资风险较小。

第三，它是负债融资的基础。权益融资是项目法人最基本的资金来源。它体现着项目法人的实力，是其他融资方式的基础，尤其可为债权人提供保障，增强公司的举债能力。

三、企业融资方式

企业融资方式主要有以下类型：

（1）内源融资和外源融资。这种分类方式按照资金是否来自企业内部来进行划分。

内源融资，是指企业依靠其内部积累进行的融资，具体包括三种方式：资金、折旧基金转化为重置投资，留存收益转化为新增投资。

外源融资是指企业通过一定方式从外部融入资金用于投资。一般来说，外源融资通过金融媒介机制形成，以直接融资和间接融资形式实现。

（2）短期融资与长期融资。这种分类方式按照资金使用及归还年限进行划分。

短期融资，一般是指融入资金的使用和归还在一年以内，主要用于满足企业流动资金的需求，包括商业信用、银行短期贷款、票据贴现、应收账款融资、经营租赁等。

长期融资，一般是指融入资金的使用和归还在一年以上，主要满足企业购建固定资产、开展长期投资等活动对资金的需求，主要有发行股票、发行债券、银行长期贷款、融资租赁等。

（3）股权融资和债权融资。这种分类方式主要按企业融入资金后是否需要归还来划分。

股权融资是指企业融入资金后，无须归还，可长期拥有，自主调配使用，如发行股票筹集资金。

债权融资是指企业所融入资金是按约定代价和用途取得的，必须按期偿还，如企业通过银行贷款所取得的资金。

（4）直接融资和间接融资。这种分类方式主要按照企业融资时是否借助金融中介机构的交易活动来进行划分。

直接融资是指企业不经过金融中介机构的交易活动，直接与资金供给者协商借款或发行股票、债券等来融资。另外，政府拨款、占用其他企业资金、民间借贷和内部集资等都属于直接融资的范畴。

间接融资是指企业通过金融中介机构间接地向资金供给者融通资金的方式，包括银行借贷、非银行金融机构租赁、典当等。

四、股权融资方式

股权融资方式可分为私募和公募两种。就中国而言，私募方式主要包括创业投资基金（venture capital fund），也称风险投资基金，场外发行与交易市场等渠道。公募方式则是指通过证券交易所主板市场、创业板市场进行股权融资募集资金。

对创业企业来说，其发展前景不明朗，面临的风险较大，难以通过公募方式募集资金，因而更多地依赖私募方式，也即主要依靠创业投资基金。关于创业投资的概念，业界有着较为一致的看法。全美创业投资协会（NVCA）认为，创业投资是由专业投资者投入到新兴的、迅速发展的、有巨大竞争潜力的企业中的一种股权性

17

资本；欧洲投资银行认为，创业投资是为形成和建立专门从事某种新思想或新技术生产的小型公司而进行的股份形式承诺的投资；美国《企业管理百科全书》指出，创业投资是指对不能从股票市场、银行或与银行相似的传统融资渠道获得资本的工商企业的投资行为。本教材认为，创业投资是指以股权投资的形式投资于创业企业，并通过参与企业经营来扶持创业企业成长，以期分享其高成长带来的长期资本增值收益。其具有三层含义：①投资对象是创业企业，以区别于对非创业企业的投资；②不仅提供资本金支持，而且提供特有的资本经营等增值服务，以区别于单纯的投资行为；③在企业完成创业使命后即退出投资，以实现自身的资本增值，并进行新一轮的创业投资，以区别于那种长期持有所投资企业股权，以获取股息红利为主要收益来源的普通资本形态。

（一）天使投资者（business angel）

天使投资者直接将个人资本投资于新创业企业。天使投资者的原型可能是大约50岁、具有很高收入和财富、受过良好教育、作为创业者很成功，而且对企业初创过程感兴趣的人。

天使投资者很有价值，因为他们愿意进行相对小额的投资。这使仅需要5万美元的初创企业能获得权益融资，而不是多数风险投资家要求的最低100万美元投资。

但是天使投资者很难寻找。大部分天使投资者仍然不为人所知，他们私底下通过介绍人来筛选创业者。为了找到天使投资者，创业者应该分散地利用自己的熟人网络，看是否有人能给予适当引荐。

有一些组织起来的天使投资者团体，如美国天使联盟（Band of Angles），这是一个拥有150位前任或现任首席执行官与创业者的团体，为初创企业提供建议和资本。天使联盟成员每个月都要聚会，考虑向3家初创企业投资。天使联盟位于硅谷地区，已运营8年多，对148家早期初创企业投资了将近1亿美元。

（二）风险资本（venture capital）

风险资本是风险投资公司投资于新创业企业以及有非凡成长潜力的小企业的资本。因为风险投资行业的盈利特性，也因为风险投资家过去为那些引人注目的成功企业提供过融资，如Google公司、思科系统公司、易趣网以及雅虎网站，该行业引起了人们的极大关注。

但实际上，相对于天使投资者以及需要融资的企业而言，风险投资家仅为很少的企业提供了资本。美国这么多的风险投资家每年仅投资三四千家企业，相对而言，天使投资者则要为约3万家企业提供融资。而且，风险投资家每年仅有大约一半资金投向新创业企业，其余投资则投向需要追加融资的现存企业。

风险投资家的投资偏好也非常狭窄。例如，2002年，20%的风险资本投资投向了电脑软件产业。

风险投资家知道，他们正在进行有风险的投资，有些投资将不会成功。实际上，多数风险投资公司预期，只有15%~25%的投资会获得巨大成功，25%~35%的投资获得一定成功，25%~35%的投资能盈亏平衡，15%~25%的投资失败。获得巨大成功的企业，必须足以弥补盈亏平衡企业和失败造成的损失。

　　然而，对于合格企业来说，风险资本是权益融资的可行选择。获得风险资本融资的优点在于，风险投资家在商业界联系极其广泛，可向企业提供超出投资的许多帮助。合格企业按照与自己的发展时期相适应的阶段获取资金。风险投资家一旦投资于某家企业，随后投资就会按轮次（round）（或阶段）投入，这称为后续投资（follow-on funding）。

　　获得风险资本融资的关键是通过尽职调查（due diligence）过程，指的是调查潜在初创企业价值并核实商业计划书中关键声明的过程。

　　被证明适合风险资本投资的企业，应该配合那些与它们共同工作的风险投资家进行尽职调查，以确保他们与企业非常适合。创业者应该提问下列问题，并在接受风险投资公司的投资之前，仔细审查问题的答案：风险投资家拥有我们这个产业的经验吗？他们发挥非常积极的还是消极的管理作用呢？谈判双方的个性特征相互协调吗？公司具有足够多"深口袋"或风险投资业内的广泛联系，以提供后续轮次的融资吗？对于风险投资公司希望得到以交换他们投资的我方公司股权比例，他们正进行具有诚意的谈判吗？

　　（三）首次公开上市（IPO）

　　权益融资的另一种来源是，通过发起首次公开上市向公众出售股票。首次公开上市是企业股票面向公众的初次销售。当企业上市后，它的股票要在某个主要股票交易所挂牌交易。首次公开上市是企业重要的里程碑。

　　尽管企业上市有许多益处，但它是一个复杂而成本高昂的过程。首次公开上市的第一步是企业要聘请一家投资银行（investment bank）。投资银行是为企业发行证券充当代理商（保荐人）或承购商的机构，如瑞士信贷第一波士顿银行。投资银行担当企业的保荐人和辅导者角色，帮助企业完成上市的整个过程。

五、创业企业股权融资的重要性

　　相较于成熟企业，创业企业的一个重要特征就在于高风险与高收益并存，尤其是一些新兴科技型创业公司，其成长初期资产规模小且无形资产占比较高，具有较强的技术优势和成长潜力，但其未来发展也因此而具有不成熟性和不稳定性，这就使得创业企业的未来成长具有很大的不确定性，这种不确定性导致创业企业对资本的需求不同于成熟企业。债权融资方式要求企业按时还本付息，对企业的经营稳定性有较高的要求，因而更适合于成熟企业的融资需求；股权融资方式筹集的是长期资本，没有还本付息的压力，更能够满足创业企业的融资需求。同时，吸引新的投资者（尤其是专业的风险投资者）进入，还能够为企业成长带来多方面的助益。

　　（1）提供充足的资金支持。资金问题是绝大多数企业发展壮大过程中所面临的瓶颈，对未能形成稳定收入的创业企业来说更是如此。然而，创业企业的高风险特质使得绝大多数传统金融机构避而远之，创业投资较高的风险偏好和承受能力则恰好可以填补这一金融领域的空白，而且创业投资的介入降低了从其他渠道融资的难度，使得企业更易于从外部获取发展资金，从而形成与企业经营相适应的合理财务安排。

19

（2）提供增值服务。股权投资者不同于债权投资者的地方就在于，债权投资者通常不会介入企业经营活动，而股权投资机构则会主动介入和参与管理，并提供企业所需要的增值服务。创业投资机构通常拥有成熟的运行机制、丰富的资本运作经验以及广阔的人脉资源，其投资不仅带来被投企业的融资便利，而且能从内部规章制度完善、促进产业合作、推动产品开发和市场开拓、管理咨询等方面为被投资企业发展提供帮助。

（3）提供社会网络资源支持。专业的创业投资机构在长期的项目运作过程中，会与政府部门、各类金融机构和企事业单位等建立复杂而卓有成效的社会关系网络，这些社会网络资源可以帮助被投资企业扩大其自身的社会关系网络，提升其制定战略决策和获取资源的能力。此外，创业投资机构还可以为被投资企业提供丰富的行业和市场信息，甚至是一定的供应商和客户资源，这些都有助于促进企业发展壮大。

创业顾问

名创优品逆势而起①

过去几年，零售行业遭遇了电商的重大打击，关店风潮席卷全国，商铺租金的价格以每年 12% 的速度下滑。在各行各业转型的当口，零售行业可以说是最水深火热的了。走在街上，到处可以看到清仓甩卖、门店转让的标语。

有这样一家连锁企业却逆势发展。它从零开始，在短短两年时间内，迅速做到了 1 400 家连锁门店，销售额突破 50 亿元，它就是名创优品。走进名创优品的门店，你会发现货架上摆放着琳琅满目的小商品：唇膏、墨镜、移动电源、小台灯、收纳袋，等等，产品看起来非常精致，让人有购买的欲望；再看看价格，都卖得很便宜，大多数商品的售价为 10~29 元。

设置在前门的收银台前，排起了很长的队伍，结账的大部分人都提着沉甸甸的篮子，里面装了不少产品，门店生意异常火爆。

为什么名创优品的生意会如此火爆？

第一，商品直接采购，省去中间渠道商环节。一家名创优品门店约有 3 000 种商品，这些门店的商品绝大部分从 800 多家中国工厂直接定制采购，压缩了渠道中间商成本。

第二，名创优品建立了强大的数据管理系统，对每家门店进销存进行严格的数据管理，并做数据分析，这样就可以找出哪些产品畅销，哪些产品滞销，一旦发现滞销的产品就将其迅速下架。这样，大大提高了商品流转效率。一般百货店的商品流转时间为三四个月，名创优品却可以做到只有 21 天。

第三，狠抓产品设计，打造爆品。名创优品对产品进行精心设计，除了食品外，全部使用名创优品的品牌，这样一方面掌握了商品的定价权；另一方面能够根据门店销售情况及时发现产品的问题，随时进行改进，让每件产品都是爆品。比如，在名创优

① 饶勇军. 股权思维［M］. 北京：机械工业出版社，2018：7-8.

品，10 元一支的眼线笔最为畅销，自名创优品成立以来，销量累计已达到 1 亿支；30 多元一瓶的香水，年销量达到 1 500 万瓶……不少产品一次次刷新历史销量纪录。

第四，投资加盟，模式复制。名创优品实行投资加盟的模式，由投资人租下并装修店铺，名创优品进行统一配货、人员培训、陈列指导等服务，投资人不需要花费很多精力，但是每年都可以参与营业额分成，并且能快速收回成本，大大提高了开店速度。

名创优品成功的核心在于实行精细化管理，提升了企业运作的效率，以更低的价格提供更优质的产品和服务，超越其他竞争对手，进而脱颖而出。

延伸阅读

中国式企业股权融资的逻辑[①]

企业的基本融资方式包括股权融资和债权融资。

在传统经济模式下，国内企业习惯于做债权融资尤其是银行贷款，但在经济转型的趋势之下，企业越来越需要股权融资来获得企业发展所需的大量资金。

股权融资并非上市公司的专属权利，而是每个企业都必须掌握的融资工具。仅靠传统融资方式已不再适应目前的产业发展趋势。一方面，新兴产业初期投入大，回收风险大，且没有成熟的模式可以参考；另一方面，大部分新兴产业企业都是轻资产，缺乏抵押物，无法只依靠债权融资，必须更多地通过股权融资来注入资金和资源。

在企业实现 IPO 之前，要经历数个不同的股权融资阶段，一般分为天使轮、A 轮、B 轮、C 轮、Pre-IPO 轮，此外还有种子轮、Pre-A 轮、D 轮、E 轮、F 轮等不同说法。

案例

产品创新思维[②]

为什么 OPPO 的手机一直卖得那么好？分析它的商业模式，可以发现其实也很简单，仍然是传统的打法，如在各大媒体大打广告，请一线明星代言，大规模拓展实体店，建立密集的营销网络，等等。这种打法没有什么新奇的，早在 20 多年前，就有很多企业在这样玩，但那些当年在中央电视台争夺黄金广告位的企业，如今都不知了去向。

如今，在各大知名媒体大打宣传广告的企业，仍然有不少，但很少有像 OPPO 这样，能够长期占据各大主流媒体，并且产品销售长盛不衰的。如今，OPPO 手机已成功跻身国产手机销量榜第二名，这是为什么？其实，OPPO 成功的核心在于产品创新，在于抓住客户的需求生产出具有爆品性质的产品。

---

① 管清友，张奥平. 从天使轮到 IPO：中国式企业股权融资的逻辑与思路[EB/OL]. https://mp.weixin.qq.com/s? __biz=MzU3MTI2NDg1OQ==&mid=2247484636&idx=2&sn=929bda8cff63a5f2270b34ce0fb1beff&chksm=fce39ee8cb9417fe7cf891eb3de9c68a6dfb10c5aacf42d9b8592103795b2ba3b7ef6296e47b&scene=27.

② 饶勇军. 股权思维 [M]. 北京：机械工业出版社，2018：13-14.

21

问题讨论

1. 什么是创业? 创业企业的特点是什么?
2. 创业的基本要素是什么?
3. 创业企业的发展过程是怎样的?
4. 股权融资对于创业企业的重要性表现在哪些方面?

本章参考文献

[1] MURRAY B LOW, IAN C MACMILLAN. Entrepreneurship: Past research and future challenges [J]. Journal of Management, 1988, 14 (2): 139-161.

[2] KIRZNER I M. Compertition and enterprenurship [M]. Chicago: The University of Chicago Press, 1973: 63-65.

[3] JEFFREY G COVIN, DENNIS P SLEVIN. Strategic management of small firms in hostile and benign environments [J]. Strategic Management Journal, 1989, 10 (1): 75-87.

[4] KEREN MICHAEL, MILLER JEFFREY, THORNTON JAMES R. The Ratchet: A dynamic managerial incentive model of the soviet enterprise [J]. Journal of Comparative Economics, 1983, 7 (4): 346-367.

[5] JEFFRY A TIMMONS. The Founders [M]. London: Irwin McGraw-Hill, 2002.

[6] 巴隆, 等. 创业管理: 基于过程的观点 [M]. 张玉利, 谭新生, 等译. 北京: 机械工业出版社, 2005.

[7] 计东亚. 创业企业成长能力研究 [D]. 杭州: 浙江工商大学, 2013.

[8] 库那提可, 韦尔茨. 创业成长战略 [M]. 杨玉明, 惠超, 译. 北京: 清华大学出版社, 2005: 28-29.

[9] 房四海. 风险投资与创业板 [M]. 北京: 机械工业出版社, 2010.

[10] TERRY J CROOKS, MICHAEL T KANE, ALLAN S COHEN. Threats to the valid use of assessments [J]. Assessment in Education: Principles, Policy & Practice, 1996, 3 (3): 265-286.

[11] CLARKIN J, ROSA P. Entrepreneunal teams within franchise firms [J]. International Small Business Journal, 2005, 23 (3): 303-334.

[12] VANAELST I, et al. Entrepreneurial team development in academic spinouts: An examination of team heterogeneity [J]. Entrepreneurship Theory and Practice, 2006, 30 (2): 249-271.

[13] LECHLER T. Social interaction: A determinant of entrepreneurial team venture success [J]. Small Business Economics, 2001, 16 (4): 263-278.

[14] 杨俊辉, 宋合义, 李亮宋. 国外创业团队研究综述 [J]. 科技管理研究, 2009, 3 (4): 256-258.

[15] 陈刚. 创业团队风险决策机理研究 [D]. 武汉: 武汉理工大学, 2011.

［16］JAVIER CASTRO, DANIEL GOMEZ, JUAN TEJADA. Polunomial calculation of the shapley value based on sampling ［J］. Computers & Operations Research, 2009 (36): 17-30.

［17］GARTNER W B. A conceptual framework for describing the phenomenon of new venture creation ［J］. Academy of Management Review, 1985, 10 (4): 696-706.

［18］SHANE S, VENKATARAMAN S. The promise of entrepreneurship as a field of research ［J］. Academy of Management Review, 2000, 25 (1): 217-226.

［19］KIRZNER I M. Preception, opportunity and profit: Studies in the theory of entrepreneurship ［M］. Chicago: University of Chicago Press, 1979.

［20］OZGEN E. Entrepreneurial opportunity recognition: Information flow, social and cognitive perspectives ［D］. Troy: Doctoral Dissertation of Rensselaer Polytechnic Institute, 2003.

［21］KIRZNER I M. Entrepreneurial discovery and the competitive market process: An austrian approach ［J］. Journal of Economic Literature, 1997, 35 (1): 60-85.

［22］STEVENSON H H, J C JARILLO - MOSSI. Preserving entrepreneurship as companies grow ［J］. Journal of Business Strategy, 1986, 86 (7): 10-23.

［23］SHANE S. Prior knowledge and the discovery of entrepreneurialopportunities ［J］. Organization Science, 2000, 11 (4): 448-469.

［24］SHABER KELLY, G SCOTT, LINDA R. Person, process, choice: the psychology of new venture creation ［J］. Entrepreneurship Theory and Practice, 1991, 16 (2): 23-45.

［25］IRELAND R D, COVIN J G, KURATKO D F. Conceptualizing corporate entrepreneurship strategy ［J］. Entrepreneurship Theory and Practice, 2009, 33 (1): 19-46.

［26］MORRIS M H. Entrepreneurial intensity: Sustainable advantages for individuals, organizations, and societies ［M］. Westport, CT: Quorum Books, 1998.

［27］KEH H T, FOO M D, LIM B C. Opportunity evaluation under risky conditions: The cognitive processes of entrepreneurs ［J］. Entrepreneurship Theory and Practice, 2002, 27 (2): 125-148.

［28］MCMULLEN J S, SHEPHERD D A. Entrepreneurial action and the role of uncertainty in the theory of the Entrepreneur ［J］. Academy of Management Review, 2006, 31 (1): 132-152.

［29］MURPHY G B, TRAILER J W, HILL R C. Measuring performance in entrepreneurship research ［J］. Journal of Business Research, 1996, 36 (1): 15-23.

［30］CARMONA R, MOMPARLER A, GIEURE C. The performance of entrepreneurial small - and medium - sized enterprises ［J］. Service Industries Journal, 2012, 32 (15): 2463-2487.

［31］胡八一. 股权激励9D 模型之高新企业股权激励 ［M］. 北京: 企业管理出版社, 2010.

23

第二章
风险投资及运作

- -

本章知识结构导图

		风险投资的含义
		风险投资的特征
		风险投资机构的类型
	风险投资概述	有限合伙风险投资基金的组织形成
		风险投资机构的组织架构
		风险投资基金的生命周期
		风险投资基金的投资流程
		项目（Deal）
		商业模式（Business Model）
		现金流（Cash Flow）
		估值（Valuation）
	风险投资常用概念	期权（Option）
		创始人（Founder）
风险投资及运作		市盈率（P/E）
		投资条款清单（Term Sheet）
		尽职调查（DD）
		首次公开发行（IPO）
		风险投资尽职调查的原则
	风险投资尽职调查	尽职调查的内容
		尽职调查的一般方法
		尽职调查的流程
		风险投资条款清单的概念
	风险投资条款清单解析	风险投资条款清单的一般内容
		风险投资条款清单的主要条款解析
		管理费及分成
	风险投资价值创造	最低回报率
		管理介入
		增值服务

学习目标

（1）了解风险投资的概念及特征；
（2）了解风险投资机构的类型及业务流程；
（3）了解风险机构尽职调查的方法与流程；
（4）了解风险投资中的各项条款。

关键概念

风险投资；尽职调查；反稀释条款；强制回售权

第一节　风险投资概述

一、风险投资的含义

美国风险投资协会（The National Venture Capital Association，NVCA）对风险投资的定义是：Venture capital is money provided by professionals who invest alongside management in young, rapidly growing companies that have the potential to develop into significant economic contributors（风险投资是由职业投资家投入到新兴的、迅速发展的、具有巨大经济发展潜力的企业中的一种权益资本）。这里有几个关键词语：

第一，钱（money），就是投入的资本。风险投资是一种股权投资，一般不以贷款等债权投资形式体现。

第二，职业风险投资家（professionals），就是风险投资的整个投资过程由专业的风险投资家负责，包括做投资决定、管理投资等。

第三，公司（companies），就是那些现在还很年轻、快速发展着的、未来有可能成为巨大经济力量的公司。它们不一定是高科技公司，也可以是传统行业企业，比如 1998 年的百度，或者 2000 年的蒙牛。

早期风险投资的高回报，带来了风险投资业的空前繁荣，吸引了一大批风险投资者和大量的资金。资金供给的增加，必然导致日趋激烈的竞争，而竞争的结果是纯经济利润下降。风险投资不得不走出传统的风险投资范围，并转向企业的中期和晚期投资，如风险租赁、麦则恩投资、风险杠杆并购和风险兼并、风险联合投资等。风险租赁是一种以风险企业为对象的融资租赁形式，旨在解决新兴企业对资产的长期需求。风险租赁与一般租赁的区别在于：风险租赁的资金来源是风险投资资本；出租方大多是风险投资公司；承租方往往是高科技新兴企业；由于风险高，风险租赁的租金也高于一般融资租赁。随着其业务的发展，还出现了一种新型的标的为无形资产（以知识产权为主）的风险租赁①。

麦则恩投资又叫半层楼投资，是一种中期风险投资，投资目标一般已进入发展

25

---

① 耿一允. 知识产权融资租赁的法律问题研究［D］. 郑州：河南财经政法大学，2024.

扩大阶段，它们需要资金来增加人员、扩大生产。此时企业可能还没有盈利。这种风险投资的风险介于传统银行贷款和纯风险投资之间。

杠杆并购是收购方主要通过借债来并购目标公司的方法，即借助财务杠杆完成并购活动。其中债务资金来源于风险资本，运用于风险企业的杠杆并购称为风险杠杆并购，风险兼并是指风险投资所资助的兼并活动。风险杠杆并购和风险兼并的风险较小，投资回报率也较低，但它的参与扩大了风险投资的业务范围，给风险投资业务更大的发展空间。

风险联合投资即辛迪加投资，是指多家风险投资公司为早期潜在投资机会而进行合作，既避免了过度竞争，又降低了投资风险。

二、风险投资的特征

风险投资具有五大特征：

（1）风险投资的对象是没有上市的企业，从这个意义上说，风险投资是一种直接投资。典型的风险投资不仅投资于非上市公司，而且投资于这些非上市公司的萌芽阶段。确切地说，风险投资往往投资于企业发展的早期，有时甚至是种子期。

（2）风险投资所进行的是股权投资，所投资公司为非上市公司，所以风险投资是非公开权益资本的一种形式。非公开权益资本又称为私人权益资本。风险投资之所以不采取债权形式而采用股权形式投资，是风险投资的内在因素决定的。典型的风险投资是对企业初创期的投资，这时，企业还没有壮大成熟，没有足够的抵押品以获取银行贷款，债权融资对于这种企业是不合宜的。风险投资在企业弱小时候的投资份额会随着企业的成长而壮大。假定企业弱小时，风险投资投入 30 万元，再假定风险投资对该企业的资后评估（即投资后对企业的价值认可）为 100 万元，则风险投资占被投资企业股权的 30%。若干年后，该企业已经成长壮大，风险投资的份额虽然仍占 30%但其背后代表的资产却从 30 万元增长到 3 000 万元，风险投资投入的 30 万元，在退出时带回 3 000 万元，这正是风险投资以股权投资的原因。

（3）风险投资是增值性投资，这是风险投资一个非常重要的特征。被称为美国风险投资之父的 General Doroit 曾经反复强调风险投资参与被投企业的建设，达到"管理性增值"的目的。风险投资家不是投资后就袖手旁观，不闻不问，而是积极参与所投资公司的建设，包括公司高管人员的雇佣、企业发展战略的制定、产品原料的开发、市场的开拓、财务情况的分析、企业的后续融资，等等。风险投资家会帮助企业家设计公开上市的途径，寻找合适的投资银行，测定好上市价格，做好一切上市准备。

（4）风险投资具有高收益、高风险的特征。风险投资往往投向新兴的创业企业，这些企业有的刚具雏形，有的还处在产品试验期，有的虽然已有一定销售量，但产品有待改进，市场份额还不稳定，产品质量需要进一步检验，这些不确定因素必定导致较高的风险。风险投资的高风险是由风险投资的本质决定的，是风险投资内在的性质之一。风险投资家之所以敢于承担这种风险，是因为这种投资可能会给他们带来高收益。然而，风险投资的高风险是一种必然性，而高收益却是一种可能性。如果风险投资的高收益是有保障的，是无疑的，风险投资自然就无风险可言。在一定的条件下，风险投资的风险是可以控制、疏导和规避的。然而，风险投资的收益却受到很多因素的制约。正是因为风险投资的高风险特征，风险投资家往往进行联合投资。与其他行业不同的是，风险投资家们、风险投资公司之间既是竞争关系又是战略合作伙伴关系。为了规避风险，风险投资公司会对优秀项目进行联合投资，因此有些学者也将组织联合投资视为风险投资的另一个特征。

（5）风险投资是一种长期性投资。如前所述，风险投资往往是对新创业企业或是正在成长过程中的企业进行股权投资。这种股权投资变现较慢，流动性较差。此外，企业获得风险资本后，或用于流动资本，或用于固定资本，成为企业日常运作的一个组成部分。而一个企业从小到大、从弱到强要经历相当长的时间。这就要求风险投资家具有长期眼光，急于求成是做不了风险投资的。风险投资家看重的是企业的未来，是企业的发展潜力。风险投资被称为"耐心资本"，风险投资家也被称为"投向未来的投资人"。

三、风险投资机构的类型

风险投资机构主要由一些具备各类专业知识和管理经验的人组成，同时其所有权结构要提供一种机制，使得投资者与提供专业知识、管理技能的人得到合理的回报，并各自承担相应的风险。为适应风险投资体系的这种要求，经过几十年的发展和选择，在西方发达国家形成了十多类风险投资主体的组织方式，在整个风险投资体系中发挥着不同的作用。

（一）主流模式：有限合伙

在经历了几十年的沉浮之后，一种特殊类型的合伙制成为美国风险投资形式的主流。在这种有限合伙制风险投资机构中，有两种合伙人，即有限合伙人和普通合伙人。这种合伙制的主要出资者被称为有限合伙人，有限合伙人通常负责提供风险投资所需要的主要资金，但不负责具体经营；而主要经营管理者被称为普通合伙人，普通合伙人作为风险投资机构的专业管理人员，统管投资机构的业务，同时也要对机构投入一定量的资金。普通合伙人付出了艰辛的劳动，有权从有限合伙人的净收益中按 10%～30% 的比例提取报酬。这种合作通常是有期限的，一般是 7～10 年，但一般依据公司投资生命周期和普通合伙人的意愿而定。

普通合伙人对经营承担无限责任，但出资比例很低（一般为总投资额的 1%），而取得的回报很高（一般为总净利润的 20% 加管理费）。有限合伙人承担有限责任，通过合同条款对普通合伙人进行约束，同时也进入董事会对重大决策施加影响。美国的私人投资者往往扮演普通合伙人的角色。这些私人投资者即真正意义上的风险投资家，既有风险投资的经验，又有管理的专门技能，而且有很强的冒险精神与追求高回报的欲望。其操作方式一般为先注册一个有限责任公司，私人投资者以股东身份控制该公司，再以该公司作为普通合伙人来发起风险投资机构。有限合伙人则往往是各类机构投资者，包括养老基金、保险公司、共同基金乃至银行等，也包括个人投资者。对有限合伙人的出资比例一般有限制（高限与低限均有）。这种所有

27

权结构靠精心设计的各类合同来保证，是一个相当精巧的机构设计方案。

这种结构当然是与美国充分发育的资本市场以及特有的税制相联系的。美国风险投资机构之所以经常采用有限合伙制，在很大程度上是因为养老基金、大学和慈善机构等投资者为免税实体，这一结构保证了它们的免税地位（如采用公司形式则需缴纳公司税）。有限合伙制风险投资机构一般有 2~5 个合伙人，大一点的公司常雇佣 2~5 个产业分析人员，并聘请一些兼职分析人员，机构规模在 5~10 人之间，最多不超过 30 人。其资金主要来自机构投资者、富有的个人和大公司，以私募形式征集，主要投资于获利阶段以前的新兴公司，通常是高科技公司，一般在企业成熟后即以上市或并购等方式撤出投资。

合伙人的集资有两种形式，一种是基金制，即大家将资金集中到一起，形成一个有限合伙制的基金；另一种是承诺制，即有限合伙人承诺提供一定数量的资金，但起初并不注入全部资金，只提供必要的机构运营经费，待有了合适的项目，再按普通合伙人的要求提供必要的资金，并直接将资金汇到指定银行，而普通合伙人则不能直接管理资金。这种方法对有限合伙人和普通合伙人都十分有益：对有限合伙人来讲，可以降低资金风险；对普通合伙人来讲，省去了平时确保基金保值增值的压力。所以后一种形式已被越来越多的有限合伙制风险投资公司所采用。

（二）个体投资者

个体投资者可以是朋友、家庭成员或是经济上成功的人，他们对新创业企业的投资可以从不到几千美元到超过百万美元。个体投资者可能只投资于一个企业，也可能同时投资于几个不同的企业。这些企业可能与投资者有某种关系，譬如投资者熟悉的领域或对投资者的业务有所帮助。个体投资者以天使投资者最为典型。通常，个体投资者向那些只有新鲜创意的创业者提供种子资金。在这个阶段，一般风险投资公司考虑到其经营准则[①]，会认为风险过高；而个体投资者却可以为此下赌注，因为一旦企业成功，所带来的收益也会很高。

（三）公开上市的风险投资公司

极少数的风险投资公司在公开的资本市场筹集资金，但投资于新创业企业的方式与有限合伙制公司基本相同。按照证监会的要求，这类公司必须向公众公开其经营情况，所以它们较后者更容易被了解。

（四）大公司

许多主要的大公司都以独立实体、分支机构或部门的形式建立了风险投资机构。这些机构在运作方式上与私人风险投资公司相同，但目标迥异，这是由不同资金来源决定的。

当大公司投资于一个新创业公司时，其有可能是希望建立技术窗口，或希望以后把它变为一个子公司。

（五）准政府投资机构：小企业投资公司

小企业投资公司是根据美国 1958 年颁布的《小企业投资法》创建的。它由私

---

① 陈晓，李爱民，邹晓东，等. 美国风险投资概况［J］. 中国软科学，1998（4）：23-31.

人拥有和管理，但要得到政府小企业管理局的许可、监控及资助，小企业管理局还可提供融资担保。自从小企业投资公司必须为其从小企业管理局举借的债务负责以后，提供优惠贷款和购买股票成了其标准运作形式，以保障尽快偿还债务。从这个意义上讲，小企业投资公司对处于创建阶段的新创业企业来讲不是十分合适。在美国，还有一些类似小企业投资公司的联邦及州立准政府投资机构。应该说上述准政府投资机构与真正的风险投资者有很大区别，它们一般以创造就业机会为主要目的，所以许多机构并不将其纳入风险投资的统计范围，风险投资家也不将其归入自己的阵营。但两者之间依然存在一定的联系，有些风险企业就是受小企业投资公司支持而发展起来的。

（六）其他衍生形式

（1）产业战略基金。这项基金常为业务相近的公司所设，其投资方向集中在某一战略领域，强调局部竞争优势，通常以合资方式与风险企业联手，以迅速获取科技成果。如 Java 基金就是由 IBM 等六大公司联合出资 1 亿美元组成的，专门投资于硅谷内运用 Java 技术的信息企业。

（2）公众风险投资基金。传统上风险基金为私募基金，1996 年美国颁布了《公众风险投资基金法》，允许一些特定的风险基金向社会募集资金，并对其活动做了一些具体的限制，如为了便于股民监督，一般只限于在本州集资等。

四、有限合伙风险投资基金的组织形式

有限合伙制是合伙制的一种特殊形式，对外在整体上也同样具有无限责任性质，但在其内部设置了一种与普通合伙制有着根本区别的两类法律责任决然不同的权益主体：一类合伙人作为真正的投资者，投入绝大部分资金，但不得参与经营管理，并且只以其投资的金额承担有限责任，称为有限合伙人；另一类合伙人作为真正的管理者，只投入极少部分资金，但全权负责经营管理，并要承担无限责任，称为普通合伙人，亦称一般合伙人或无限合伙人。这就是有限合伙制的主要特点，也是其在组织安排和制度设计上主要的创新之处。

合伙制是一级税负制，免除了双重征税，合伙人仅以个人名义申报已实现的资本利得和损失；如果以有价证券形式进行收益分配，不会产生即时的应税收入。这使合伙人可以递延确认利得（或损失），直到有价证券被出售的那一天。

基金为全体合伙人所共同拥有，VC（风险投资）公司作为 GP（普通合伙人），除了要拿出一定资金外，还同时管理这一期 VC 基金。LP（有限合伙人）参与分享投资收益但是不参加基金运作的日常决策和管理，VC 基金的所有权和管理权是分离的，以保证 GP 能够独立地、不受外界干扰地进行投资。另外，为了监督 GP 的商业操作、财务状况和降低投资风险，VC 基金要聘请独立的财务审计顾问和律师，并设立董事或者顾问委员会，他们会参与每次投资的决策讨论，但是最终决定由GP 来做。

天使投资本质上是早期风险投资，天使投资人（天使）常常是这样一些有钱人：他们很多人曾成功地创办了公司，对技术的感觉很敏锐，又不愿意再辛辛苦苦地创业，希望出钱资助别人干而间接获得收益。他们的想法简单来说就是"不愿意当总（经理），只肯当董（事）"，历史上的吕不韦可以说就是这样一个天使投资人。

有些天使投资人独立行动，自己寻找项目进行投资，国内天使投资人的情况基本如此。图2-1是有限合伙VC基金组织形式。

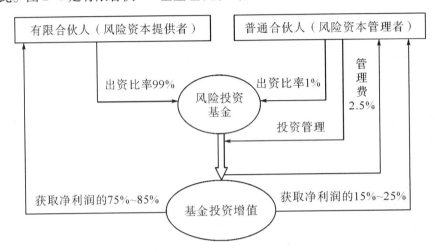

图2-1 有限合伙VC基金组织形式

有限合伙人的出资占99%，普通合伙人的出资仅占1%，他们投入的主要是科技知识、管理经验、投资经验和金融专长。

采用这种合伙制的做法有很大的现实意义：

（1）使得普通合伙人的利益与责任紧密结合。普通合伙人要管理上百万乃至上亿美元的资金，若没有其个人资本注入，他们很难得到有限合伙人的信任，很难使其个人利益与风险投资公司利益相结合，很难真正代表有限合伙人的利益，而1%从比例上看是小的，但绝对金额可能会相当可观。

（2）风险资本是一种风险极高的投资活动，而整个资金运作都是由风险投资家来操作的，为防止风险投资家从事轻率的不负责任的投资，要求普通合伙人注入1%的资本，可以从某种程度上对风险投资家进行约束。

有限合伙制基金的收益分配，通常是普通合伙人得到税后投资利润的20%，而有限合伙人得到另外的80%。

五、风险投资机构组织架构

风险管理体系的组织机构[①]在风险控制中起着组织和决策作用，是风险管理机构的神经中枢，组织机构的设立是否合理对风险控制效果至关重要。

一个健全的风险管理组织机构应该包含指挥部门、联络部门、信息搜集部门、信息分析部门、决策咨询部门以及执行部门。各机构具体职能如下：

---

① 王权. 美国商业银行信贷风险管理研究［D］. 长春：吉林大学，2014.

（一）指挥部门

指挥部门一般负责研究风险管理的总方针、确定风险管理目标，及时解决经营过程中出现的问题，并制定风险防范与处理的策略。指挥部门需要有足够的权威进行决策、进行风险控制，需要能够管理混乱的形势，并能够在较短的时间内进行决策以及做出适当反应。

（二）联络部门

联络部门是联系指挥部门与执行部门的纽带。联络部门的任务就是保证指挥部门与其他部门之间持续的信息交流。该部门的工作人员需要接受一定的培训，并准确掌握接收和记录信息的技能与应变能力。

（三）信息搜集部门

信息搜集部门为信息分析部门和决策部门搜集信息。其成员致力于搜集信息而不是对信息做出反应，因而需要他们的服务快速和准确。

（四）信息分析部门

信息分析部门是风险管理团队中主要的信息整理者与评估鉴定者。他们负责对信息进行分类、整理、评估，集中处理信息，把其他部门从繁重的获取、筛选和评估风险信息的工作中解放出来，使其他部门能专心地进行决策及控制任务。信息分析人员应接受搜集与评估信息方面的训练，并同信息搜集部门保持良好的持续沟通。

（五）决策咨询部门

决策咨询部门为指挥部门提供专家建议，这使得指挥部门能够有充分的思考空间、有更多的时间应付风险投资中遇到的困难；决策咨询部门能够弥补指挥部门风险管理经验的不足和专业知识的缺乏，减少思维定式和组织惯性，减少决策失误；决策咨询部门的存在使得指挥部门在处理投资危机时不必面面俱到，指挥部门有更多的时间和经验去考虑信息及可供选择的方案。

（六）执行部门

执行部门负责具体实施指挥部门的决策。该部门的作用分散在设计、生产、管理等各环节。上层的命令能否贯彻实施，与该部门密切相关。执行部门的工作人员要有能力与经验理解决策的内涵，并能圆满完成风险控制的任务。

六、风险投资基金的生命周期

基金期限也称为基金存续期，是基金投资者约定的基金存续时长。有限合伙形式的 VC 基金存续期限一般是 10 年（有时会延期 1 年），VC 公司通常在基金存在的前 3~5 年将全部资金投资出去。一个 VC 公司可以管理多只独立的 VC 基金，所以为了维持其持续运营，VC 公司通常每 3~5 年就会募集一个新的基金。在 VC 基金存在的后几年，甚至在延期 1 年期间，VC 公司会将投资目标进行变现，使 VC 基金获得投资回报。

风险投资基金的期限设置分为投资期、退出期、延长期。例如，某基金期限为 5+2 年，那么其中 5 年为投资期，2 年为退出期；某基金期限为 3+1+1 年，那么其中 3 年为投资期，1 年为退出期，1 年为延长期。延长期主要被用于继续处理前一年未能退出的遗留项目。根据基金的属性、投资行业、投资项目、退出时资本市场状况的不同，基金的期限设置也不同。

风险投资基金一般投资周期为3~5年，有一些经典的成功案例，其投资周期长达8~10年。一般而言，基金在投资企业2~5年后，会想方设法退出。

风险投资周期是指职业风险投资工作流程的各组成部分，主要包括：第一阶段，确定风险基金的投资目标和政策；第二阶段，组织新基金（如寻求合作伙伴关系）；第三阶段，筹集新的投资基金；第四阶段，获得已承诺的风险投资基金；第五阶段，尽职调查，确定商业计划的可信性和可行性，并在此基础上进行积极投资；第六阶段，分配风险投资收益（现金股利或者有价证券）。职业风险投资是市场中一个重要的服务机构，主要负责解决新创业企业的资金需求。因此，它不仅需要代表投资者的利益尽职选择投资项目，使投资者获得稳定的投资收益，而且要为新创业企业提供技术指导和服务，使企业可持续稳定地发展与成长。

第一阶段：确定风险基金的投资目标和政策。其具体内容包括为风险投资者发现、寻找特定的细分市场，确定投资目标。例如，投资行业的选择、投资规模以及投资阶段的确定。此阶段应重点关注市场经济环境对所处行业的影响。例如，采用宏观政策导向分析研究方法，了解公司所在国家的经济体制和社会经济结构对创业企业的影响。通过分析国家的税收政策及税收制度、财政补贴、优惠政策等方面的政策，引导产业结构的调整。具体工作流程包括以下几个方面：①适时搜集、整理相关信息，形成研究分析报告；②评价新的相关经济政策对企业的影响；③对所在行业利润空间的变化、未来盈利能力等做出评估，指导具体财务战略决策。随着经济的全球化，风险投资者也越来越看好跨国投资及国际市场。对于了解设立在不同国家的投资公司，职业风险投资通过设立分支机构进行市场调研和实地调研，旨在为风险投资资本获得投资增值服务。因此，风险投资周期第一阶段的重点任务是确定（定义）风险基金的投资目标并制定相关投资政策，以确保目标的实现。

第二阶段：组织新基金（如寻找合作伙伴关系）。此阶段的主要内容是设计公司治理结构、确定合伙人、设置收费标准、制定利润分配制度等。

第三阶段：筹集新的投资基金。从创业者视角来看，要获得机构风险投资资本，其就必须向风险投资机构提供创业计划书、创业期间财务报告、销售量以及盈利状况等文件，以便机构投资者根据有用的信息进行投资决策。机构投资的决策必须遵循投资监管和投资审议工作流程，其投资目的是获得较高的投资回报，这就决定了机构投资者的注资时间阶段。而创业者则关注的是企业发展和成长的全过程，必须在各个发展阶段及时筹集资金，也就是必须通过多渠道适时获得经营活动所需要的资金。为投资者构建成功的退出机制、提高销售量（业务量）、提升盈利水平等因素，都将影响各渠道获得新的注资。

对于不同的投资区域或者国家，创业者通过数据比较，可以分析风险投资资金的主要来源有哪些区别，进而分析其产生差异的主要原因是什么。因此，这可以帮助创业者了解各国风险投资的渠道及影响成功获得新的投资基金的主要因素有哪些、如何获得新的投资基金适时注资，从而帮助新创业企业成功获得发展阶段所需资本。

第四阶段：获得已承诺的风险投资基金。创业者通过第一阶段至第三阶段的努力后，第四阶段的主要任务是落实已经获得承诺的风险投资基金。为了使各渠道的资金及时到位，创业者通常需要与投资者制定款项落实政策并签订协议书，以便风险基金投资到企业后，实际到位资金的量和时间段与风险投资者初始投资意愿一致，确保创业企业及时获得已承诺的风险投资基金，维持企业持续发展的需要。

第五阶段：尽职调查，确定商业计划的可行性与可信性，并在此基础上进行积极的投资。这个阶段是风险投资基金管理的核心任务，即尽职调查、主动投资。尽职调查的对象是创业企业的商业计划书，例如，如何挖掘商业计划书中新技术、新的商业模式、新的工艺流程、新的服务项目、新的产品等，使其转变为市场机会即市场化。研究的具体内容则包括创业计划的财务目标、业务计划在市场环境下是否可行。将创业企业的发展周期与融资时间、融资金额以及财务预测的资金需求、盈利前景与实际进行比较，根据研究结果，确定何时对创业企业进行注资，也是风险投资的机会，即主动投资。

第六阶段：分配风险投资收益（现金股利或有价证券）。职业风险投资在此阶段的工作内容主要有两方面：一是通过制定收益分配政策分配风险投资收益（现金股利或有价证券）给投资者；二是制定公司清算流程。制定收益分配政策是对职业风险投资者的鼓励，旨在用激励机制驱动风险投资服务于行业的健康发展与成长，具体内容因各类公司而有所区别。公司清算流程主要做好资产的评估及出售资产的优先补偿债务程序。

七、风险投资基金的投资流程

（一）寻找投资机会：筛选候选项目

风险投资不同于一般投资，它是智力与资金的结合，风险投资的投资对象主要是高新技术企业，它承担这投资项目的技术开发和市场开拓的风险。因而，它以严格的项目选择、评审和参与该项目的管理来尽可能地减少风险，并以投资组合的经济效益来保证资金的回收。

选择什么样的项目或公司是风险投资家最为关心的一件事，同时也是衡量投资家眼光和素质的重要指标。风险投资家在分析一个投资建议是否可行时考虑的因素不外乎三点：技术创新的可行性、项目的经济性评估、企业领导的业务素质，而对于一些通常在金融业务中起重要作用的因素，例如自有资金的多少、资信状况的好坏等问题考虑得较少。其分析的一般次序是人、市场、技术、管理。

（1）创业者的素质：风险投资家应从各个角度去考察该创业者队伍是否在他所从事的领域内具有敏锐的观察力、是否掌握市场前景并懂得如何去开发市场、是否懂得利用各种渠道去融通资金、是否具有将自己的技术设想变为现实的能力、是否有较强的综合实力，等等。这种考察不是绝对的，往往与风险投资家的素质水平有紧密的关系。

（2）市场：任何一项技术或产品如果没有广阔的市场，其潜在的增值能力是有限的，就不可能达到风险投资家追求的目标。将新创业公司由小到大培育成长，风险投资通过转让股份而获利的能力也很有限，甚至失败。这里所说的市场是全新的市场，即没有同类产品相比较、相竞争，需要创业者从零开始逐步开拓市场，并使广大用户接受。也有可能是在已有的市场中寻找空隙。风险投资家根据自己的经验和对市场的认识，分别判断投资产品是否具有广阔的市场前景、市场占有率有多大、产品的市场竞争能力如何。

（3）产品技术：风险投资家应判断产品技术设想是否具有超前意识、是否可以实现、是否需要大量的研究才能变为产品、产品是否具有本质性的新技术、产品生产是否依赖其他厂家、是否有诀窍或专利保护、是否易于失去先进性，等等。

（4）公司管理：公司管理是一项很重要的指标，要知道，一流的管理加二流的技术的产品比二流的管理加一流的产品更具有优势。创业者创业之初往往身兼数职，既要搞研究开发，又要搞市场开发，还要负责公司的管理。而在社会分工日益细致的现代社会，这样做是不可取的。因此，当一个人申请项目时说他是全能的，将要全面负责时，这往往是一个危险的信号。风险投资家应劝说其吸引其他专家加入，组成一个知识结构合理的管理队伍，共同把企业搞好。

（二）评估、洽谈

申请投资的企业提出项目计划书和前景预测，交由风险投资家审查，风险投资公司对申请项目做出趋向肯定性的技术经济评价，并针对所有设计方面提出问题，要求企业进行解答[①]。

（三）风险投资条件谈判

经评估分析、交易核算，就可以进入谈判阶段了[②]。谈判一般要持续数周乃至半年时间。在谈判过程中要解决以下四个问题：一是出资额与股份分配，包括申请方技术开发设想与作为研究成果的股份估算；二是创建企业人员组织和双方各自担任的职务；三是投资者监督权利的利用与界定；四是投资者退出权利的行使。在谈判中，双方的律师、会计师、投资顾问等均会参加。

（四）投入资金组成新的风险企业

双方意向达成一致后，则签订法律文书，形成合同，风险投资者将资金打入风险企业的账户，双方进入"婚姻生活"——风险企业成立。

（五）共同合作、共创价值

谈判终止，签订合同，风险投资者与风险企业就已在一条船上，休戚与共。他们的合作状况直接影响到双方从中获利的状况，一般通过以下几种方式实现：

（1）制定发展战略：行业选择、市场定位。

（2）建立有活力的董事会。各方参加的董事会，各方代表在董事会的名额的分配不应拘泥于投资比例，应吸收相关专家参加。

（3）聘请外部专家。虽说风险投资家一般是管理上的好帮手，但现代管理日益复杂多变，需要有更多的外部专家，如律师、会计师、管理咨询公司等。专家的意见很重要，但要注意一点：外部专家的意见不应代替自己的判断。专家的意见只是

---

① 丁栋虹. 创业学［M］. 上海：复旦大学出版社，2014：198-230.
② 李来余. 我国纳税评估体系构建研究［D］. 长春：吉林财经大学，2012.

提供了一种或几种选择方案，真正做决定的还应是你自己。

（4）吸收其他投资者。其他投资者的加入，不仅会带来资金，而且还可能带来新的管理思路、新的关系网络，可提高企业的管理素质和改善盈利前景。

（六）策划、实施退出战略

如果说风险投资的进入是为了取得收益，那么退出则是为了实现收益。只有退出，风险投资才能重新流动起来；只有退出，收益才能真正实现；只有退出，风险投资家才能将资金投向下一个项目，赚取更多的利润。可以说，策划退出是风险投资家从开始寻找项目时就着手考虑的问题。一旦退出时机到来，风险投资家就应当机立断，千万不可优柔寡断。其实退出不一定是在成功后，在很多情况下，被投资者已无以为继，风险投资应立即退出，避免遭受更大的损失。有时是被投资者企业发展速度放缓，以后也不可能有太大作为，风险投资也应退出，将资金投向更有前途的项目。退出方式有三种：公开上市（IPO）、被兼并收购、清算。

（1）公开上市（IPO）。公开上市是风险投资退出的最佳渠道，通过 IPO，风险投资可得到相当好的回报。

（2）被兼并收购，又有以下情形：

①管理层收购：风险企业发展到相当阶段，资金规模、产品销路、资信状况都已很好，这时风险企业家就希望能由自己控制企业，而不是听命于风险投资家，风险投资家往往也见好就收，于是双方协商将风险投资股份卖给风险企业家，只是卖价可能会比 IPO 低些，但费用也少些，时间短，易于操作，公司管理层可以以个人资信作为担保，或以即将收购的公司的资产作为担保，向银行或其他机构借入资金，将股份买回，风险投资家则成功退出①。

②被其他公司或投资者收购：公司发展到一定程度，要想再继续发展就需大额追加投资，而风险企业家和风险投资家不愿或不能再往里投资。这时，风险企业家或者风险投资家想退出这个企业，就可以把风险企业卖给其他企业。不过谈判时会多费点心思，由于你急于脱手，可能会被对手压低价款。这时就不妨多找几家，保证底价，同时在关键条款上适时让步。

（3）清算。公司经营状况不好且难以扭转时，解散或破产并进行清算可能是最好的减少损失的办法。一个风险投资者投资于糟糕项目并不可怕，可怕的是知道糟糕后仍执迷不悟，自欺欺人，那样就只能越陷越深②。

第二节　风险投资常用概念

一、项目（Deal）

例句："我们手上有好几个 deal 在做。""我们有很好的 deal 资源。"

---

① 隋平，董梅. 私募股权投资基金：操作细节与核心范本［M］. 北京：中国经济出版社，2012：149-162.

② 鄂齐. 建立和完善风险投资退出机制的途径选择［J］. 党政干部学刊，2003（3）：20-21.

相关词汇：deal source（项目源）、project（项目）。

VC 是养猪型的财务投资人，而战略投资人的投资行为更像是收养儿子。他们如果认为一个企业对自己的长远发展战略有好处，投资后就会像收养一个儿子一样将其纳入自己的企业大家庭，被投资企业能否产生直接的投资回报倒是次要的。他们的投资行为更像是一个系统工程，所以他们把被投资企业称为"project"。

二、商业模式（Business Model）

例句："给我讲讲你们的 business model。""我觉得你们的 business model 有点问题。"

相关词汇：revenue model（收入模式）。

三、现金流（Cash Flow）

例句："你们的 cash flow 还太小。""不能产生 cash flow，怎么证明你的 business model？"

相关词汇：revenue（收入）、profit（利润）。

现金流是企业持续发展的现金流入源泉，只有产生现金流，才有可能产生利润（profit）；只有产生利润，企业才有继续发展的资本积累和存活下去的理由。通过 VC 融资、银行贷款、股东追加投入等渠道也是一种补充和辅助，在关键时候也是不错的现金流入渠道。

四、估值（Valuation）

例句："你们的 valuation 是多少？""我们给的 pre valuation 最多 6 个 million。"

相关词汇：pre-money valuation（投资前估值）、post-money valuation（投资后估值）。

估值就是用某种方法对公司的价值进行评估，以便 VC 投资后计算其在公司对应的股份比例。估值又可以分成两种：pre-money valuation 和 post-money valuation。Pre-money valuation 就是在 VC 的钱投进来之前，公司值多少钱，通常被简称为"pre-money"或"pre"。对应的，post-money valuation 就是在 VC 投资后之后，公司值多少钱，简称为"post-money"或"post"。Post 和 Pre 的关系其实很简单，post = pre + VC 的投资额。比如，如果一家公司融资 400 万元，VC 给的 pre-money valuation 为 600 万元，那么 post-money 就是 1 000 万元，VC 投资的 400 万元就可以占 40% 的股份，创始人团队占 60%（VC 简称为"Pre 6 投 4"）。

五、期权（Option）

例句："我们要预留一个 20% 的 option pool。""你们的团队现在有 option 吗？"

相关词汇：option pool（期权池）、vesting（期权兑现）。

在上面那个"Pre 6 投 4"的例子中，VC 给公司的 pre-money valuation 为 600 万元，投资 400 万元，post 就是 1 000 万元，VC 投资的 400 万元就可以占 40% 的股份。

那创业企业创始人就能够拿到剩余的 60% 股权吗？不能！因为通常创始人股权还要被期权稀释一部分。

大部分公司在拿到 VC 的投资之后，VC 都会要求公司设置一个 option pool（期权池），为以后招募的或者是以前的管理团队预留期权。期权就是允许持有者按照约定的价格（通常很低，可以忽略不计），在规定的时间内，购买一定数量的公司股份的权利。发放期权就会稀释其他股东的股份比例，但很多 VC 会要求在投资之前，企业就把这些期权预留出来。这样，在投资到位之后，管理团队在行使期权购买股份的时候，VC 的股份就不会被稀释了。在上面 "Pre 6 投 4" 的例子中，如果 VC 要求期权池大小为 20%，那么企业的股权结构为：VC 的股份比例仍然为 40%，20% 的未分配期权，创业企业创始人只持有 40% 的股份。

当然，创业企业创始人也是管理团队的一分子，也可以获得一部分期权来提高自己的股权比例。但有一个更好的做法：他可以跟 VC 说，20% 的期权池太大了，我们不需要招聘那么多管理人员。如果能够将期权池降低到 10% 就很棒了，这样创业企业创始人的股份比例就可以增加到 50%。

创业企业怎样才能吸引人才？如何让那些优秀的人才放弃 IBM、微软的工作而加入你的创业企业呢？不要说创业企业拿不出同等水平的薪酬，即便能够咬牙拿出更高一些的薪酬，这些人才可能还是更愿意留在知名的大企业里。创始人唯一能做的就是授予他们期权，让他们拥有一个发大财的想象空间。一般来说，对于副总级别的管理团队，一般授予 3%~5% 的期权，对于总监级别授予 1%~2% 的期权，甚至对于一些技术工程师，也要授予 0.5% 左右的期权。

期权通常不是一次性授予的，而是分几年逐步 vesting（兑现），目的是稳定团队。如果是分四年兑现，每年兑现 25%，那么，如果某人干满一年就想离开，那他至多也只能拿到他所有期权的 25%。这样，某人在离开之前就要考虑一下了：损失 75% 的期权划不划算？执行这 25% 的期权，就要掏钱购买公司股份，这又划不划算？

六、创始人（Founder）

例句："你们几个 founder 的背景和经验不错。" "你是 founder 还是职业经理人？"

相关词汇：entrepreneur（创业者）、team（团队）。

谁是企业的创始人？谁是参与创办企业的股东？谁是最早进入企业的员工？谁是第一位外部的天使投资人？对此，有人提出了一个非常简单的识别方法，那就是：如果一个企业最后成功了，很多人都可以从中受益，包括投资者和员工；但是如果一个企业失败了，最后挨骂、承担损失最大的那一个或者几个人，就是企业真正的创始人。

对于绝大多数创业企业来说，创始人通常是管理团队的核心。而对于 VC 来说，管理团队才是他们考察项目的重点，当然企业的市场地位和利润水平也很重要。ITAT、PPG、亚洲传媒等 VC 投资的企业最后失败，最重要的原因就是创始人出现了问题，这给 VC 行业也敲响了警钟。对于 VC 来说，"一流的团队、二流的创意和产品"要比"一流的创意和产品、二流的团队"更有吸引力。

七、市盈率（P/E）

例句："我们只能给 10 倍 P/E。""创业板的 P/E 都 100 多倍了，我们估值不能这么低吧？"

相关词汇：P/S（市销率）、Forward P/E（预测市盈率）。

市盈率是用公司市值（或每股价格）除以公司利润（或每股盈利）所得出的比率，其中这个 P 就是公司的每股价格（price），这个 E 就是每股盈利（earning）。上市公司的市盈率很容易查询和计算，拿上市公司当前的股票价格除以上年度的每股盈利即可。

VC 投资的目的是要获得投资退出及回报，而公司上市无疑是最理想的退出渠道。很自然的，上市公司在市场上的估值水平就是 VC 在做投资时最好的参考指标，尤其是那些处于成熟期、发展期的公司，这样的公司也是国内 VC 最喜欢的。

VC 给这种公司做估值时，常用"P/E 倍数"法（市盈率法），其计算公式如下：

投资后公司的估值（P）＝ P/E 倍数 × 上一个年度公司的利润（E）

如果某个行业的上市公司平均市盈率为 50 倍（目标退出市场），对于同行业、规模差不多的非上市公司，VC 一般认为其 P/E 倍数应该打折，至多 30 倍，如果这家公司还处于发展期，规模不够大，那在这个基础上还要再打折，就成了 15 倍左右了。这就是为什么很多做红筹架构，计划在美国或中国香港上市的公司，VC 只愿意给 10 倍左右 P/E 的原因。

在 2008 年国内 A 股从 6 000 多点暴跌之前，国内公司首轮融资的 P/E 大致在 10 倍，对于成长性差一些的传统企业，可能只有 5 倍左右。但现在环境不一样了，100 多倍的市盈率的创业板市场，把很多创业者的胃口吊起来了，有些创业者声称 30 倍都不愿意拿 VC 的钱。

如果某公司上一年的利润是 2 000 万元，采用 15 倍 P/E，投资后的估值就是 3 亿元。如果 VC 投入 3 000 万元，所占的股份就是 10%。

但处于早期和成熟期的公司，其估值方法是有很大差别的，"P/E 倍数法"只适用于成熟期或发展期的公司，而早期项目的估值一般不直接与股票市场挂钩，不太使用"P/E 倍数法"。因为早期公司可能没有利润，甚至没有收入，若用 P/E 倍数等方法来估值，就会得出公司价值为 0 或负值的荒谬结论。即使要使用"P/E 倍数法"，上述公式中也会用"投资后下一年度利润"代替"上一个年度公司的利润"，即：

投资后公司的估值（P）＝ P/E 倍数 × 投资后下一年度利润（E）

早期公司的价值主要取决于创业团队、商业模式、技术等非财务指标，是根据投资人对公司未来发展前景的判断进行的估值，也可以称之为"拍脑袋法"，通常也只有经验丰富的 VC 才有这个本事。

在 2008—2009 年的全球金融危机的环境下，全球股市的暴跌让大量成熟公司甚至即将上市的公司纷纷推迟上市，投资晚期项目的 VC 也纷纷收手。但投资早期项目的 VC 受外部环境的影响相对较小，融资的公司在估值上更符合其内在的价值了。

八、投资条款清单（Term Sheet）

例句："我们马上给你一份 term sheet。""我们已经拿到红杉的 term sheet 了！"
相关词汇：term（条款）。

Term sheet 是什么呢？它有个别名叫做"投资意向书"，篇幅长短不一，外资 VC 的 term sheet 通常有十几页，本土 VC 有的只有 3 页。Term sheet 中囊括了 VC 投资相关的所有关键条款的概要，VC 与被投资企业未来要签订正式投资协议、公司章程等文件的主要内容就来源于 term sheet。

Term sheet 是融资过程中一个重要的里程碑，VC 与被投资企业一旦签署了 term sheet，意味着双方就投资协议的主要条款已经达成一致意见，但并不意味着双方最后一定能达成投资交易。据统计，有 1/4～1/3 签了 term sheet 的项目最后也没有拿到 VC 的投资。但只有先签署 term sheet，VC 才会推动项目往前走，比如 VC 开始对企业进行详细的尽职调查、报投资决策委员会审批、起草正式投资协议，等等。

如果 VC 答应给你出 term sheet，一般可以认为它有诚意，愿意投资你这个项目。从理论上讲，在 term sheet 中，除了独家条款、保密条款之外，其他条款是没有法律约束力的，但一般双方从信誉角度上考虑，都会遵守诺言，信誉良好的 VC 是不会轻易地给你出 term sheet 的。企业可以同时与多家投资公司谈判 term sheet，但只能签署一份，另外，企业在与某 VC 的 term sheet 独家期之内，不能跟其他投资公司谈判新的 term sheet。

VC 跟你签了 term sheet 之后，就要正式开始对公司展开尽职调查工作。如果尽职调查结果让 VC 满意，同时它的投资决策委员会也批准了，下一步 VC 就会找律师来起草正式的投资协议。这个过程比较简单，律师要做的只不过是把已经谈好的 term sheet 中的条款变成严格的、完善的、规范的法律语言。

九、尽职调查（DD）

例句："下一步我们会去公司做 DD。""我把 DD 清单发给你，你准备一下材料。"
相关词汇：due diligence（尽职调查）。

VC 在跟创业者见面之后，如果对项目有兴趣，通常会做些简单的调查工作，主要是行业和市场方面的，这个时候 VC 基本上先相信创业者对公司本身的介绍。一旦 VC 真的对项目感兴趣，在跟创业者签署 term sheet 之后，就需要对公司进行全方位的尽职调查（DD）了。

VC 的尽职调查通常包括这几个方面：市场调查、业务调查、人员调查、财务调查、法律调查等。其中，市场、业务、人员方面的调查可能由 VC 内部的人来做，也可能会聘请外部的咨询顾问做。财务方面的尽职调查一般要请专业的审计师来做，法律方面通常由专业律师来完成。尽职调查一般需要几个星期的时间。当然也有些 VC 对企业的技术和市场很了解，又有丰富的管理经验，这样就只要几天仔细的现场调研就可以做出最终的投资决定。

十、首次公开发行（IPO）

例句："你觉得 5 年之内可以 IPO 吗？""没有机会 IPO 的项目，我们是不感兴趣的。"

相关词汇：M&A（并购）。

IPO 的全称是"首次公开发行"，跟之前公司把股份卖给 VC 的"私募发行"相对应，是指一家私人公司第一次把公司股份向公众出售。在首次公开发行完成后，这家公司就可以申请到证券交易所或报价系统挂牌交易，这个过程称为"上市"，有时也把 IPO 直接称为"上市"。

VC 基金的寿命期通常为 8~12 年，到期就要清盘结算。VC 的投资只有实现了退出，才能给基金的出资人分红；只有让出资人赚到钱了，VC 团队才有资格和号召力去募集新的基金，这些出资人才会继续给 VC 基金投资。

第三节　风险投资尽职调查

所谓尽职调查又称谨慎性调查，是指风险投资家在与目标企业达成初步合作意向后，经协商一致，在投资前对风险企业现状、成功前景及其管理层素质所做的独立调查。尽职调查的范围十分广泛，通常需要集中进行，时间一般为几个星期。通过尽职调查形成一份详尽的尽职调查报告供投资决策委员会审阅，并最终决定是否投资该风险企业。

根据美国尽职调查公司的定义，尽职调查可分为三个层次。第一层次是一般性询问，主要是对考察内容做一个全面的概括的了解，内容包括业务背景和人事背景审查、法律事务审查、财务声明审查等；第二层次是业务回顾，主要是审查过去的业务情况，内容包括业务回顾和价值评估、业务现状可行性考察；第三层次是管理考察，主要考察公司未来的发展前景，内容包括分析新产品和新的营销策略，考察新项目、新公司或新产品的启动条件，分析公司近期竞争策略和中长期发展战略，分析投资前景和成本效益情况等[①]。

一、风险投资尽职调查的原则

风险投资尽职调查的原则有以下几条：

（1）证伪原则：投资经理或专业顾问要站在"中立偏疑"的立场上，循着"问题—怀疑—取证"思路展开尽职调查，用经验和事实来发掘风险企业的投资价值。

（2）实事求是原则：要依据风险投资机构的投资理念和标准，站在客观公正的立场上对创业企业进行调查，如实地反映企业真实情况。

---

① 刘晓凯，张明. 全球视角下的 PPP：内涵、模式、实践与问题 [J]. 国际经济评论，2015（4）：53-67，5.

（3）事必躬亲原则：调查人员要亲临企业现场，进行实地考察，尤其是要与创业企业家进行接触与交流，必要时还要与企业的技术、财务、市场、管理人员进行交流，亲身体验和感受，而不是根据道听途说的信息来判断。

（4）突出重点原则：要重点强调创业企业的技术或产品特点，寻找项目未来的成长性、企业的竞争优势以及控制风险的能力，并抓住企业价值的潜力所在，避免陷入眉毛胡子一把抓的混乱境地。

（5）以人为本原则：在对企业的技术、产品、市场进行全面考察的同时，要重点研究管理团队的创新能力和管理能力。

（6）横向比较原则：对比国内外同行业企业发展状况，尤其是结合该行业已上市公司在证券市场上的表现进行比较分析，以发现创业企业的投资价值。

二、尽职调查的内容

在尽职调查的过程中，VC 不但会仔细参观企业，与企业的中高层管理人员交谈，还会发给企业一份从几页到几十页不等的尽职调查清单，要求公司提供企业的历史变更、重大合同、财务报告、财务预测、各项细分的财务数据以及客户清单、供应商名单、技术及产品说明和案例分析等。VC 可能还会咨询创业企业的供应商、客户、律师和贷款银行，乃至管理人员过去的雇主和同事等，以证明创业企业提供的信息是否可靠。具体见表 2-1。

表 2-1　尽职调查的内容

调查项目	尽职调查的一般内容
商业计划书	格式：内容、愿景、商业模式、营销策划、技术目标、财务规划
技术考察	技术架构、关联式数据库、应用代码、开发环境、资源、预算 资本支出：开发费用、运营费用、维护费用 员工：外部员工、内部员工 财务状况、开发进展、既往经验
管理层的演说	发音是否清晰、内容是否有说服力
现场考察	总部、分支机构、第一印象、企业文化
与其他人员沟通	管理层：前任雇主、老板、同行、下属、董事会成员、顾问、竞争对手、行业分析员 客户：现有客户、先前客户、目标客户 其他关系：审计师、法律顾问、银行、投资者
竞争形势	市场份额、增长势头、差异化、消费者购买动机、销售周期、定价策略
财务状况分析	实际 VS 预期、销量分析、杠杆分析、竞争分析
企业资质审查	审计报告和管理层报告、相关法律文件、相关监督文书、知识产权、保险、租约
投资谈判	条款、法定代表人、材料准备、完成调查、再审核

三、尽职调查的一般方法

尽职调查的一般方法：

（1）重视与企业投资部门的沟通。开展尽职调查之前，VC投资机构应事先与企业负责投资事宜的部门沟通，了解企业的基本情况，听取他们对尽职调查的意见及特别要求，以便顺利开展现场调查，并把握尽职调查的重点和核心。

（2）借鉴已有材料。有些目标企业在VC投资机构对其开展尽职调查前，往往已经过了其他VC机构的评估，不妨借鉴这类材料，通过独立、客观的再分析过程，找出疑点与问题，在调研时重点关注，提高尽职调查的效率。

（3）合理调整尽职调查清单内容。太过烦琐的尽职调查清单，容易引发强势创业企业的抵触情绪，特别是一些行业发展前景广阔、技术优秀、被很多资本追捧的企业。这时候，我们要做的就是合理调整尽职调查清单，保证重点内容突出、完整，又不烦琐、复杂，最好能把每一类调查清单的内容浓缩到1~2页，以表格的方式，简单明了地告诉企业你需要了解什么、需要企业提供什么东西，以便争取最先进场调查的机会。

（4）重视尽职调查清单的讲解。很多企业在融资前并未接触过尽职调查，所以VC投资机构尽职调查人员入驻企业后，应该向企业配合人员讲解清单内容，使配合人员更准确、清晰地提供企业资料；同时，尽职调查人员也可以在讲解的过程中，顺便向配合人员询问、了解企业情况。

（5）尽量索要电子文件。在与原版文件核对无误后，尽职调查人员应尽可能索要电子文档，在减轻工作量的同时，也能节约纸张，避免浪费。

（6）扩大实地访谈范围。在实地访谈的过程中，范围可以适当扩大，除了企业的管理层，还可以多走访企业的业务部门、生产部门、人事行政等后勤部门，向具体的操作人员单独核查，求证疑问事项的真实性，充分全面地了解公司情况。

以上方法具体参考图2-2。

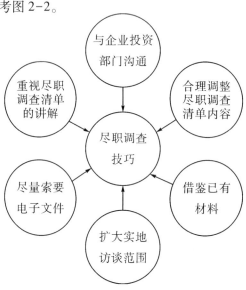

图2-2 尽职调查的一般方法

四、尽职调查的流程

具体到不同的公司，尽职调查流程也会不同。例如，上海某投资管理有限公司的尽职调查流程分为以下几个步骤：

（一）立项

项目通过审批（初审或内审）后，由项目总监发起，经项目总监签字同意后方可对该项目发起尽职调查工作。

（二）成立工作小组

根据项目尽职调查工作的需要，由项目总监确定项目尽职调查随行人员，如券商、会计师、律师，尽职调查时间及尽职调查行程等安排。

（三）撰写调查初期评价

调查人员撰写初期评价，签字后存入项目备忘录。初期评价应简要描述目标企业和项目概况并逐项评价，在陈述深入调查理由的基础上总结相关问题，为一期调查做准备。

（四）深入企业搜集/汇总资料

（1）基本情况分析。

（2）管理人员调查。

（3）业务与技术情况调查。

（4）同业竞争与关联交易调查。

（5）财务状况分析。

（6）业务发展目标调查。

（7）融资运用分析。

（8）风险因素及其他重要事项调查。

（9）根据实际需要的其他方面调查。

（五）撰写调查报告

由尽职调查团队根据实际调查情况进行分析并出具相关尽职调查报告，给出尽职调查结论。

（六）内部复核

由项目负责人、部门总监以及风险控制人员联合组成内部复核小组，对尽职调查报告和标的公司进行合规复核、风险控制审核。

（七）递交汇报

内部复核通过后，向 VC 投资银行总监汇报，递交复核报告。

（八）归档管理

VC 投资银行总监审核后，由管理部进行档案备案留底以及备份。

（九）参与方案设计

VC 投资银行总监安排投资银行部相关投资总监主导，项目部配合设计具体投资方案或企业辅导方案。

专栏

VC 尽职调查示例

（一）公司基本情况

1. 公司设立情况

了解公司注册时间、注册资金、经营范围、股权结构和出资情况，并取得营业执照、公司章程、评估报告、审计报告、验资报告、工商登记文件等资料，核查公司工商注册登记的合法性、真实性；必要时走访相关政府部门和中介机构。

2. 历史沿革情况

查阅公司历年营业执照、公司章程、工商登记等文件，以及历年业务经营情况记录、年度检验、年度财务报告等资料，调查公司的历史沿革，核查是否存在遗留问题；必要时走访相关政府部门和中介机构。

3. 公司主要股东情况

调查了解主要股东的背景，相互之间关联关系或一致行动情况及相关协议；主要股东和实际控制人最近三年内变化情况或未来潜在变动情况。

（二）管理人员调查

1. 管理人员任职资格和任职情况

调查了解管理人员的受教育经历、专业资格、从业经历及主要业绩，以及在公司担任的职务与职责。

2. 管理人员胜任能力和勤勉尽责情况

调查了解高管人员曾担任高管人员的其他公司的规范运作情况以及该公司经营情况，分析高管人员管理公司的能力。

分别与董事长、总经理、财务负责人、技术负责人、销售负责人（包括但不限于上述人员）就公司现状、发展前景等方面问题进行交谈，了解高管人员的胜任能力和勤勉尽责情况。

3. 高管人员薪酬及兼职情况

通过查阅三会（股东大会、董事会、监事会）文件、与高管人员交流、与发行人员工交谈等方法，调查公司为高管人员制定的薪酬方案、股权激励方案。

通过与高管人员交谈、查阅有关资料等方法，调查高管人员在公司内部或外部的兼职情况，分析高管人员兼职情况是否会对其工作效率、质量产生影响。

（三）业务与技术情况

1. 行业情况及竞争情况

根据公司主营业务及所属行业，了解行业监管体制和政策趋势，了解行业的市场环境、市场容量、进入壁垒、供求状况、竞争状况、行业利润水平和未来变动情况，判断行业的发展前景及行业发展的有利和不利因素，了解行业内主要企业及其市场份额情况，调查竞争对手情况，分析公司在行业中所处的竞争地位及变动情况。

2. 采购情况

通过与采购部门、主要供应商沟通，查阅相关资料等方法，调查公司主要原材料市场供求状况。取得公司主要供应商（至少前 10 名）的相关资料，计算最近三年向主要供应商的采购金额及所占比例，判断是否存在严重依赖个别供应商的情况，如果存在，是否对重要原材料的供应做出备选安排；取得同前述供应商的长期供货合同，分析交易条款，判断公司原材料供应及价格的稳定性。

3. 生产情况

取得公司生产流程资料，结合生产核心技术或关键生产环节，分析评价公司生产工艺、技术在行业中的领先程度。取得公司主要产品的设计生产能力和历年产量有关资料并进行比较，与生产部门人员沟通，分析公司各生产环节是否存在瓶颈制约。调查公司的生产工艺是否符合环境保护相关法规要求，调查公司历年来在环境保护方面的投入及未来可能的投入情况。现场观察三废（废水、废气、废渣）的排放情况，核查有无污染处理设施及其实际运行情况。

4. 销售情况

通过与公司销售部门负责人沟通、获取权威市场调研机构的报告等方法，调查公司产品（服务）的市场需求状况，是否有稳定的客户基础等。结合行业排名、竞争对手等情况，对公司主要产品的行业地位和市场占有率进行分析。了解公司对主要客户（至少前 10 名）的销售额占年度销售总额的比例及回款情况。

5. 核心技术和研发情况

调查公司拥有的专利，分析产品的核心技术，考察其技术水平、技术成熟程度、同行业技术发展水平及技术进步情况；核查核心技术的取得方式及使用情况，判断是否存在纠纷或潜在纠纷及侵犯他人知识产权的情形。关注专利的有效期及到期后对公司的影响，并了解公司具体的保护措施与效果。取得公司主要研发成果、在研项目、研发目标等资料，调查公司历年研发费用占主营业务收入的比重、自主知识产权的数量与质量、技术储备等情况，对公司的研发能力进行分析。

（四）同业竞争与关联交易调查

1. 同业竞争情况

通过询问公司及控股股东或实际控制人、实地走访生产或销售部门等方法，调查公司控股股东或实际控制人及其控制的企业实际业务范围、业务性质、客户对象、对公司产品的可替代性等情况，判断是否构成同业竞争，并核查公司控股股东或实际控制人是否对避免同业竞争做出承诺以及承诺的履行情况。

2. 关联方和关联交易情况

确认公司的关联方及关联方关系，通过与公司高管人员、财务部门和主要业务部门负责人交谈，查阅账簿、相关合同、会议记录、独立董事意见，发函询证，咨询律师及注册会计师意见，调查公司与关联方进行的关联交易。

（五）财务状况

1. 基本财务数据分析

根据公司历年财务报告，搜集能够反映公司财务基本状况的财务数据，如资产

（货币资金、应收账款、存货、对外投资、无形资产）、负债（银行借款、应付账款）、销售收入、销售成本、补贴收入、利润总额、净利润等。

2. 财务比率分析

计算公司各年度毛利率、资产收益率、净资产收益率、每股收益等，判断公司盈利能力。

计算公司各年度资产负债率、流动比率、速动比率、利息保障倍数等，结合公司的现金流量状况、在银行的资信状况、可利用的融资渠道及授信额度及或有负债等情况，判断公司的偿债能力。

计算公司各年度资产周转率、存货周转率和应收账款周转率等，结合市场发展、行业竞争状况、发行人生产模式及物流管理、销售模式及赊销政策等情况，判断公司经营风险和持续经营能力。

3. 纳税情况

查阅公司报告期的纳税资料，调查公司所执行的税种、税基、税率是否符合现行法律、法规的要求。

取得公司税收优惠或财政补贴资料，核查公司享有的税收优惠或财政补贴是否符合财政管理部门和税收管理部门的有关规定，分析公司对税收政策的依赖程度和对未来经营业绩、财务状况的影响。

4. 盈利预测

根据公司编制盈利预测所依据的资料和盈利预测假设，结合国内外经济形势、行业发展趋势、市场竞争状况，判断公司盈利预测假设的合理性。

对比以前年度计划与实际完成情况，参照公司发展趋势、市场情况，评价公司预测期间经营计划、投资计划和融资计划安排是否得当。根据了解到的公司生产规模和现有的生产能力，分析评价预测计划执行的可行性。

（六）业务发展目标调查

1. 发展战略

取得公司中长期发展战略的相关文件，包括战略策划资料、董事会会议纪要、战略委员会会议纪要、独立董事意见等相关文件，分析公司是否已经建立清晰、明确、具体的发展战略，包括战略目标，实现战略目标的依据、步骤、方式、手段及各方面的行动计划。

通过各种渠道了解竞争对手的发展战略，将公司与竞争对手的发展战略进行比较，并对公司所处行业、市场、竞争等情况进行深入分析，调查公司的发展战略是否合理、可行。

2. 经营理念和经营模式

取得公司经营理念、经营模式的相关资料，通过与发起人、高管人员及员工、主要供应商、主要销售客户谈话等方法，了解公司的经营理念和经营模式，分析公司经营理念、经营模式对公司经营管理和发展的影响。

3. 历年发展计划的执行和实现情况

取得公司历年发展计划、年度报告等资料，调查各年计划的执行和实现情况，分析高管人员所制订经营计划的可行性和实施计划的能力。

4. 业务发展目标

取得公司未来二至三年的发展计划和业务发展目标及其依据等资料，调查未来行业的发展趋势和市场竞争状况，调查公司未来发展目标是否与发展战略一致；分析公司在管理、产品、人员、技术、市场、投融资、购并、国际化等方面是否制订了具体的计划，这些计划是否与公司未来发展目标相匹配，是否具备良好的可实现性；分析未来发展目标实施过程中存在的风险；分析公司未来发展目标和具体计划与现有业务的关系。

（七）融资运用分析

通过查阅公司关于融资项目的决策文件、项目可行性研究报告、政府部门有关产业目录等方法，根据项目的环保、土地等方面的安排情况，结合目前其他同类企业对同类项目的投资情况、产品市场容量及其变化情况，对公司本次融资项目是否符合国家产业政策和环保要求、技术和市场的可行性以及项目实施的确定性等进行分析；分析融资数量是否与公司规模、主营业务、实际资金需求、资金运用能力及公司业务发展目标相匹配；核查公司是否审慎预测项目效益，是否已分别说明达产前后的效益情况，以及预计达产时间，预测基础、依据是否合理。

（八）风险因素及其他重要事项调查

1. 风险因素

通过网站、政府文件、专业报刊、专业机构报告等多渠道了解公司所在行业的产业政策、未来发展方向，与公司高管人员、财务人员、技术人员等进行谈话，取得公司既往经营业绩发生重大变动或历次重大事件的相关资料，并参考同行业企业发生的重大变动事件，结合对公司治理、研发、采购、生产、销售、投资、融资、募集资金项目、行业等方面的调查，分析对公司业绩和持续经营可能产生不利影响的主要因素以及这些因素可能带来的主要影响。对公司影响重大的风险，应进行专项核查。

2. 重大合同

通过公司高管人员出具书面声明、向合同对方函证、与相关人员谈话、咨询中介机构等方法，核查有关公司的重大合同是否真实、是否均已提供，并核查合同条款是否合法、是否存在潜在风险。对照公司有关内部订立合同的权限规定，核查合同的订立是否履行了内部审批程序、是否超越权限决策，分析重大合同履行的可能性，关注因不能履约、违约等事项对公司产生或可能产生的影响。

3. 诉讼和担保情况

通过高管人员出具书面声明、查阅合同、走访有关监管机构、与高管人员或财务人员谈话、咨询中介机构等方法，核查公司所有对外担保（包括抵押、质押、保证等）合同，调查公司及其控股股东或实际控制人、控股子公司、高管人员和核心技术人员是否存在作为一方当事人的重大诉讼或仲裁事项以及公司高管人员和核心技术人员是否存在涉及刑事诉讼的情况，评价其对公司经营是否产生重大影响。

47

第四节 风险投资条款清单解析

一、风险投资条款清单的概念

在项目融资阶段，如投融资双方能够就投资交易产生初步意向，一般会在尽职调查正式启动前，签订投资框架协议。投资框架协议也叫投资条款清单（term sheet，TS），它规定了正式投资协议中的关键性条款，但不具备法律效力。term sheet 是从国外引进的协议体系，其投资理念、融资工具、风险控制制度等与国内法律法规存在某些不契合现象。

投资条款清单的英文全称是 term sheet of equity investment。投资条款清单就是投资公司与创业企业就未来的投资交易所达成的原则性约定。如果要给投资条款清单一个更为中国化的名字的话，可以叫它"投资意向书"。投资条款清单中除约定投资者对被投资企业的估值和计划投资金额外，还包括被投资企业应负的主要义务和投资者要求得到的主要权利，以及投资交易达成的前提条件等内容。投资者与被投资企业之间未来签订的正式投资协议（share subscription agreement）中将包含合同条款清单中的主要条款。

投资框架协议有时也被称为投资条款清单、投资备忘录或投资意向书，通常情况下，除保密条款和排他性条款外，投资框架协议的其他内容并不具有法律约束力，但它们包含了该次投融资的主要条款，这些主要条款通常会作为后续谈判及合作的基础，并最终成为正式投资协议的一部分。当然，根据后续尽职调查和商业谈判情况，投融资相关主体也可以对前述主要条款进行适当的调整。

从理论上讲，条款清单并没有法律约束力，但一般双方从信誉角度上考虑，都会遵守诺言。因此虽然正式签订的投资协议中将就这些条款清单做进一步的细化，但不要指望有些条款可以在稍后的合同谈判中重新议定。

天使投资人和很多国内的投资公司（大多数的国有投资公司）的投资交易结构会比较简单，投资工具一般也只是普通股，一般也没有太多的限制条款。他们往往不签署投资条款清单，就直接开始尽职调查和合同谈判。而境外的投资公司在开始做尽职调查之前，可能会先提出一份报价书和详细的条款清单（letter of interest or/and term sheet）。

通常条款清单对双方都是非约束性的，目的是先约定好投资条款，免得最后不能达成一致意见浪费大家时间。但也有一些投资商先与融资企业签下条款清单，定好企业作价，锁定企业不得与别的投资公司谈投资事宜，但最后投资到位时间一再拖延，甚至不了了之。对于这种不道德的行为，企业家融资时须小心。

二、风险投资条款清单的一般内容

风险投资条款清单的一般内容有：

（1）交易框架。投资金额、投资估值、证券类型以及交割的先决条件。

（2）公司治理。董事会的构成以及任命，投资者保护性条款（protective provisions）。

（3）投资者的相关优先权。这包括但不限于优先购买权、跟售权、领售权、投资者知情权、优先清算权、优先股利、反稀释权、表决权（投资者的一票否决权）和强制回购权等权利。

（4）对创始公司和创始人的限制。这包括但不限于转让限制、员工期权、股权兑现以及排他期。

（5）其他一般性条款。这包括但不限于费用承担、保密以及约束力。

三、风险投资条款清单的主要条款解析

（一）估值条款

在股权投资实践中，双方一般都会在法律文本中列明目标公司的估值，以及估值的前提假设。估值条款是投资协议中最重要的条款之一，因为它直接影响着"谁控制公司"和"当公司被出售时，每个股东能够获得多少现金"这两个重要问题。这两个重要问题的核心是控制权及收益权，是投资者最为看重的两个方面。

估值条款中的"估值"一词，通常有"投资前估值"（pre-money valuation）和"投资后估值"（post-money valuation）两种表述。"投资前估值"是目标公司接受投资前的估值，"投资后估值"是目标公司接受投资后的估值，等于投资前估值加上新的投资额。

估值条款通常会同时约定股权投资基金的投资方式。创业投资基金通常以可转换优先股、可转换债券或者是普通股为投资工具，以目标公司增资方式进行投资。并购基金更多地采用普通股工具，以受让目标公司原有股权方式进行投资。在实践中，可能存在同时使用多种投资方式的情况。

1. 创始人在确定一个合理的融资数额的时候需要考虑的因素

（1）避免生存危机：多融资

第一，公司的发展可能遇到没有预计到的挫折。也许是产品开发延误、质量问题、某重要客户破产、新竞争者出现、公司因知识产权被起诉、核心员工离职等。

第二，融资窗口在公司需要钱的时候不一定能打开。不同的时期，投资人对不同类型的行业、不同阶段的公司有兴趣。如果他们不感兴趣，融资窗口就关闭了，创始人通常很难说服他们，因为 VC、私募股权投资机构（PE）投资也是有跟风效应的。比如最近几年的团购公司，如果融资不足，可能无法获得后续融资，就会被洗牌。

第三，有些完全不可预期的灾难会发生。比如国家政策变化、经济危机、地震等，可能会导致公司融资窗口长期关闭。

这些因素会让创始人尝试尽量多融资，这样公司才会有充足的现金，一旦公司遇到意外的情况，也不至于账上没钱。

（2）达到经营里程碑：多融资

通常，创始人至少要融到足够 1 年使用的资金，或者融资额能够保证公司发展

到下一个重要里程碑之后 6 个月。对于不同的公司而言，"里程碑"可能是推出新产品，也可能是产生收入。之所以需要这个时间长度，主要是考虑到创始人要给自己足够的时间来使用这笔资金，做出一定的业绩，并且要为后续融资到位预留一定的时间窗口。融资过程比较麻烦，要应付不同的投资人、一大堆会议、尽职调查等，会消耗大量的时间和精力。因此，没有必要第一轮融资一结束就迅速开始进行第二轮融资。

（3）少稀释股权：少融资

第一轮融资少一点，股权少稀释一些，那么在后续轮融资时，公司的估值会提高，多轮融资使公司的平均估值提高，创始人的股权也会被少稀释一些。

举个简单的例子：假设公司总共需要 \$20M 就可以实现不错的退出，创始人可以选择：

情况一：按投资前估值 \$10M，融资 \$20M，创始人出让 2/3 的股份；

情况二：

分三轮融资：

a. 第一轮按投资前估值 \$10M，融资 \$5M，创始人出让股份 1/3，剩余股份 2/3；

b. 第二轮按投资前估值 \$25M，融资 \$5M，创始人出让股份 1/9（2/3×5/30），剩余 5/9；

c. 第三轮按投资前估值 \$50M，融资 \$10M，创始人出让股份 5/54（5/9×10/60），剩余 25/54。

（4）当心投资人的优先清算权：少融资

如果 VC、PE 投资后公司被收购，那么当初融资越多，就需要以越高的价格出售，否则投资人拿走其一定倍数优先清算的额度之后，就很难给创始人和员工留下什么了。换句话说，创始人向 VC、PE 融资太多的话，会让公司在并购机会来临时，难以以较低的价格成交。

如果创始人认为公司非常有可能被收购，而且收购价格不会太高，那么从自身回报的角度看，融资数额少一些是个好主意。

（5）当心降价融资：少融资

创始人融资的时候总是希望获得最高的估值，这样他们就能出让最少的股份来获得最多的资金。但是，融资太多（公司估值太高），后续融资愿意跟进的 VC、PE 会很少。如果下轮估值上升，跟进的投资机构更少，迫使当前投资人继续追加投资或公司可能必须要降价才能融资。因为大部分 VC、PE 都会要求签订反稀释条款，降价融资对创始人来说是非常痛苦的，因为他们会损失大量的股份。有这个条款的存在，创始人就会选择适当的估值，保证公司后续的估值不断上升。

降价融资具有很大的破坏力，不仅会大大影响创始人的股份比例，还会影响公司的整体士气和创始人与投资人之间的关系。

2. 投资人在投资数额上的考虑因素

对于投资人来说，考虑到以下因素，他们也会在投资数额上面临两难选择：

（1）扩大投资组合：限制投资数额

投资人对所投资的公司并不是完全了解（肯定不如创业企业家了解得多），并且每个公司都有各自的经营风险，这就导致 VC、PE 要分散投资，降低单个投资对基金整体的风险。因此，VC、PE 对于单个公司的投资数额会控制在一定范围之内，以便建立一个大的、分散的投资组合。

（2）给其他投资人机会：限制投资数额

VC、PE 投资时，很多时候会希望有其他机构一起跟投，这样就需要给其他投资人一些投资额度。更多的 VC、PE 来关注和了解同一个公司，可以降低"看走眼"的风险。另外，更多的投资机构可以组建更出色的董事会，给予公司更多经营上的帮助。

（3）投资成本：扩大投资数额

每投资一个项目，VC、PE 都需要花费大量的时间和金钱，如果他们认为某个项目值得投资，他们就会尽量多投资，这样才对得起这些付出的成本。如果不是这样，他们就要花费更多的时间和金钱去寻找更多的好项目。

（4）基金回报：扩大投资数额

如果 VC、PE 确信某个项目能够成功，他们也会尽量多投资，这样就能够提升整个基金的回报水平。

创业企业家和投资人都面临不同的考虑因素，有经验的、有良好声誉的 VC 对于合理的融资额度有一定的职业感觉，并且能够跟创业企业家一起商定一个合适的融资额度。

（二）领售权

1. 领售权条款的内涵与作用

领售权（drag-along rights），一般也被称为强制随售权、拖带权、强卖权等。是指 VC 强制公司原有股东参与投资者发起的公司出售行为的权利，VC 有权强制公司的原有股东（主要是指创始人和管理团队）和自己一起向第三方转让股份，原有股东必须以 VC 与第三方达成的转让价格和条件，参与到 VC 与第三方的股权交易中来。这个条款通常是在有人愿意收购而某些原有股东不愿意出售时运用，因为这个条款使得 VC 可以强制出售公司。

2. 领售权条款的出发点

（1）创始人与投资人理念发生根本冲突

对于创始人而言，其对于公司有极深的感情，通常希望不论在何种情形下，都能与公司一起成长，风雨同舟。

对于财务投资人来说，大多数财务投资人为基金，基金均有投资期和退出期，有退出时间的压力，更有为其自身有限合伙人争取最大投资利益回报的压力。所以财务投资人的根本理念是追求最短时间获得最大投资回报，没有过多时间与公司一起成长。

对于战略投资人来说，其投资目的是业务、资源整合，为自身产业链服务，也很希望未来有机会通过整体出售直接购买公司全部股权，更好地实现资源整合。

因此，创始人与投资人可能会发生这一根本理念的冲突，使得即使是在创始人和投资人初始结合的蜜月期，投资人也要将"丑话说在前面"，以便在未来出现整体出售公司的机会时，可以通过领售权条款，保障未来的退出权。

（2）整体出售是投资人退出的重要形式

其实，公司整体出售是风险投资机构退出的常见方式之一，这主要是因为基金的寿命普遍不长，没有耐心或者没有信心能够一直陪着公司在申请上市的马拉松赛道上奔跑，且公司能否上市也受到资本市场波动、监管部门的态度等许多因素的影响，存在极大的不确定性。而直接转让投资人持有的部分股权，尤其是公司上市短期内无望的情况下，不一定能够顺利找到下家。只有整体出售公司，对于第三方买方来说，才是比较有吸引力的。因为第三方买家可以通过重新整合原有公司的业务、人员和资源，达到自身的商业目的。有鉴于此，整体出售是一种投资人退出的重要形式，投资人当然不希望在这一机会来临时，因创始人或其他股东的阻挠而无法实现，因此希望通过签订领售权条款来保障自身的退出权。因此，领售权条款在风险投资领域非常常见，几乎是标准条款。

3. 领售权条款的一般标准构成要素

（1）约定领售发起人

在风险投资条款中，有权执行领售权条款，拖拽其他股东一起出售公司的权利主体通常是起主导作用的投资人。

①优先股股东有权拖售

在投资者比较强势的情况下，比较常见的情况是超过50%股份或者超过2/3的投资者同意，即可发起；在有的情况下，考虑到各轮融资的估值差异可能很大，为平衡各轮投资者的权益，设置需要多数A轮投资者、多数B轮投资者、多数C轮投资者共同发起。在此情况下，持股比例较小的投资人也可能被拖售，这是投资人之间利益博弈后在协议层面的一种体现。

②优先股股东与创始人有权共同拖售

在公司的发展比较被看好，创始人比较强势的情况下，一般需要投资者大多数+创始人同意方可发起。在这种情况下，基本还原了领售权条款的原型和本质，即是大股东拖拽小股东一起出售，而不是优先股拖拽包括普通股在内的其他大多数股东出售。

③董事会批准

在创始人比较强势的情况下，创始人还会要求增加董事会批准条款，以增加启动领售权条款的难度。增加董事会批准这道门槛，不仅仅使得创始人作为董事有机会决定是否出售，更能够督促投资人董事在尽到诚信义务的情况下，做出有利于公司的出售决定，而非有利于个别股东。

（2）约定触发事件

在很多项目中，还对领售权的生效设置了两个维度标准：

①时间标准，约定领售权仅在自本轮融资交割起若干年后方可行使。

②估值标准：设定出售价格不低于最低公司整体估值的金额，或出售价格超过

了本轮融资后估值的若干倍数。也有不少项目将时间标准及估值标准加以糅合，如"自本轮融资交割起 3 年后，公司出售时的每股价格不低于本轮融资时每股价格的 3 倍"，方可启动领售权，进一步提高了本条款的启动门槛。

设置时间门槛的初衷是确保投资人进来并不只是随时想着通过领售权条款退出，至少给创始人一个期限一起把公司经营好，只有在超过一定时间后，投资人对于公司发展看不到任何希望之时才能启动该条款。而估值标准设置的初衷是为了确保在被拖售的情况下创始人有一个基本的回报，不至于眼睁睁地看着投资人拿走优先清偿额后自己却两手空空。

（3）约定转让对象

通常会限定未来出售事件中的买方不得是投资者的关联方，以防止投资者滥用该条款，强迫其他股东向其关联方低价出售公司。

很多战略投资者出于业务整合的需要，希望未来在目标公司发展较好的情况下，能够全资收购该公司，因此希望在领售权条款中明确约定交易的买方也包括投资人的关联方。虽然中国法律对于该等约定的合法性没有任何规定，但是根据公司法的精神，公司的行为要在公司的整体利益与少数股东利益之间做出平衡，不能实施不公平的损害少数股东利益的行为。所以公司股东或其关联方发起的领售权要约，未来如果真的有纠纷，可能法院在审理中会更加关注该类交易的公平合法性。

（4）程序通知

领售权条款一般需要写明行使领售权时领售权人需要提前履行提前通知的程序，包括按照协议规定的时间和程序将该类收购要约及条件通知其他股东。这一条虽然属于程序性规定，而且很多协议中约定得非常简单，甚至没有约定，但其实不可忽视。

（三）董事会席位与一票否决权

一票否决权原则上设置于被投资企业董事会层面，通常仅向少数领投机构或对企业发展具有重要意义的机构赋予委派董事以及"一票否决权"的权利。在实践中，通常（单独或合计）持股比例超过 10% 的投资者方才有权委派一名董事。而对于出资较少的跟投方，可以考虑不授予董事会席位，或仅授予董事会观察员（可出席董事会会议，但不参与董事会表决）席位。

根据我国公司法的规定，有限责任公司作为兼具人合性与资合性的组织形式，法律对其决策管理机构的议事方式与表决程序未做出过多限制，更多的是交由公司股东们自行协商确定。而鉴于股份有限公司较强的资合性，我国公司法对股份有限公司董事会的议事表决程序做出明确规定。《中华人民共和国公司法》第一百一十一条规定："（股份有限公司）董事会会议应有过半数的董事出席方可举行。董事会做出决议，必须经全体董事的过半数通过。董事会决议的表决，实行一人一票。"

在与投资机构确定"一票否决权"的适用范围的时候，被投资企业应当充分考虑投资机构对公司的发展战略认可与否，彼此间业务、生态是否存在潜在的利益冲突以及该设置对于企业未来发展的潜在影响①。

而在当前的实践中，投资机构倾向于纳入一票否决权适用范围的决议事项通常包括以下内容（根据具体企业所处行业与发展阶段会有特殊要求）：

（1）标的公司或其子公司章程的修改；

（2）标的公司或其子公司的终止、解散、破产或清算；

（3）标的公司或其子公司注册资本的增加、减少或其他变更；

（4）标的公司或其子公司的合并、合资、分立或其他重组或控制权变更（包括新设子公司等）；

（5）标的公司或其子公司的董事会人数变化以及董事长人选的确定；

（6）标的公司或其子公司的分红或股权回购；

（7）已批准的年度计划和预算之外每年特定金额以上的重大股权或资产处置（包括知识产权）以及提供担保权益等；

（8）金额超过标的公司上一年度净资产的特定比例的并购、分立以及对外投资；

（9）管理层责任和薪资的重大变化；

（10）法律法规、公司章程中规定的其他事项。

（四）管理层雇佣条款

管理层雇佣条款包括解雇、撤换管理层并回购其股份的种种情况。激励机制中股权和期权安排最大的缺陷是拥有较大比例的股权和期权的管理者很有可能偏好从事收益很高但风险也很大的项目或业务。在私募股权投资人看来，这种风险不符合其"持股—增值—出售"的投资战略，因此需要制定管理层雇佣条款来惩罚那些经营业绩差的管理者，以限制管理层偏好风险的倾向。

（五）反稀释条款

反摊薄条款（anti dilution provisions）也称为"反稀释条款"，其本质上是一种价格保护机制，适用于后轮融资为降价融资（down round）时，以保护前轮投资者利益。所谓降价融资，即目标公司后续融资时，后轮投资者认购价格较前轮投资者认购价格更低的情形。降价融资通常是由于目标公司经营业绩变差，也可能出现企业实际控制人以稀释投资方股权为目的而进行降价融资。

在股权交易实践中，反稀释条款可避免投资者因目标公司进行降价融资而股权被严重稀释，直至被淘汰出局。因此，反稀释条款对保障投资人的股权利益及后续战略退出至关重要。

常见的反稀释条款有反股权比例稀释和反股权价格稀释。

反股权比例稀释是为了防止在企业后续降价融资时股份份额贬值而采取的保护措施。例如，优先股按照 4 元/股的价格发行给投资人，初始转换价格为 4 元/股。后来公司决定将每一股拆分为 8 股，则新的转换价格为 0.5 元/股，对应每 1 股优先股可以转换为 8 股普通股。

---

① 邓捷. 我国信托公司受托人义务的制度再造研究 [D]. 成都：西南财经大学，2024.

反股权价格稀释是为了防止企业在进行降价融资时，投资者的股权价值被降低。例如，原投资人在企业 A 轮融资时投资 200 万人民币，获得 10% 的股权，则每 1% 的股权价格是 20 万人民币。公司进行新一轮融资时，新投资人以 200 万人民币的价格获得 20% 的股权，则此时每 1% 的股权价格为 10 万人民币，那么原投资人所持的 10% 的股权原来价值 200 万人民币，现在只值 100 万人民币，所持股权贬值了，原投资人的利益自然受损。

（六）优先分红权条款

优先分红权是指公司在宣告分派红利时，优先股股东有权优先于普通股股东取得红利的权利。优先分红权的设计可以较好地抑制创始股东分红，最大限度地保障投资者收益的实现[①]。

公司红利分派顺序如下：

首先向 A 类优先股股东支付相当于其入股价格 n 倍的金额（加累计股息与已宣布但未支付的股息）。剩余财产分配给普通股股东。

（七）回售权条款

1. 回售权的定义及其履行

回售权（put option）是指满足协议约定的特定触发条件时，股权投资基金有权将其持有的全部或部分目标公司股权以约定的价格卖给目标公司创始股东或创始股东指定的其他相关利益方。

在触发条件具备后，投资人可以要求目标公司创始股东或创始股东指定的其他相关利益方按协议约定的价格回购投资人的全部或部分股份。

2. 触发回售权的条件

一般有业绩指标触发条件和非业绩事件触发条件。具体如业绩不达标；未及时改制/申报上市材料/实现 IPO；原始股东丧失控股权；高管出现重大不当行为等。

3. 回售权条款的功能

（1）通过行使回售权达到估值调整的目的。

（2）触发条件具备时，回售权条款可以保障股权投资基金的投资流动性，从而获得畅通的退出渠道。

4. 构成要素

（1）回售条件

回售分为无条件回售和有条件回售。无条件回售是指无特别指定原因设定回售。有条件回售是指公司股票价格在一段时期内连续低于转股价格并达到某一幅度时，可转换公司债券持有人按事先约定的价格将所持债券卖给发行人。因此如果股价下降幅度没有满足回售条件的话，投资者利益也很难得到保障。

通常的做法是，当标的股票的价格在较长时间内没有良好的表现，转股无法实现时，可转换公司债券持有者有权按照指定的收益率将所持债券卖给发行人。由于

---

① 凌士显，凌鸿程，于岳梅. 宗教传统与上市公司分红行为研究：基于中国上市公司经验数据的实证检验［J］. 金融发展研究，2019（6）：1-10.

收益率一般远高于可转换公司债券的票面利率，因此投资者的利益能得到很好的保护①。

（2）回售时间

回售时间根据回售条件分为两种，一种是固定回售时间，通常针对无条件回售，它一般定在可转换公司债券偿还期的1/3或1/2之后时，10年期以上的可转换公司债券回售时间大多定在5年以后，国内可转换公司债券也有在可转换公司债券快到期时回售的，所起的作用与还本付息相似，如机场转债。另外一种不固定回售时间，针对有条件回售，指股票价格满足回售条件的时刻。

（3）回售价格

回售价格通常是事先约定的，它一般比市场利率稍低，但远高于可转换公司债券的票面利率，使得可转换公司债券投资者的利益受到有效的保护，降低了投资风险，因此附有回售条款的可转换公司债券通常更受投资者的欢迎。

（八）共同出售权条款

共同出售权条款又称依托权条款，是指被投资企业股东特别是初始股东在向第三方转让股份时，投资人有权按出资比例以初始股东与第三方达成的价格与条件参与到该项交易中，与初始股东一起向第三方转让股份。

共同出售权条款可以有效保障投资人的撤退机会，但我国公司法明文规定公司股东之间做出的任何约定，不得对抗第三人，因此共同出售权条款对第三方没有约束力。但我们在设计时可以约定初始股东出让股份必须经过投资者同意，否则不得出让股份。

（九）对赌协议/估值调整条款

对赌协议通常作为投资协议的补充协议存在，由风险投资机构与创业企业的实际控制人签订，它具有激励和保护的双重职能。对赌协议产生于企业融资的实践过程中，当投融资双方达成融资协议时，往往会附带对赌协议条款。融资方通常会高估自己的能力，过于夸大企业的美好前景，而对风险避重就轻。相对于融资方而言，投资方更倾向于做出谨慎的投资决策。再加上信息不对称的客观存在，投资方很难甚至不可能掌握企业的全面信息，因此会低估企业的价值。对赌协议作为协调投融资双方不同利益导向的协调机制，动态地考虑了企业的收益权或控制权的归属，从而增加了融资协议的公平性与合理性。

对赌协议作为一种估值调整机制，协调了投资者与管理层（或者原大股东）双方的不同利益诉求。首先，融资者通过相应的条款设计，例如赎回条款、限制条款等保障了自身的利益；其次，通过动态判定企业的收益权或者控制权归属的方式，管理层的积极性得到了极大的提高，管理层必须尽心尽力以达到评判标准，否则就很有可能会失去对企业的控制权或收益权；最后，这一机制将双方的共同利益折中于企业的价值创造，有利于企业价值的提升。

该机制的触发条件是目标公司的实际业绩未达到事先约定的业绩目标，或发生

① 徐子尧，牟德富. 我国上市公司可转换债券融资研究：基于契约设计的视角［J］. 经济经纬，2010（2）：147-151.

特定事件（如公司未在约定时间前实现 IPO、原大股东失去控股地位、高管严重违反约定等）。

估值调整机制触发后，由被投资企业创始股东或其他利益方按照协议约定的计算规则向股权投资基金以现金或股权方式提供补偿。估值调整机制也因此分为"现金补偿类"和"股份补偿类"两种。其中，现金补偿通常通过行使回售权来实现，股份补偿则可以通过股东间以较低的名义价格进行股份转让或调整优先股与普通股之间的转换系数来实现。

（十）优先清算权

优先清算权（preferred liquidation）一般是指公司被卖掉或者被清算；"preference"指优先股股东在清算的时候有权把他们的钱先拿出来。优先清算权是 term sheet 中一个非常重要的条款，决定公司在清算后"蛋糕"怎么分配，即在发生被投资公司清算的情况下，偿付债务后的清算财产，优先由投资人分配（投资金额加上一定的回报），分配后的余额由投资人和其他股东根据股份比例再次分配。

例如，A 轮（series A）融资的 term sheet 中，规定 A 轮投资人即 A 系列优先股股东（series A preferred shareholders）能在普通股（common）股东之前获得多少回报。同样道理，后续发行的优先股（B/C/D 等系列）优先于 A 系列和普通股。也就是说投资人有权在创业者及其团队之前收回他们的资金。

通常所说的清算优先权由两个部分组成：优先权（preference）和参与分配权（participation）。

参与分配权，或者叫双重分配权（double dip）有三种：无参与分配优先清算权（non participation）、完全参与分配优先清算权（full participation）、附上限参与分配优先清算权（capped participation）。

1. 无参与分配优先清算权

在公司清算或结束业务时，A 系列优先股股东有权优先于普通股股东获得每股 X 倍于原始购买价格的回报以及宣布但尚未发放的股利（清算优先权）。这就是实际的清算优先权，其退出回报如图 2-3 所示。

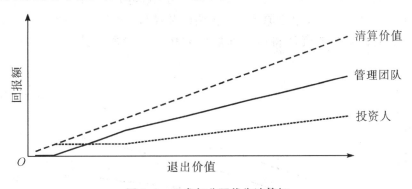

图 2-3 无参与分配优先清算权

（1）当公司退出价值低于优先清算回报时，投资人可以拿走全部清算资金。

（2）当公司退出价值按投资人股份比例分配的数额高于优先清算回报时，投资人将优先股转换成普通股，跟普通股股东一起按比例分配。

（3）当公司退出价值介于以上两者之间时，投资人可以拿走约定的优先清算回报额。

在普通股股东获得利益分配之前，投资人要获得原始投资一个确定倍数的回报。在过去很长的时间里，标准的是"1倍"（1X）清算优先权。现在大部分情况是1倍（1X）至2倍（2X）。

2. 完全参与分配优先清算权

完全参与分配优先清算权的股份在获得清算优先权的回报之后，还要跟普通股一起按比例分配剩余清算资金。在支付给A系列优先股股东清算优先权回报之后，剩余资产由普通股股东与A系列优先股股东按相当于转换后股份比例进行分配。其退出回报如图2-4所示。

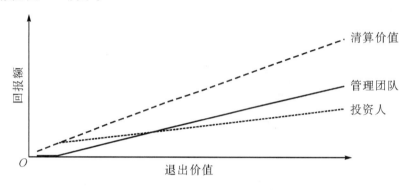

图 2-4　完全参与分配优先清算权

3. 附上限参与分配优先清算权

附上限参与分配优先清算权表示优先股按比例参与分配剩余清算资金，直到获得特定回报上限。在优先权条款后会附加以下条款：

参与权：在支付给A系列优先股股东清算优先权回报之后，剩余资产由普通股股东与A系列优先股股东按相当于转换后股份比例进行分配；但A系列优先股股东一旦其获得的回报达到X倍于原始购买价格以及宣布但尚未发放的股利，将停止参与分配。之后，剩余的资产将由普通股股东按比例分配。其退出回报如图2-5所示。

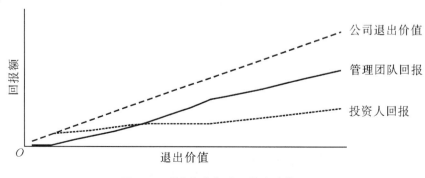

图 2-5　附上限参与分配优先清算权

这里一个有意思的问题是原始购买价格倍数（X）的真实含义。如果参与分配倍数是 3（3X）（3 倍的初始购买价格），表示一旦获得 300% 的初始购买价格的回报（包括优先清算的回报），优先股股东将停止参与分配剩余资产。如果清算优先权是 1 倍（1X）回报的话，参与分配权的回报不是额外的 3 倍，而是额外的 2 倍。也许是因为参与权跟优先权的这种关系，清算优先权条款通常同时包含优先权和参与分配权的内容。

（十一）保密条款

保密条款是指除依法律或监管机构要求的信息披露外，投融资双方对在股权投资交易中知悉的对方商业秘密承担保密义务，未经对方书面同意，不得向第三方泄露。

保密义务是双方共同的义务。对股权投资基金而言，其在投资过程中知悉的目标公司的非公开的技术、产品、市场、客户、商业计划、财务计划等信息通常均属于商业秘密；对目标公司而言，其在融资过程中所知悉的股权投资基金的非公开的尽职调查方法与流程、投资估值意见、投资框架协议及投资协议条款等信息通常均属于商业秘密。

通常，保密条款应列明保密信息的具体内容、保密期限及违约责任。

（十二）排他性条款

排他性条款，通常是指投资框架协议中的条款，它要求目标公司现任股东及其任何任职职员、董事、财务顾问、经纪人或代表公司行事的人在约定的排他期内不得与其他投资机构进行接触，从而保证双方的合作时间和经济效率。排他性条款中的排他期由双方约定，通常为几个月。同时，投资方如果在协议签署之日前的任何时间决定不再执行投资计划，应立即通知目标公司，排他期将在目标公司收到上述通知时立即结束。

第五节　风险投资价值创造

一、管理费及分成

出资人从投资中获得的回报可以称为"净回报"（net return），是出资人的投资业绩考核指标。而 VC 的投资能力，即从投资中获得的回报，可以称为"毛回报"（gross return）。两者之间的差异在于：VC 的管理费和投资利润分成。

首先，VC 公司管理 VC 基金要收取管理费，用于 VC 公司日常运营及人员薪酬。管理费是基金总额的一个比例，大规模基金约为 1.5%，小规模基金约为 2.5%。管理费在基金存续期间每年收取，但收取比例在基金成立 5 年后会逐渐下降，因为基金投资工作大部分已经完成。由于存在管理费，所以 VC 能够用于投资的资金是会小于基金总额的。

其次，如果投资有利润，VC 公司要获得利润分成，大部分 VC 要求 20%，也有要求 25% 甚至 30% 的。有人认为越好的 VC 要求的比例越高，但事实并不一定都是如此。分成只是针对利润，如果 VC 基金没有投资利润，就不需要支付分成。就是说只有在 VC 给出资人分配的收益超过出资人承诺的基金总额之后，VC 才跟出资人一起分配投资收益。

比如上述 $100M 规模、10 年期的基金，假设管理费为每年 2%，利润分成比例为 20%，则 10 年的管理费合计为 $20M，可供 VC 投资的资金总额只有 $80M。一旦 VC 有退出案例，获得的投资收益先分配给出资人，只有在出资人累计获得的收益超过 $100M 之后，后续的退出案例收益，VC 才会分配 20%，剩下的 80% 仍要分配给出资人。

将上述案例模型进一步细化，如表 2-2 计提管理费用的回报模型。

表 2-2　计提管理费用的回报模型

（资金单位：$1 000 000）	第 1 年	第 2 年	第 3 年	第 4 年	第 5 年	第 6 年	第 7 年	第 8 年	第 9 年	第 10 年	合计
LP 投资的资金 / $	15.00	20.00	20.00	25.00	20.00	0.00	0.00	0.00	0.00	0.00	100.00
管理费率/%	2.50	2.50	2.50	2.50	2.25	2.00	1.75	1.50	1.50	1.00	
管理费数额/ $	2.50	2.50	2.50	2.50	2.25	2.00	1.75	1.50	1.50	1.00	20.00
投资额/ $	12.00	16.50	17.50	17.50	11.75	2.50	2.25	0.00	0.00	0.00	80.00
VC 获得的退出额/ $	0.00	0.00	0.00	0.00	0.00	20.00	40.00	60.00	75.00	30.00	225.00
投资利率分成比例/%	20.0%										
VC 获得投资收益分成/ $	0.00	0.00	0.00	0.00	0.00	0.00	0.00	4.00	15.00	6.00	25.00
LP 获得的收益 / $	0.00	0.00	0.00	0.00	0.00	20.00	40.00	56.00	60.00	24.00	200.00
LP 现金流/ $	-15.00	-20.00	-20.00	-25.00	-20.00	20.00	40.00	56.00	60.00	24.00	100.00
LP 回报倍数及 IRR①	2.00 倍	14.8%									
VC 现金流/ $	-12.00	-16.50	-17.50	-17.50	-11.75	17.50	37.75	60.00	75.00	30.00	145.00
VC 回报倍数及 IRR	2.81 倍	22.4%									

上述案例模型补充假设：

——管理费率从 2.50% 逐年下降至 1.00%；

——VC 在前 7 年完成全部投资；

——VC 从第 6 年开始实现投资案例退出；

——利润分成比例为 20%。

如表 2-2 所示，此 $100M 基金的运营情况如下：

---

① 内部收益率（internal rate of return，IRR）又称财务内部收益率（FIRR）、内部报酬率、内含报酬率。所谓内部收益率，就是使得项目流入资金的现值总额与流出资金的现值总额相等的利率，换言之，就是使得净现值（NPV）等于 0 时的折现率。

——基金总额：$100M；

——管理费合计：$20M；

——投资总额：$80M；

——投资收益（退出价值）：$225M；

——基金投资利润：$125M（$225M－$100M）；

——收益分成：$25M（$125M*20%）；

—— VC 的毛回报：2.81 倍（$225M/$80M）；

—— VC 的毛 IRR（内部收益率）：22.4%；

—— LP 的净回报：2.00 倍（$225M－$25M）/$100M；

—— LP 的毛 IRR：14.8%。

我们可以看到，VC 获得 2.81 倍回报，而 LP 的回报则只有 2 倍。

二、最低回报率

在上述案例中，假设出资人在收回基金总额之后，就跟 VC 分配剩余的收益，但很多出资人会要求一个最低回报率，即只有在收回基金总额并获得最低回报之后，才跟 VC 分配剩余的收益。假定出资人要求的最低回报率是 20%，那么表 2-2 就变为表 2-3 考虑最低回报率的模型。

表 2-3　考虑最低回报率的模型

（金额单位：$1 000 000）	第1年	第2年	第3年	第4年	第5年	第6年	第7年	第8年	第9年	第10年	合计
LP 投资的资金/$	15.00	20.00	20.00	25.00	20.00	0.00	0.00	0.00	0.00	0.00	100.00
管理费率/%	2.50%	2.50%	2.50%	2.50%	2.25%	2.00%	1.75%	1.50%	1.50%	1.00%	
管理费数额/$	2.50	2.50	2.50	2.50	2.25	2.00	1.75	1.50	1.50	1.00	20.00
投资额/$	12.00	16.50	17.50	17.50	11.75	2.50	2.25	0.00	0.00	0.00	80.00
VC 获得的退出额/$	0.00	0.00	0.00	0.00	0.00	20.00	40.00	60.00	75.00	30.00	225.00
投资利率分成比例/%	20.0%										
LP 最低回报率/%	20.0%										
VC 获得投资收益分成/$	0.00	0.00	0.00	0.00	0.00	0.00	0.00	0.00	15.00	6.00	21.00
LP 获得的收益/$	0.00	0.00	0.00	0.00	0.00	20.00	40.00	60.00	60.00	24.00	204.00
LP 现金流/$	-15.00	-20.00	-20.00	-25.00	-20.00	20.00	40.00	60.00	60.00	24.00	104.00
LP 回报倍数及 IRR	2.04 倍	15.3%									
VC 现金流/$	-12.00	-16.50	-17.50	-17.50	-11.75	17.50	37.75	60.00	75.00	30.00	145.00
VC 回报倍数及 IRR	2.81 倍	22.4%									

从表 2-3 可知，最低回报率不会改变 VC 投资的回报，但出资人的回报率会提高。

三、管理介入

风险投资与传统股权投资方式最大的不同在于风险投资人愿意在被投资企业的经营管理中扮演重要的角色（风险投资人对被投资企业经营管理的介入不同于该企业管理层的经营管理工作，风险投资人主要侧重于对经营管理中大的战略性或者策略性的问题提供咨询顾问服务，而不介入具体业务）。为了实现创业企业的价值增加，风险投资人加入董事会并参与企业的管理，风险投资人通常会积极运用各方面的知识和调动各方面的资源帮助创业企业发展。对创业企业的积极管理是风险投资与其他类型投资的区别，因为风险投资的收益由其能为创业企业创造的价值决定[①]。

尽管积极监管有成本，但是它能为风险投资机构提供关于资金使用的准确信号，从而减少道德风险，避免创业者做一些牟取私利的事情。风险投资过程中的管理监控对减少信息不对称程度，促进创业者努力为企业增值工作、保证风险投资收益等均有至关重要的作用。

根据参与程度的不同，风险投资家参与风险投资企业管理监控的类型可以分为两大类：直接参与型和间接参与型。

（一）直接参与型

直接参与是指风险投资家以一种指导者的姿态参与创业企业管理，其意见直接影响创业企业的经营决策，是一种比较强势的控制权的体现。在国际风险投资行业中，风险投资家越来越倾向于采取这种直接密切参与的方式管理企业，并在信息搜集和监控的同时，为创业企业提供各种各样的增值服务，以确保甚至提高投资收益。风险投资人不仅直接参与管理层面的管理，还协助创业企业进行日常管理，派专员管理业务，并且提供市场开发、金融财务等方面的咨询服务。直接参与能够充分利用风险投资人的业务经验和社会资本，帮助创业企业克服不同阶段的困难，实现顺利发展。

（二）间接参与型

间接参与是指风险投资人以咨询顾问的姿态参与创业企业的管理，在其经验丰富的领域提出建议或意见，如在企业投资、发展等关键问题的处理方面，在企业关键人事安排方面以及在创业企业处于困境需要进行危机处理时提出建议，但并不强迫企业接受和实施，即使创业企业最终没有采纳风险投资家的建议，也不会因此就放弃对该企业的投资。风险投资人以间接管理的方式监管创业企业，是一种相对弱势的控制权的体现，企业的最终决策和具体实施的主动权仍在企业管理者手中。风险投资人间接参与的方式是充当董事会成员，按时参与公司的管理工作会议，并且提供长期性战略问题咨询服务。

---

① 刘运国，刘雯. 我国上市公司的高管任期与 R&D 支出［J］. 管理世界，2007（1）：128–136.

四、增值服务

通常，除了监控被投资企业外，风险投资人还提供一系列咨询顾问服务，统称为增值服务。从实际操作来看，提供增值服务已经构成了风险投资人对投资项目管理的一部分，其目的是在尽可能短的时间内使企业快速增值，风险投资人从中可以得到三点主要好处：一是被投资企业快速增值有利于投资人持有股份的撤出；二是被投资企业快速增值可以使投资人在回收投资的同时获得很高的资本利得；三是被投资企业快速增值能为投资经理创造良好的声誉，从而有利于他们募集新的投资基金。

风险投资通过以下增值服务来创造价值：

（1）公司治理。不少伟大的计划被很多正在求生存的企业束之高阁。风险资本的强大之处就在于风险投资人会监督计划的执行，因为风险投资人的利益与企业的利益紧紧绑在一起。公司的治理机制包括位于基础地位的股权结构设计和参与董事会。

（2）制定发展战略。风险投资人利用自身的行业经验和敏锐的洞察力，为创业企业战略的制定提供意见和建议。

（3）团队发展。帮助物色高素质的职业经理人，充实或更换创业企业管理层，是风险投资人为创业企业提供增值服务的重要内容。创业企业发展的不同阶段对高层管理人员的要求不同，风险投资人可以利用自己的社会资源，为创业企业物色合适的人才。风险投资人也可以根据现有管理人员的性格特点及特长，为企业构建互补型团队，促进实现团队的能力与企业发展相协调。

（4）内部控制。在企业发展壮大的过程中，要加强内部控制和制度建设，规范企业管理，减少成本和费用开支，提高经营效率。

（5）资本运作和后续融资。风险投资人应善于利用外部资源和资金为创业企业快速提供帮助，通过策划兼并重组、后续融资等活动，为企业发展提供充足的资本。

创业顾问

京东与今日资本的故事①

2006年，京东从线下向线上转型，但因为资金出了问题，所以刘强东开始到处找投资。尽管当时刘强东只想要200万美元把哥们几个的工资给发了，但当时很多人都不看好京东的模式，所以刘强东跑了很多风险投资机构都没有拿到钱。

就在这个时候，徐新出现了。徐新从当天晚上10点一直跟刘强东谈到第二天凌晨2点，整整谈了4个小时。最后徐新觉得这个项目可以投，就问刘强东想要多少钱。刘强东说只想要200万美元。徐新就告诉他，当机会来临的时候，你要舍命狂奔，而舍命狂奔就要"子弹"要钱。后来徐新决定给京东投资1 000万美元。在刘

① 毒蛇财商. 今日资本当年投资京东，到现在赚了多少钱？［EB/OL］.https：//baijiahao.baidu.com/s？id=1691382250855813830&wfr=spider&for=pc.

强东屡屡被其他风险投资机构拒绝之后，徐新之所以敢给他投资，主要有三个方面的原因。

第一个是京东这个公司一分钱广告都不打，每一个月的销售都比上个月增长10%，这一定是某一个大品类机会来临了，说明这个产品已经"击中"了消费者的要害。

第二个是徐新觉得刘强东这个人很诚信。当时刘强东并没有拿PPT给她演示，而是直接登录他的网站讲他的产品，当时京东一年的销量大概是5 000万元。

第三个是之前投资网易的经历给徐新很大的胆量。徐新在投资很多项目的时候胆子都够大，对于刘强东的京东项目也是如此。

拿到1 000万美元之后，刘强东干了两件事，一个是扩大品类，另一个是建仓储物流，很快就把钱花光了。这时候新蛋刚好进入中国并开始了跟京东的正面竞争，它们直接打价格战。这时候面临外部劲敌，徐新又给京东投资了2 000万美元，这样京东就有足够的资金去建立它的物流体系。这也成为后来京东最核心的竞争力之一。

经历两次投资之后，到京东上市的时候，今日资本持有京东7.8%的股份。京东上市的首日市值达到286亿美元，这意味着今日资本持有的京东股份市值达到22.3亿美元，徐新投资京东浮盈22亿美元以上，投资回报率超过70倍。

当然，在京东上市之后，今日资本并没有马上抛售股票，而是一直持有到2016年。从徐新持有的京东股票平均减持价格来看，她累计获得的回报率至少达到100倍以上，年均回报率超过125%。

京东寻求风险投资①

2006年，中国电商公司京东的创始人刘强东寻求200万美元的资金支持。为此，他向中国私募资本公司Capital Today寻求帮助。结果，Capital Today决定向他投资1 000万美元。这笔增至5倍的投资最终被证明是一个明智的选择。

当京东在2014年上市的时候，Capital Today的股权价值22.3亿美元。

在Capital Today投资之后的这些年里，中国电商行业迎来了发展高峰期——许多其他公司都开始注意到了京东。

在2011年，沃尔玛参与了京东15亿美元的融资轮。之后，这家零售巨头将其在中国的整体电商运营业务都交给京东负责。到2017年2月，沃尔玛在京东的股份比例已经达到12%。

Ontario Teacher's Pension Plan Board（加拿大安大略省教师养老金计划管理局）也参与了2012年11月份4亿美元的私募融资轮。在京东上市之后，其所持股份价值增至6.3亿美元。

① 网汇贷理财. 中国风投史上，最成功的六起案例，最后一家许多人不知道！[EB/OL]. https://www.sohu.com/a/234235786_507882.

延伸阅读①

与基金相关的法律主体主要包括普通合伙人（GP）、有限合伙人（LP）、基金管理人等。

一、普通合伙人（GP）法律主体分析

（一）GP 的法律主体形式

《中华人民共和国合伙企业法》第二条规定，"有限合伙企业由普通合伙人和有限合伙人组成"，第六十一条规定，"有限合伙企业至少应当有一个普通合伙人"。由此可知，一个有限合伙型基金最少需要一个普通合伙人（GP）和一个有限合伙人（LP）。

关于普通合伙人（GP）的法律主体形式，《中华人民共和国合伙企业法》第三条有明确规定："国有独资公司、国有企业、上市公司以及公益性的事业单位、社会团体不得成为普通合伙人。"这是一条列举式的禁止性条款。由此条款可推知，GP 的法律主体形式是比较宽泛的。除国有独资公司、国有企业、上市公司及公益性的事业单位、社会团体这些法律明确规定不能成为 GP 的主体外，其余不在禁止之列的主体均可以成为 GP，具体包括自然人、公司、合伙企业、各类基金等，其中尤以公司主体及合伙企业主体最为重要。

（二）GP 的无限责任

《中华人民共和国合伙企业法》第二条规定："有限合伙企业由普通合伙人和有限合伙人组成，普通合伙人对合伙企业债务承担无限连带责任。"

因 GP 承担的是无限连带责任，为了减小经营风险，在进行基金架构设计的时候，我们需要对此进行一定的法律规避。根据《中华人民共和国合伙企业法》第三条，通过比对可知，在 GP 的各个可选法律主体中，仅以注册资本承担有限责任的公司主体，特别是有限责任公司主体是最佳选择。

当然，除了有限责任公司之外，有限合伙也较多被采用。而股份公司因运作比较繁琐，在实践中较少作为基金的 GP 主体，但也是可选项之一。

（三）GP 常用架构图

以有限责任公司形式和有限合伙形式担当 GP 所构建的基金架构，是我们最常使用的基金架构。

1. GP 为有限责任公司的架构图

图 2-6 是普通合伙人（GP）为有限责任公司时的架构图。

65

---

① 史高德，郭伟. 有限合伙制私募股权投资基金：规则解读与操作指引［M］. 北京：法律出版社，2017：100-113.

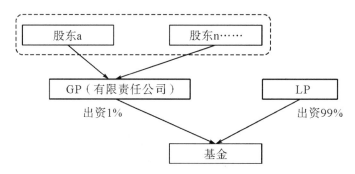

图 2-6　普通合伙人（GP）为有限责任公司时的架构图

在此架构中，GP 以有限责任公司形式出现。作为基金的普通合伙人在基金层面承担无限连带责任，满足合伙企业法要求；同时，在 GP（有限责任公司）内部，根据公司法，各股东以认缴的注册资本为限承担有限责任，从而在股东层面有效规避了 GP（有限责任公司）必须承担无限连带责任的风险。

2. GP 为有限合伙的架构图

GP 除了有限责任公司形式外，我们也可以根据需要采用有限合伙的形式，如图 2-7 所示。

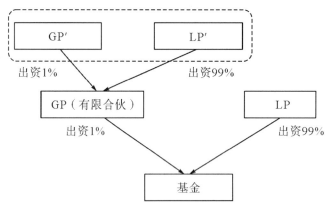

图 2-7　GP 有限合伙形式的架构

在此架构中，GP 以有限合伙形式出现。作为基金的普通合伙人在基金层面承担无限连带责任，满足合伙企业法要求。对于 GP（有限合伙）的合伙人 GP′及 LP′来说，因 LP′是以出资额为限承担有限责任，所以 LP′自然阻断风险；但对于 GP′，则因主体的不同，承担的风险也不尽相同：

（1）当 GP′为自然人时，无法规避无限连带责任风险；

（2）当 GP′为公司法人时，GP′的各个股东在股东层面承担有限责任，合法规避无限连带责任风险；

（3）当 GP′为有限合伙企业时，有限合伙人自然阻断风险，普通合伙人又须按主体不同继续分类承担风险。大家可以看到，这是一个死循环。

通过上述分析可知，当我们将 GP′设定为公司法人时（优选有限责任公司），风险自然阻断。同时，我们还惊喜地发现，通过有限合伙和有限责任公司的架构组合，可以明显地放大杠杆，如图 2-8 所示。

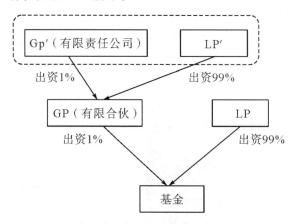

图 2-8 GP 有限合伙与 GP 有限责任公司的架构组合

假设普通合伙人 GP、GP′的出资都是 1%，基金份额不变，此时 GP′的各个股东只要出资占 GP 总出资额的 1%，就可以达到对基金进行管理的目的。

在图 2-8 的基础上还可以设计出更加复杂的多层嵌套模式。

在双层嵌套模式下，我们假设每个普通合伙人出资仅占其合伙企业总出资额的 1%，则每嵌套一次放大的杠杆都是 100 倍。在 GP″出资 1 万元的情况下，GP′的规模为 100 万元，GP 的规模是 1 亿元，而基金的规模则可以达到 100 亿元，杠杆放大的效果非常明显。

无论是单层模式还是嵌套模式，为了规避风险，最底层有限合伙的普通合伙人都会设定为公司形式。通过这样的架构安排，可以最大限度地减少可能的经营风险。

二、有限合伙人（LP）法律主体分析

（一）LP 主体类型的法律规定

我国《私募投资基金监督管理暂行办法》第十一条规定："私募基金应向合格投资者募集，单只私募基金的投资者人数累计不得超过证券投资基金法、公司法、合伙企业法等法律规定的特定数量。投资者转让基金份额的，受让人应当为合格投资者且基金份额受让后投资者人数应当符合前款规定。"第十二条规定："私募基金的合格投资者是指具备相应风险识别能力和风险承担能力，投资于单只私募基金的金额不低于 100 万元且符合下列相关标准的单位和个人：（一）净资产不低于 1 000 万元的单位；（二）金融资产不低于 300 万元或者最近三年个人年均收入不低于 50 万元的个人……"第十三条规定："下列投资者视为合格投资者：（一）社会保障金、企业年金等养老基金，慈善基金等社会公益基金；（二）依法设立并在基金业协会备案的投资计划；（三）投资于所管理私募基金的私募基金管理人及其从业人员；（四）中国证监会规定的其他投资者。以合伙企业、契约等非法人形式，通过汇集多数投资者的资金直接或者间接投资于私募基金的，私募基金管理人或者私募基金销售机构应当穿透核查最终投资者是否为合格投资者，并合并计算投资者人数。但是，符合本条第（一）（二）（四）项……"由以上规定可知，基金的 LP 投资人主体非常宽泛，可以是自然人、公司、合伙企业、信托、养老基金、慈善基金、已成立的其他类型基金等，但都必须满足合格投资者的法律要求。

（二）我国现阶段主要LP类型分布

图2-9是我国现阶段主要LP类型分布图。

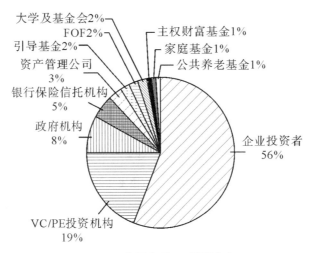

图2-9 我国主要LP类型分布

从图2-9中，我们大致可以看到我国LP的主要类型包括企业投资者、VC/PE投资机构、政府机构、银行保险信托机构、资产管理公司、引导基金、FOF（基金的基金）、大学及基金会、主权财富基金、家族基金、公共养老基金等。

从中国现行法律法规来看，公司法等系列法规比较齐全和完备，对于公司制私募股权投资基金的保护更有力，而合伙型私募股权投资基金和信托制私募股权投资基金的法律基础相对薄弱，大量的法律法规及配套措施尚未建立和健全，还存在许多空白和漏洞，因此存在一些不确定因素。与美国等西方国家相比，我国的私募基金还远不是一个成熟的私募基金市场。大量企业资金的参与必将导致运作模式与境外有较大区别，这也是我们后文将进一步探讨的内容。

三、基金管理人法律主体分析

除了GP和LP之外，基金管理人是基金运营中另一个不可或缺的主体。

（一）基金管理人的法律主体形式

我国《私募投资基金监督管理暂行办法》第七条规定："各类私募基金管理人应当根据基金业协会的规定，向基金业协会申请登记，报送以下基本信息：（一）工商登记和营业执照正副本复印件；（二）公司章程或者合伙协议；（三）主要股东或者合伙人名单；（四）高级管理人员的基本信息；（五）基金业协会规定的其他信息。基金业协会应当在私募基金管理人登记材料齐备后的20个工作日内，通过网站公告私募基金管理人名单及其基本情况的方式，为私募基金管理人办结登记手续。"

由以上规定可知，基金管理人的法律主体被限定为公司或合伙企业，自然人被排除在外。因合伙企业涉承担无限责任，所以为了规避风险，基金管理人通常都会设定为公司形式，尤其是有限责任公司形式。

在我国，设立基金管理公司，应当具备下列条件，并经国务院证券监督管理机构批准：

（一）有符合本法和《中华人民共和国公司法》规定的章程。

（二）注册资本不低于一亿元人民币，且必须为实缴货币资本。

（三）主要股东具有从事证券经营、证券投资咨询、信托资产管理或者其他金融资产管理的较好的经营业绩和良好的社会信誉，最近三年没有违法记录，注册资本不低于三亿元人民币。

（四）取得基金从业资格的人员达到法定人数。

（五）有符合要求的营业场所、安全防范设施和与基金管理业务有关的其他设施。

（六）有完善的内部稽核监控制度和风险控制制度。

（七）法律、行政法规规定的和经国务院批准的国务院证券监督管理机构规定的其他条件。

基金管理人不得有下列行为：

（一）将其固有财产或者他人财产混同于基金财产从事证券投资。

（二）不公平地对待其管理的不同基金财产。

（三）利用基金财产为基金份额持有人以外的第三人牟取利益。

（四）向基金份额持有人违规承诺收益或者承担损失。

（五）依照法律、行政法规有关规定，由国务院证券监督管理机构规定禁止的其他行为。

（二）普通合伙人（GP）与基金管理人的联系与区别

1. 普通合伙人、基金管理人与基金的法律关系

有时候我们会将普通合伙人（GP）与基金管理人混淆。

普通合伙人（GP）是基金的出资人与运营人，与基金之间是一种所有权关系，并同时具有对基金的管理权。而基金管理人与基金之间是一种委托管理关系，其对基金的管理权来源于双方的合同约定。由此可见，GP可以身兼二职，既承担普通合伙人责任，又承担基金管理人责任。而基金管理人却只能因委托关系而行使职权。两种不同的权力来源，决定了GP与基金管理人不同的法律地位。

2. 普通管理人与基金管理人身份竞合情形

在GP自行担任基金管理人的情况下，GP与基金管理人为同一个法律主体，存在竞合关系。此时，GP主体＝普通合伙人主体＝基金管理人主体。

需要注意的是，GP与基金管理人虽然主体相同，但不同的身份有不同的权限，承担的法律责任与后果也不尽相同。

3. 普通合伙人与基金管理人分立的情形

在基金另行聘请基金管理人进行管理的情况下，GP与基金管理人为两个不同的法律主体，各自拥有不同的法律地位，如图2-10所示。

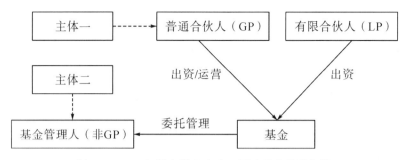

图 2-10　GP 与基金管理人为不同法律主体的架构

当 GP 与基金管理人有共同实际控制人时，其情形如图 2-11 所示。

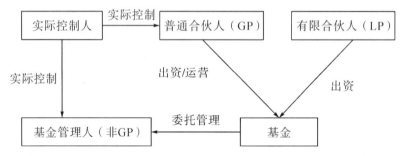

图 2-11　GP 与基金管理人有共同实际控制人的架构

既然 GP 天然就可以担任基金管理人，那为什么还要另外再设立基金管理人呢？其实这个也很好理解，主要原因有如下几种：

（1）GP 主体并不能满足基金业协会对基金管理人的资质要求（高管资质、从业资质）；

（2）GP 自身的投研能力不强，需要有更好的团队进行投资运营；

（3）分化、规避风险。

关于 GP 与基金管理人何时分立、何时合一，并没有一个固定的模式，我们在基金设立时要根据每个项目的实际情况进行统筹安排。

案例

如何与投资者签订对赌协议①

2015 年 7 月 16 日，俏江南官方发出声明，创始人张×已不再是董事会成员。至此，张×彻底退出俏江南。而这一切都得从与鼎晖投资的对赌协议说起。

2008 年爆发了全球性的金融危机，然而对于餐饮行业来说，这却是一个令人兴奋的事情。资本为规避周期性行业的波动，开始成规模地投资餐饮业，在短时间内涌现出百胜入股小肥羊、快乐蜂收购永和大王、IDG 投资一茶一座、红杉资本投资乡村基等资本事件；全聚德与小肥羊先后于 A 股及港股成功上市、湘鄂情登陆 A 股

① 饶勇军. 股权思维［M］. 北京：机械工业出版社，2018：147.

等事件，为餐饮行业注入了一针兴奋剂。

2008 年下半年，张×结识了鼎晖投资的合伙人王××，两人一拍即合，达成了股权合作事项。鼎晖向俏江南注资 2 亿元人民币，占其 10.526%的股权，而这个价格是当时潜在竞争者的 3 倍，因而顺利赢得了张×的首肯。既然是高价入资，鼎晖投资自然要求与创业方签订一系列约束性条款，包括董事会条款、防稀释条款、竞业禁止条款，以及外界耳熟能详的对赌条款等，以全方位对创业方形成各种制约，保护自身的投资利益。

对赌协议这样约定：如果俏江南不能在 2012 年年末之前实现上市，则俏江南必须要将鼎晖投资手中的股份回购回去，而且必须保证鼎晖投资的合理回报。

然而事情没有想象中的那么顺利。2011 年 3 月，俏江南向中国证监会提交了在 A 股市场上市的申请。上市申请提交之后，俏江南的材料实际处于"被打入冷宫"状态，监管层冻结了餐饮企业的 IPO 申请。A 股市场上市无门，俏江南不得不转战港股。然而，市场的寒冬却令俏江南的上市前景依然黯淡，赴港上市也没能实现。俏江南未能完成上市目标，导致其触发股份回购条款，这就意味着，俏江南必须用现金将鼎晖投资所持有的俏江南的股份回购回去，同时还得保证鼎晖投资获得合理的回报。

处于经营困境之中的俏江南，显然无法拿出这笔巨额现金来回购鼎晖投资手中的股份。此时，当初签署的"领售权条款"就开始发挥作用了，也就是说鼎晖投资可以将公司的股份包括张×手中的股份卖给第三方，以补偿自己的投资。

2014 年 4 月，欧洲私募股权基金 CVC 宣布完成对俏江南的收购，CVC 以 3 亿美元的价格收购了俏江南 82.7%的股权，其中除了鼎晖投资出售的 10.53%，其余超过 72%的股权即为张×出售。张×落得个尴尬的小股东地位之后，明面上她还是俏江南的董事长，但她已然无法左右俏江南的发展了。

CVC 对俏江南的收购是杠杆收购，3 亿美元收购款中有 1.4 亿美元是以股权质押的方式从银行获得的融资，另外有 1 亿美元是以债券的方式向公众募集而来的，CVC 自身实际只拿出 6 000 万美元。2014—2015 年，公款消费几近绝迹，叠加经济增速放缓，高端餐饮复苏前景变得遥遥无期，CVC 所期望的依靠了俏江南的现金流来偿还并购贷款的设想根本无法实现。CVC 不愿在俏江南的泥潭里陷得更深，索性就放弃了俏江南的股权，任由银行等债权方处置俏江南了。由于当初并购时抵押的是俏江南全部的股权，张×也随即失去了自己在俏江南的少数股权，被迫离开公司。

问题讨论

1. 谈谈你对风险投资的理解，进行风险投资时应该注意些什么？
2. 风险投资对被投资企业的影响是什么？
3. 如何进行有效的风险投资？

本章参考文献

[1] 隋平. 私募股权投资基金操作细节与核心范本 [M]. 北京：中国经济出版

社，2012.

　　[2] 张少平，陈文知. 创业企业管理 [M]. 广州：华南理工大学出版社，2016.

　　[3] 高成亮. 风险投资运作 [M]. 北京：首都经贸大学出版社，2008.

　　[4] 王晓龙. 风险投资的公司治理 [M]. 北京：中国经济出版社，2003.

　　[5] 陈学荣. 2004 中国证券市场分析与预测 [M]. 北京：世界知识出版社，2004.

　　[6] 苟旭杰. 股权投资实战解析 [M]. 北京：北京理工大学出版社，2017.

　　[7] 唐翰岫. 风险投资决策 [M]. 济南：山东人民出版社，2002.

　　[8] 红霞. 风险投资 [M]. 北京：中国科学技术出版社，2009.

　　[9] 史高德，郭伟. 有限合伙制私募股权投资基金：规则解读与操作指引 [M]. 北京：法律出版社，2017.

第三章
现代企业制度

本章知识结构导图

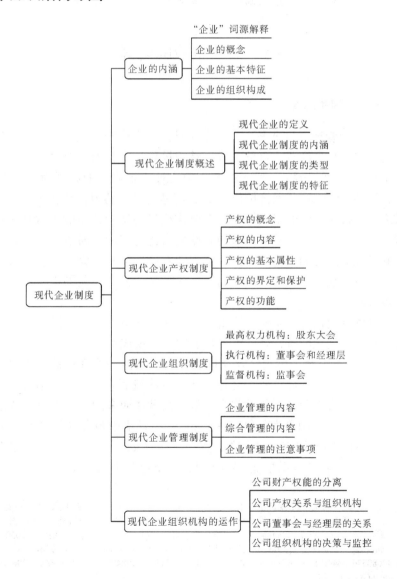

学习目标

（1）了解企业的内涵及构成；

（2）了解现代企业的内涵、类型及特征；

（3）了解现代企业产权制度的概念、内容、属性、界定及功能；

（4）了解现代企业组织制度的构成；

（5）了解现代企业管理制度的内容；

（6）了解现代企业组织机构的运作机理。

关键概念

现代企业；产权制度；组织制度；管理制度；组织机构

第一节　企业的内涵

一、"企业"词源解释

在《中国企业管理百科全书》中，企业是指从事生产、流通或服务等活动，为满足社会需要进行自主经营、自负盈亏、承担风险、实行独立核算，具有法人资格的基本经济单位①。在1978年版《辞海》中，对"企业"的解释为："从事生产、流通或服务活动的独立核算经济单位"②；在商品经济范畴内，企业作为组织单元的多种模式之一，按照一定的组织规律，有机构成经济实体，一般以营利为目的，以实现投资人、客户、员工、社会大众的利益最大化为使命，通过提供产品或服务换取收入。它是社会发展的产物，因社会分工的发展而成长壮大。企业是市场经济活动的主要参与者；在社会主义经济体制下，各种企业并存，共同构成社会主义市场经济的微观基础。

现代经济学理论认为，企业本质上是"一种资源配置的机制"，其能够实现整个社会经济资源的优化配置，降低整个社会的"交易成本"。

"企业"一词并非我国传统文化所固有，它和其他一些现在被广泛使用的社会科学词汇一样，大多是在清末变法之际，从日本移植而来的。而日本又是在明治维新以后，在引进西方企业制度的过程中，从西文翻译而来的。中文的"企业"一词源自日语。根据《日本国语大辞典》，enterprise在日语中被翻译为"企业、事业"，而"企业"一词在明治初年即已存在，意指"企（划）（事）业"③。从字面上看，"企"表示企图，"业"表示事业，顾名思义，企业是企图事业，专用于商业领域，

---

① 王关义，刘益，刘彤，等. 现代企业管理［M］. 5版. 北京：清华大学出版社，2019：3-8.

② 李璠，刘超. 数智企业经营管理沙盘理论与实践［M］. 北京：清华大学出版社，2023：4.

③ 王迎军："企业家"概念的演化：从坎蒂隆到熊彼特（上）［J/OL］. 南开管理评论，2020-06-11. https://mp. weixin. qq. com/s?＿＿biz＝MzA5MjY4OTMzMw＝＝&mid＝2650323678&idx＝1&sn＝293b72ee66847680576e8844695c9058&chksm＝88655c04bf12d512453ccb19849568ee5429d697a58a70c576fed18bd2879b249505eafde4b6&scene＝27.

表示企图冒险从事某项获取利润的事业。企业作为一种社会组织，是指"应用资本赚取利润的经济组织实体"。

但是日语中还有同音近义词"起业"。时至今日，"兴起事业"在日语中使用"起业"一词，而与 enterprise 相同含义的、表示"被企划的事业组织"时，则使用"企业"一词。

与"企业"一词相对应，英语中称为"enterprise"，法语中称为"entreprise"，德语中称为"unternehmen"。由于欧洲语言大多受到拉丁语的强烈影响，且基于历史原因与地理因素，各国之间不断地移植与融合，使其词汇构成与内涵极为相似。以英语为例，"企业"一词由两个部分构成："enter"和"prise"，前者具有"获得、开始享有"的含义，可引申为"盈利、收益"；后者则有"撬起、撑起"的意思，引申为"杠杆、工具"；两个部分结合在一起，表示"获取盈利的工具"。

日本在引进该词时，意译为"企业"，从字面上看，表示的是商事主体企图从事某项事业，且有持续经营的意思。据此，可以认为，"企业"一词在语源意义上是作为权利客体存在的，它是"主体从事经营活动，借以获取盈利的工具和手段"或者"创制企业和利用企业进行商事营业活动并非商事主体的终极目标"，其最终目的是"谋求自我利益的极大化"。

二、企业的概念

根据《中国管理百科全书》，企业概念一般是指根据社会需要来组织和安排某种商品生产、流通或者服务等活动，进行自主经营、自负盈亏、承担风险、实行独立核算、具有法人资格的基本经济单位。对企业概念的基本理解：

（1）企业是在社会化大生产条件下存在的，是商品生产与商品交换的产物。

（2）企业是从事生产、流通与服务等基本经济活动的经济组织。

（3）就企业的本质而言，它是追求盈利的营利性组织。

三、企业的基本特征

企业的基本特征有：

（1）商品性。首先，企业具有价值；其次，企业生产具有实用价值的产品，为社会创造财富；最后，企业是国民经济的细胞。

（2）营利性。企业是以营利为目的的经济组织，其追求利润最大化。

（3）法人性。法人，是指依法成立并能独立行使法定权利和承担法律义务的社会组织。作为社会组织中的经济组织，要成为经济法人，必须在市场监督管理部门登记、注册，经审定后领取营业执照，才具有经济法人的资格和地位。

（4）竞争性。市场经济就是一种竞争经济。市场如战场，市场竞争的结果是优胜劣汰。

（5）独立性。独立核算、自负盈亏、自主经营。政企分开是前提。

四、企业的组织构成

在现代企业框架下，实行两权分离，企业对各生产要素投入进行组合和协同。

其中，进入企业的人，由于他们投入的生产要素不同，于是有三种类型的利益主体，即所有者、经营者和一般劳动者。

所有者投入的是资本，包括资金、土地、固定资产等，他们的目的是资本保值增值；

经营者投入的是他们的经营管理经验和管理技能，其目的除物质方面的需要外，更多的是成就、权力和友谊等；

一般劳动者投入的是生产技能和劳务，他们的目的是获得工资收入和精神方面的需求满足。

一个企业就构成了一个组织，它有自己的目标、使命、规则、资源、边界和运作逻辑。通常业务经营和个人困扰以外的问题都可以归类为组织问题，其核心是因为人的聚合而产生的问题。一个人的问题和困扰不算组织问题，但一群人在一起就会产生组织问题。组织问题的本质是管理。

各利益主体根据他们投入的要素不同而在组织中所处的位置不同，运作的方式和发挥的作用不同，由此构成了三个不同层次的组成部分，即财产组织、管理组织和作业组织。

财产组织是因企业的产权关系而形成的，是企业存在的基础，也是影响企业整个组织结构的重要因素；

管理组织是围绕着企业的生产经营管理活动而形成的，其作用是对日常的生产经营活动进行协调。

（1）企业管理组织是促进企业生产力提高的重要因素。劳动力、劳动手段和劳动对象是生产的三大因素，一些管理学者认为组织是生产的第四大要素，并且具有促使其他要素通过合理配置而增值的作用。

（2）企业管理组织是实现企业目标和计划的重要手段。

（3）企业管理组织为企业员工的共同劳动提供了合理分工的组织基础。

（4）企业管理组织可以有效地保证企业各项工作的协调，提高工作效率。企业的各个部门和成员在分工基础上进行有效的合作。

作业组织是围绕生产经营活动形成的，是构成企业各种劳动组织的基本单元。它是在劳动分工的基础上，把为完成某项工作而相互协作的工人组织起来的劳动集体，是企业的基本活动部分。

财产组织对管理组织进行委托授权，并根据管理组织在经营管理过程中发生的经营信息对其进行监督和约束；管理组织在财产组织授权下从事企业的日常经营管理活动，按照企业管理的原理和方法对作业组织进行指挥和控制；业务组织在管理组织的指挥和控制下，利用财产组织提供的资金从企业外部获取资源，经过内部转换后向外部提供产品或服务。通过这种转换可以获取企业收益，并提供给财产组织进行分配。

第二节　现代企业制度概述

一、现代企业的内涵

19 世纪后半叶，随着机械工业的发展和奴隶制度的废除，美国开始了一个新的工业革命时期。机器的发明和广泛使用以弥补劳动力的不足，是美国工业革命进程中的一个显著特点。从 19 世纪 40 年代到 20 世纪 20 年代，美国的农业经济和乡村经济转变为工业经济和城市经济。在这几十年中，美国经历了生产和分销过程中革命性的改变。在分销方面，现代大宗交易商出现，直接向种植者、制造者和加工者购买商品和货物，并直接卖给零售商和最终消费者，这促进了大量消费的实现。生产上的革命则主要体现为生产内部化特征加强，即制造一件产品的几乎全部过程被集中到一家工厂之内，少量的劳动力能够生产大量的产品。而把大量生产与大量分销结合于一个单一的公司之内，导致了现代工商企业的诞生。

美国现代工业企业的发展大致可以划分为三个阶段。第一个阶段是 1790—1840 年，这是传统经济阶段。在这 50 年左右的时间里，在欧洲殖民地基础上形成的早期美国经济主要依靠市场机制来协调物品和服务的生产与分配，没有经济制度上的创新，也没有产生工商业经营和管理方式上的革命。在生产组织形式上，这一时期美国的公司是单一单位的企业。第二个阶段是 1841—1880 年，在此期间铁路、电报和无烟煤的广泛使用这三项划时代的技术进步打破了之前以市场协调和小企业为特征的传统经济的平衡。以铁路为主的全国交通网络的完成加速了市场的扩张，蒸汽动力取代了风力和畜力。在美国工业革命的进程中，铁路对现代企业管理方式的影响深远：为了安全可靠地运营，铁路公司是历史上第一批雇用受过专业训练的职业经理的企业，铁路运输业发展了最早的管理层级。正如学者钱德勒所言："到 1840 年，随着新运输技术的日趋完善，铁路快捷的速度和运行的规律性，使蒸汽火车达到每英里（1 英里约 1.609 千米）年运送货物超过运河 55 倍的潜力。"[①] 由中层管理者控制，运用现代会计、计划和管理等工具对广阔地域进行监督的一代职业管理者的酝酿是该过程的一个决定性特征：他们是"现代管理的先驱"，是这次管理革命中看得见的手。第三个也是最具革命性变化的阶段开始于 1880 年前后，到第一次世界大战时已基本完成。科斯的交易成本理论认为：企业组织的优势在于节省交易费用，因其把相互联系的某些交易活动内化在一个组织之中，这些交易活动不存在了，也就节约了交易成本。马克思认为：企业内分工能实现资源的集聚效应，从而提高效率，节约生产成本[②]。因此，现代企业的诞生是两种原因共同作用的结果。节省交易费用是企业横向联合的原因，节约生产成本是内部纵向联合的原因。进入第三个阶段，生产企业开始把大批量的配售活动与自己的经营过程相结合，现代工业企业

---

① 小艾尔弗雷德·A. 钱德勒. 看得见的手：美国企业的管理革命 [M]. 重武，译. 北京：商务印书馆，1997：241.

② 马克思. 资本论：第 3 卷 [M]. 北京：人民出版社，1975：760.

由此诞生。现代企业将许多单位置于其控制之下，在不同地点经营，通常进行不同类型的经济活动，处理不同类型的产品和服务。这些单位的活动和它们之间的交易被内部化，它们是由领取薪酬的雇员而非市场机制所控制并协调的。现代工商企业雇用各种层次的中、高级支薪经理来管理并协调在其控制下的各单位的工作。这些中、高层经理形成了一个完全崭新的企业家阶层。现代企业的成长通过两种途径进行：①一些小的、业务单一的企业通过纵向一体化直接与下游企业结合，建立它们自己的全国性和全球性销售网络以及采购组织，并与上游企业结合取得自己的原料来源和运输设施。②其他企业则是先通过横向一体化，把许多家族或个人拥有的单一业务的企业合并成为一个全国性大企业，实现生产管理的集中化，然后再与它的上游和下游企业结合。美国的麦考密克收割机公司、胜家缝纫机公司、烟草公司等企业是通过第①种途径成长起来的，而通用电气、杜邦化学、标准石油、美国橡胶等企业则是通过第②种途径发展壮大的。

美国企业的管理革命是从第三个阶段开始的，它包括两个密切相关的方面：第一个方面是协调生产和分配上的高通过量的需要促使企业大量地雇用职业经理，从而促进了管理层级的发展；第二个方面是所有权和管理权的分离，导致领取薪水的职业经理逐渐控制了企业的管理。学者钱德勒认为："由一组支薪的中高层经理人员所管理的多单位企业即可适当地称之为现代企业。"① 钱德勒指出美国大型企业制度的变迁包括了三种含义：一是企业组织结构的变革；二是企业所有权与经营权的分离；三是经理人阶层的出现并日趋职业化。在这次企业管理革命中，美国企业通过专业化、横向多角化、纵向一体化、跨国战略与多元化战略等发展战略，实现了规模经济与范围经济的扩张，培养了美国企业的组织能力。与这些战略相伴随的是，美国企业的组织结构先后经历了 U 形（扁平型）结构、H 形（科层型）结构、M 形（分权制）结构的变迁。在现代企业战略与结构变迁的过程中，美国企业管理革命顺利完成，实现了企业所有权与管理权的分离，建立了现代企业制度。

二、现代企业制度的内涵

现代企业制度是一个世界性、历史性的概念。19 世纪末 20 世纪初，随着自由资本主义向垄断资本主义过渡，工厂自身发生了复杂而又深刻的变化：不断采用新技术，使生产迅速发展；生产规模不断扩大，竞争加剧，产生了大规模的垄断企业；经营权与所有权分离，形成职业化的管理阶层；普遍建立了科学的管理制度，形成了一系列科学管理理论，从而使企业走向成熟，成为现代企业。所以在研究现代企业制度概念的时候，首先要了解国外学术界的看法。在实行现代市场经济的各国中，总体说来存在着三种基本的企业制度：业主制（proprietorship，也称为 single proprietorship，个体业主制企业）、合伙制（partnership）和公司制（corporation，也可以译

78

---

① 小艾尔弗雷德·A. 钱德勒. 看得见的手：美国企业的管理革命［M］. 重武，译. 北京：商务印书馆，1997：2.

为"法人制企业")①。其中，业主制企业和合伙制企业是古已有之的，已经存在了几千年；而公司制企业则产生在 16 世纪和 17 世纪之交，迄今只有 400 多年的历史。我们所说的西方的现代企业制度是相对于近代公司制企业制度而言的，是在 16 世纪末 17 世纪初的近代企业制度基础上产生的现代企业法人制度。美国经济学家钱德勒对美国现代企业法人制度形成的历史进行了细致的分析。钱德勒指出："现代公司源于 19 世纪 80 年代开始的大规模生产和大规模销售的结合。在公司从事多方面的经营活动的情况下，企业经营管理只能交由专业经营人员来负责，于是，公司制企业就从旧时的'企业主企业'（entrepreneurial enterprises）演变为现代的'经理人员企业'（managerial enterprises）了。"② 据此，中国经济学界认为，国外学术界所说的现代企业制度，就是指建立在近代公司制企业制度基础上的现代法人公司制企业制度，而且还把钱德勒看作西方现代企业制度概念的最早提出者。

自从党的十四届三中全会明确提出建立现代企业制度的任务以来，中国学术界对此展开了热烈的讨论。学者们就现代企业制度的概念、内涵及特征各抒己见。从现代企业制度的概念来说，主要有以下几种具有代表性的观点：第一种观点认为现代企业制度就是现代公司制度。它是在 16 世纪末 17 世纪初诞生的西欧特许贸易公司的基础上，经过数百年的发展逐步形成的。第二种观点认为现代企业制度是与现代市场经济相适应的企业组织形式或企业制度。具体来说，它是适应社会化大生产和现代市场经济发展要求的产权明晰、权责明确、政企分开、管理科学的企业制度。第三种观点认为现代企业制度就是法人企业制度，在这种制度下的企业是自主经营、自负盈亏的法人。第四种观点认为现代企业制度是一个时空概念。它首先是一个时间概念，是指处于现阶段的公司制；其次又是一个空间概念，是指在世界范围内符合国际惯例的现代企业制度。第五种观点认为中国所要建立的现代企业制度是适应社会主义市场经济要求的企业制度。它是以社会主义市场经济为背景的产权明晰、责任明确、政企分开、管理科学的一种企业制度。在这种企业制度下，企业自主经营、自负盈亏，面向市场，按市场要求组织生产和从事经营，以追求市场效益最大化为主要目标。

现代企业制度从其本质含义来说，它是指企业的内部制度。企业的内部制度有许多，如生产制度、管理制度、设备等级制度、管理用工制度、工资分配制度等，从企业内部机制来说，好多方面都可以用制度来表述。这里所讲的"现代企业制度"，不是对企业现代化程度的要求，一些企业从设备上来看可能是 20 世纪八九十年代的机器设备，从管理的手段来看，实行了部分的现代化微机管理，从工厂管理来说可能是现代技术装备的管理，但不一定是现代企业制度；现代企业制度也不是对企业从效益上的要求，效益好的企业可以搞现代企业制度，效益不好的企业也可以搞现代企业制度。其实，有些企业状况不景气，效益不好，资不抵债，那就要破

① 中国社会科学院经济研究所学术委员会. 吴敬琏集 [M]. 北京：中国社会科学出版社，2020：383-406.
② 小艾尔弗雷德·A. 钱德勒. 看得见的手：美国企业的管理革命 [M]. 重武，译. 北京：商务印书馆，1987：640.

产，企业能生能死并能破产，这正是现代企业制度的内在要求。对现代企业制度概念的界定必须立足于以下几个方面：

（1）现代企业制度是适应社会化大生产和现代市场经济客观要求的，社会化大生产和现代市场经济是现代企业制度赖以存在的外部经济环境。

（2）从其参照系来讲，它是相对于近代公司制企业制度而言，并在其基础上发展而来的现代公司法人制度。

（3）从其内在机制来看，它是由产权关系、企业运行机制、管理体制、政企关系等多层次、多侧面组成的有机统一体。

据此，我们可以将现代企业制度的概念界定为："现代企业制度就是适应社会化大生产和现代市场经济发展要求的产权明晰、权责明确、政企分开、管理科学、法制约束、相互制衡的企业制度。"①

三、现代企业制度的类型

企业制度是企业产权制度、企业组织制度和经营管理制度的总和。企业制度的核心是产权制度，企业组织制度和经营管理制度是以产权制度为基础的，三者分别构成企业制度的不同层次。企业制度是一个动态的范畴，它随着商品经济的发展而不断创新和演进。

从企业发展的历史来看，具有代表性的企业制度有以下三种：

（一）业主制

这一企业制度的物质载体是小规模的企业组织，即通常所说的独资企业。在业主制企业中，出资人既是财产的唯一所有者，又是企业经营者。企业主可以按照自己的意志经营，并独自获得全部经营收益。这种企业形式一般规模小，经营灵活。正是这些优点，使得业主制这一古老的企业制度一直延续至今。但业主制也有其缺陷，如资本来源有限，企业发展受限制；企业主要对企业的全部债务承担无限责任，经营风险大；企业的存在与解散完全取决于企业主，企业存续期限短等。因此业主制难以适应社会化商品经济发展和企业规模不断扩大的要求。

（二）合伙制

这是一种由两个或两个以上的人共同投资，并分享剩余、共同监督和管理的企业制度。合伙企业的资本由合伙人共同筹集，扩大了资金来源；合伙人共同对企业承担无限责任，可以分散投资风险；合伙人共同管理企业，有助于提高决策能力。但是合伙人在经营决策上也容易产生意见分歧，合伙人之间有可能出现偷懒的道德风险。所以合伙制企业一般局限于较小的合伙范围，以小规模企业居多。

（三）公司制

现代公司制企业的主要形式是有限责任公司和股份有限公司。公司制的特点是公司的资本来源广泛，使大规模生产成为可能；出资人对公司只负有限责任，投资风险相对降低；公司拥有独立的法人财产权，保证了企业决策的独立性、连续性和

① 白永秀，任保平. 中国现代企业制度的理论与实践［M］. 西安：世界图书出版社，2003：5.

完整性；所有权与经营权相分离，为实行科学管理奠定了基础。

四、现代企业制度的特征

现代企业制度是指适应现代社会化大生产和市场经济体制要求的一种企业制度，也是具有中国特色的一种企业制度。党的十四届三中全会把现代企业制度的基本特征概括为"产权清晰、权责明确、政企分开、管理科学"十六个字。1999 年 9 月，党的十五届四中全会再次强调要建立和完善现代企业制度，并重申了对现代企业制度基本特征十六字的总体要求。

（一）产权清晰

（1）有具体的部门和机构代表国家对某些国有资产行使占有、使用、处置和收益等权利。

（2）国有资产的边界要清晰，也就是通常所说的"摸清家底"。首先要搞清实物形态国有资产的边界，如机器设备、厂房等；其次要搞清国有资产的价值和权利边界，包括实物资产和金融资产的价值量，国有资产的权利形态（股权或债权，占有、使用、处置和收益权的分布等），总资产减去债务后净资产的数量等。

（二）权责明确

"权责明确"是指合理区分和确定企业所有者、经营者和劳动者各自的权利和责任。所有者、经营者、劳动者在企业中的地位和作用是不同的，因此他们的权利和责任也是不同的。

（1）权利：所有者按其出资额，享有资产收益、重大决策和选择管理者的权利，企业破产时则对企业债务承担相应的有限责任。企业在其存续期间，对由各个投资者投资形成的企业法人财产拥有占有、使用、处置和收益的权利，并以企业全部法人财产对其债务承担责任。经营者受所有者的委托在一定时期和范围内拥有经营企业资产及其他生产要素并获取相应收益的权利。劳动者按照与企业的合约拥有就业和获取相应收益的权利。

（2）责任：与上述权利相对应的是责任。从严格意义上说，责任也包含了通常所说的承担风险的内容。要做到"权责明确"，除了明确界定所有者、经营者、劳动者及其他企业利益相关者各自的权利和责任外，还必须使权利和责任相对应或相平衡。此外，在所有者、经营者、劳动者及其他利益相关者之间，应当建立起相互依赖又相互制衡的机制，这是因为他们之间是不同的利益主体，既有共同利益的一面，也有不同乃至冲突的一面。相互制衡要求明确彼此的权利、责任和义务，要求相互监督和约束。

（三）政企分开

政府行政管理职能、宏观和行业管理职能与企业经营职能分开。

（1）政企分开要求政府将原来与政府职能合一的企业经营职能分开后还给企业，改革以来进行的"放权让利""扩大企业自主权"等就是为了解决这个问题。

（2）政企分开还要求企业将原来承担的社会职能分离后交还给政府和社会，如住房、医疗、养老、社区服务等。应注意的是，政府作为国有资本所有者对其拥有股份的企业行使所有者职能是理所当然的，不能因为强调"政企分开"而改变这一点。当然，问题的关键还在于政府如何才能正确地行使而不是滥用其拥有的所有权。

（四）管理科学

"管理科学"是一个含义宽泛的概念。从较宽的意义上来说，它包括了企业组织合理化的含义；从较窄的意义上说，"管理科学"要求企业管理的各个方面，如质量管理、生产管理、供应管理、销售管理、研究开发管理、人事管理等方面科学化。管理致力于调动人的积极性、创造性，其核心是激励与约束机制。要使"管理科学"，当然要学习、创造、引入先进的管理方式，包括国际上先进的管理方式。对于管理是否科学，虽然可以从企业所采取的具体管理方式的"先进性"上来判断，但最终还是要从管理的经济效率即管理成本和管理收益的比较上做出评判。

第三节　现代企业产权制度

"即使在自己的土地上开枪，惊飞了邻居设法诱捕的野鸭，也是不应该的。"

——科斯

一、产权的概念

产权或财产权是"财产权利"（property rights）的简称，是指法定主体对财产所拥有的各项权能的总和。其直观形式是人对各种有用资源的权利规定，实质上是物的存在和人们对物的使用而引起的人与人之间的经济行为关系，是财产主体人与其所占有、支配的物之间经济上和法律上的关系。这里的有用的资源或物就是指对人具有经济价值的一切事物，经济学家大多称之为"资产"或"资本"，法学家大多称之为"财产"。财产能够被人们拥有，对人们有用的、稀缺的资源，是人们建立产权关系的客观基础，其性质：第一，独立于主体人意志存在；第二，能够为人们所拥有；第三，对人们有用；第四，具有稀缺性。

产权经济学家论产权：

（1）产权是一个社会所强制实施的选择一种经济品的使用的权利。

——阿尔钦

（2）所谓产权，意指使自己或他人受益或受损的权利。第一个定义是："产权是社会的工具，其意义来自这样一个事实：在一个人与他人做交易时，产权有助于它形成那引起它能够被合理持有的预期。"第二个定义是："产权是界定人们如何受益及如何受损，因而谁必须向谁提供补偿以使它修正人们所采取的行动。"

——德姆塞茨

（3）"产权不是指人与物之间的关系，而是指由物的存在及对它们的使用所引起的人们之间相互认可的行为关系。产权安排确定了每个人相应于物的行为规范，每个人都必须遵守他与其他人之间的相互关系并承担不遵守这种关系的成本。"①

——卢现祥，朱巧玲

财产可以是有形的如房屋、汽车，还可以无形的如版权和专利权，还可以是特定的当事人之间的特定的权利和义务关系如债权。因此法律上把产权分为物权、知识产权和债权。物权指自然人和法人支配特定物的权利，包括所有权、用益物权和担保物权。债权是特定主体请求他人为一定给付并取得一定利益的权利。知识产权就是特定主体排他地支配知识的权利。

二、产权的内容

产权是以财产为基础的若干权能的集合：产权包括所有权（狭义）、占有权、使用权、受益权、处理权等一组权利，称为产权束。产权包括所有权、占有权、收益权、支配权和使用权。完整的产权束即所有制。

（1）所有权：终极所有权。

（2）占有权：对财产的实际拥有权。

（3）使用权：在法律允许的范围内，以生产和其他方式使用财产的权利，包括使用属于自身资产的权利和在一定条件下使用他人资产的权利，统称使用权。

（4）收益权：直接以财产的使用或经过财产转让而获得收益的权利；从资本中获得收益的权利，包括从自己所有的资产上取得收益和租用他人资产并从中获得收益的权利，统称收益权。

（5）处理权：经过出租、出售或把与财产有关的权利让渡给他人，从中取得收益的权利，包括变化资产的形式和本质的权利，即处理权。

产权的基础和核心是所有权，所有权是对财产归属关系的权利规定，它是法律规定的对财产最高的、排他的独占权。

对财产的任何权利都由两部分基本内容——权能和利益构成。

所谓权能就是产权主体对财产的权利或职能，回答的是"产权主体必须干什么，能干什么"。产权的利益是产权对产权主体的效用或带来的好处，回答的是"产权主体必须和能够得到什么"。权能是获得利益的手段，利益是运用权能的结果。

三、产权的基本属性

产权具有四个方面的属性，即排他性、有限性、可分解性和可交易性。

排他性：产权的排他性是指某一产权主体，在行使对某一特定资源的一组权利时，排斥任何其他产权主体对同一资源行使相同的权利，即产权主体对外排斥性或对特定权利的垄断。私有产权、公有产权都具有排他性，稀缺性是产生排他性的前提。特定财产的特定权利只能有一个主体，是甲的，就不能是乙的。一个主体要阻止别的主体进入特定的财产领域，以保护其特定的财产权利，这就是产权的排他性。

---

① 卢现祥，朱巧玲. 新制度经济学 [M]. 3 版. 北京：北京大学出版社，2020：212.

如果没有这种排他性，不论是否某一财产的主人，都能够一样地占有、支配和使用该财产，就无所谓产权，也没有界定产权的必要。

有限性：有限性意味着产权中的任何权利都是受限制的，产权之间有明显的界线，包括数量界限和范围界限。产权与产权之间必须有明晰的范围界限和数量限度，否则，权能的行使无法有效地进行，无法提高资源配置和使用效率，无法降低交易成本。

可分解性：它是指特定财产的各项产权能够分属不同主体的性质，包括权能行使的可分离性和利益的可分割性。产权的可分离性是指特定财产的各项权利能够分属于不同的主体，如企业投资者享有企业财产的收益权，而企业的经营者可行使企业财产的使用权。正是由于产权的可分离性，使得产权能够交易（转让）。各项权利在分离后还可进一步细分，如股份有限公司投资者选择管理者的权利可进一步分为一股一权。

可交易性：它是指产权在不同的主体之间能够转让。完整的产权束以及其中的一项权利均可作为交易的对象，时间可长可短。产权交易是产权主体将产权客体的所有权或由其派生的权利作为商品进行买卖的行为。商品买卖是一组权利的交换，这种交换是一种广泛意义上的产权转让。产权交易有多种形式，如承包经营、租赁、参股控股、兼并收购等。产权的可交易性是以产权的排他性、有限性和可分解性为前提的。只有排他的、边界清晰的、能够分割并可计量的产权才有可能和有必要进入市场交易。

四、产权的界定和保护

如果不对产权进行清晰的界定会怎么样呢？产权经济学告诉我们，产权模糊会引起外部效应最终导致社会福利下降。这里有两个很好的例子。

一个是"钢铁厂污染"的例子。钢铁厂和养鱼场分别位于河流的上下游，钢铁厂直接向河流排污，省却了治理成本的同时给养鱼场带来污染。钢铁厂和养鱼场均按照边际成本等于市场价格组织生产（假定是完全竞争市场结构），均衡的钢铁和鱼的产量与社会所选择的最优的钢铁和鱼的产量是不一样的。它导致资源配置的帕累托最优不能实现，社会福利下降。

另一个是"公地悲剧"的例子。18世纪的休谟举了这样一个例子：许多人共同拥有一块草地。这块草地是公有财产，每个人都有权在草地上放牧，但任何人都无权出售这块草地。为防止草地退化，需要松土、施肥以及锄杂草等，为此，所有人有必要共同签订一个契约。可是，要使所有人就任何集体措施达成协议是非常困难的，实际上也是不可能的。要让他们对如此复杂的计划做到步调一致就很难，要让他们实施这一计划就更难了——人人都想找借口免去自己的麻烦和开支，从而把负担全部推到别人身上。最后，这块公有草地的退化是必然的。

因此我们有必要进行产权界定，可是产权界定是需要花费成本的，有时候这个成本还很大。当产权界定的成本大大超过人们进行界定所能获得的收益的时候，人们就不会去进行产权界定了。因此现实当中经常会发现有些产权没有得到非常清晰的界定而停留在公共领域。

现代社会确认和保护产权最高和最完备的社会契约形式就是以国家机器为基础的法律体系，国家机器的"暴力潜能"降低了保护成本，法律制度的保护是以强制惩罚一切破坏现有产权关系的行为以及由此产生的威慑力而实现的。在人类社会的早期，人们曾经自发地使用暴力或暴力威胁来进行产权保护，每一个部落、每一个家族都建立了自己的军队，但实践证明成本很高，是不经济的。价值体系或意识形态、习俗或习俗法也能够被用来辅助进行产权保护。任何产权形式，只有获得法律的认可，才能够进入市场加入社会交易过程。

五、产权的功能

产权的功能是指产权作为一种社会强制性的制度安排所具有的界定、规范和保护人们的经济关系，形成经济生活和社会生活的秩序，调节社会经济运行的作用。现代产权理论认为产权具有四大功能，一是能够减少不确定性和降低交易费用；二是能够将外部成本内部化；三是对产权所有人具有激励作用；四是对产权所有人具有约束作用。

减少不确定性：产权对经济活动的不确定性研究是相对于没有产权或没有明确划分产权两种情况而言的。人们进行选择所面临的环境总是复杂多变的，充满着不确定性。人们确立或设置产权，就能够使不同资产的不同产权之间边界确定，使不同的主体对不同的资产有不同的确定权利。这样就会使人们的交往环境得以确定，大家都更能够明确自己和别人的选择空间①。如果不同主体之间产权关系不明晰，意味着谁的权利都没有限制、没有边界，谁都不能确保自己的产权，也就等于没有产权。因此，产权的功能就是设置或确立产权的边界，从而减少经济活动中的不确定性。

外部性内部化：外部性又称为溢出效应、外部影响或外差效应，指的是一个人或一群人的行动和决策对另一个人或一群人强加了成本或赋予利益的情况。外部性分为外部经济与外部不经济两种。所谓外部经济就是某人或某企业的经济活动会给社会上其他成员带来好处，但该人或者该企业却不能由此得到补偿。所谓外部不经济就是某人或者某企业的经济活动会给社会上其他人带来损害，但该人或该企业却不必为这种损害进行补偿。

科斯指出，只要产权界定清楚，外部性就能够被内部化。一条河的上游和下游各有一个企业，上游企业有排污权，下游企业有河水不被污染权。下游企业要想使河水不受污染，就必须与上游企业协商并要求其支付费用，以得到清洁的水。上下游企业进行谈判，上游企业要想排污就要给予下游企业一定的赔偿，上游企业会在花钱治污与赔偿之间进行选择。总之，只要产权界定清晰并可转让，那么市场交易和谈判就能够解决负外部性问题，私人边际成本与社会边际成本就会趋于一致②。

---

① 科斯，等. 财产权利与制度变迁［M］. 刘守英，等译. 上海：上海三联书店，1991：28.
② 对负的外部性征收税负，对正的外部性给予补偿。征税能够抑制产生负的外部性的经济活动，补贴能够激励产生正的外部性的经济活动。

按照科斯定理，经过产权调整使有害的外部性内部化，可以将这两个企业合并成一家。合并为一家以后，必然减少上游对下游的污染，因为是一个企业，有着共同的利益得失，上游企业对下游企业的污染会减少到最小，即把上游生产的边际效益等于下游生产的边际成本[①]。

激励功能：产权归根结底是一种物质利益关系。任何产权主体对其产权的行使，都是在收益最大化动机支配下的经济行为，是期望通过拥有财产而获得效用，没有收益的产权是不可思议的。

约束功能：产权对产权主体在行使产权的经济活动中所施加的强制，即能够实施哪些行为、能够行使到什么程度，规定其行为边界。

如果从宏观经济运行的角度来看，产权还能够实现资源配置功能以及收入分配功能。

第四节　现代企业组织制度

现代公司制企业在市场经济发展中已经形成了一套完整的企业组织制度。

公司的组织机构，是指体现公司的组织意志，从事经营和管理职能的机构。其特征是：所有者、经营者和生产者之间通过公司的权力机构、决策机构和监督机构形成各自独立、权责分明、相互制约的关系，并通过法律和公司章程保证确立和实施。

三权分立原则：决策权、执行权和监督权三权分立。

按照三权分立的原则，公司的组织机构一般由权力机构、执行机构和监督机构三部分组成。

公司组织机构一般是股东大会、董事会和监事会。股东大会是公司的最高权力机构，董事会是企业的决策机构，总经理是董事会聘任的负责企业日常经营管理活动，对公司的生产经营进行全面领导的经营管理者。

一、最高权力机构：股东大会

股东大会决议是股东大会就公司事项通过的议案。根据议决事项的不同，可将股东大会决议分为普通决议和特别决议。

普通决议就公司一般事项做出决议，如任免董事、监事、审计员或清算人，确定其报酬；分派公司盈余及股息、红利；确认董事会所制作的各种表册；确认清算人所制作的各项表册；对董事、监事提起诉讼，等等。形成普通决议，一般只要求有代表已发行股份总数过半数的股东出席，以出席股东表决权的过半数同意即可。

特别决议就公司特别事项做出决议，如变更公司章程；增加或减少公司资本；缔结、变更或终止关于转让或出租公司财产或营业以及受让他人财产或营业的合同；

① 科斯, 等. 财产权利与制度变迁 [M]. 刘守英, 等译. 上海：上海三联书店, 1991：60.

公司转化、合并或解散，等等。特别决议的形成要求较严格，一般要有代表发行股份总数 2/3 或 3/4 的股东出席，并以出席股东表决权的过半数或 3/4 通过。

无论是普通决议还是特别决议，若议决程序违法或违反章程，股东于决议通过之日起一定期限内，可诉请法院撤销该决议。决议的内容违法时，该决议即归无效。

不论是普通决议，还是特别决议，通过时都按每 1 股有 1 票表决权计数表决（一股一票），且以出席股东大会的股东所持表决权计算，股东不出席或不委托代理人出席的，就自动丧失其表决权。

为了防止大股东对公司的控制，有些国家对大股东的投票表决权做出限制性的规定，即在选举董事会和监事会成员时采取累积投票制。

累积投票权，是指股东大会选举两名以上的董事或监事时，股东所持的每一股份拥有与当选董事或监事总人数相等的投票权，股东既可以用所有的投票权集中投票选举某一人，也可以分散投票选举数人，按得票多少依次决定董事人选的表决权制度。

累积投票权制度的意义在于限制大股东或控股股东对董事、监事选举过程的控制与操纵，有利于保护中小股东的利益。

我国公司法规定的累积投票权是任意性的而非强制性的，即公司可以采用累积投票权制度，也可以不采用该制度，是否采用由公司章程做出规定或由股东大会做出决议。

二、执行机构：董事会和经理层

（一）董事会的组建

董事会是股东大会闭会期间行使股东大会职权的常设权力机关，也是最高业务执行机构，负责决定公司长期战略，处理公司重大经营管理事项，监督和评价公司管理工作，以及任免高级管理人员。

董事会是由所有董事组成的一个领导集体。

董事是指由公司股东大会选举产生的具有实际权力和权威的管理公司事务的人员，是公司内部治理的主要力量，对内管理公司事务，对外代表公司进行经济活动。

公司董事的人数，应由公司章程加以明确规定。我国公司法规定，有限责任公司的董事人数应为 3~13 人，股份有限公司的董事人数为 5~19 人，一般须是单数。具体董事人数应根据公司规模、管理的层次与幅度，由股东大会讨论并在公司章程中明确规定。

董事人数缺额达 1/3 时，应召开股东大会临时予以补选。

董事的每届任期不超过 3 年，但可连任。董事的具体任期，须在公司章程中明确规定。

董事包括内部董事和外部董事。

内部董事又称执行董事，主要指担任董事的本公司管理人员。

外部董事亦称非执行董事，指不是本公司职工的董事，包括不参与管理和生产经营活动的企业外股东和股东大会决议聘任的非股东的专家、学者等。

外部董事又包括独立董事和灰色董事。

独立董事是与公司无任何实质性联系、不受经营者控制的外部董事，他们主要是来自银行、法律、财务和商务等方面的专家。

灰色董事指的是那些与公司或公司管理层有个人或经济利益联系的外部董事。这些董事在公司中没有正式的职位，但他们可能通过这些联系对公司的决策产生重要影响。

（二）董事会的职权

董事会的职权有：

召集股东大会，并向股东大会报告工作；

执行股东大会的决议；

决定公司的经营计划与投资方案；

制定公司的年度财务预算方案、决算方案；

制定公司的利润分配方案和弥补亏损方案；

制定公司增加或减少注册资本的方案以及发行公司债券的方案；

决定公司内部管理方案；

决定聘任或者解聘公司经理及其报酬事项，并根据经理的提名，决定聘任或者解聘公司副经理、财务负责人及其报酬事项；

制定公司的基本管理制度；

公司章程规定的其他职权。

（三）董事长的职权

我国公司法规定，股份有限公司的董事会应由5~19人组成，董事会设董事长1人，由全体董事出席的董事会以过半数选举产生。

董事长是公司的法定代表人，对外可代表公司开展业务活动，对内是股东大会和董事会的主席。

董事长的职权是：①主持股东大会和召集、主持董事会会议；②检查董事会决议的实施情况，并向董事会报告；③签署公司股票、公司债券和职权范围内的文件。④根据董事会授权，在董事会闭会期间，行使董事会部分职权。

（四）经理

经理是对内具体掌管和处理公司事务，对外可以在董事会授权范围内代表公司进行商务活动的业务执行机构。经理对董事会负责。

我国公司法规定，股份有限公司须设立经理1人，副经理若干人。

经理的职权可分为两种：一是经营管理权，负责公司日常的经营管理活动；二是代理权，即依照公司章程和董事会授权，以公司的名义从事商务活动。

《中华人民共和国公司法》第五十条和第一百一十九条规定了有限责任公司和股份有限公司的经理所行使的职权：

（1）主持公司的生产经营管理工作，组织实施董事会决议；

（2）支持实施公司年度经营计划和投资方案；

（3）拟定公司内部管理机构设置方案；

（4）拟定公司基本的管理制度；

（5）制定公司的具体规章；

（6）提请聘任或解聘公司副经理、财务负责人；

（7）聘任或解聘除应由董事会聘任或解聘以外的负责管理人员；

（8）董事会授予的其他职权。

董事会与经理之间有着明显的分工：董事会负责决定公司重要经营决策方案，直接对股东大会负责；经理主要负责公司日常经营管理活动，经理对董事会负责。

董事会与经理之间的分工，本质上是控制权与经营权的分离。

这种职能分工有利于董事会对经理人实施监督，防止出现内部人控制现象，但也存在着权力相互制约而造成公司运转不灵的问题。

（五）新兴的首席执行官制度

首席执行官（CEO）有了总经理和董事长的职权，既要负责公司的日常经营管理，又可以在一定的职权范围内代表公司对外签约。

企业CEO制度是与现代企业制度相适应的。在现代市场经济体制下，现代企业制度的法人治理结构一般由股东大会、董事会、高层经理人员所组成的执行机构这样三个部分组成。其中，公司执行机构由高层执行官员组成。这些高层执行官员即高层经理人员受聘于董事会，在董事会授权范围内，拥有对公司事务的管理权和代理权，负责处理公司的日常经营事务。该执行机构的负责人就称为CEO，也就是首席执行官。

担任企业CEO的，可以是董事长或副董事长，也可以是总经理。

CEO的主要职责是：①执行董事会的决议；②主持公司的日常业务活动；③经董事会授权，对外签订合同或处理业务；④任免经理人员；⑤定期向董事会报告业务情况，并提交年度报告。

三、监督机构：监事会

监事会是公司的监督、监察机关。它代表股东，通过对董事会和经理人员工作的监督，保证公司利益和股东利益的最终实现。我国公司机构设置是特殊的二元结构——平行的二元结构：

（1）董事会和监事会均由股东大会选举产生，董事会对股东大会负最终责任，而无须对监事会负责。

（2）监事会有监督权而无决策权。我国公司法规定，公司规模较大的，需设立监事会，监事会成员不得少于3人。

（3）公司规模较小或股东人数较少的，可以不设监事会，只设1~2名监事。

（4）监事会由股东代表和适当比例的公司职工代表组成，其中职工代表的比例不得低于1/3，具体比例由公司章程规定。

（5）为了保证监事会的独立性，公司的董事、经理及财务负责人不得兼任监事。

监事会的职权包括：

（1）检查公司的财务。

（2）对董事、经理执行公司职务时违反法律、法规或者公司章程的行为进行监督。

（3）当董事和经理的行为损害公司的利益时，要求董事和经理予以纠正。

（4）提议召开临时股东大会。

（5）公司章程规定的其他职权。

第五节　现代企业管理制度

在实际工作中，经常会遇到"企业管理"和"综合管理""运营管理"等术语，管理界暂时没有对它们进行明确的定义。本教材在此对它们进行简单的阐述与比较。企业管理与综合管理是同一范畴的不同侧重点，前者范围广、内容多，包括了企业管理中的方方面面；而后者主要聚焦于职能领域的管理，它对具体业务领域不会涉足太深。运营管理，可以视为与人的管理、财的管理并列的层面，它们共同属于企业管理、综合管理的组成部分。

一、企业管理的内容

关于企业管理，从宏观经营的角度对管理对象、管理内容进行划分，核心的就是三大部分：人的管理、财的管理、运营管理。

人的管理主要是制定与人相关的管理体系，并对人力资源进行调配与控制，管理好人的甄选、培养、发展、激励与利益联结，为人才在企业相关事务中活动提供协助与服务。

财的管理主要是对财务账目、成本、核算、税务等进行处理，确保企业资金、资产及物品等资源的合理利用与调配。

运营管理主要是针对产品或服务所处的供应链、价值链环节，进行增值变现，它涉及营销、研发、生产、服务等具体的专业领域。

二、综合管理的内容

综合管理就是精简版的企业管理，它从日常具体事务的角度关注职能领域，主要涉及人、财、运营这三大领域的职能管理，它对营销、研发、生产、品质等管理只是通过过程与结果来进行管控，具体如何实现属于每个细分领域的内容。

人的管理主要聚焦于人才的培养、人才的使用、核心团队的建设、激励与约束政策机制的制定。

财的管理主要聚焦于企业经营成本的统计与分析、企业盈利与亏损的分配、财务报表的查看与分析。

运营管理主要聚焦于企业各类资源的调配，经营、管理的授权，人力资源、财力资源的增值变现，企业风险的预防与控制。管理界通常把经营绩效、个人考核归于人的管理，实际上它属于运营管理的范畴。绩效考核与管理就是企业资源增值变现过程中的管理方法与手段，它不是人力资源领域可以独立控制与解决的，而是需要站在公司运营管理的角度，进行全面规划与实施。

三、企业管理的注意事项

管理制度是在有关企业经营管理活动中，约束和调整各种经营管理行为方式和关系的行为规则。现代管理制度要适应市场经济的发展，符合企业的实际并且积极应用现代科学技术成果。一般需注意以下事项：

（1）具有正确的经营思想和能适应企业内外环境变化，推动企业发展的经营战略；
（2）建立适应现代化大生产要求的领导制度；
（3）实行"以人为本"的经营理念，充分发掘企业人力资本的潜力；
（4）建立高效的组织机构和管理制度；
（5）运用现代化的生产方式和先进的生产技术，等等。

第六节　现代企业组织机构的运作

一、公司财产权能的分离

（一）企业财产权能分离的含义

财产权能的分离是指财产权中所包含的诸项权能（所有权、占有权、支配权、使用权）分属不同的经济主体。财产权能分离最常见的方式是所有权与其他三个权能分离，通常称之为所有权与经营权的分离。

在自然经济中的家庭或简单商品经济中的单一业主企业制度下，财产权是完全统一的，出资者既是企业财产的所有者，又是企业的经营者。但即使在业主企业制度下，也存在着多种经营形式，如承包经营、委托经营、租赁经营和信贷经营等。这些经营形式都使所有权和经营权发生了不同程度的分离，表现为经营权中的部分权力给予了经营者。上述经营方式下所有权和经营权的分离，是企业所有权与经营权分离的低级形式。因为那时的企业没有独立的财产，无论是从法律的角度看，还是从物权的角度看，企业财产都归属于所有者，企业不具有独立的法人资格，所有者仍对企业债务承担最终的清偿责任，企业不可能真正自负盈亏。同时，这种所有权与经营权的分离缺少法律规范和制度保证，势必造成经营权不可能独立存在，而只能依附于所有权，表现为经营权可大可小，经营时间可长可短。企业财产权能分离的高级形式是公司的财产权能分离，它是指公司原始所有权、法人产权、经营权三者的相互分离。它具有以下三个特点：

（1）这种分离是以公司法人为中介的所有权与经营权的两次分离。第一次分离是具有法律意义的出资人与公司法人的分离，即原始所有权与法人产权相分离；第二次分离是具有经济意义的法人产权与经营权的分离。公司所有权与经营权的两次分离，与所有权保持完全统一前提下所有权与经营权的分离具有质的区别，即公司成为不依赖于股东而独立存在的法人。

（2）法人产权从所有权中分离出来，使得法人产权不依赖于原始所有权而独立存在，公司产权取得了独立的法人资产。公司凭借其拥有的法人资产对公司债务承担最终清偿责任。

（3）公司制度下的所有权与经营权的分离，是以法律形式加以规范的，是永久性的彻底分离，使经营权摆脱了对所有权的依附。出资人、公司法人、经营者各有其对称的权利和义务。

（二）原始所有权与法人产权的分离

原始所有权与法人产权的分离是公司所有权本身的分离，公司出资者的所有权转化为原始所有权，失去了对公司资产的实际占有权和支配权；公司法人拥有法人资产，对所经营的资产具有完全的支配权，即法人产权。原始所有权是出资人（股东）对投入资本的终极所有权，主要表现为股权。股权的主要权限包括：对股票或其他股份凭证的所有权和处分权，对公司决策的参与权，参与公司收益分配的权利等。股权相对于本来意义的所有权而言，其权能已被大大弱化。股东没有对公司直接经营的权利，也没有直接处置法人财产的权利。股东一旦出资入股，不得退股和抽走资本。

法人产权是指公司作为法人对公司财产的排他性占有权、使用权、收益权和转让权。这是一种派生所有权，是所有权的经济行为。相对于公司原始所有权表现为股权而言，公司法人产权表现为对公司财产的实际控制权，保证公司资产不论由谁投资，一旦形成公司资产投入运营，其产权就归属于公司，而原来的出资者就与现实资产的运营脱离了关系。公司法人全面拥有对公司资产的支配权，而且在法人存续期间，这些权能成为法人永久享有的权利。公司据此以自己的名义直接、稳定地占有和经营股东出资的资产，摆脱了资产原始所有者的直接干预。

（三）法人产权与经营权的分离

法人产权与经营权的分离是指只具有经济意义的法人所有权与经营权的分离。公司法人产权集中于董事会，而经营权集中在经理手中。在法人产权界定明确且经营权操作区间给定时，经理具有独立的、自由的经营决策权。经营权是对公司财产占有、使用和依法处分的权利，是相对于所有权而言的。与法人产权相比，经营权的内涵较小。经营权不包括收益权，而法人产权却包含收益权，即公司法人可以对外投资并获取收益。另外，经营权中的财产处分权也受到限制。一般来说，经理无权自主处理公司资产。法人产权与经营权的分离是社会生产发展的必然结果。随着企业规模的扩大，管理工作日益复杂化，要求有较高的专业技能，因而出现了对专业管理人员的需求。同时，公司所有权的分散化以及与之相关联的所有权证券化、市场化，使得任何一个所有者都无法绝对控制和支配企业，也没有必要去支配和控制企业。于是，公司的经营权就被赋予给了职业经理，出现了一个以专门从事经营管理活动为业的经理群体。

二、公司产权关系与组织机构

（一）产权关系决定组织机构的基本框架

公司产权实现了原始所有权、公司产权与经营权的三权分离，决定着股东大会、董事会和执行机构等公司组织机构的设置，进而决定了所有者、公司法人、经营者等之间的责、权、利的实际关系。公司股东大会、董事会和执行机构等组织机构的设置，既是公司产权关系的具体体现，又是公司产权有效运行的组织保证。股东大会是原始所有权的载体。股东通过股东大会，选举产生董事会，对重大决策进行表决，以维护自身的利益。股东还可以买卖公司股票，对公司行为形成外部约束。董事会作为法人财产的代表，对公司资产的运作与增值负责，承担资产风险。它受股东利益的制约，对公司重大问题进行决策，并对经理人员进行监督。经理人员组成公司的执行机构，由董事会精心选择，并直接受控于董事会，对自己的经营成果负责。监事会则是股东大会派生出来的一个机构，专门行使监督权。因此，公司制企业的产权关系与其组织机构一一对应，即财产管理权由股东大会行使，经营决策权由董事会行使，业务指挥权由执行机构行使，监督权则由监事会等行使。这四权既有明确的划分，分别由不同的机构和人员行使，又相互制约，形成有效的制衡机制。

（二）不同产权模式下的组织机构

不同的产权模式决定了不同的组织机构设置方式。其中，比较典型的是美国产权高度分散条件下的组织机构和日本的法人相互持股条件下的组织机构。

1. 高度分散的产权模式

美国企业产权制度的最大特点就是个人产权的高度分散化，即股东人数多、单一股东所持股份份额小、股权高度分散化。这一特点必然导致公司法人产权的高度独立及所有权与经营权的彻底分离，对企业组织制度及其运行产生独特影响。由于股东人数众多，个别股东要掌握公司的控制权，不仅是不可能的（受财力的制约），也是不合算和没有必要的（成本太高）。众多的小额股东更关心股票的价格，关注短期收益。因此，美国大公司的所有者对经营者的直接控制和影响较小，从而牢固树立了经理人员在企业经营管理中的中心地位，企业的法人产权越来越由经理阶层全权支配和处置了。在组织机构运作上，现代美国的公众化大公司虽然在形式上保持着股东选举董事、董事会任命经理的一般程序，但实际上从股东大会的召集到大会议题的确定乃至董事候选人的提名和中选，都由经理阶层一手操纵。同时，越来越多的经理人员兼任董事，已接近了法律限制的最高比例50%。

2. 法人相互持股的产权模式

以法人互相持股、交叉持股为主体的企业产权制度，是日本现代公司的最大特点。在众多的上市股份公司中，法人持股比率高达70%以上。法人持股主体主要有两大类：金融机构法人，包括银行、保险公司等；以大企业为核心的所谓事业法人。法人股东持股与个人持股有明显的区别。法人持股的目的是控制和渗透，形成企业与企业之间稳定的关系网。同时，法人股东持股还具有相互交叉、环形渗透的特点，从而形成较为密切的关系网。在这种产权模式下，股东的影响力常常互相抵消，不同的大股东一般互有默契、互不干涉，这实际上有利于经营者全权独立经营决策机制的形成和强化。因此，日本企业中所有者对经营者的约束很少。相应地，在日本现代公司中，董事会通常不是由股东代表、外部董事和经理构成的，而几乎都是由企业内部领导人组成的，并且几乎不受所有者的影响和约束。股东大会更是一种表面形式，经理提名的候选人很容易通过决议。此外，经理是董事会选出来的，而董事又是经理提名的，无异于经理自己选自己。这就保证了经营者权力的延续性、独立性。

三、公司董事会与经理层的关系

公司组织机构运作中最重要的是处理好董事会与经理层的关系。这种关系处理得当，公司就会兴旺发达，反之则可能导致经营失败。公司法等有关制度对这种关系只能做一些粗略的规定，在各种具体问题的处理上会有很多不同情况。

（一）董事会与经理层的基本关系

董事会是公司最终的决策机构。在实际的公司经营中，董事会和高层经理的工作是很难明确区分开的。董事会位于管理层次的高层，其中一部分成员来自公司的管理层，即所谓内部董事，另一部分来自公司管理层之外，即所谓外部董事。内部董事在董事会中所占的比例在一定程度上决定着董事会工作的特点和效率。具体来说，有以下几种情况：

（1）全部为内部董事的董事会。在这种董事会中，每位董事都是公司的管理者，如许多新创立的公司和家族公司的董事会往往是这种类型的。这样，公司高层中就没有外部成员，相互协调比较容易，工作的效率通常比较高。

（2）多数为内部董事的董事会。有些公司会吸收一些外部人员作为董事，如需要一些具有专业知识和专门技能的人来协助决策，为方便公司购买股票、融资而吸收新的股东，或维持公司同供应商和顾客的关系等。外部董事在公司事务中可以起到重要作用，但在主要由内部董事构成的董事会中，外部董事的作用是有限的，因而无法有效地监督检查包括内部董事在内的管理部门。多数内部董事的存在，使得董事会经营决策权和经理人员指挥权的划分不是那么清晰。

（3）多数为外部董事的董事会。在许多现代公司中，外部董事所占的比例正在不断上升，有的已经接近或超过50%，如美国和澳大利亚的主要上市公司。这样虽然可以有效地对管理部门进行监督，但外部董事本身不像内部董事那样了解公司情况，也没有充足的时间投身于公司事务。

而内部董事所占的比例不同，也使得董事会与经理人员之间产生种种不同的合作与控制关系。这主要有三种类型：

（1）"看守型"董事会，其主要工作仅限于选聘经营者并监督经营业绩。这种类型以外部董事占多数的董事会最为常见。如果经理人员失职，董事会就只好改组经理班子。这种董事会与经理之间的合作是不过问、不干预式的合作，并只以人事任免方式进行控制。

（2）"包办型"董事会，其不仅行使撤换经理的权力，而且要全面介入公司的经营业务。这种类型以内部董事占多数甚至全部的董事会最为常见。这种董事会并不重视与经理班子是否开展合作，只偏爱发号施令实施控制。其基本问题在于不相信经理人员，有可能与经理们发生冲突。

（3）"分工型"董事会。"分工型"董事会是按照公司法及公司章程所规定的那种理想的模式，董事会与经理班子各自有明确的分工，互不干扰，既能密切合作，又有相互制约。但必须指出的是，这种董事会与经理之间的权力界限最为模糊、易变，所谓"明确的分工"，实际上是一种极难达到的均衡状态。

（二）董事会对经理层的控制

1. 董事会对经理的任免

从法定程序来看，是股东大会任命董事会，董事会再任命高层经理人员。然而，在实际情况中，由于内部董事兼任经理，这种任免关系就变得复杂了。一般来说，董事会对经理的任命程序往往是：①股东大会选择外部董事。②外部董事选择总经理。③总经理选择内部董事（经理）。④股东大会正式任命由外部董事和内部董事组成的董事会。⑤董事会再正式任命总经理和经理班子。从董事会与经理之间的任命关系可以看出，总经理的任免工作将主要由外部董事来承担，内部董事则起次要作用。任命总经理是董事会显示自己的权力、明确总经理职责的最佳时机。同时，董事会还应针对总经理的个人素质，把双方的权利和责任进一步具体化，使总经理明白自己的弱点和董事会对自己的信任程度。这应该体现在总经理与公司签订的服务合同中，也可通过谈话、交流等形式把信息传递给总经理。当然，如果总经理犯了严重错误，危及公司生存时，董事会有权将他撤换。但是，撤换总经理是董事会的最后一招"杀手锏"，必须审慎使用。如果总经理所犯错误不太严重，就应给予其改正的机会。否则，一有错误便撤职，不仅现任总经理会变得谨小慎微，失去创新精神，而且以后也没有人敢来干这份工作。此外，撤换总经理要有充分的时间准备，以免匆忙撤换给公司造成不必要的损失。对任何公司来说，撤换高层经理必然会影响公司的经营活动，而且还受能否找到合适的替代人选的限制。

2. 董事会对经理的监督

监督高层经理的工作是董事会的当然责任，关键的问题在于怎样提高监督的效率。通常要注意以下两个方面：

首先，要合理确定监督的范围。监督范围共有两类：

第一类是指标监督，即根据公司各种主要经济指标对高层经理进行监督，这些指标包括资本利润率、市场占有率、产品及服务的质量、劳动生产率、资产负债比率、股票价格等。这种监督一般比较容易，只要懂得有关财务知识即可进行。但这种监督有滞后和不全面的缺点，因为人的行为包括感情、士气等属于组织文化范畴的因素难以用统计指标反映出来。

第二类是行为监督。这类监督包括以下内容：经理班子的工作作风、团结情况，经营管理的协同能力，对风险与机遇的把握能力，避免易犯错误的次数等。这些问题本身很难把握，没有固定章法可循，只有有经验的人才可能具备这种监督能力，董事们一般都要在本公司任职三四年以上，熟悉本公司各方面的情况，才能实行这

95

种监督。

指标监督与行为监督应该结合起来，形成一个对经理的监督覆盖面。

其次，要掌握科学的监督方法。要进行指标监督，董事会应该就各项指标定出可行的具体目标，如今年资本利润率应比去年增长百分之几，以此作为考核（总）经理的依据；进行"行为监督"，董事会就不能满足于听报告，董事们最好能走出去，与公司各阶层人士、政府官员、公司所在社区人士等广泛接触，与经理本人谈心，深入了解本公司的情况。

（三）经理层对董事会的反控制

由于与董事会的行为目标存在差异，高层经理可能不愿接受董事会的控制。董事会的目标首先是提高股东分红水平，分红越高，董事会的地位越巩固。经理们的目标则往往是高收入、较大的权力和较高的社会地位。此外，经理们对来自董事会的控制也有一种本能的反感。因此，经理们很可能利用自己的实力，对来自董事会的控制进行反控制。经理们的实力一般源于经营管理能力的差别、时间和信息量上的差别及其拥有的管理班子和可以直接指挥的下属等。

四、公司组织机构的决策与监控

公司组织机构的运作实质是保证公司经营决策的执行和对公司经营活动的监督与控制。作为公司的最高领导层，组织机构需要对公司经营中的许多重要问题做出决策，其决策及时与否、正确与否直接关系着公司运行的效率；同时，为了保证决策被有效执行，组织机构还要进行相应的监督和控制。

（一）公司组织机构决策的特点

（1）战略性。战略即事关公司未来发展方向和远景的全局性、长远性的大政方针方面的决策，主要包括公司的目标和方针、公司的产品开发和市场开发、公司的投资、公司主要领导人选和组织机构的调整等方面的决策。

（2）非程序性。非程序性决策又称一次性决策，是指具有极大的偶然性和随机性，很少重复发生，无先例可循，具有大量不确定因素的决策活动。这类决策往往缺乏准确可靠的统计数据与情报资料，决策者大多对处理这类问题经验不足。解决这类决策问题往往依靠最高决策者本人具有的丰富的经验、渊博的知识、敏锐的洞察力和活跃的逻辑思维。

（3）风险性。如果决策所面临的自然状态是一种随机事件，各种可行方案所需的条件存在不可控因素，一个方案可能出现几种不同的结果，并且各种后果的出现是随机的，这类经营决策就具有一定的风险，决策者需要凭自己的经验、感觉和估计来做出决策。

（二）公司组织机构决策的执行

决策确定以后，就要进行决策的执行工作。对组织机构来说，就是要让下属人员忠实、有效地执行高层的决策。一般来讲，公司组织机构决策的执行有以下五种模式：

（1）指令型。指令型模式是组织机构凭借其权威，命令下属人员执行决策的模式，具有较强的集中指挥的特点。

（2）转化型。转化型模式是从指令型转变而来的。这种模式重视运用组织机构、激励手段和控制系统来促进战略的实施。例如，利用组织机构和参谋人员明确地传递企业优先考虑的事务信息，把注意力集中在所需要的领域；建立计划控制、绩效评价以及激励补偿等手段，以便支持实施决策的管理系统；运用组织文化调节的方法促进整个企业发生变化。但如果过分强调组织体系和结构，这种模式有可能失去企业经营的灵活性。因此，该模式较适合于环境确定性较大的企业。

（3）合作型。合作型模式把决策范围扩大到企业中高层管理集体之中，以调动中高层管理人员的积极性和创造性，协调中高层管理人员成为董事长或总经理的工作重点。

（4）文化型。文化型模式是把合作型的参与成分扩大到了企业的较低层，力图使整个企业人员都支持企业的目标和战略，认真地执行决策。在这种模式中，组织机构起着指导者的作用，通过灌输一种适当的企业文化使决策得到贯彻实施。

（5）增长型。在增长型模式中，组织机构的决策是从基层单位自下而上地产生的，即组织机构根据基层的建议而做出决策。这种做法有利于激励组织成员的创造性，使企业潜在的能量得到发挥，并使企业实力得到增长。但采用这一模式对组织机构成员的要求很高，要求他们能够正确评判下层的各种建议，淘汰不适当的方案。在企业实践中，上述的五种模式并不是互相排斥的。从某种意义上说，它们只是形式上有所区别。一个企业可能会有多种决策执行模式，但不同企业的侧重点可能会有所不同。要使决策得到执行，还必须把任务向下分解，使每一个企业人员都能明确自己的任务和职责。此外，在必要的时候还需要调整企业的组织机构，这是企业实现经营决策的组织保证。要根据决策特别是战略性决策的变化来调整企业的组织机构。

（三）公司组织机构的监控

任何决策的执行都需要辅以必要的监督和控制，这是组织机构的另一个重要的职能。

1. 组织机构监控的内容

组织机构监控的内容主要有三个方面：

（1）财务监控。财务监控主要是指应用会计方法和其他有关方法，对财务、会计工作和有关经济业务进行控制。财务监控不仅包括为了保护财产而实行的监控，而且包括为了保证会计信息质量而实行的监控。

（2）管理监控。管理监控的范围很广，包括一个组织内部除会计监控以外的所有监控内容，主要有：计划控制，包括预算控制制度、标准成本计算制度、利润计划、资金计划、设备投资计划等；信息报告控制，即服务于经营管理的内部报告制度、信息管理制度等；操作与质量控制，包括时间定额研究、操作规程研究、工程管理、质量管理等；人员组织与训练，即机构建立与分工、人员配备与选择、人员训练计划、职务考核与分析、职务评价、工资管理等；业务核算与统计核算，包括有关的业务核算、经营统计的编制和分析、销售预测等。

（3）审计监控。审计监控是检查、评价会计监控、管理监控健全、有效程度的重要手段。审计监控是根据系统的控制目标和既定的环境条件，按照一定的依据来审查、调节被审计单位经济活动的一种监督控制活动。它的主要过程是查明问题、对照标准、找出差距、分析可能、提出措施、监督纠正。

2. 组织机构的监控方法

（1）计划监控法。计划是一种进行预先控制的手段，其中心问题是尽可能避免企业组织中所使用的资源在质与量上产生与计划指标的偏差。因此，在可行的范围内，所制订的计划必须使企业和它的业务部门的目标具体化为指标或标准，如在利润、支出和投资水平等方面的指标和标准。

（2）授权监控法。随着企业业务范围的扩大或所属部门的分散，组织机构实行中央集中监控，不仅有诸多不便，更重要的是影响监控的效率，因此大公司有必要实行授权监控，即将部分监控权授予下级管理部门。

（3）组织监控法。这是指建立一定的专门监控组织来实施监控职能。例如，监事会就是独立的监督机构，董事会和总经理还可以设立财务委员会、审计委员会等专门的监控机构。

（4）程序监控法。程序监控法，又称标准化监控，它是对重复出现的业务，按客观要求，规定其处理的标准化程序作为行动的准则。

（5）人员监控法。这是指通过对管理人员和员工提供帮助、强化协调等办法，使他们从关心本部门的局部利益转到关心执行组织机构的决策上去。这一方法成功的关键在于以下三个方面：下属对组织机构及其决策的理解和支持；正确地使用杰出的管理人才；最大限度地调动职工的积极性。

创业顾问

宝武集团完善中国特色现代企业制度①

一、推动"两个一以贯之"落实落地

习近平总书记指出，坚持党对国有企业的领导是重大政治原则，必须一以贯之；建立现代企业制度是国有企业改革的方向，也必须一以贯之。要把加强党的领导和完善公司治理统一起来，建设中国特色现代国有企业制度。

宝武集团持续推动"两个一以贯之"落实落地，改革完善重大事项决策体系，在国有资本投资公司试点中把加强党的全面领导和完善公司治理相统一，在"融入"上下功夫、在"内嵌"上花气力，全面提升公司治理水平。

正确处理党委与董事会、经理层等其他治理主体的关系，落实权责法定、权责透明、协调运转、有效制衡的公司治理机制是建设中国特色现代企业制度的关键问题，必须根据各治理主体的功能定位，依法合规具体厘清党委、董事会、经理层的职责权限，确保有效履职。宝武集团在完善公司治理中，明确党委在公司治理中的

① 中国宝武."宝武之治"，铸就治理现代的破题之钥：宝武正式转为国有资本投资公司系列报道之二［EB/OL］.http://www.csteelnews.com/qypd/qydt/202207/t20220718_65319.html.

法定地位和领导作用、董事会经营决策和经理层执行机构的定位，充分发挥党委把方向、管大局、促落实，董事会定战略、做决策、防风险，经理层谋经营、抓落实、强管理的作用。

全面优化"三重一大"（重大事项决策、重要干部任免、重要项目安排、大额资金使用）决策实施办法，依规制订重大决策事项权责清单，持续完善董事会议事规则和授权制度，建立健全决策会议制度，全面优化完善重大决策体系。一是依法厘定权责，充分发挥作用。根据各决策主体权责、行权要求和"三重一大"事项的规定，明确权责清单的基本结构以及决策内容。二是明确决策范围，提高决策效率。细化董事会决策事项，研究提出董事会、总经理职权界面和董事会授权董事长、总经理决策事项。将决策事项具体化，确保上会议案可以准确对应决策事项，避免成为一个筐，什么都往里装。三是优化决策流程，强化协调运转。具体明确了各决策事项的拟案、前置研究讨论、决策主体和"三重一大"事项集体研究讨论的程序安排。精简需党委前置研究讨论事项，仅董事会决策的重大经营管理事项需党委前置研究。通过建立重大事项决策权责清单，决策事项29类150项，把权责法定、权责透明、协调运转、有效制衡的公司治理机制建设落到实处。

为确保治理主体运行顺畅、无缝衔接，宝武集团构建起了"1+3"制度机制体系。①完善一套制度。新建、修订党委常委会、董事会、经理层议事规则等26项制度，保证各治理主体行权履职有章可循，议事决策规范高效。②建立三个机制。一是战略务虚常态沟通机制，党委班子和董事会、经理层共同对全局性、前瞻性、综合性问题进行研讨，广泛听取意见，凝聚各方共识。二是复杂决策全程通报机制。比如，跨三届董事会的湛江钢铁投资决策，环节多、金额大、周期长，先后6次向外部董事专题通报，组织3次现场调研，沟通及时、充分、透明，深入听取外部董事意见。三是议案会前反馈完善机制，对资本运作、产业规划、风险管控等专业领域议案，会前主动请外部董事挑"毛病"、提建议，根据意见及时完善，提高议案质量和决策效率。

二、子公司董事会持续提升法人治理水平

在现代治理体系下，宝武集团以董事会建设为重点，持续推进子公司董事会应建尽建、规范运行，更好地发挥子公司董事会"定战略、做决策、防风险"的作用，不断增强企业改革发展活力，进一步强化子公司市场主体作用。加强子公司董事会建设、配齐建强董事会是深化国企改革、强化国有资本投资功能（作用）发挥的必然要求，是宝武集团开疆拓土、创建世界一流企业的必然要求，也是完善子公司治理体系、提升治理能力、防范经营风险的必然要求。

宝武集团全面落实子公司董事会"应建尽建"，高度重视并致力于规范子公司董事会运作，发挥子公司董事会作用。2022年初，宝武集团对子公司授权放权体系进行了全面优化，明确14类65项授权放权事项清单、四种授权放权形式及相应决策流程，并"一企一策"明确决策权限。

进一步规范子公司董事会授权制度，明确授权原则、管理机制、事项范围、权限条件等主要内容，建立健全定期报告、跟踪监督、动态调整的授权机制。对符合条件的子公司，开展落实董事会职权相关工作，重点落实中长期发展决策权、经理层成员选聘权、经理层成员业绩考核权、经理层成员薪酬管理权、职工工资分配管理权及重大财务事项管理权。对于集团公司相对控股、战略投资者能够有效参与公司治理的子公司，宝武集团实行差异化的管控方式，实施以股权关系为基础、以派出股权董事为依托的治理型管控，不干预企业日常经营。截至2022年6月底，宝武集团纳入应建范围的228家各级子公司已全部实现董事会"应建尽建"。

3. 打造新时代"宝武之治"

钢铁生态圈战略建设和国有资本投资公司体系、能力建设是宝武集团顺应大势的必然选择。唯有国有资本投资公司治理体系和治理能力的现代化方能支撑钢铁生态圈建设战略落实落地。宝武集团在推动国有资本投资公司治理体系和治理能力建设的路上积极探索。宝武集团首期决策人研修班就围绕"国有资本投资公司子公司规范治理与绩效驱动"主题开展研修，此后，宝武集团在决策人研修班、党委全委会、职代会等重大会议上多次对推进治理体系建设与时俱进提出要求。

2020年适逢宝武集团成立130周年，也是宝武集团推进公司治理体系和治理能力现代化的关键一年。在宝武集团第九期决策人研修班中，宝武集团党委书记、董事长就对为什么要推进宝武集团治理体系和治理能力现代化、什么是宝武集团治理体系和治理能力现代化、如何推进宝武集团治理体系和治理能力现代化等三个方面做了全面深入的阐述。

遵循新发展理念、践行企业核心价值观，承载钢铁生态圈建设战略和国有资本投资公司改革试点要求，宝武集团以"一个坚持、两个方面、三层架构和四类体系"为整体框架，绘就公司治理体系和治理能力现代化建设全景蓝图，即坚持党的领导，把党的领导融入公司治理体系各环节，用党的政治领导力引领公司治理能力；治理和文化两方面相互补充、相互融合、共同发力；建立资本层、资产层、资源层三层架构；形成综合运行体系、专业职能管理体系、服务保障体系、制度体系四类体系。

对照全景蓝图，宝武集团细化形成了"一个引领、七大内容、一个抓手、一个保障"在内的十大建设任务、35项重点工作，并全力推进落地实施。其中十大任务是：专业化整合、产业化发展、生态化协同的钢铁生态圈建设，分层、分业、分级的管控架构建设，激发活力、放大能力、推动升级的市场化机制建设，横向到边、前中后台协同的综合运行体系建设，全覆盖、穿透式、精益化的人才队伍建设，整合、共享、赋能的基础设施建设，凝聚、引导、约束、激励的文化价值观建设，超越自我、跑赢大盘、追求卓越的对标与评价体系建设，责任清晰、快速传递、运作高效的制度体系建设和巩固、深化、转化、引领的党的组织建设。

制度体系建设既是宝武集团治理体系和治理能力现代化建设的十大任务之一，也为宝武集团国有资本投资公司和加快世界一流示范企业建设提供了制度保障。宝武集团健全完善全面覆盖、责任清晰、快速传递、运作高效的制度体系，构建上下贯通的"1+N"制度树体系，以"1"管总，明确体系职责、文件逻辑；以"N"强化执行，明确管理流程、管理要求，以"1+N"为基本模式，持续推进各专业职能条线管理制度的整合合并、精简高效。目前已形成以"党建、公司章程、三重一大办法"为根本，涵盖"加强党的领导、国有资本投资公司的综合运行体系、专业管理体系、保障服务体系"4个大类、26个中类、75个小类，分层分类管理的制度树。同时重构集团制度文件管理平台，实现总部及一级子公司制度文件上平台，并每年开展制度版本更新。全面对标对表，检查梳理制度机制建设中的薄弱环节，修订"三重一大"决策实施办法、制订重大决策事项权责清单、完善董事会议事规则和授权制度、建立健全决策会议制度，全面优化完善重大决策体系，提高了决策效率质量，形成了具有宝武集团特点的中国特色现代企业"制度图谱"。宝武集团还建立了党委防范化解重大风险的工作机制，强化监督体系、提升风险防控水平。

延伸阅读[①]

一、董事会

董事会是经营决策机构。根据《中华人民共和国公司法》第四章第三节的相关规定，董事会是由董事组成的，对内掌管公司事务、对外代表公司的经营决策和业务执行机构；公司设董事会，由股东大会选举产生。

董事会设董事长一人，副董事长若干，董事长、副董事长的产生办法由公司章程规定，一般由董事会选举产生。董事任期由章程规定，最长三年，任期届满，可连选连任。在董事任期届满前，股东大会不得无故解除其职务。

我国法律分别对有限责任公司和股份有限公司的董事人数做出了规定：

(1)《中华人民共和国公司法》第四十四条规定，有限责任公司设董事会，其成员为3~13人。

(2)《中华人民共和国公司法》第五十条规定，有限责任公司，股东人数较少或规模较小的，可以设一名执行董事，不设董事会。

(3)《中华人民共和国公司法》第一百零八条规定，股份有限公司应一律设立董事会，其成员为5~19人。

二、监事会

监事会是股份公司的常设监督机构。监事会的监事由股东大会选举产生，代表股东大会执行监督职能。监事会作为股份公司的内部监督机构，其主要职权是：监督检查公司的财务会计活动；监督检查公司董事会和经理等管理人员执行职务时是否存在违反法律、法规或者公司章程的行为；要求公司董事和经理纠正其损害公司利益的行为；提议召开临时股东大会；执行公司章程授予的其他职权。

《中华人民共和国公司法》第五十一条规定：有限责任公司设监事会，其成员不得少于三人。股东人数较少或者规模较小的有限责任公司，可以设一至二名监事，不设监事会。

监事会应当包括股东代表和适当比例的公司职工代表，其中职工代表的比例不得低于三分之一，具体比例由公司章程规定。监事会中的职工代表由公司职工通过

---

① 新华社. 中华人民共和国公司法［EB/OL］. https://www.gov.cn/yaowen/liebiao/202312/content_6923395.htm.

职工代表大会、职工大会或者其他形式民主选举产生。

监事会设主席一人，由全体监事过半数选举产生。监事会主席召集和主持监事会会议；监事会主席不能履行职务或者不履行职务的，由半数以上监事共同推举一名监事召集和主持监事会会议。

股份公司监事会还可以设副主席，副主席由全体监事过半数选举产生。监事会副主席可以在监事会主席不能履行召集和主持监事会会议职务或不履行职务时召集和主持监事会会议。

董事、高级管理人员不得兼任监事。

三、股东会

股东会是公司的最高权力机构，由公司的全体股东组成。股东会对公司经营管理和各种涉及公司及股东利益的事项拥有最高决策权，是股东在公司内部行使股东权的法定组织。

四、临时提案

单独或者合计持有公司3%以上股份的普通股股东（含表决权恢复的优先股股东），可以在股东大会召开10日前提出临时提案并书面提交召集人。

提案的内容应当属于股东大会职权范围，有明确议题和具体决议事项，并且符合法律、行政法规和公司章程的有关规定。

收到临时提案之后，需要核实一下这个提案是否符合法规的要求，如果时间来得及，可召开董事会审议临时提案，也可直接在股东大会中审议。

召集人应当在收到提案后2日内发出股东大会补充通知，公告临时提案的内容。

距离股东大会召开不满10日，该临时提案如果加入股东大会一起审议？可以延后股东大会召开的日期，使之满足提出临时提案距离新的召开日期满10日的要求，但是要注意股权登记日公告后不能修改，如果股权登记日刚好距离召开日间隔7个工作日，那就意味着召开日不能延后。延期之后仍需满足股权登记日的要求。

五、股东大会变更

（一）地点变更

上市公司应当在股东大会通知中明确披露股东大会现场会议的具体地点。

发出股东大会通知后，无正当理由，股东大会现场会议召开地点不得变更。确需变更的，召集人应当在现场会议召开日前至少2个工作日公告并说明原因，变更后的召开地点应当仍为公司住所地或公司章程规定的地点。

（二）召开日变更

发出股东大会通知后，股东大会因故需要延期的，召集人应当在原定现场会议召开日前至少2个工作日公告并说明原因。股东大会延期的，股权登记日仍为原股东大会通知中确定的日期，不得变更，且延期后的现场会议日期仍需遵守与股权登记日之间的间隔不多于7个工作日的规定。

建议确定会议日期时不要与股权登记日刚好间隔7天，否则将存在无法延期的情况。

（三）会议/提案取消

发出股东大会通知后，无正当理由，股东大会不得延期或取消，股东大会通知中列明的提案不得取消。一旦出现延期或取消的情形，召集人应当在原定召开日前至少2个工作日公告并说明原因。

主板的股东大会备忘录还规定：发出股东大会通知后，股东大会因故需要取消的，召集人应当在现场会议召开日前至少2个工作日公告并说明原因。召集人为董事会或监事会的，董事会或监事会应当召开会议审议取消股东大会事项。

案例

黄峥的卸任与拼多多公司治理架构的演变①

拼多多公司的股权架构随着黄峥的卸任而由之前的"同股不同权"架构重新回到"同股同权"架构。这为投资者理解日落条款如何实现控制权的状态依存，如何实现投票权配置权重倾斜和投资者权益保护二者之间的平衡提供了极好的案例。

2021年3月17日，拼多多公司创始人黄峥在致股东信中宣布卸任拼多多公司董事长，联合创始人陈磊继任。而就在2020年6月份，陈磊刚刚接棒黄峥辞任的CEO一职。拼多多公司由黄峥和陈磊等于2015年创立，2018年在美国纳斯达克上市。根据公司2020年第四季度及全年财报，拼多多年活跃买家数达7.88亿，超过淘宝和京东，成为当时中国用户规模最大的电商平台。

拼多多公司于2018年7月在美国上市时，同时借鉴京东的AB双重股权结构股票发行和阿里巴巴的合伙人制度，形成了拼多多公司多元而独特的治理架构。例如，一方面，拼多多公司像京东一样直接发行AB双重股权结构股票。创始人黄峥持有投票权是A类股票10倍的全部B类股票，合计持股比例为44.6%。黄峥通过持有具有超级投票权的B类股票，投票权占比达89%。另一方面，拼多多公司设立了具有直接任命执行董事和提名推荐CEO等权力的合伙人，建立了类似于阿里巴巴的合伙人制度，由黄峥、陈磊、孙沁（联合创始人）和范洁真（联合创始人）等作为合伙人。

那么，随着黄峥的卸任，拼多多公司的治理架构将发生哪些变化和调整呢？

随着黄峥的卸任，拼多多公司由之前的"同股不同权"架构重新回到中国投资者更加熟悉的"同股同权"架构。

在同股不同权架构下，投票权配置权重向创业团队倾斜，至少在形式上形成了表征决策错误责任承担能力的现金流权（例如黄峥出资占股东全部出资的44.6%）与表征对重要决策影响力的控制权（例如黄峥占比达89%的投票权）的分离，形成了经济学意义上成本与收益不对称的负外部性。这使得创业团队在理论上具备了以损害外部分散股东的权益为代价，谋取私人收益的动机和能力。因而长期以来，同股不同权架构受到主流公司治理理论的批评。但投票权配置权重向创业团队倾斜则很好地鼓励了联合创始人（合伙人）投入更多的企业专用人力资本，迎合了以互联

---

① 郑志刚. 黄峥的卸任与拼多多公司治理构架的演变[EB/OL]. http://rdcy.ruc.edu.cn/zw/jszy/zzg/zzggrzl/90f4353613604ff1b79cc37fcca325d5. htm.

网技术为标志的第四次产业革命浪潮对创新导向的组织重构的内在需求，为越来越多的创新导向的高科技企业所青睐，并受到资本市场投资者的认同和追捧。我们以拼多多公司为例。拼多多公司在美国纳斯达克上市当日（2018 年 7 月 26 日），发行价从 19 美元每股大涨逾 40%，收于 26.7 美元每股，总市值达 295.78 亿美元。

为了实现创新导向下投票权配置权重适度倾斜与外部投资者权益保护二者之间的平衡，近年来，公司治理实践中逐步出现了一些治理制度的创新。其中日落条款就是上述制度创新的重要内容之一。所谓日落条款，指的是在公司章程中关于投票权配置权重倾斜的创业团队所持有 B 类股票转让退出，和转为 A 类股票以及创业团队权力限制的各种条款的总称。

黄峥卸任，其名下 1：10 的超级投票权随之失效，就是自动触发了拼多多公司章程中的相关日落条款的结果。而黄峥是拼多多公司具有超级投票权的 B 类股票的唯一持有人。这意味着拼多多公司未来只有一类股票，重新回到了"同股同权"架构。如果说拼多多公司以往通过 AB 双重股权结构发行股票，黄峥在出资有限的前提下实现了对公司重要决策的主导权，形成了"投入少但影响大"的控制权分布格局，那么，黄峥的卸任和公司治理架构的调整则重新使拼多多公司股东的投资额所占的比例同时代表了其投票权的影响力，出资比例越高，则影响力越大。

中国 A 股在 2019 年 7 月科创板创立后开始接纳和包容 AB 双重股权结构股票。2020 年 1 月 20 日上市的优刻得科技（股票代码：688158）成为中国 A 股第一只"同股不同权"架构的股票。然而，迄今为止，中国 A 股上市公司还没有触发日落条款的任何案例。黄峥的卸任和拼多多公司治理架构的调整，为国内投资者理解日落条款如何实现控制权的状态依存，如何实现投票权配置权重倾斜和投资者权益保护二者之间的平衡提供了极好的案例。它将在一定程度上解除中国为数众多的投资者对于"同股不同权"架构潜在的创业团队道德风险问题的担忧。拼多多公司的案例清晰地表明，日落条款的引入，把业务模式创新的主导权交给创业团队，并不意味着主要股东完全放弃控制权，控制权的实现是状态依存的。

问题讨论

1. 企业的基本特征有哪些？
2. 产权的基本属性有哪些？
3. 股东大会和董事会的区别有哪些？
4. 董事会对经理的控制是怎样的？

本章参考文献

［1］《中国企业管理百科全书》编委会. 中国企业管理百科全书［M］. 北京：企业管理出版社，1984.

［2］《辞海》编委会. 辞海：语言文字分册［M］. 修订本. 上海：辞书出版社，1978.

［3］日本大辞典刊行会. 日本国语大辞典［M］. 日本：小学馆，1972.

［4］吴敬琏. 公司制和企业改革［M］. 天津：天津人民出版社，1994.

［5］钱德勒. 看得见的手：美国企业中的经理革命［M］. 沈颖，译. 北京：商务印书馆，1987.

［6］白永秀，任保平. 中国现代企业制度的理论与实践［M］. 西安：世界图书出版社，2003.

［7］道格拉斯·诺斯，等. 经济史中的结构与变迁［M］. 陈郁，等译. 上海：上海三联书店，1991.

［8］科斯，等. 财产权利与制度变迁［M］. 刘守英，等译. 上海：上海三联书店，1991.

［9］小艾尔弗雷德·D. 钱德勒. 看得见的手：美国企业的管理革命［M］. 重武，译. 北京：商务印书馆，2014.

第四章
行业分析与机会评估

本章知识结构导图

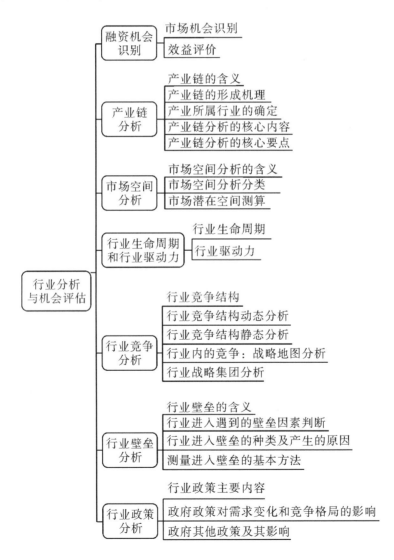

创/业/成/长/与/股/权/融/资

学习目标

（1）了解融资机会识别的内容，包括市场机会识别和效益评价；

（2）了解产业链分析的含义、形成机理及核心；

（3）了解市场空间分析的定义、分类以及如何进行市场潜在空间测算；

（4）了解行业生命周期和行业驱动力的概念、特点及启示；

（5）了解行业竞争分析的结构、静动态分析、战略地图及战略集团的相关知识；

（6）了解行业壁垒分析的概念、种类、形成原因及基本测量方法；

（7）了解行业政策分析的内容以及影响。

关键概念

融资机会；产业链；市场空间；行业生命周期；行业壁垒

第一节　融资机会识别

如何评估一个投资或融资机会是否有潜力？能否为企业带来利益？我们认为可以从市场和效益两个方面进行评估。

一、市场机会识别

（一）市场定位

市场定位是在 20 世纪 70 年代由美国营销学家艾尔·里斯和杰克·特劳特提出的，其含义是指企业根据竞争者现有产品在市场上所处的位置，针对顾客对该类产品某些特征或属性的重视程度，为本企业产品塑造与众不同的、给人印象鲜明的形象，并将这种形象生动地传递给顾客，从而使该产品在市场上占据适当的位置①。

一个好的创业机会，必然具有特定市场定位，专注于满足顾客需求，同时能为顾客带来增值的效果。

市场定位侧重于产品实体质量/成本/特征/性能/可靠性/实用性/款式等。

（二）市场结构

市场结构是指一个行业内部买方和卖方的数量及其规模分布、产品差别的程度和新创业企业进入该行业的难易程度的综合状态。也可以说，市场结构就是指某种产品或服务的竞争状况和竞争程度。通过市场结构分析可以得知新创业企业未来在市场中的地位，以及可能遭遇竞争对手反击的程度。一般情况下，需要分析以下三个具体内容：

（1）市场主体。市场主体由供给者和需求者共同构成，双方平等，无主次之

---

① AL RILS, JACK TROUT. Marketing Warfare [J]. New York: McGraw-Hill, 1986: 77-82.

分，缺一不可。

（2）市场集中度。市场集中度，就是某产业市场前几名企业市场份额占整个市场的比例。

（3）市场类型。市场类型可以划分为完全竞争市场、垄断竞争市场、寡头垄断市场和完全垄断市场四种类型。

针对投融资机会的市场结构通常有四个方面的内容需要分析，分别是进入障碍；供货商、顾客、经销商的谈判力量；替代性竞争产品的威胁；市场内部竞争的激烈程度。

（三）市场规模

市场规模主要是研究目标产品或行业的整体规模，具体可能包括目标产品或行业在指定时间的产量、产值等。

市场规模大小与成长速度，也是影响新创业企业成败的重要因素。一般而言，市场规模大者，进入障碍相对较小，市场竞争激烈程度也会有所下降。如果要进入的是一个十分成熟的市场，那么即使市场规模很大，由于市场已经不再成长，利润空间必然很小，因此这方面生产恐怕就不值得再投入。反之，一个正在成长中的市场，通常也会是一个充满商机的市场，所谓水涨船高，只要进入时机正确，通常会有获利的空间。

（四）市场渗透率

市场渗透率（market penetration rate）是对市场上当前需求和潜在需求的一种比较。如图 4-1 所示，市场渗透率与企业发展阶段紧密相关。

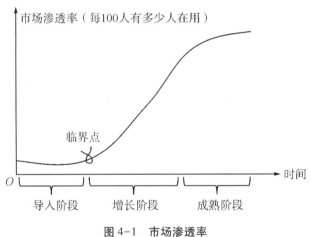

图 4-1　市场渗透率

对于一个具有市场潜力的投融资机会，市场渗透力评估将会是一项非常重要的因素。

市场渗透率一方面决定了商家的利润，另一方面还会影响到消费者的收益，进而对消费者是否愿意购买产品及服务产生影响。

市场渗透率的大小表明了新产品存在的可能性。市场机会预测的另一个重要指标，是新产品上市后的规划期内，市场渗透率将以何种速度逐渐实现，即新产品逐渐占领市场的速度，我们称之为市场渗透力。市场渗透力的强弱意味着新产品被消费者接受速度的快慢和程度的深浅。

（五）市场占有率

市场份额（market shares）即市场占有率指一个企业的销售量（或销售额）在市场同类产品中所占的比重。市场占有率直接反映企业所提供的商品和劳务对消费者和用户需求的满足程度，表明企业的商品在市场上所处的地位。

一般而言，要成为某一市场的领导者，最少需要拥有 20% 以上的市场占有率。如果低于 5% 的市场占有率，则市场竞争力显然不高。小型创业组织往往就是市场占有率只有 5% 甚至 5% 都不到，而市场占有率就是生存率。同大型创业组织竞争，提高生存率的方式，只有以不同于大型创业组织的经营方式，从强者手中抢食，但这是很不容易的。

市场渗透率和市场占有率的区别如下：

1. 本质的不同

市场渗透率是对市场上当前需求和潜在需求的一种比较，是企业发展战略的一种，即立足于现有产品，充分开发其市场潜力的企业发展战略，因而也被称为企业最基本的发展战略。市场占有率即市场份额指某企业某一产品（或品类）的销售量（或销售额）在市场同类产品（或品类）中所占比重，反映企业在市场上的地位。通常市场份额越高，企业竞争力越强。

2. 影响的不同

市场渗透率一方面决定了商家的利润，另一方面还会影响到消费者的收益，进而对消费者是否愿意购买产品及服务产生影响。而市场份额扩大并不一定会增加企业的盈利，同样，市场份额下降也并不一定会减少企业盈利。企业在面对市场份额下降时，必须认真分析原因，有针对性地拿出应对方案。

（六）产品的成本结构

从财务角度讲，产品的成本结构可以反映创业企业的前景是否光明。成本结构亦称成本构成，产品成本中各项费用（例如，人力、原料、土地、机器设备、信息、通路、技术、能源、资金、政商关系、管理素质等）所占的比例或各成本项目占总成本的比重。某种生产因素成本占企业总成本比重愈高，该生产因素愈成为企业主要风险。在通常情况下，产品的成本结构主要包括：

（1）生产成本为生产该产品所发生的费用，包括直接材料、直接人工和制造费用。直接材料——构成该产品的主要材料、辅助材料、电力的成本；直接人工——直接参与生产该产品的工人工资及福利成本；制造费用——为生产该产品参与的管理人员工资及福利、设备房屋折旧、车间办公费用等。

（2）销售成本为销售该产品所发生的费用，包括办公费用、折旧、差旅费、招待费、工资及福利等。

二、效益评价

（一）合理的税后净利润

一般而言，具有吸引力的投融资机会，至少能够创造 15% 以上税后净利润。如

109

果预期的税后净利润在5%以下，那么这就不是一个好的投资机会。

（二）达到损益平衡所需的时间

合理的损益平衡时间应该在两年以内，但如果3年还达不到，恐怕就不是一个值得投入的创业机会。不过有的创业机会确实需要经过比较长的耕耘时间，通过这些前期投入，创造进入障碍，保证后期的持续获利。在这种情况下，可以将前期投入视为一种投资，才能容忍较长的损益平衡时间。

（三）投资回报率

投资回报率是指生产期正常年度利润或年均利润占投资总额的百分比。投资回报率（ROI）=年度利润或年均利润/投资总额×100%。考虑到创业可能面临的各项风险，合理的投资回报率应该在25%以上。一般而言，15%以下的投资回报率，是不值得考虑的创业机会。

（四）资本需求

资金需求量较低的投融资机会，投资者一般会比较欢迎。事实上，许多个案显示，资本额过高其实并不利于创业成功，甚至还会带来稀释投资回报率的负面效果。通常，知识越密集的投融资机会，对资金的需求量越低，投资回报反而会越高。因此在创业开始的时候，不要募集太多资金，最好通过盈余积累的方式来创造资金，而比较低的资本额，将有利于提高每股盈余，并且还可以进一步提高未来上市的价格。

（五）毛利率

毛利率=毛利/营业收入×100%=（营业收入-营业成本）/营业收入×100%。毛利率高的创业机会，相对风险较低，也比较容易取得损益平衡。反之，毛利率低的创业机会，风险则较高，遇到决策失误或市场产生较大变化的时候，企业就很容易遭受损失。一般而言，理想的毛利率是40%。当毛利率低于20%的时候，这个投融资机会就不值得考虑。

（六）策略性价值

策略性价值指企业实施战略管理给企业和利益相关者创造的相关价值。能否创造新创业企业在市场上的策略性价值，也是一项重要的评价指标。一般而言，策略性价值与产业网络规模、利益机制、竞争程度密切相关，而创业机会对于产业价值链所能创造的加值效果，也与它所采取的经营策略和经营模式密切相关。

（七）资本市场活力

原中国证监会副主席方星海指出，有活力的资本市场要求市场主体参与充分和交易活跃，即市场流动性强、政府干预少。国际清算银行（Bank for International Settlements，BIS）全球金融体系委员会（Committee on the Global Financial System，CGFS）成立了"构建有活力的资本市场"工作组，发布了"Establishing viable capital markets"报告。该报告从市场规模、资金可获得性、流动性和市场韧性等方面对发达国家和新兴经济体的资本市场进行了回顾和评价。因此，资本市场活力的内涵至少应包含流动性和资金可获得性两个方面。

当新创业企业处于一个具有高度活力的资本市场时，它的获利回收机会相对也比较高。不过资本市场的变化幅度极大，在市场高点时投入，资金成本较低，筹资相对容易。但在资本市场低点时，投资新创业企业开发的诱因则较低，好的创业机会也相对较少。不过，对投资者而言，市场低点的投资成本较低，有的时候反而投资回报会更高。一般而言，新创业企业在活跃的资本市场比较容易创造增值效果，因此资本市场活力也是一项可以被用来评价创业机会的外部环境指标。

（八）退出机制与策略

所有投资的目的都在于回收，因此退出机制与策略就成为一项评估创业机会的重要指标。企业的价值一般也要由具有客观评价能力的交易市场来决定，而这种交易机制的完善程度也会影响新创业企业退出机制的弹性。[①]

第二节　产业链分析

一、产业链的含义

产业链是产业经济学中的一个概念，是各个产业部门之间基于一定的技术经济关联，并依据特定的逻辑关系和时空布局关系客观形成的链条式关联关系形态。产业链是一个包含价值链、企业链、供需链和空间链四个维度的概念。这四个维度在相互对接的均衡过程中形成了产业链，这种对接机制是产业链形成的内在模式，作为一种客观规律，它像一只无形之手调控着产业链的形成。

产业链的本质是用于描述一个具有某种内在联系的企业群结构，它是一个相对宏观的概念，存在两维属性：结构属性和价值属性。产业链中大量存在着上下游关系和相互价值的交换，上游环节向下游环节输送产品或服务，下游环节向上游环节反馈信息。

二、产业链的形成机理

随着技术的发展，迂回生产程度不断提高，生产过程被划分为一系列有关联的生产环节。分工与交易的复杂化使得在经济中通过什么样的形式连接不同的分工与交易活动成为日益突出的问题。企业组织结构随分工的发展而递增。因此，搜寻一种企业组织结构以节省交易费用并进一步促进分工的潜力，生产中的潜力会大大增加[②]。企业难以应付越来越复杂的分工与交易活动，不得不依靠企业间的相互关联，这种搜寻最佳企业组织结构的动力与实践就成为产业链形成的条件，如图4-2所示。

如图4-2所示，产业链的形成首先是由社会分工引起的，在交易机制的作用下不断引起产业链组织的深化。在图4-2中，C1、C2、C3表示社会分工的程度，C3>C2>C1表示社会分工程度的不断加深；A1、A2、A3表示市场交易的程度，A3>A2>A1表示市场交易程度的不断加深；B1、B2、B3表示产业链的发展程度，B3>B2>

---

① 沈凤池，刘德华. 中小企业网络创业［M］. 北京：北京理工大学出版社，2016.
② 姚小涛，席酉民，张静. 企业契约理论的局限性与企业边界的重新界定［J］. 南开管理评论，2002（5）：36-38.

B1 表示产业链条的不断延伸和产业链形式的日益复杂化。三个坐标相交的原点 O ,
表示既无社会分工也无市场交易更无产业链产生的初始状态。

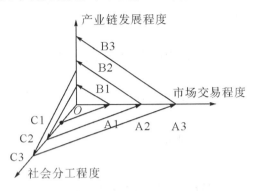

图 4-2　产业链的形成条件

　　从 C1 点开始，而不是从坐标原点开始，意味着社会分工是市场交易的起点，
也是产业链产生的起点，社会分工 C1 的存在促进了市场交易程度 A1 的产生，在
A1 的作用下，需要 B1 的产业链形式与它对接。B1 这种产业链形式的产生又促进了
社会分工的进一步发展，于是，社会分工就从 C1 演化到 C2。相应地，在 C2 的作用
下，市场交易程度从 A1 发展到 A2，A2 又促进了产业链形式从 B1 发展到 B2。接
着，按照同样的原理，B2 促使 C2 发展到 C3，C3 又促使 A2 发展到 A3，A3 又促使
产业链从 B2 发展到 B3……如此周而复始，使产业链不断形成和发展。

　　产业链形成的原因在于产业价值的实现和创造产业链是产业价值实现和增值的
根本途径。任何产品都只有通过最终消费才能实现，否则所有中间产品的生产就不
能实现。同时，产业链也体现了产业价值的分割。随着产业链的发展，产业价值由
在不同部门间的分割转变为在不同产业链节点上的分割。产业链的存在也是为了产
业价值最大化，它的本质是体现"1+1>2"的价值增值效应。这种增值往往来自产
业链的乘数效应，它是指产业链中的某一个节点的效益发生变化时，会导致产业链
中的其他关联产业相应地发生倍增效应。产业链价值创造的内在要求是：生产效率
≥内部企业生产效率之和（协作乘数效应）；同时，交易成本≤内部企业间的交易
成本之和（分工的网络效应）。企业间的关系也能够创造价值。价值链创造的价值
取决于该链中企业间的投资。不同企业间的关系将影响它们的投资，并进而影响被
创造的价值。通过鼓励企业做出只有在关系持续情况下才有意义的投资，关系就可
以创造出价值来。

三、企业所属行业的确定

　　确定企业所属行业，目的是将企业经营活动纳入企业所处行业的范围之内，深
入了解企业所处的行业情况。它主要包括下列问题：

　　（1）企业所处的行业是什么。企业可能生产并在各种各样的市场上销售各种各
样的产品，因此，了解和判断一个企业的产品和市场处在何种工业行业之中，正确
地划分企业的经营活动范围，并在上述基础上，使企业处于某种具有独特发展规律

和逻辑的地方、地区、国家和国际的工业行业之中是非常重要的。

企业往往非常清楚自己的产品和市场处于哪些行业中。但是企业在进行战略研究时，要准确地对行业进行分类却十分困难，任何错误的分类都可能使战略诊断走上歧途。比如，为化肥工业生产和销售塑料编织袋的企业到底应被划入何种行业？可以将其划入塑料编织袋工业、塑料工业、包装工业抑或化肥工业。显然，将企业定为化肥工业或定为包装工业，其结果是完全不同的，必然会影响以后的战略研究和分析。

企业产品和市场所处行业的确定与企业发展战略是不可分割的。如上例，只有先确定企业战略目标是化肥工业还是包装工业，才能决定究竟是对化肥工业进行研究，还是对包装工业进行研究。

企业一般是按销售产品的最终使用者（消费者）来划分所属行业的。按照这个逻辑，上述例子中的企业活动应属化肥工业，所以应着重研究化肥行业的现实和发展状况，而不必卷入纷乱复杂的包装工业。

（2）企业所处行业的主要产品和主要生产工艺是什么。

①对企业所处行业的产品的具体了解。在进行工业行业总体战略咨询时，必须首先了解有关行业产品的构成及拥有的企业，特别是对竞争对手生产的产品类型应予以特别注意。

对产品的了解必须具体。为了清楚地了解有关产品的情况，有时有必要直接通过商业部门和市场进行调查。经过调查，制定某一种产品明细表，简要标明各种产品的主要技术特征和它们之间的区别，然后再根据产品特点进行初步分类。为了更好地了解产品技术上的演进过程，对产品变化进行简要的历史分析也很有必要。

②对企业所处行业生产工艺的了解。一个企业有时几种生产程序并存，应该分别画出各生产程序示意图，并根据产品及其工艺特点比较它们的优缺点。对生产工艺及使用设备的配置状况进行深入了解也是十分有必要的。

此外，对以下几方面的情况调查和了解也至关重要：

·行业使用的特殊用语（必要时可编写术语表）；

·本行业进行产品及工艺技术鉴定的方法；

·本行业专利权的购买、高技术组织、技术转让、测试机构、与高校的技术合作等。

③最后还要了解本行业生产工艺发展史。上述信息资料的获取渠道是广泛的，诸如竞争对手、研究机构、专门报刊、百科全书、专业著作、专业展览与专业会议、行业专家提供的专业情况等。

（3）企业所处行业的历史、当前的主要倾向、影响其发展的主要障碍和限制是什么。为了深入了解行业特征以及构成这一行业的企业性质，对行业发展史进行调查与研究也是一项重要的工作内容。行业的发展一般需经过复杂的演变过程。行业的危机、行业结构的变化都与行业的发展和目前的状况关联。通过对历史的研究可以发现某些令人惊诧或不可理解的现象。比如，某一国家的所有进入或立足于某一行业的企业屡遭失败。法国的摩托车行业和机床行业便是如此。

应该特别注意结合一个国家的政治、经济、法律以及社会文化环境的总体演变来研究那些能够解释材料供应、工艺、生产、贸易、科研诸领域中主要异常现象的结构变化和造成危机的原因。

取得上述信息的最主要手段之一，是对"行内老人"进行采访，一般来说，这是最迅捷也最有效的方法。

获取行业发展史有关信息后，应写出研究报告，报告必须简明，要强调通过行业发展史的研究所应汲取的教训。

（4）企业所处行业的主要经济技术指示性数据是什么，表达的方法是什么。

（5）企业所处行业的主要角色是谁？主要角色的经营战略是什么。

主要角色在这里指的是国际、国家、地区或地方的某一行业中起关键作用的人物、企业和组织。根据研究范围，了解和研究这些角色，是咨询活动中不可缺少的工作。

例如对同行业主要竞争对手的了解和研究就属于此类工作。通过对同行业主要竞争对手的研究，可以看出这项研究工作的重要步骤。

首先列出同行业竞争对手名单。步骤如下：

第一步，将同行业所有竞争对手按其各自规模和影响的大小列出名单。这个名单可以使咨询者对这些厂家能够向社会提供的产品量有一个初步的认识。

第二步，摸清同行业中主要企业的情况，为此，列表中应包含以下内容：

①企业名称；

②企业所属工厂及有关机构的地理位置和地址；

③企业年营业额以及大致的市场占有率；

④企业的产品产量及产品种类；

⑤企业的职工人数；

⑥企业利润；

⑦企业分类。

第三步，将为数众多的同行业企业分类。分类标准一般不宜依据企业的规模或职工人数（人们往往习惯于按此标准分类）。正确的分类标准应当是：产品性质、工艺性质、经营成果、市场范围、市场占有率等。

①产品性质（按系列划分）；

②市场范围：国内、国际、城市、乡村；

③地理位置：南方、北方；

④增长速度；

⑤技术工艺；

⑥利润；

⑦专业化程度。

第四步，确定各类企业中主要企业的情况和战略。

一般情况下，应明确企业所处行业的结构如何，其特有的发展逻辑是什么，也就是使本行业企业生存和发展的关键因素是什么。

在按上述标准划分的各类企业中，应该找出获得最高增长速度和最佳利润以及在本行业中起关键作用的主要企业。一般来说，一个企业实现利润的水平与其作用的大小是相关联的。

分析者应该尽量详细地说明这些主要企业在行业中的作用和它们的战略。应当明了，在通常情况下，盈利企业必然有某些特殊的地方能够与环境相适应。有时，一个主要企业的产品质量并非上乘，价格也高于一般企业，却能实现企业的不断增长和获得较多的利润。在这种情况下，应该找出是哪些因素促成了企业这种反常的成功。通过这些因素的分析，往往可以找到本行业成功的某些关键因素。这是要做的第四步工作。

第五步，参观主要企业。应尽可能地参观本行业中控制市场的主要企业。这是一项有益的活动，参观者可以从中获得丰富的经验。

四、产业链分析的核心内容

（一）用户的内涵

以汽车为例，汽车有很多种，新能源汽车、乘务车、商用车都不一样，所以要明确真实的细分用户群。

理解了用户，才能通过研究用户行为背后的消费动机和消费原理，打造出超级爆品和设计出高效率的营销闭环[①]。这里讲的营销，指的是创造顾客的过程，而非单纯的广告、传播或者促销。

用户是某种需求的集合（兴趣、态度、爱好、价值观、行为或者习惯）。

在常态下，对于用户，大家有不同的理解，大部分人对用户的理解是自然人。以微信作为例子，一般的统计报告可能显示其用户为 13 亿人。如果把微信的其他功能（如支付、公众号、小程序、朋友圈、视频号、微信群等）全部删掉，只留下通信的功能，微信的用户数量可能还是 13 亿人，但微信的商业估值则可能立即从目前的 3 000 亿美元变成 100 亿美元。这种将用户定义为自然人的做法，在互联网产品上并不适用。所以，从商业和市场的视角来看，用户并不是自然人，而是某种需求的集合。那应该如何理解用户是某种需求的集合呢？

不同的产品/服务是用来满足用户不同场景下的需求的，如果某个产品/服务完全满足了某个用户在某个场景下的某类需求，那么这就可以说此用户是该产品的一个用户。

举个例子：当一个用户在吃火锅时，他怕上火，他每次在吃火锅时，都会喝 3 瓶王老吉饮料来预防上火。那么在此场景下，这个用户就是王老吉饮料的用户。假如这个用户在吃火锅时，他认为王老吉饮料可以预防上火，菊花茶也能够预防上火，他有时喝王老吉饮料，有时候喝菊花茶，那么王老吉饮料就只获得了半个用户。

115

---

① 刘逸春. 完美日记、元气森林等超新星品牌崛起背后的市场共识［EB/OL］.https://mp.weixin.qq.com/s？__biz = MzIwNTY1MTU1Nw = = &mid = 2247488440&idx = 1&sn = 9941fb870b8979cd56b40e903a0cf869&chksm = 972cf8b2a05b71a45384a2c8f77aa11afa31869ce9e82957b776e7b0aebbf5e758632d2bebf7&mpshare = 1&scene = 23&srcid = 0124PhxAH0SiSjTOIWOcBYOL&sharer _ sharetime = 1611458172644&sharer _ shareid = 476205a2d0490fe856aeca5b4011862b%23rd.

从需求的集合来看，一个自然人可以分别是成百上千种产品的成百上千个用户，也可以是同一个公司的不同产品和服务的多个用户。

继续拿大家都在使用的微信来举例，假如通信功能的用户是 13 亿人，微信支付的用户是 5 亿人，公众号的用户是 7 亿人，按需求来算，微信的用户就不是统计意义上的 13 亿人了，而是超过了 13 亿人。

再比如某个公司说自己有 10 个注册用户过亿的 App，但注册用户不算真正的用户，在有某类需求时他们是不是使用这些 App 来满足这类需求才是关键，所以从这个角度来看，这里说的 10 个注册用户过亿的 App，并不等于 10 个用户过亿的 App。

如果说商业和营销是研究人的各种需求的，那么应该从四个维度去进行研究，分别是物意义上的人、社会意义上的人、认知意义上的人、情景意义上的人。

（二）用户的属性

（1）异质性：用户的行为特点千差万别，几乎很难找到两个完全一样的用户。因为用户的偏好、认知、所拥有的资源不一样，所以不能把用户简单地统一成一个单一的用户画像。

（2）情景性：用户的行为受情景的影响，没有情景就没有用户，同一个用户在不同的情景下会有不同的反应和行为。

（3）可塑性：用户是可变的，其偏好和认知会随着外界不同的信息刺激而发生变化和演化，具备可塑性。定位其实就是占领和塑造用户心智。"脑白金""背背佳"等这些产品和营销都是塑造用户认知的高手。

（4）自利性：用户追求个人总效用的最大化。

（5）有限理性：用户虽然追求理性，但他的能力是有限的，其判断经常出错，也经常被骗，所以只能做到有限理性的程度①。这个概念是由图灵奖、诺贝尔经济学奖、美国心理学会终身成就奖获得者赫伯特·西蒙提出的。

（三）用户的细分

（1）按大、中、小微型用户区分；

（2）按头部用户与尾部用户区分（头部用户定制化需求较高；长尾用户标准化程度高，数量大）；

（3）按高端、中端与低端用户来区分；

（4）按场景区分；

（5）按自研能力区分。

五、产业链分析的核心要点

产业链分析的核心要点有：

（1）各环节的附加值构成及分配；

（2）各环节的可替代性、稀缺性；

（3）各环节的市场集中度及主要企业；

---

① 赫伯特·西蒙. 现代决策理论的基石［M］. 杨砾，徐立，潘龙，译. 北京：北京经济学院出版社，1989：46.

（4）各环节可能的博弈，包括产业链环节之间与环节内部的博弈；

（5）各环节的价格与成本变动趋势及对需求和供给的影响。

第三节　市场空间分析

一、市场空间分析的含义

市场空间是在客观经济规律作用下，商品在自由贸易和互相竞争中自然形成的流通网络所占有的地域范围。市场空间即市场的地理界限。从经济运行来看，是商品流通以及形成商品流通的商品供给和商品需求的空间范围。市场空间是市场主体和市场客体的活动区域或范围。随着我国社会生产力和交通运输业的发展，市场活动的参与者日趋增多，参与度日趋深入，交换形式不断丰富，这一切都促使市场的空间范围扩大化和层次化，从而形成空间结构。

二、市场空间分析分类

（1）按社会分工的空间来分：地方小市场、地区市场、区域市场、全国市场和世界市场；

（2）按商品销售范围不同来分：当地市场、邻近市场、远方市场、国外市场；

（3）按商品流通过程的环节来分：产地市场、中转地市场或集散地市场和销地市场。

三、市场潜在空间测算

根据经济学中的定义，总需求是商品及服务在一个经济体系中任何可能价格水平下会被消费的总量。

市场潜在空间＝目标用户群数量×客单价×目标渗透率（对于消费品，需要考虑复购率或购买频次）

目标用户群数量测算：通过产品细分，明确公司能够涉及的真实空间。

公司所处不同阶段对应不同的产品定位，比如：人脸识别（初级）→计算机视觉（中级）→人工智能（高级）。

产品的特点决定了自身的定位。

按照不同场景来明确产品的真实下游需求。

第四节　行业生命周期和行业驱动力

一、行业生命周期

（一）行业生命周期的含义

行业的生命周期指行业从出现到完全退出社会经济活动所经历的时间。行业的生

117

命周期主要包括四个发展阶段：幼稚期、成长期、成熟期、衰退期，如图4-3所示。

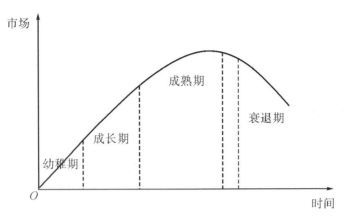

图4-3 行业生命周期示意

行业的生命周期曲线忽略了具体的产品型号、质量、规格等差异，仅仅从整个行业的角度考虑问题。行业生命周期可以从成熟期划为成熟前期和成熟后期。在成熟前期，几乎所有行业都具有类似S形的生长曲线。

识别行业生命周期所处阶段的主要指标有：市场增长率、需求增长率、产品品种、竞争者数量、进入壁垒及退出壁垒、技术变革、用户购买行为等。

（二）行业生命周期的特点

1. 导入期阶段的特点

处于导入期的产品具有时滞效应：产品刚刚面世，还在测试当中，距离量产还有一段时间；

多数情况下头部企业会先做试验，衡量技术领先性及产品的稳定性；

此时产品具有一定的定制化程度：选择细分领域打造利基市场（小众消费市场），与头部客户开展深度定制，能够有效避免与该行业巨头竞争，便于未来可持续发展；

从财务上看，收入很少甚至为0，亏损较大，但估值不低。

需要关注的问题：技术先进性（企业看客户进展及批量，实验室看技术落地程度）；团队构成（经验和学术背景）；市场空间和竞争。

2. 成长期阶段的特点

大客户（有定制性，但产品趋于固定）开始放量，中小客户（接受标准化产品）随后跟进；

初期竞争较缓，后期开始加剧；前面靠行业增长，看行业渗透率提升，后期靠抢份额；

从财务上看，经营现金流由负转正，存货应收高涨，开始规模化盈利。

需要关注的问题：产品的成熟度、固化程度；市场的开拓能力（从科研人员占比较大转为市场销售人员不断增加）；客户质量、供给、技术开发支持等；

3. 成熟期阶段的特点

产品标准化程度高，逐渐过渡到存量需求的增长；

行业渗透率较高，遇到瓶颈，实现新增长需要开拓新产品线、新的目标客户；

从财务上看，现金流稳定，规模化利润，存货应收等比较稳定。

需要关注的问题：新产品创新速度、新市场的开拓和落地能力；大量稳定的现金流；行业生命周期的行业特点。

随着技术的变化，行业的阶段都会变化，很多老树开新花，比如互联网+、AI+。

行业的各个阶段难以准确量化及界定，多数情况下需要个人的直觉判断，倾向定性而非定量，如安防。

相同的行业在不同国家的生命周期不同，如芯片行业在中国是新兴产业，但在美国已经是成熟产业。

整个行业处于成熟期时，细分行业可能还处于导入期，如人工智能芯片、计算机视觉在安防中的应用。

（三）行业生命周期的启示

新技术的应用导致行业的生命周期越来越模糊和难以预测；

行业从导入期到成熟期的演变，形成更多的相互之间的承接，如客户需求的转变与承接、客户关系、核心资源的准备。

二、行业驱动力

（一）行业驱动力的含义

驱动力是指那些重大、根本的潮流，它能够界定并驱动事件或趋势朝着某一个方向发展。这些力量范围广阔，影响时间较长，并带有某种程度的不确定性。

驱动力分析始于 20 世纪 50 年代，其作用是帮助组织分析和应对商业环境的变化。

（二）行业成功的关键因素

了解企业所处行业的特点的目的，在于找出事实上决定企业的发展、生存和获利的关键因素。在此方面，每个行业都有其独特的逻辑。这是因为，各行业的成功机会、限制和威胁并不完全相同。比如在中国，产品价格大部分由国家规定（特别是一些重要产品），所以对一些企业来说，并不构成竞争的真正的关键因素，而产品形象和销售渠道有时却成为这些企业成败的关键因素。

要把握企业成功的关键因素，有以下几个问题需要仔细研究：

1. 行业发展前景

（1）行业结构将发生哪些变化？

（2）供求关系的变化对企业所处行业将产生机会还是威胁？

（3）行业中主要角色是否将改变战略？

2. 市场规律与企业优势

企业的成功首先而且主要取决于顺应市场规律的能力，其次才是企业内部管理的效率以及企业的运气。

3. 行业的关键数据及表达方法

（1）有关消费情况的主要数据，如国际、国内、地区、地方市场的消费状况；市场 10~15 年的消费变化，找出各阶段的运动周期；本行业产品的生命曲线：处于产品生命周期的哪个阶段。

（2）有关产量的主要数据，如全国、地区、地方生产产量；生产产量以及地区间流通变化的情况；生产能力的变化。

第五节 行业竞争分析

一、行业竞争结构

行业竞争结构是指行业内企业的数量和规模的分布。从理论上来说，可以分为完全竞争、垄断竞争、寡头垄断、完全垄断四种，它们在市场集中程度、进入和退出障碍、产品差异和信息完全程度方面有不同的特征。

二、行业竞争结构动态分析

（一）行业竞争结构动态分析概述

基本假设：行业随着时间不断被构造和重新构造，如图 4-4 所示。

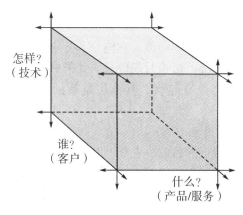

图 4-4 行业动态分析框架

图 4-4 模型表明一个行业被看成一个竞争空间，由具有相似性的公司沿着三个不同维度定义——客户（"谁"）维、产品与服务（"什么"）维以及技术（"怎样"）维。这个模型假定这三个维度在连续地变化着，因为客户有新的需要，新产品和新服务被开发，新技术在出现。这些行业空间的变化创造了行业环境中的漏洞或机会，这些漏洞招致了其他企业的进入（入侵）。同时，行业规范（共同的语言、对竞争的相似理解、行业标准）和认知局限（看不到新对手、顾客的新需求、新技术等公司环境的变化），阻止了已存在公司的管理人员认识到这些同样的机会，它

们也阻止了这些管理人员认识到其他企业带来的威胁。

（二）企业管理者对新进入者的反应

（1）成功的新进入者一般不直接进攻已存在公司，反而更有可能进入行业中的漏洞空间，这些漏洞空间由行业空间中的变化产生，例如新客户偏好以及新产品和处理技术的采用。

（2）成功的新进入者提供的新产品或服务一般利用了多个行业空间中的变化。例如，一个成功的新进入者可能引入一个新产品，它不仅对应了客户倾向的变化，而且结合了新技术发展或新生产过程。

（3）成功的新进入者寻求建立强大的漏洞，从而它们可以扩展到竞争空间的更大区域。

（4）已存在公司的管理者很少能匹配新进入者的产品、服务或技术能力。

（5）面对新进入者，已存在公司的管理者可能采取的方式是：退却到竞争空间中他们预测"更安全"的区域，进行多元化经营，提高现有产品质量和服务水平。

（6）已存在公司的管理者，从被新进入者入侵的市场退却，很少能享有任何长期利益。

三、行业竞争结构静态分析

（一）五力模型的内容

五力分析模型是迈克尔·波特（Michael Porter）于 20 世纪 80 年代初提出的[①]，对企业战略制定产生了全球性的深远影响。波特认为，影响行业竞争结构的基本要素有：行业内部竞争力量、顾客议价能力、供货厂商议价能力、潜在竞争对手的威胁与替代产品的压力。这五种因素作用的时间、方向和强度往往并不一致，不同时期各有侧重。如某个企业所在的行业自我保护能力很强，进入行业的障碍很大，新的竞争者不易进入，难以构成威胁，然而价廉物美的替代品的出现却可以直接威胁到行业内现有企业的生存。

1. 行业内部的竞争

导致行业内部竞争加剧的原因可能有：①行业的增长缓慢，对市场份额的竞争激烈；②竞争者数量较多，竞争力量大致相当；③竞争对手提供的产品或服务大致相同，或者体现不出差异；④某些企业为了规模经济利益，扩大生产规模，市场竞争均势被打破，产品大量过剩，企业开始削价竞销。

2. 顾客的议价能力

行业顾客可能是行业产品的消费者或用户，也可能是商业性买主。顾客的议价能力主要表现在促使卖方降低价格，提高产品质量或者提供更好的服务。行业顾客的议价能力受到下述因素的影响：

（1）购买数量。如果顾客购买数量多，批量大，作为买方的大客户，就有更强的讨价还价能力。如果顾客购买的是重要的原辅材料，或者顾客购买的支出比重大，

---

① PORTER M E. How competitive forces shape strategy［M］//Readings in strategic management. London：Palgrave，1989：133-143.

这样，顾客就必然会广泛寻找货源，货比三家，从而拥有更强的议价能力。

（2）产品性质。若是标准化产品，顾客在货源上有更多的选择，可以利用卖主之间的竞争加强自己的议价力量。如果是日用消费品，则顾客不会那么注重产品的质量，而是更关心产品的售价。如果是工业用品，产品的质量和可能提供的服务则是顾客关注的中心，价格就显得不那么重要了。

（3）顾客的特点。消费品的购买者，人数多而分散，每次购买的数量少；工业品购买者人数少且分布集中，单次购买数量多；经销商不仅大批量长期进货，而且还可直接影响消费者的购买决策。因此，相对于消费品购买者而言，经销商或工业用户具有更强的议价能力。

（4）市场信息。如果顾客了解市场供求状况、产品价格变动趋势，并掌握卖方生产成本或营销成本等有关信息，就会有很强的讨价还价能力，就有可能争取到更优惠的价格。

3. 供货厂商的议价能力

供货厂商的议价能力，表现在供货厂商能否有效地促使买方接受更高价格、更早的付款时间或更可靠的付款方式。供货厂商的议价能力受到下述因素的影响：

（1）对货源的控制程度。若货源由少数几家厂商控制或垄断，这些厂商就处在有利的竞争地位，就有能力在产品价格、付款时间或方式等方面对购货厂家施加压力，索取高价。

（2）产品的特点。若供货厂商的产品具有特色，或购买厂家转换货源供应需要付出很大的代价或很长的适应时间，则供货厂商就处于有利的竞争地位，就有能力在产品上议价。

（3）用户的特征。若购货厂家是供货厂商的重要客户，供货厂商就会采取各种积极措施来搞好与用户的关系。比如，合理的定价水平、优惠的付款条件、积极的产品开发活动或各种形式的产品服务，争取稳定的客户关系或长期的供货关系。

4. 潜在竞争对手的威胁

潜在竞争对手指那些可能进入行业参与竞争的企业或公司。新的进入者将带来新的生产能力和对资源与市场的需求，其结果可能使行业的生产成本上升，市场竞争加剧，产品售价下跌，行业利润减少。潜在竞争对手的可能威胁，取决于进入行业的障碍程度及行业内部现有企业的反应程度。进入行业障碍程度越高，现有企业的反应越激烈，潜在竞争对手就越不易进入或不想进入，从而对行业构成的威胁也就越小。进入行业障碍有：

（1）规模经济。规模经济效益包括产品生产、研制开发、市场营销和售后服务诸方面。它是潜在竞争对手进入行业的重要障碍，行业的规模经济要求新进入的生产厂家具有与现有厂家同等的生产与经营规模，否则将面临生产成本或营销成本上的竞争劣势。

（2）品牌忠诚。通过长期的广告宣传或顾客服务等方式建立起来的企业产品形象或品牌忠诚，是潜在竞争对手进入行业的主要障碍之一。特别是饮料行业、药品行业或化妆品行业，新进入行业的生产厂家不得不花费大量的投资与时间来克服原有的顾客品牌忠诚，建立起自己的产品（或品牌）形象。

（3）资金要求。进入行业的资金要求，不仅包括厂房、设备等固定资本投资，还包括消费信贷、产品库存及开业损失等流动资金需要；不仅需要生产性资金，而且还需要大量的经营资金，用于产品研制开发、广告宣传及企业公关活动等方面。对于采矿、石化、钢铁或汽车等行业来说，资金要求是进入行业的主要障碍。

（4）分销渠道。分销渠道也可成为进入行业的重要障碍。比如，一个新的食品生产商，它必须通过价格折让、广告宣传或大量营销推广活动，才有可能挤掉现有竞争者的产品，将自己的产品摆上商场的货架。可资利用的分销渠道越少，或现有竞争者对分销渠道控制越紧，进入行业的障碍越高，新进入行业的厂商甚至不得不另起炉灶，从头开始建立自己的分销渠道。

（5）政府限制。为了保护本国的工业与市场，或为了维持本国消费者的利益，当地政府可以通过项目审批或控制外商进入某些行业，也可以利用环境污染控制或安全标准限制等措施来限制或控制外商进入某些行业。政府限制通常是最难以逾越的行业障碍。

（6）其他方面的行业障碍。新进来的竞争对手在进入行业之初，与行业内原有厂家相比，可能在下述方面处于竞争劣势。比如，经验曲线的效益、生产专利的拥有、重要原材料的控制、政府所给予的补贴，甚至良好的地理位置，等等。这些竞争劣势也可能使潜在竞争对手在进入行业之前知难而退。

进入行业的障碍程度并非一成不变的。比如，由于拍立得（Polaroid）即刻成像专利期限已满，导致这方面的障碍消失，像柯达这样的大公司随即进入这个市场。又如，第二次世界大战结束后，汽车行业生产规模进一步扩大，规模经济效益的作用更加明显，从而有效地阻止了许多潜在竞争者进入汽车行业。

5. 替代产品的压力

替代产品是指具有相同功能，或者能满足同样需求从而可以相互替代的产品。比如，石油与煤炭、铜与铝、咖啡与茶叶、天然原料与合成原料等互为替代品。

（二）五力模型测评题项

1. 潜在进入者因素

（1）进入这个行业的成本很高；

（2）相互的产品有很大的差异性；

（3）需要大量资本才能进入这个行业；

（4）顾客更换供应者的成本高；

（5）取得销售渠道十分困难；

（6）很难得到政府批准；

（7）进入这个行业对本企业的威胁性不大。

2. 行业中竞争者因素

（1）本行业中有许多竞争者；

（2）本行业中所有竞争者几乎一样；

（3）产品市场增长缓慢；

（4）本行业的固定成本很高；

（5）我们的顾客转换供应者十分容易；

（6）在现有生产能力上再增加十分困难；

（7）本行业没有两个企业是一样的；

（8）本行业中大部分企业要么成功，要么垮台；

（9）本行业中大多数企业准备留在本行业；

（10）其他行业干什么对本企业并无多大的影响。

3. 替代产品因素

（1）与我们产品用途相近似的产品很多；

（2）其他产品有和我们产品相同的功能和较低的成本；

（3）生产和我们产品功能相同产品的企业在其他市场有很大利润；

（4）我们非常关心与我们产品功能相同的其他种类的产品。

4. 购买者因素

（1）少量顾客购买本企业的大部分产品；

（2）我们的产品占了顾客采购量的大部分；

（3）本行业大部分企业提供标准化的类似产品；

（4）顾客转换供应者十分容易；

（5）顾客产品的利润率很低；

（6）我们的一些大顾客可以买下本企业；

（7）本企业产品对顾客产品质量贡献很小；

（8）我们的顾客了解我们的企业以及可以盈利多少；

（9）诚实地说，顾客对本企业的供应者影响很小。

5. 供应者因素

（1）本企业需要的重要原材料有许多可供选择的供应者；

（2）本企业需要的重要原材料有许多替代品；

（3）在我们需要最多的原材料方面，我们公司是供应者的主要客户；

（4）没有一个供应者对本公司而言是关键性的；

（5）我们可以很容易地变换大多数的原材料供应者；

（6）对于我们的公司来说，没有一家供应者是很大的；

（7）供应者是我们经营中的重要部分。

四、行业内的竞争：战略地图分析

（一）战略地图的含义

战略地图由罗伯特·卡普兰（Robert S. Kaplan）和戴维·诺顿（David P. Norton）提出。战略地图的核心内容包括：企业通过运用人力资本、信息资本和组织资本等无形资产（学习与成长），不断创新和建立战略优势和效率（内部流程），进而使公司把特定价值带给市场（客户），从而实现股东价值（财务）[①]。

（二）战略地图的用途

行业竞争分析无法用单纯的市场份额来解释；行业内背景、战略方向、获利能力及可持续发展力千差万别。通过战略地图，我们可以找到在各方面与目标公司更接近的竞争对手；也可以对整体竞争环境进行评估，寻找有威胁的潜在对手并对未来进行判断。

（三）如何制作战略地图

第一步，选取关键变量。

产品线宽度：细分产品/全产品线；目标人群/场景多样性；标准化产品/定制化差异化产品；

渠道：分销/直销；

技术的看法：遵从技术领先/跟随战略或其他；

股东的背景：初创/背靠大集团；

竞争策略：成本、差异化、细分场景。

第二步，制作战略地图。

选取最具影响力的因素，通常情况下1、2、3、6往往更重要。

在选择完之后，对行业内的潜在对手进行分类，一般划分出来有3~4类。

第三步，制作之后的分析。

战略集团内的竞争分析及格局判断；

不同战略集团内的转移及竞争分析；

基于产业发展趋势，对整个战略集团的发展影响分析。

五、行业战略集团分析

（一）行业战略集团的含义

1980年，波特从战略管理理论角度将"行业战略集团"（又称为"战略群"）这一概念引入分析产业结构的特征中，将战略集团定义为一个产业中在某一战略方面采用相同或相似战略的各公司组成的集团[②]。在一个或几个方面的战略的不同，必然引起企业在行业中的地位的不同。相同战略、相同地位企业的组合，就形成了战略集团。

行业战略集团在竞争利润率方面的差异是由于"移动壁垒"的存在。与"进入壁垒"抵抗产业外的企业入侵的作用相似，"移动壁垒"阻止了产业内企业从一种战略群向另一种战略群移动。"移动壁垒"的高低决定了行业内战略集团之间的竞争激烈程度。

企业盈利率不仅取决于企业自身的实力，而且取决于行业结构状况及企业所处的战略群状况，包括行业特征、企业所处的战略群分布图、企业在战略群中的地位。

125

---

① 柴旭东. 战略地图与大学发展战略制定：以英国利兹大学战略地图为例［J］. 教育发展研究，2008（Z1）：101-104.

② PORTER M E. Competitive Strategy［M］. New York：Free Press，1980：129.

行业内战略集团分析，是按照行业内各企业战略地位的差别，把企业划分成不同的战略集团，并分析各集团之间的相互关系和集团内的企业关系，从而进一步认识行业及其竞争状况。

一个行业内的企业，在战略上会有许多共同点，但也会有许多不同点。战略的不同点主要表现在以下几个方面：

（1）纵向一体化的程度不同。有的企业自己生产原材料和零部件，有的则完全从外部采购；有的企业有自己的销售渠道和网点，有的则全靠批发商和零售商。

（2）专业化程度不同。有的企业只经营某一种产品和服务项目，有的则生产多品种多规格的产品和服务，有的甚至跨行业经营。

（3）研究开发重点不同。有的企业注重争取开发新产品的领导地位，不断投放新产品；有的企业把研发重点放在生产技术上，力争在质量和成本上取得优势。

（4）营销的重点不同。有的企业重视维持高价产品，有的企业则采取低价策略展开竞争；有的企业特别重视对最终用户的推销活动，有的企业则主要以为销售者服务来巩固和扩大销售渠道。

（二）行业战略集团分布图的绘制

在进行战略集团分析时，可以绘制行业内战略集团分布图。

要了解战略集团的性质、特点，需要分析战略集团的地位。绘图可以确定一个行业不同战略集团的地位，如图4-5所示。

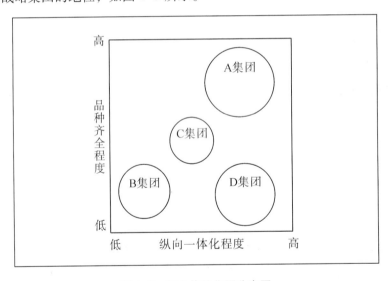

图4-5　行业战略集团分布图

A集团：丰富的产品品种，高度纵向一体化，成本低，中等质量。

B集团：狭小的产品品种，低纵向一体化，高成本、高质量、高技术水平。

C集团：品种齐全程度和纵向一体化程度都是中等，中等价格，质量低，服务质量高。

D集团：狭小的产品品种，成本低，价格低，服务水平低。

战略集团之间的抗衡程度是由许多因素决定的。一般来说，各战略集团的市场占有率相同，而经营战略可能很不相同，集团之间的抗衡就会激烈；或各战略集团的目标是同一类顾客，其战略差异越大，抗衡也就会越激烈；一个行业内战略集团越多，相互的对抗也就越激烈。如果一个行业中虽然有不少战略集团，但其中少数战略集团处于领导地位，并且市场占有率很高，这个行业战略集团之间的对抗就不会激烈。

在战略集团内部同样存在着竞争，这主要是各企业的优势不同造成的。在一个战略集团内，各企业会有生产规模和能力上的差别，如果一个战略集团的经济效益主要取决于生产规模，那么，生产规模大的企业就会处于优势地位。另外，同一战略集团内的企业，虽然常常采用相同的战略，但各企业的战略实施能力是不同的，即在管理能力、生产技术和研究开发能力、销售能力等方面是有差别的，能力强者就会占优势。

第六节 行业壁垒分析

一、行业壁垒的含义

进入壁垒是指阻止外部企业进入并与原有的企业进行竞争的各种障碍因素。经济学家从不同的角度定义进入壁垒。如贝恩认为，进入壁垒是"一个产业中原有企业相对于潜在进入企业的优势"[1]。这些优势体现在原有企业可以持续地使价格高于竞争水平之上而又不会吸引新的企业加入该产业。施蒂格勒（G. J. Stigler）认为"进入壁垒是一种生产成本（在某些或每个产出水平上），这种成本是打算进入这一产业的新厂商必须负担而已在该产业内的厂商无须负担的"[2]。克拉克森等经济学家也持相同的观点，他们认为，进入壁垒可定义为"寻求进入某个行业的厂商而不是由已在该行业内的厂商负担的生产成本"。显然，在他们看来，进入壁垒就是新厂商比老厂商多承担的生产成本。

但事实上，除了生产成本外，还必然存在其他影响新创业企业进入的因素，因此，进入壁垒是新创业企业比老企业必须多承受的不利因素。

简单地说，进入壁垒就是新创业企业进入特定产业（或市场）所面临的一系列障碍。

二、行业进入遇到的壁垒因素判断

迈克尔·波特认为，一个行业的新进入者遇到的壁垒往往来自六个因素[3]：

（1）规模经济（economies of scale）：这些领域要求新进入者必须以大规模生产的方式进入市场，否则将不得不面对成本劣势的现实。

① JOE S BAIN. Industrial Organization [M]. New York：John Wiley & Sons, Inc., 1968：252.
② 施蒂格勒. 产业组织和政府管制 [M]. 潘振民，译. 上海：上海人民出版社，上海三联书店，1996：69.
③ PORTER M E. How competitive forces shape strategy [M] //Readings in strategic management. London：Palgrave，1989：133-143.

（2）产品差异化（product differentiation）：消费者对市场中原有品牌的认同会迫使新进入者不得不花费巨资来克服消费者的品牌忠诚度所带来的不利影响。中国是一个品牌文化并不发达的国家，因此在品牌忠诚度上的体现并不明显。

（3）资金需求：当进入的行业需要大量的资金时，会对新进入者构成相当大的障碍，尤其是在广告和研发等方面的有去无回投资，需要新进入者有足够的勇气。同时资金实力还会对顾客的信任、渠道的信心等方面构成很大的影响。

（4）与规模无关的成本劣势：在波特的理论中，对这部分的描述运用了经验曲线（experience curve）的概念，它指的是原有企业通过经验的积累、劳动力学习曲线等方式所形成的新进入者所不具备的成本优势。构成与规模无关的成本劣势的因素还包括专利权、政府补贴以及通货膨胀或汇率变化所形成的设备初置价格上涨等情况。

经验曲线类似于学习曲线，对于这个行业的先进入者来说，他们在这个行业多年所积累下来的经验更有利于节约成本，而新进入者缺乏相应的熟练人才，虽然具有一定的后发优势，但这种后发优势往往与那些老手比起来就幼稚多了。

（5）获得经销渠道：新进入者除了需要将产品生产出来以外，还必须构建通往消费者的渠道。在这方面新进入者往往存在一定劣势，比方说他们往往很难获得经销商的信任，而必须支付更昂贵的代价；进入超级市场的货架必须以打折、促销等方式才可能获得允许等情况。

（6）政府政策：在很多国家，政府往往构成了对某些行业的最大障碍，通过核发执照、原材料管制等方式限制了资源的自由流动。

三、行业进入壁垒的种类及产生的原因

行业进入壁垒按其性质可以分为经济性壁垒和非经济性壁垒。

经济性壁垒具有自发性，它是新创业企业在对进入产业后的预期收益和竞争对手分析的基础上，形成进入新市场（产业）的一系列障碍因素。与此同时，经济性壁垒具有平等性，它对所有企业都会产生阻碍，甚至对于行业中已有的企业也会产生阻碍。

而非经济性壁垒则具有外在强制性，企业只能主动地适应这种壁垒。大部分行政性、法律性和技术性因素导致的进入壁垒往往属于非经济性壁垒。非经济性壁垒一般具有特定范围，而且在这个范围内存在着对不同经济主体的歧视性。

（一）经济性进入壁垒的分类与产生的原因

经济性进入壁垒经常分为绝对成本优势、规模经济、产品差异化和对特有经济资源的占有等。

1. 绝对成本优势

根据贝恩的观点，绝对成本优势是指在特定的产量水平上，行业内原有企业（established firm）比潜在的或新进入的企业（prospective entrant）通常具有的低成本生产能力[①]。

---

① 苏东水. 产业经济学 [M]. 北京：高等教育出版社，2010：58.

施蒂格勒认为，绝对成本优势壁垒按其产生的原因可以分为三类：第一，现有企业通过专利申请而垄断工艺技术或产业标准。第二，原有企业拥有高级的技术人员、管理人员而具有的人力资本优势。第三，原有企业通过与供应商订立长期原材料等要素供应而具有的优势。①

专利技术是产生绝对成本优势的一个重要原因。因为专利限制了新进入企业取得最新技术的机会，专利保护的有效性决定了新进入企业进入产业或市场的难易程度。

2. 规模经济优势

根据产业内企业规模经济要求，新进入市场的企业必须具有与原有企业一样的规模经济产量或市场销售份额，才能与原有企业竞争，才能在进入后在行业中立足。

3. 产品差异化

产品差异化（product differentiation）是指企业在其提供给顾客的产品上，通过各种方法造成足以引发顾客偏好的特殊性，使顾客能够把它与其他竞争产品有效地区别开来，从而使企业在市场中获得竞争优势。

产品差异化分为实体差异与心理差异。实体差异是指在产品质量、规格、功能和款式等方面与竞争产品相区别。心理差异是指赋予产品不同品牌，特殊的服务，创造不同的分销渠道，或者新颖独特的产品广告和促销活动，造成顾客心理上的差异。

4. 对特有经济资源的占有

特有经济资源主要是指专利权、特许权和关键性的金属或非金属资源。

（二）非经济性进入壁垒的种类与产生的原因

非经济性进入壁垒主要是政策法律制度。政府在经济管理过程中所制定的政策法律制度是构成行业外潜在进入者进入壁垒的一个重要方面。

阿尔钦、德姆塞茨等人认为，在某些产业，企业经营需要获得批准和执照，企业进出口需要获得有关许可证，资金筹措也要受到政府限制，还有差别性的税收壁垒、专利制度，都将成为阻碍新创业企业进入的壁垒。并且这些壁垒很难用降低成本或增加广告费等手段加以克服。②

例如，对于电力、石油化工、钢铁等规模经济极其显著的装置性行业，国家严格限制规模不经济企业进入。对自来水、煤气、电力等公共基础设施产业，国家对企业进入也实行严格控制。

四、测量进入壁垒的基本方法

（一）价格扭曲率测度法

价格扭曲率测度法是以垄断价格扭曲竞争价格程度来衡量进入壁垒高低的一种方法。

---

① STIGLER G J. The Organization of industry［M］. Homewood：Richard D. Irwin, 1968：328.

② ALCHIAN A A, DEMSETZ H. The property right paradigm［J］. The journal of economic history, 1973, 33（1）：16-27.

129

设完全竞争时价格为 Pc，如果产业内原有企业定价 Pm，设 RP 为产业的价格扭曲率，则有 RP 值越大，价格扭曲程度越高，表明进入壁垒越高。

（二）产业超额利润度量法

如果 Pm 是产业内原有企业的定价，LAC 是该产业长期平均成本，设产业的超额利润率为 Rπ，则

$$R\pi = \frac{Pm - LAC}{LAC} \times 100\%$$

在特定产业内，超额利润率越高，则进入壁垒越高。

运用价格扭曲率和产业超额利润这两个指标度量进入壁垒是有前提条件的。一般在国家不干预企业定价时，才能运用它们反映进入壁垒的高低。同时，其他因素也会对它们产生干扰。

第七节 行业政策分析

一、行业政策的内容

（一）资质及其分类

公司资质是指公司在从事某种行业经营时，应具有的资格以及与此资格相适应的质量等级标准。资质是政府进行行业管理的重要手段，主要体现为进入门槛与壁垒，牌照与资质某种程度上属于同义词，本身就属于稀缺资源。资质与牌照的分级及分类是需要格外关注的要点。国家通过资质的方式控制企业数量、提高市场集中度，如军工、支付牌照。

公司资质一般有两种：

（1）经营资质。如企业法人营业执照、税务登记证、组织机构代码证等。

（2）能力资质。如企业获得的由地方、国家、专业机构、行业协会颁发的相应资质证书等。

资质还可以有以下分类：

（1）行业准入：对能否进入某个行业进行的管制，如军工三证、支付牌照等；

（2）事项审批：针对某个事项进行的审批，一事一议可能存在继承性。

（二）政府补助

政府补助，是指企业从政府无偿取得货币性资产或非货币性资产，但不包括政府作为企业所有者投入的资本。我国主要的政府补助有：财政贴息、研究开发补贴、政策性补贴。政府补助表现为政府向企业转移资产，通常为货币性资产，也可能为非货币性资产。政府补助主要有以下形式：

1. 财政拨款

财政拨款是政府无偿拨付给企业的资金，通常在拨款时明确规定了资金用途。

比如，财政部门拨付给企业用于购建固定资产或进行技术改造的专项资金，鼓励企业安置职工就业而给予的奖励款项，拨付企业的粮食定额补贴，拨付企业开展

研发活动的研发经费等，均属于财政拨款。

2. 财政贴息

财政贴息是政府为支持特定领域或区域发展，根据国家宏观经济形势和政策目标，对承贷企业的银行贷款利息给予的补贴。财政贴息主要有两种方式：

第一，财政将贴息资金直接拨付给受益企业；

第二，财政将贴息资金拨付给贷款银行，由贷款银行以政策性优惠利率向企业提供贷款，受益企业按照实际发生的利率计算和确认利息费用。

3. 税收返还

税收返还是政府按照国家有关规定采取先征后返（退）、即征即退等办法向企业返还的税款，属于以税收优惠形式给予的一种政府补助。增值税出口退税不属于政府补助。

除税收返还外，税收优惠还包括直接减征、免征、增加计税抵扣额、抵免部分税额等形式。这类税收优惠并未直接向企业无偿提供资产，不作为本准则规范的政府补助。

4. 无偿划拨非货币性资产（内容略）

二、政府政策对需求变化和竞争格局的影响

（一）对厂商生产活动的管制

厂商所进行的各种生产，至少应该使私人成本与社会成本、私人收益与社会收益相等。为了实现这一点，政府应该采取一些必要的政策措施。

1. 法律上的限制

各国政府都制定了各种各样的法令、规则来限制和调节厂商的生产。例如，环境保护法要求厂商治理生产中引起的污染，要求各种产品达到一定的环境保护标准（诸如限制汽车排出的废气量与噪声量）。

2. 税收政策

对生产的私人成本小于社会成本，而私人收益大于社会收益的厂商，通过税收来进行调节。例如，对香烟等商品征收重税以限制其生产和销售，对带来环境污染的厂商征收附加税等。对那些能给社会带来很大收益，而私人收益低的产品的生产者减税或给予补助。

3. 限产或价格管制的政策

对那些社会收益小或社会成本大的产品进行限产或在价格上进行限制，减少其私人收益，从而使厂商自动转产或停产。

这些政策有利于消除厂商生产对社会的某些不利影响，但也会有副作用。过多的法令或规定会使企业的经营活动受到限制，从而削弱企业的活力。对产品的质量限制会提高成本，削弱产品在国内外的竞争能力。例如，美国对汽车生产规定了严格的排废气量和噪声标准，使汽车的生产成本提高，厂商减少了对新型汽车的研制费用，因而竞争力不如日本或德国。从社会的角度看，对厂商的生产进行适当的限制是必要的，但限制过多也会适得其反。

（二）反垄断政策

市场经济中的一般情况是既有垄断，又有竞争。在经济发展中，政府曾采取过种种政策促进生产的集中与集聚，也就是鼓励垄断，以便获得大规模生产的好处。这些政策对垄断的形成和经济的发展起到过积极作用，但是垄断的形成也带来了种种弊端。垄断组织凭借其垄断地位剥削中小生产者与消费者的行为，引起了社会的广泛反对，这样政府就不得不以各种方法对垄断进行限制。

在这些限制方法中，最主要的是实行反托拉斯法。反托拉斯法是反对垄断、保护竞争的立法，目的在于禁止或限制垄断。另一种反垄断的政策是有效竞争。这种政策主张对不同的行业部门采取不同的反垄断政策。具体来说，对主要由中小企业组成的轻工部门与零售商业部门，自由竞争是有利的，应采用禁止性的反垄断政策；对公用事业和其他某些天然具有垄断性的部门，则实行国家垄断；对重工业部门，垄断有助于最优规模经济的实现，因此只适宜实行有限的反垄断政策，即允许垄断的存在，只是对它的行为要进行适当的管制。具体的办法是利用国际竞争来限制垄断或利用工会、消费者协会来与垄断组织对抗，限制垄断行为。

（三）国有化政策

按传统的微观经济理论，生产是由私人厂商进行的。但随着经济的发展，也需要国家直接从事生产活动或者把某些过去由私人从事的生产活动转归国家，这就是国有化政策。实行国有化的行业，要么是对国家利益关系重大的行业，如军工、重要的工业、尖端科学等；要么是私人不愿经营或无力经营的行业，如交通、邮电及其他公用事业；要么是一些新兴的、风险大的行业。

国有化的优点：

第一，有利于促进经济增长。国家直接投资可以为经济发展提供一个良好的基础设施，建立起完善的通信、交通、卫生、教育等设施。这些设施只有国家才有能力兴办，才能实现规模经济，并能从全社会的角度来充分利用资源。

第二，有利于经济的稳定。国有企业可以作为政府稳定经济的调节器，对克服经济的周期性波动、稳定物价和就业都有一定的积极作用。

第三，有利于社会财产分配与收入分配的均等化。

第四，有利于对抗私人垄断，对垄断起到限制与对抗的作用。

但是，国有化也产生了许多问题，主要是国有企业官僚主义严重，生产效率低下；国有企业的亏损增加了政府的财政负担。

三、政府其他政策及其影响

政府软性壁垒及其他政策：出于国家安全考虑而出现的国产替代。

考虑国产替代的市场空间、可能性、实现时间，如北斗导航的市场、芯片的研发周期和壁垒。这些政策，从前期来看可以使得某一行业尽快发展起来，但也会对行业发展造成许多遗留问题，如曾经的北斗导航、将来的新能源汽车等。

创业顾问

我国汽车产业进入壁垒①

汽车作为当今世界最普通但又具有较高效率的交通运输工具，已成为现代社会的一个重要标志，也是衡量一个国家经济、技术发展水平的重要指示器。汽车产业的发展对其他产业后向具有较强的拉动作用，前向具有较大的推动作用；在技术方面要求很强的综合配套；在经济性方面要求大规模生产，是典型的规模经济产业，投入产出效率高；能够为社会提供较为广泛的就业机会。所以，汽车工业的水平实际上是衡量一个国家的综合技术、经济水平的重要指标。正是因为如此，无论是发达国家还是发展中国家都在大力发展汽车工业。

一、中国汽车产业发展概况

我国汽车工业的发展大体上经历了三个阶段。

第一个阶段从 1953 年到 1978 年，这是我国汽车工业的建设阶段。

第二个阶段从实行改革开放政策的 1979 年到 20 世纪 90 年代初期，这是我国汽车工业的成长阶段。

第三个阶段从 1994 年颁布《中国汽车工业产业政策》起至今，这标志着中国汽车工业进入了新的发展时期。

二、不同时期汽车制造业进入与退出企业数量的变化

全国汽车制造业企业数从 1949 年开始逐渐增加，直到 1991 年达到 3 143 家的高峰量，时间跨度为 42 年之久，此后就稳定在 2 850 家左右（为高峰量的 90.68%）。而汽车摩托车配件企业数从 1949 年开始逐渐增加，直到 1990 年达到 2 417 家的高峰量，时间跨度为 41 年之久，此后就稳定在 2 110 家左右（为高峰量的 87.3%）。

若全国汽车制造业只包括汽车、改装汽车、车用发动机企业，则汽车企业数从 1956 年开始逐渐增加，到 1985 年后伴有某些年份上的减少和增加相互交替，到 1992 年达到高峰量 124 家，此后一直稳定在低于高峰量的水平上，为 122 家（为高峰量的 98.39%）。改装汽车企业数从 1949 年开始逐渐增加，到 1990 年后伴有某些年份上的减少和增加相互交替，到 1993 年达到高峰量 552 家，此后一直稳定在低于高峰量的水平上，大致在 520 家（约为高峰量的 94.2%）上下波动。车用发动机企业数从 1956 年开始逐渐增加，到 1985 年后伴有某些年份上的减少和增加相互交替，到 1991 年达到高峰量 65 家，此后一直稳定在低于高峰量的水平上，在 60 家（约为高峰量的 92.31%）上下波动。退出率最高的是汽车摩托车配件行业，其次是车用发动机和全国企业数，退出率最低的是汽车制造和改装汽车行业。

三、我国汽车制造业市场集中度与规模经济现状

国际经验表明，充分享有规模经济是促进汽车工业高速增长，提高经济效率的

---

① 百度文库. 进入壁垒与退出壁垒 [EB/OL]. https://wenku.baidu.com/view/9171b5ad80d049649b6648d7c1c708a1284a0ad9? aggId = 9171b5ad80d049649b6648d7c1c708a1284a0ad9&fr = catalog-Main_&_wkts_ = 1724894656494.

重要因素之一。长期以来，中国汽车制造业以大企业为主体的社会化大生产分工协作体制始终未真正形成，而规模效益较差的小企业却大量无序繁衍，降低了资源配置的效率。从集中度系数看，按照历年的统计资料估算，中国重型汽车的CR4（以前4家企业的产量占全国总产量的比重计算）在80%左右，摩托车的CR4在60%左右，轻型载货车的CR4在70%左右，从这些产品看集中度还是比较高的。而发达国家汽车工业前4家企业的集中度系数CR4一般在95%左右，中国汽车制造业前31家企业集中度CR31只有50%左右，差距还是很大的。这清楚地表明，中国汽车制造业不属于卖方寡头垄断的市场结构，而应该属于垄断竞争型市场结构。

再从汽车企业的绝对规模看，世界汽车最大的生产厂商一般年产均在几十万辆以上，1987年年产百万辆以上的厂商已达11家，世界最大的汽车生产厂商——通用汽车公司年产500万辆左右。按中国1995年汽车工业已形成的生产能力计算，122家生产厂商的平均生产能力只有26 929.22辆；而1996年中国各类汽车总产量为1 474 905辆；1998年总产量为163万辆，122家生产厂商（厂商数量比日、美、英、法、德、意6国的总和还多）的平均年产量只有12 000辆左右。

可见，尽管我国汽车产业进入壁垒与退出壁垒相对变化不大，但由于国内最大的汽车生产企业生产规模低于最小有效规模，因此，我国的汽车产业需要调整或减少非经济性进入与退出壁垒，增加经济性进入与退出壁垒，提高企业规模经济效益，最终提高我国汽车产业整体的国际竞争力。

结合本案例，请讨论下面的几个问题：

1. 我国汽车产业进入壁垒主要有哪些？

2. 如何评价"我国整车厂商数量很多，而产量水平偏低，同一产品生产分散，重复建设，关键零部件厂商缺少"的严峻问题？

3. 如何正确运用政府进入壁垒与退出壁垒产业组织政策，引导我国汽车产业走向国际市场？

4. 试分析我国汽车产业进入壁垒与退出壁垒的影响因素。

延伸阅读

常用行业分析方法①

一、波特五种竞争力分析模型

波特的五种竞争力分析模型被广泛应用于很多行业的战略制定中。波特认为，在任何行业中，无论是国内还是国际，无论是提供产品还是提供服务，竞争的规则都包括在五种竞争力量内。这五种竞争力就是企业之间的竞争、潜在竞争者的进入、潜在替代品的开发、供应商的议价能力、顾客的议价能力。这五种竞争力量决定了企业的盈利能力和水平。具体如图4-6所示。

---

① GCCWorld. 除了SWOT，还需要了解的这10种全球著名商业分析模型［EB/OL］. https://www.sohu.com/a/270171631_799141.

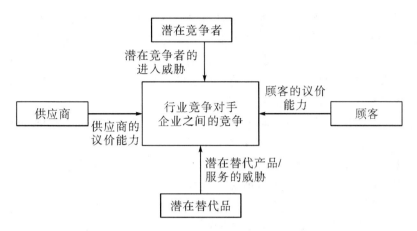

图 4-6 波特的五种竞争力量分析模型

1. 行业竞争对手

企业间的竞争是五种力量中最主要的一种。只有那些比竞争对手的战略更具优势的战略才可能获得成功。为此公司必须在市场、价格、质量、产量、功能、服务、研发等方面建立自己的核心竞争优势。

影响行业内企业竞争的因素有产业增加、固定（存储）成本/附加价值周期性生产过剩、产品差异、商标专有、转换成本、集中与平衡、信息复杂性、竞争者的多样性、公司的风险、退出壁垒等。

2. 潜在新进入者

企业必须对新的市场进入者保持足够的警惕。

影响潜在新竞争者进入的因素有经济规模、专卖产品的差别、商标专有、资本需求、分销渠道、绝对成本优势、政府政策、行业内企业的预期反击等。

3. 顾客

当用户分布集中、规模较大或大批量购货时，他们的议价能力将成为影响产业竞争强度的一个主要因素。

决定购买者力量的因素有买方的集中程度相对于企业的集中程度、买方的数量、买方转换成本相对于企业的转换成本、买方信息、后向整合能力、替代品、克服危机的能力、价格/购买总量、产品差异、品牌专有、质量/性能影响、买方利润、决策者的激励。

4. 替代产品

在很多产业，企业会与其他产业生产替代品的公司开展直接或间接的竞争。替代品的存在为产品的价格设置了上限，当产品价格超过这一上限时，用户将转向其他替代产品。

决定替代威胁的因素有替代品的相对价格表现、转换成本、客户对替代品的使用倾向。

5. 供应商

供应商的议价力量会影响产业的竞争程度，尤其是当供应商垄断程度比较高、原材料替代品比较少，或者改用其他原材料的转换成本比较高时更是如此。

决定供应商力量的因素有投入的差异、产业中供方和企业的转换成本、替代品投入的现状、供方的集中程度、批量大小对供方的重要性、与产业总购买量的相关成本、投入对成本和特色的影响、产业中企业前向整合相对于后向整合的威胁等。

二、战略地位与行动评价矩阵

战略地位与行动评价矩阵（Strategic Position and Action Evaluation Matrix，SPACE 矩阵）主要是分析企业外部环境及企业应该采用的战略组合。

如图 4-7 所示，SPACE 矩阵有四个象限，分别表示企业采取的进取、保守、防御和竞争四种战略模式。这个矩阵的两个数轴分别代表了企业的两个内部因素——财务优势（FS）和竞争优势（CA）；两个外部因素——环境稳定性（ES）和产业优势（IS）。SPACE 矩阵的轴线可以代表多种不同的变量，见表 4-1。

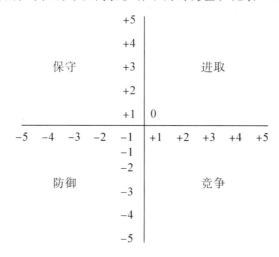

图 4-7　战略地位与行动评价矩阵

表 4-1　SPACE 矩阵的轴线可以代表多种不同的变量

内部战略处理	外部战略处理
财务优势	环境稳定性
——投资收益	——技术变化
——杠杆比率	——通货膨胀
——偿债能力	——需求变化性
——流动资金	——竞争产品的价格范围
——退出市场的方便性	——市场进入壁垒
——业务风险	——竞争压力
	——价格需求弹性
竞争优势	产业优势
——市场份额	——增长潜力
——产品质量	——盈利能力
——产品生命周期	——财务稳定性

表4-1（续）

——用户忠诚度	——专有技术知识
——竞争能力利用率	——资源利用
——专有技术知识	——资本密集性
——对供应商和经销商的控制	——进入市场的便利性

　　——选择构成财务优势（FS）、竞争优势（CA）、环境稳定性（ES）和产业优势（IS）的一组变量；

　　——对构成 FS 和 IS 的各变量给予从+1（最差）到+6（最好）的评分值，对构成 ES 和 CA 的轴的各变量给予从−1（最好）到−6（最差）的评分值；

　　——将各数轴所有变量的评分值相加，再分别除以各数轴变量总数，从而得出 FS、CA、IS 和 ES 各自的平均分数；

　　——将 FS、CA、IS 和 ES 各自的平均分数标在各自的数轴上；

　　——将 X 轴的两个分数相加，将结果标在 X 轴上；将 Y 轴的两个分数相加，将结果标在 Y 轴上；标出 X、Y 数轴的交叉点。

　　——自 SPACE 矩阵原点到 X、Y 数值的交叉点画一条向量，这一条向量就表示企业可以采取的战略类型。SPACE 矩阵要按照被研究企业的情况而制定。根据企业类型的不同，SPACE 矩阵的轴线可以代表多种不同的变量，如投资收益、财务杠杆比率、偿债能力、流动现金、流动资金等。

　　向量出现在 SPACE 矩阵的进取象限时，说明该企业正处于一种绝佳的地位，即可以利用自己的内部优势和外部机会选择自己的战略模式，如市场渗透、市场开发、产品开发、后向一体化、前向一体化、横向一体化、混合式多元化经营等。

　　向量出现在 SPACE 矩阵的保守象限，意味着企业应该固守基本竞争优势而不要过分冒险，保守型战略包括市场渗透、市场开发、产品开发和集中多元化经营等。

　　当向量出现在 SPACE 矩阵的防御象限时，意味着企业应该集中精力克服内部弱点并回避外部威胁，防御型战略包括紧缩、剥离、结业清算和集中多元化经营等。

　　当向量出现在 SPACE 矩阵的竞争象限时，表明企业应该采取竞争性战略，包括后向一体化、前向一体化、市场渗透、市场开发、产品开发及组建合资企业等。

　　三、ECIRM 战略模型

　　ECIRM 模型的构成包括了五个核心要素：一是 E，代表企业家要素；二是 C，代表资本要素；三是 I，代表产业要素；四是 R，代表资源要素；五是 M，代表管理要素。

　　五项要素共同耦合成为一个以企业家精神和企业家能力为核心的公司战略模型，构成从战略上系统解析一家企业的五个基本维度。

　　产业型公司和资本型公司呈现顺时针方向的成长路径，而资源型公司和管理型公司则呈现逆时针方向的成长路径。具体如图 4-8 所示。

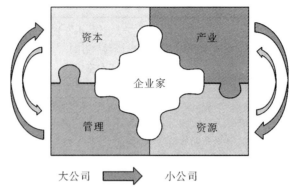

图 4-8 ECIRM 战略模型

四、SCP 分析模型

该模型提供了一个既能深入具体环节，又有系统逻辑体系的市场结构（structure）—企业行为（conduct）—经营绩效（performance）的产业分析框架。

SCP 模型从特定行业结构、企业行为和经营结果三个角度来分析外部冲击的影响。

外部冲击主要是指企业外部经济环境、政治、技术、文化变迁、消费习惯等因素的变化。

行业结构主要是指外部各种环境的变化对企业所在行业可能产生的影响，包括行业竞争的变化、产品需求的变化、细分市场的变化、营销模型的变化等。

企业行为主要是指企业针对外部的冲击和行业结构的变化，有可能采取的应对措施，包括企业方面对相关业务单元的整合、业务的扩张与收缩、运营方式的转变、管理的变革等一系列变动。

经营结果主要是指在外部环境发生变化的情况下，企业在经营利润、产品成本、市场份额等方面的变化趋势。

五、战略钟

战略钟是分析企业竞争战略选择的一种工具，该模型为企业管理人员提供了思考竞争战略和取得竞争优势的方法。

战略钟模型假设不同企业的产品或服务的适用性基本类似，那么顾客购买时选择其中一家而不是其他企业可能有以下原因：这家企业的产品和服务的价格比其他公司低或顾客认为这家企业的产品和服务具有更高的附加值。

战略钟模型将产品/服务价格和产品/服务附加值综合在一起考虑，企业实际上沿着如图 4-9 所示的 8 种途径中的一种来完成企业经营行为。

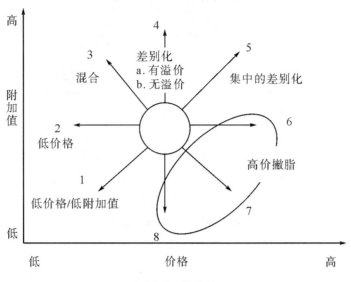

图4-9 战略钟

1. 低价格低附加值战略

这种战略的特点是价格便宜但货品不好。这种战略主要被应用于一些低收入顾客看重商品价格的领域。比如农村或者偏远地区采购商品等。企业采用这种战略是在降低产品或服务的附加值的同时降低产品或服务的价格。

2. 低价格战略

低价格战略即成本领先战略,在保持产品或服务的质量不变的前提下,主动降低价格,以寻找竞争优势。

3. 集中的差别化战略

这种战略只能在特殊时期使用。企业主要以特别高的价格,为用户提供更高、可感知的使用价值,并以此在行业中竞争的一类战略。

4. 高价撇脂战略

这种战略主要体现在6、7、8这3类企业中。这些企业一般在行业内处于垄断经营地位,完全不用考虑产品/服务本身如何。

六、波士顿分析矩阵

波士顿分析矩阵这个模型主要用来协助企业进行业务组合或投资组合。

如图4-10所示,在矩阵坐标轴上的两个变量分别是业务单元所在市场的增长程度和所占据的市场份额。每个象限中的企业处于根本不同的现金流位置,并且应用不同的方式加以管理,这样就引申出公司如何寻求其总体业务组合战略的问题。

1. 金牛

在低增长市场上具有相对高的市场份额的业务将产生健康的现金流,它们能用于向其他方面提供资金,发展业务。

2. 瘦狗

在低增长市场上具有相对低的市场份额的业务,由于其虚弱的竞争地位,它们将成为现金流的陷阱。

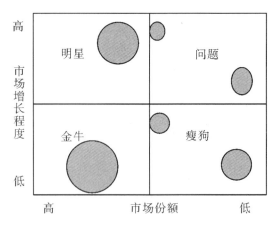

图 4-10　波士顿分析矩阵

3. 明星

在高增长市场上具有相对高的市场份额，通常需要大量的现金以维持增长，但具有较强的市场地位并将产生较高的利润，它们有可能处在现金流平衡状态。

4. 问题

在迅速增长的市场上具有相对较低市场份额的业务，需要大量的现金流入，以便为增长筹措资金。

波士顿分析矩阵有助于对各公司的业务组合或投资组合提供一些参考，如果同其他分析方法一起使用会产生非常明显的效果。通过波士顿分析矩阵可以检查企业各个业务单元的经营情况，通过挤"金牛"的奶来资助企业的"明星"，检查有"问题"的孩子，并确定是否卖掉"瘦狗"。

当然，这个矩阵模型相对比较简单，企业实际的经营情况要复杂得多。

七、GE 行业吸引力矩阵

这个模型是通用电气公司和麦肯锡公司所使用的三三矩阵。如图 4-11 所示，这个矩阵的两个轴分别表示市场吸引力和业务单位的实力或竞争地位。一个特定的业务单位处于矩阵中何处是通过对这个特定的业务单位和行业分析加以确定的。通过对这两个变量打分，可以确定业务单位位于矩阵中的位置，并据此来确定对该业务单位应采取的策略。

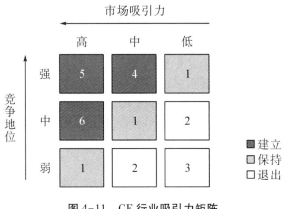

图 4-11　GE 行业吸引力矩阵

对于市场吸引力，需要考虑的因素主要有①行业：绝对市场规模、成长率、价格敏感性、进入壁垒、替代品、市场竞争、供应商等；②环境：政府法规、经济气候、通货膨胀风险、社会发展趋势、技术、就业、利率等。

对于业务单位的实力或竞争地位，需要考虑的因素主要有①目前优势：市场份额、市场份额变化趋势、盈利能力、现金流、差别化、相对价格地位等。②持久性：成本、后勤、营销、服务、客户形象、技术等。

通过确定业务单位在矩阵中的位置，其需要实施的主要战略可能是：投资以建立地位；通过平衡现金生成和有选择地使用现金以保持地位；放弃并退出市场。

企业通过这样的矩阵分析可以保证其资源的合理配置，企业也可以尝试按照发展中业务和已发展业务的混合，与现金产生和现金使用的内在一致性来平衡业务。

八、三四矩阵

三四矩阵是由波士顿咨询集团提出的，用于分析一个成熟市场中企业的竞争地位。

在一个稳定的竞争市场中，参与市场竞争的参与者一般分为三类：领先者、参与者、生存者。领先者一般是指市场占有率在15%以上，可以对市场变化产生重大影响的企业，如在价格、产量等方面；参与者一般是指市场占有率在5%～15%之间的企业，这些企业虽然不能对市场产生重大的影响，但是它们是市场竞争的有力参与者；生存者一般是局部细分市场的填补者，这些企业的市场份额都非常低，通常低于5%。

在有影响力的领先者之中，企业的绝对数量不会超过三个，而在这三个企业之中，最有实力的竞争者的市场份额又不会超过最小者的四倍。这个模型是由下面两个条件决定的：

（1）在任何两个竞争者之间，2比1的市场份额似乎是一个均衡点。在这个均衡点上，无论哪个竞争者要增加或减少市场份额，都显得不切实际而且得不偿失。这是一个通过观察得出的经验性结论。

（2）市场份额小于最大竞争者的1/2，就不可能有效参与竞争。这也是经验性结论，但是不难从经验曲线的关系中推断出来。

通常，上述两个条件最终导致这样的市场份额序列：每个竞争者的市场份额都是紧随其后的竞争者的1.5倍，而最小的竞争者的市场份额不会小于最大者的1/4。

"三四规则"只是从经验中得出的一种假设，它并没有经过严格的证明。但是这个规则的意义非常重要，那就是：在经验曲线的效应下，成本是市场份额的函数。倘若两个竞争者拥有几乎相同的市场份额，那么，谁能提高相对市场份额，谁就能同时取得在产量和成本两个方面的增长；与所付出的代价相比，得到的可能会更多。但是对市场竞争的领先者而言，可能得到的好处反而少了。然而在任何主要竞争者的激烈争夺中，最有可能受到伤害的都是市场中最弱小的生存者。

九、ROS/RMS 矩阵

ROS/RMS（return of sales/relative market share）矩阵也称为销售回报和相对市场份额矩阵，主要被用来分析企业的不同业务单元或产品的发展战略。该模型认为，企业某个业务单元或产品在市场上的销售额应该与其在市场上的相对份额成正比，并且该业务单元或产品的销售额越高,该业务单元或产品为企业所提供的销售回报就应该越高。

如图 4-12 所示,企业的某种业务单元或产品的销售额在从低到高不断增加,其相对市场份额和销售回报也在一个通道内从低到高不断增加。如果该业务单元或产品的销售额增加,而其对企业的销售回报或相对市场份额降低,那么企业就不应该在这个时候进入其他领域,而应该着重改善这个业务单元或产品的经营状况。

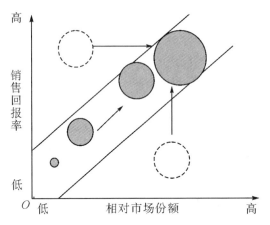

○面积表示产品销售额

图 4-12　ROS/RMS 矩阵

案例

小米生态与投资模式①

小米给大众的印象仅仅是一个卖手机等智能产品的公司。然而,小米的布局远不止于此,小米的投资并购版图已经涉及物联网的方方面面。小米是如何做到的呢?

2010 年,在移动互联网风口下,小米进入竞争白热化的手机市场。随着万物互联的趋势逐渐明朗,在 2013 年底,小米嗅到了物联网的商机,开始通过投资孵化快速布局物联网,抢占家庭物联网市场。小米的战略布局,已经由千亿美元级别的手机红海市场扩展到万亿美元级别的物联网蓝海市场。从最初的手机周边产品,比如小米移动电源、小米插线板、活塞耳机等,到后来的智能硬件和生活耗材,比如小米手环、空气净化器等,小米生态链的业务不断壮大,涉及智能硬件、智能家居等。

小米仅仅用 3 年的时间就将其物联网生态打造出了规模效应,2017 年底已接入超过 800 种智能硬件,物联网设备连接数超过 8 500 万台,日活跃设备超过 1 000 万台,已成为全球最大的智能硬件物联网平台。

小米甚至在智能汽车和房地产租赁领域都有布局。国家专利报告系统显示,小米已经完成了十几个有关智能汽车发展的发明专利申请,其中涉及定速巡航、智能

① 晨哨网. 小米投资帝国的物联网全球征途[EB/OL]. https://www.jiemian.com/article/2181485.html.

控制、驾驶辅助等多个方面。小米投资 You+小米公寓，未来可能引入小米产品，深化小米物联网布局与影响。

小米采用"投资+孵化"的模式，基于小米的平台和资源打造涵盖手机周边-智能硬件-生活耗材的物联网生态圈。小米投资生态链企业，但不控股。这样使小米能够轻体量低成本运转，同时保持创业企业的战斗力和创新性，支持专业团队做最擅长的领域。小米生态链企业形成互利共生的"兄弟联"，生态链产品协同共振，快速抢占物联网市场。

小米的物联网操作系统 MIoT 将小米生态链上的所有智能硬件产品立体化连接起来，未来通过开放接口，可让更多的物联网终端接入小米的操作系统，为下一步大数据分析和智能化打通桥梁。

2017 年，小米已投资了接近 100 家生态链创业企业，其中 30 多家已发布了产品，16 家企业年收入超过 1 亿元，3 家年收入超过 10 亿元，4 家企业估值超过 10 亿美元。2017 年，小米销售额突破 200 亿元，年复合增长率超过 100%。2017 年底，小米 IoT 平台联网设备超过 1 亿台，平均日活跃设备超过 1 000 万台，用户黏性在业界遥遥领先。小米 IoT 平台通过智能硬件产品改变了用户的生活习惯，真正提升了用户体验。

小米生态链培育出了紫米、华米、智米、纳恩博等估值超过 10 亿美元的企业，是名副其实的独角兽孵化器。其中华米科技已是全球第一大可穿戴电子产品生产厂商；紫米科技在 2013 年底推出了第一款小米移动电源，2 个月后问鼎全球第一，2015 年移动电源销售 2 000 万只。智米科技的空气净化器在 2016 年销量超过 200 万台，2017 年超过 300 万台，位于行业前三。纳恩博生产的平衡车已成为市场领导品牌。2013 年以来，纳恩博营业收入持续以每年 300% 以上的速度高速成长。2015 年 4 月 20 日，纳恩博全资收购了全球自平衡车开创者 Segway。收购后，Ninebot 不仅获得了 Segway 旗下三大产品系列近 10 款产品的所有权，还获得了行业 400 多项核心专利以及人才、生产线，还有全球经销商网络和供应商体系。同时，纳恩博还获得了来自小米、顺为资本、红杉资本以及华山资本的 8 000 万美元 A 轮融资。

值得一提的是，华米科技于 2018 年 2 月 8 日在美国纳斯达克 IPO 上市，成为小米生态链中首家实现境外上市的企业。生态链公司中润米母公司开润股份 2016 年 12 月 21 日已在 A 股市场上市。此外，青米母公司动力未来也已于 2016 年 8 月挂牌新三板市场。

物联网既是小米生态体系的连接器，更是未来小米服务中最为重要的变现渠道。2015 年、2016 年、2017 年，小米公司来自物联网的营业收入分别为 86.91 亿元、124.15 亿元、234.48 亿元，占总收入的比例分别为 13.0%、18.1%、20.5%，呈逐年递增态势。物联网生态链企业能够带给小米投资收益和渠道提成等收益。与此同时，这些物联网生态也构成了小米公司的"护城河"。

143

问题讨论

1. 产业链是如何形成的？
2. 市场空间的分类有哪些？
3. 行业各生命周期有哪些特点？
4. 五力模型有哪些内容？其分别受到哪些因素的影响？
5. 试分析退出壁垒高、社会资源难以实现产业间优化配置的原因。

本章参考文献

［1］AL RILS, JACK TROUT. Marketing Warfare ［M］. New York：McGraw-Hill, 1986：77-82.

［2］沈凤池, 刘德华. 中小企业网络创业 ［M］. 北京：北京理工大学出版社, 2016.

［3］姚小涛, 席酉民, 张静. 企业契约理论的局限性与企业边界的重新界定 ［J］. 南开管理评论, 2002 (5)：36-38.

［4］刘逸春. 完美日记、元气森林等超新星品牌崛起背后的市场共识[EB/OL]. 2021. https://mp.weixin.qq.com/s?＿＿biz＝MzIwNTY1MTU1Nw＝＝&mid＝2247488440&idx＝1&sn＝9941fb870b8979cd56b40e903a0cf869&chksm＝972cf8b2a05b71a45384a2c8f77aa11afa31869ce9e82957b776e7b0aebbf5e758632d2bebf7&mpshare＝1&scene＝23&srcid＝0124PhxAH0SiSjTOIWOcBYOL&sharer_sharetime＝1611458172644&sharer_shareid＝476205a2d0490fe856aeca5b4011862b%23rd.

［5］赫伯特・西蒙. 现代决策理论的基石 ［M］. 杨砾, 徐立, 潘龙, 译. 北京：北京经济学院出版社, 1989.

［6］PORTER M E. How competitive forces shape strategy ［M］//Readings in strategic management. London：Palgrave, 1989：133-143.

［7］柴旭东. 战略地图与大学发展战略制定：以英国利兹大学战略地图为例 ［J］. 教育发展研究, 2008 (Z1)：101-104.

［8］PORTER M E. Competitive Strategy ［M］. New York：Free Press, 1980.

［9］JOE S BAIN. Industrial Organization ［M］. New York：John Wiley & Sons, Inc., 1968：252.

［10］施蒂格勒. 产业组织与政府管制 ［M］. 潘振民, 译. 上海：上海人民出版社, 上海三联书店, 1996：69.

［11］苏东水. 产业经济学 ［M］. 北京：高等教育出版社, 2010.

［12］STIGLER G J. The Organization of Industry ［M］. Homewood：Richard D. Irwin, 1968：328.

［13］ALCHIAN A A, DEMSETZ H. The property right paradigm ［J］. The Journal of Economic History, 1973, 33 (1)：16-27.

第五章
企业组建与主体股权设计

本章知识结构导图

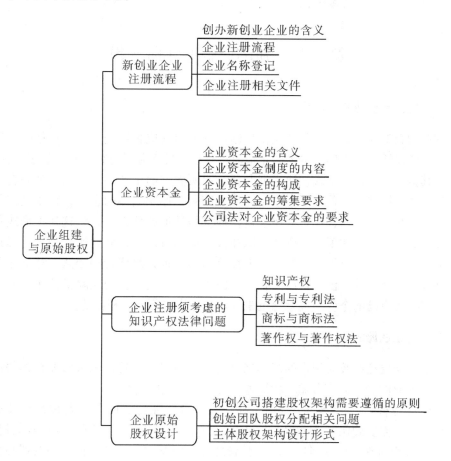

学习目标

（1）了解企业的词源解释；

（2）了解各种形式的企业；

（3）了解新创业企业的注册流程；

（4）了解企业资本金；

（5）了解企业的知识产权问题；

（6）了解企业的原始股权设计。

关键概念

注册流程；企业资本金；知识产权；股权设计

第一节　新创业企业注册流程

一、创办新创业企业的含义

创业的典型模式是创办新企业，将创意发展为高成长性企业。一旦你办理完成新企业工商注册，真正创办自己的企业时，你创业的实际运行就已经开始了。

与其他形式的创业模式相比，创办新企业所面临的工作要更多些。创办新企业要经过工商注册登记，首先要考虑企业形式问题。你所创办的企业，究竟是家什么样的企业？是独立经营，还是合伙经营，抑或是其他的什么形式？这几种形式各有什么优点和缺点？在你现有的资金情况和目标的约束之下，究竟哪一种企业形式更适合你？另外，你还要给企业取名，选择合适的地址，组建管理团队，筹集注册资金，办理税务登记等。创办自己的企业，白手起家，其面临的风险虽然相对来说大一些，但拥有自己的企业的成就感也是其他创业模式所无法相比的。

二、企业注册流程

我们一定要按照政府规定的流程来进行企业注册。当然，也可以委托相关机构协助办理企业注册。创业者需要积极地了解这些流程的内容。

（1）企业核名：选择一个合适、独特且符合行业特点的公司名称是至关重要的。核名过程需要确保所选名称不与已有企业重名，并且符合相关法律法规的规定。

（2）提交材料：根据当地市场监督管理部门的要求，准备并提交一系列必要的文件，如公司章程、股东信息、注册资本证明等。

（3）领取执照：在提交的材料经过审核无误后，市场监督管理部门将颁发营业执照，标志着公司正式成立。

（4）刻制印章：公司需要刻制公章、财务章等必要印章，以便在日常经营活动中使用。

完成公司注册后，企业便可以着手进行开业前的准备工作了。这些工作包括但不限于：

（1）银行开户：公司需要在银行开设基本账户，用于日常的资金管理和交易。

（2）税务报到：新成立的公司需要向当地税务机关报到，了解并遵守相关税收法规。

（3）申请税控和发票：为了合规经营和开具发票，公司需要申请税控设备和发票。

（4）社保开户：为了保障员工的权益，公司需要开设社保账户，为员工缴纳社保。

三、企业名称登记

企业名称需按照 2023 年 8 月 29 日国家市场监督管理总局令第 82 号公布的《企业名称登记管理规定实施办法》（2023 年 10 月 1 日起施行）执行。有关内容如下：

第二章　企业名称规范

第七条　企业名称应当使用规范汉字。

企业需将企业名称译成外文使用的，应当依据相关外文翻译原则进行翻译使用，不得违反法律法规规定。

第八条　企业名称一般应当由行政区划名称、字号、行业或者经营特点、组织形式组成，并依次排列。法律、行政法规和本办法另有规定的除外。

第九条　企业名称中的行政区划名称应当是企业所在地的县级以上地方行政区划名称。

根据商业惯例等实际需要，企业名称中的行政区划名称置于字号之后、组织形式之前的，应当加注括号。

第十条　企业名称中的字号应当具有显著性，由两个以上汉字组成，可以是字、词或者其组合。

县级以上地方行政区划名称、行业或者经营特点用语等具有其他含义，且社会公众可以明确识别，不会认为与地名、行业或者经营特点有特定联系的，可以作为字号或者字号的组成部分。

自然人投资人的姓名可以作为字号。

第十一条　企业名称中的行业或者经营特点用语应当根据企业的主营业务和国民经济行业分类标准确定。国民经济行业分类标准中没有规定的，可以参照行业习惯或者专业文献等表述。

企业为表明主营业务的具体特性，将县级以上地方行政区划名称作为企业名称中的行业或者经营特点的组成部分的，应当参照行业习惯或者有专业文献依据。

第十二条　企业应当依法在名称中标明与组织结构或者责任形式一致的组织形式用语，不得使用可能使公众误以为是其他组织形式的字样。

（一）公司应当在名称中标明"有限责任公司""有限公司"或者"股份有限公司""股份公司"字样；

（二）合伙企业应当在名称中标明"（普通合伙）""（特殊普通合伙）""（有

限合伙）"字样；

（三）个人独资企业应当在名称中标明"（个人独资）"字样。

第十三条　企业分支机构名称应当冠以其所从属企业的名称，缀以"分公司""分厂""分店"等字词，并在名称中标明该分支机构的行业和所在地行政区划名称或者地名等，其行业或者所在地行政区划名称与所从属企业一致的，可以不再标明。

第十四条　企业名称冠以"中国""中华""中央""全国""国家"等字词的，国家市场监督管理总局应当按照法律法规相关规定从严审核，提出审核意见并报国务院批准。

企业名称中间含有"中国""中华""全国""国家"等字词的，该字词应当是行业限定语。

第十五条　外商投资企业名称中含有"（中国）"字样的，其字号应当与企业的外国投资者名称或者字号翻译内容保持一致，并符合法律法规规定。

第十六条　企业名称应当符合《企业名称登记管理规定》第十一条规定，不得存在下列情形：

（一）使用与国家重大战略政策相关的文字，使公众误认为与国家出资、政府信用等有关联关系；

（二）使用"国家级""最高级""最佳"等带有误导性的文字；

（三）使用与同行业在先有一定影响的他人名称（包括简称、字号等）相同或者近似的文字；

（四）使用明示或者暗示为非营利性组织的文字；

（五）法律、行政法规和本办法禁止的其他情形。

第十七条　已经登记的企业法人控股 3 家以上企业法人的，可以在企业名称的组织形式之前使用"集团"或者"（集团）"字样。

企业集团名称应当在企业集团母公司办理变更登记时一并提出。

第十八条　企业集团名称应当与企业集团母公司名称的行政区划名称、字号、行业或者经营特点保持一致。

经企业集团母公司授权的子公司、参股公司，其名称可以冠以企业集团名称。

企业集团母公司应当将企业集团名称以及集团成员信息通过国家企业信用信息公示系统向社会公示。

第十九条　已经登记的企业法人，在 3 个以上省级行政区域内投资设立字号与本企业字号相同且经营 1 年以上的公司，或者符合法律、行政法规、国家市场监督管理总局规定的其他情形，其名称可以不含行政区划名称。

除有投资关系外，前款企业名称应当同时与企业所在地设区的市级行政区域内已经登记的或者在保留期内的同行业企业名称字号不相同。

第二十条　已经登记的跨 5 个以上国民经济行业门类综合经营的企业法人，投资设立 3 个以上与本企业字号相同且经营 1 年以上的公司，同时各公司的行业或者经营特点分别属于国民经济行业不同门类，其名称可以不含行业或者经营特点。除有投资关系外，该企业名称应当同时与企业所在地同一行政区域内已经登记的或者在保留期内的企业名称字号不相同。

前款企业名称不含行政区划名称的，除有投资关系外，还应当同时与企业所在地省级行政区域内已经登记的或者在保留期内的企业名称字号不相同。

四、企业注册相关文件

（一）公司章程

（1）公司章程，是指公司依照相关法律制定的，规定公司名称、住所、经营范围、经营管理制度等重大事项的基本文件。它是公司组织和活动的一个基本准则，是公司的宪章，具有法律效力。

（2）公司章程的基本特征是法定性、真实性、自治性和公开性。作为公司组织与行为的基本准则，公司章程对公司的成立以及日后的运营有着非常重大的意义，它既是公司成立的基础，也是公司生存和发展的灵魂。

（3）公司章程具体有以下内容：绝对必要记载事项、相对必要记载事项和任意记载事项。

（二）绝对必要记载事项

绝对必要记载事项是公司章程中必须记载、不可或缺的法定事项，缺少其中任何一项或任何一项记载不合法，整个章程即归无效。绝对必要记载事项一般都是涉及公司根本性质的重大事项，其中有些事项是各种公司都必然具有的共同性问题。这些事项通常包括公司的名称、住所、宗旨、注册资本、财产责任等。

有限责任公司的公司章程必须载明下列事项：公司经营范围；公司注册资本；公司名称和住所；公司的法定代表人；股东的出资方式和出资额、股东转让出资的条件；股东的姓名或名称；股东的权利和义务；公司的机构及其产生办法、职权、议事规则；公司的解散事由与清算办法；股东（大）会认为需要记载的其他事项。

股份有限公司的公司章程必须载明的事项包括：公司法定代表人；发起人的姓名、名称和认购的股份数；公司股份总数、每股金额和注册资本；公司名称和住所；公司经营范围；股东的权利和义务；公司利润分配办法；公司设立方式；董事会的组成、职权、任期和议事规则；公司的通知和公告办法；监事会的组成、职权、任期和议事规则；公司的解散事由与清算办法；股东大会认为需要记载的其他事项。

（三）相对必要记载事项

相对必要记载事项是法律规定列举的一些事项，由公司章程制定人也就是创业者自行决定是否予以记载。如果予以记载，则这些事项将发生法律效力，作为以后处理问题的准则。记载事项违反法律规定的，那么该事项无效。如果这些相对必要记载事项不予记载，不会影响整个公司章程的效力。之所以需要填写相对必要记载事项，就是为了约束公司与发起人、公司与认股人以及公司与其他第三人之间的关系。

相对必要记载事项包括：

（1）发起人的特别利益以及受益人的姓名；

（2）公司成立后受让的财产、价格以及转让人的姓名；

（3）发起人的报酬；

（4）公司负担的设立费等。

（四）任意记载事项

任意记载事项是指法律没有明确规定是否要记载于公司章程的事项，它可以由公司章程制定人根据公司的实际情况选择记载。只要这些事项不违反法律规定、公共秩序和道德风俗，那么章程制定人就可以根据实际需要将其载入公司章程。

任意记载事项包括：

公司的存续期限、股东（大）会表决程序、变更公司事由以及董事、经理的报酬等。

（1）如果任意记载事项没有记载，不会影响整个公司章程的法律效力；

（2）一旦记载，并且不违反相关法律，那么该事项就会发生法律效力，公司及其股东必须遵照这些记载事项执行；

（3）记载事项不允许任意变更，如果要变更，也必须遵从修改公司章程的一些特别程序。

第二节　企业资本金

一、企业资本金的含义

资本金是企业投资者创办企业时投入的资金，是企业得以设立的基础和进行生产经营活动的必要前提条件。

设立企业必须有法定的资本金。资本金是指企业在市场监督管理部门登记的注册资金，是投资者为进行企业生产经营、承担民事责任而投入的资金。资本金在不同类型的企业中的表现形式有所不同，股份有限公司的资本金被称为股本，股份有限公司以外的一般企业的资本金被称为实收资本。

从性质上来看，资本金是投资者创建企业所投入的资本，是原始启动资金；从功能上来看，资本金是投资者为享有权益和承担责任而投入的资金，有限责任公司和股份有限公司以其资本金为限对所负债务承担有限责任；从法律地位来看，资本金要在市场监督管理部门办理注册登记，投资者只能按所投入的资本金而不是所投入的实际资本数额享有权益和承担责任，已注册的资本金如果要追加或减少，必须办理变更登记；从时效来看，除了企业清算、减资、转让、回购股权等特殊情形外，投资者不得随意从企业收回资本金，企业可以无限期地占用投资者的出资。

二、企业资本金制度的内容

资本金制度主要涉及下列内容：

（1）法定资本金的数量要求。所谓法定资本金，是指国家规定的开办企业必须筹集的最低资本金数额，或者说在企业设立时必须具备的最低限额的本钱，否则企业不得批准成立。

（2）资本金筹资方式。根据国家法律、法规的规定，企业可以采用各种方式吸收各种资本金。企业筹集资本金既可以吸收货币资金投资，也可以吸收实物、无形资产投资，但吸收的实物和无形资产，应按照合法评估程序确认或者合同、协议约定的金额计价。

（3）无形资产出资限额。世界上大多数国家都允许用无形资产对企业投资，但同时也都对无形资产投资的比例做出了限定。

（4）资本金的筹资期限。企业资本金可以一次或者分期筹集，企业应当按照法律、法规和合同、章程的规定，及时筹集资本金。关于资本金筹集期限的规定，一般有三种类型：一是实收资本制。即企业成立时需确定资本金总额，一次筹足，实收资本与注册资本数额一致，否则企业不得成立。二是授权资本制。即企业成立时，虽然也要确定资本金总额，但是否一次筹足与企业是否成立无关，只要筹集到第一期资本，企业即可成立，其余部分由董事会在公司成立后进行筹集。这样，企业成立时的实收资本与注册资本数额有可能不一致。三是折中资本制。即企业成立时确定资本金总额，不一定一次筹足，但规定了首期出资的数额或比例及最后一期缴清资本的期限。

（5）验资及出资证明。验资是指对投资者所投资产进行法律上的确认，包括对现金与非现金资产的价值和时间确认进行验证等内容。在验资过程结束后，委托的会计师事务所等中介机构及注册会计师应向企业出具验资报告，企业据此向投资者出具出资证明。

（6）投资者违约及责任。投资者由于各种原因，违反企业章程、协议或者合同的有关规定，没有及时足额地出资，从而影响企业的成立，这种行为在法律上被视为出资违约。对于出资违约的出资者，企业和其他投资者可以依法追究其责任，政府部门还应根据国家有关法律、法规，对违约者进行处罚。

三、企业资本金的构成

资本金按照投资主体可分为国家资本金、法人资本金、个人资本金及外商资本金。

（1）国家资本金指有权代表国家投资的政府部门或者机构以国有资产投入企业所形成的资本金。

（2）法人资本金指其他法人单位以其依法可以支配的资产投入企业所形成的资本金。

（3）个人资本金指社会公众（自然人）以个人合法财产投入企业所形成的资本金。

（4）外商资本金指外国投资者以及我国香港、澳门和台湾地区投资者向企业投资所形成的资本金。

四、企业资本金的筹集要求

（1）公司可以通过吸收现金投资、实物资产、无形资产等形式的投资或通过发行债券或股票的方式来筹集资本金。

（2）公司应当按照国家有关法律、法规以及合同、章程的规定，确定一次筹集还是分期筹集资本金。

一次性筹集资本金的，应从营业执照签发之日起6个月内筹足。

分期筹集资本金的，最后一期出资应当在营业执照签发之日起3年内缴清。其中第一次筹集的投资者出资不得低于总筹资额的15%，并且应当在营业执照签发之日起3个月内缴清。

（3）关于无形资产投资的限额。世界上大多数国家都允许用无形资产对企业投资，但同时也都对无形资产投资的比例做出了限定。

（4）企业筹集的资本金，必须聘请注册会计师验资并出具验资报告，企业据此发给投资者出资证明书。

（5）投资者如未按合同、协议和公司章程的约定按时、足额出资，即为投资者违约，应承担违约责任。

五、公司法对企业资本金的要求

（一）资本金的最低限额

有关法规制度规定了各类企业资本金的最低限额。注册新公司时，注册资本的最低限额是多少要看注册的公司是什么类型的。新《公司法》第二十六条规定：有限责任公司注册资本的最低限额为人民币3万元。新《公司法》第五十九条至第六十四条规定：一人有限责任公司注册资本最低限额为10万元，且股东应当一次缴足出资。新《公司法》第八十一条规定：股份有限公司注册资本的最低限额为500万元。

如果需要高于这些最低限额的，可以由法律、行政法规另行规定。比如，《中华人民共和国注册会计师法》和《资产评估机构审批和监督管理办法》均规定，设立公司制的会计师事务所或资产评估机构，注册资本应当不少于人民币30万元；《中华人民共和国保险法》规定，采取股份有限公司形式设立的保险公司，其注册资本的最低限额为人民币2亿元。《中华人民共和国证券法》规定，可以采取股份有限公司形式设立证券公司，在证券公司中属于经纪类的，最低注册资本为人民币5 000万元；属于综合类的，最低注册资本为人民币5亿元。

（二）资本金的出资方式

根据我国公司法等法律法规的规定，投资者可以采取货币资产和非货币资产两种形式出资。全体投资者的货币出资金额不得低于公司注册资本的30%；投资者可以用实物、知识产权、土地使用权等可以依法转让的非货币资产作价出资；法律、行政法规规定不得作为出资的资产除外。

（三）资本金的缴纳期限

资本金的缴纳期限，通常有三种规定：一是实收资本制，在企业成立时一次筹足资本金总额，实收资本与注册资本数额一致，否则企业不能成立；二是授权资本制，在企业成立时不一定一次筹足资本金总额，只要筹集到了第一期资本，企业即可成立，其余部分由董事会在企业成立后再筹集，这样，企业成立时的实收资本与注册资本有可能不一致；三是折中资本制，在企业成立时不一定一次筹足资本金总额，类似于授权资本制，但规定了首期出资的数额或比例及最后一期缴清资本的期限。

我国公司法规定，资本金的缴纳采用折中资本制，资本金可以分期缴纳，但首次出资额不得低于法定注册资本最低限额。股份有限公司和有限责任公司的股东首次出资额不得低于注册资本总额的20%，其余部分由股东自公司成立之日起2年内缴足，投资公司可以在5年内缴足。而对于一人有限责任公司，股东应当一次足额缴纳公司章程规定的注册资本额。

（四）资本金的评估

以实物、无形资产等非货币资产筹集资本金的，应按照合法评估机构确认的金额或者按合同、协议约定的金额计价。其中，为了避免虚假出资或通过出资转移资产，导致国有资产流失，国有及国有控股企业以非货币资产出资或者接受其他企业的非货币资产出资，需要委托有资格的资产评估机构进行资产评估，并以资产评估机构评估确认的资产价值作为投资作价的基础。经国务院、省政府批准实施的重大经济事项涉及的资产评估项目，分别由本级政府国有资产监管部门或者财政部门负责核准，其余资产评估项目一律实施备案制度。严格来说，其他企业的资本金评估，并不一定要求必须聘请专业评估机构评估，相关当事人或者聘请的第三方专业中介机构评估后认可的价格也可成为作价依据。不过，聘请第三方专业中介机构来评估相关的非货币资产，能够更好地保证评估作价的真实性和准确性，有效地保护公司及其债权人的利益。

专栏

注册资本的会计处理

注册资本，是指合营企业在登记管理机构登记的资本总额，是合营各方已经缴纳的或合营者承诺一定要缴纳的出资额的总和。

在会计上，投资人的投资估值溢价需要计入"资本公积"科目。

假设公司注册资本80万元，天使投资人以1 000万元的估值占比20%增资200万元，公司注册资本调整为多少？这200万元有多少计入"实收资本"，有多少计入"资本公积"？

假设天使投资人需要计入"实收资本"的金额为X，则 $X/(80+X)=20\%$，经计算得 $X=20$。答案就是：注册资本调整为 $80+20=100$ 万元，天使投资人的20万元投资计入"实收资本"，180万元计入"资本公积"。

第三节　企业注册须考虑的知识产权法律问题

一、知识产权

知识产权（intellectual property professional）是指人们对于自己的智力活动创造的成果和经营管理活动中的标记、信誉依法享有的权利。

二、专利与专利法

（一）专利

专利权（patent right），简称"专利"，是发明创造人或其权利受让人对特定的发明创造在一定期限内依法享有的独占实施权，是知识产权的一种。我国于 1984 年公布专利法，1985 年公布该法的实施细则，对有关事项做了具体规定。

专利权是指专利权人在法律规定的范围内具有的独占使用、收益、处分其发明创造，并排除他人干涉的权利。专利权具有时间性、地域性及排他性。此外，专利权还具有如下法律特征：①专利权是两权一体的权利，既有人身权，又有财产权。②专利权的取得须经专利局授予。③专利权的发生以公开发明成果为前提。④专利权具有利用性，专利权人如不实施或不许可他人实施其专利，有关部门将采取强制许可措施，使专利得到充分利用。

（二）专利法

制定专利法的目的是保护专利权人的合法权益，鼓励发明创造，推动发明创造的应用，提高创新能力，促进科学技术进步和经济社会发展。

专利分为多种情况。发明创造是指发明、实用新型和外观设计。发明是指对产品、方法或者其改进所提出的新的技术方案。实用新型，是指对产品的形状、构造或者其结合所提出的适于实用的新的技术方案。外观设计，是指对产品的整体或者局部的形状、图案或者其结合以及色彩与形状、图案的结合所做出的富有美感并适于工业应用的新设计。

1984 年 3 月 12 日，六届全国人民代表大会常务委员会第四次会议通过《中华人民共和国专利法》；

1992 年 9 月 4 日，七届全国人民代表大会常务委员会第二十七次会议通过《关于修改〈中华人民共和国专利法〉的决定》；

2000 年 8 月 25 日，九届全国人民代表大会常务委员会第十七次会议通过《关于修改〈中华人民共和国专利法〉的决定》；

2008 年 12 月 27 日，十一届全国人民代表大会常务委员会第六次会议通过《关于修改〈中华人民共和国专利法〉的决定》；

2020 年 10 月 17 日，十三届全国人民代表大会常务委员会第二十二次会议通过《关于修改〈中华人民共和国专利法〉的决定》。

三、商标与商标法

（一）商标

商标（trade mark）是一个专门的法律术语。品牌或品牌的一部分在政府有关部门依法注册后，称为"商标"。商标受法律的保护，注册者有专用权。国际市场上著名的商标，往往在许多国家注册。中国有"注册商标"与"未注册商标"之区别。注册商标是在政府有关部门注册后受法律保护的商标，未注册商标则不受法律的保护。

商标是用来区别一个经营者的品牌或服务和其他经营者的商品或服务的标记。我国商标法规定，经商标局核准注册的商标，包括商品商标、服务商标和集体商标、证明商标，商标注册人享有商标专用权，受法律保护，如果是驰名商标，将会获得跨类别的商标专用权法律保护。

商标一般由文字、图形、字母、数字、三维标志、颜色和声音等组合而成。

（二）商标法

1982 年 8 月 23 日，五届全国人民代表大会常务委员会第二十四次会议通过《中华人民共和国商标法》；1993 年 2 月第一次修正；2001 年 10 月第二次修正；2013 年 8 月第三次修正；2019 年 4 月第四次修正。国务院国家市场监督管理总局商标局主管全国商标注册和管理工作。

四、著作权与著作权法

（一）著作权

著作权过去被称为版权。版权最初的含义是 copyright（版权），也就是复制权。此乃因过去印刷术不普及，当时社会认为随附于著作物上最重要之权利莫过于将著作物印刷出版之权，故有此称呼。

著作权主要包括人身权和财产权。人身权包括发表权、署名权、修改权、保护作品完整权。

财产权主要包括复制权、发行权、出租权、展览权、表演权、放映权、广播权、信息网络传播权、摄制权、改编权、翻译权、汇编权等。

（二）著作权法

制定著作权法的目的是保护文学、艺术和科学作品作者的著作权，以及与著作权有关的权益，鼓励有益于社会主义精神文明、物质文明建设的作品的创作和传播，促进社会主义文化和科学事业的发展与繁荣。著作权法所称的作品，是指文学、艺术和科学领域内具有独创性并能以一定形式表现的智力成果，包括：①文字作品；②口述作品；③音乐、戏剧、曲艺、舞蹈、杂技艺术作品；④美术、建筑作品；⑤摄影作品；⑥视听作品；⑦工程设计图、产品设计图、地图、示意图等图形作品和模型作品；⑧计算机软件；⑨符合作品特征的其他智力成果。

《中华人民共和国著作权法》是由全国人民代表大会常务委员会批准的中国国家法律文件。该法在 1990 年 9 月通过；2001 年 10 月第一次修正；2010 年 2 月第二次修正；2020 年 11 月第三次修正。

155

第四节 企业原始股权设计

一、初创公司搭建股权架构需要遵循的原则①

创业公司股权架构的重要性不言而喻，创业公司的股权架构搭建要遵循四个原则：

(一) 核心创始人

核心创始人要拥有足够控制公司的股权；如果这个人股份不多，那么就需要借助足够多的控制工具，比如其他形式的有限合伙平台，或者是"小股占大"的表决权。创业公司如果没有核心创始人的话，这个公司走不远。

有一个核心创始人是创业公司成功的关键。

那么核心创始人要具备什么样的素质和条件？核心创始人的核心能力在哪？对创业公司核心竞争力如何把握？

核心创始人自身要有足够的人格魅力，对团队要有足够的掌控力，对自己做核心创始人这件事情要有足够的把握能力，你才能做好一个创始人。

(二) 预留股权

预留一部分（比如说20%）股权给两类人。

一类是将来的核心员工。任何一个创业公司都需要大量人才，有人才但是你发不起工资，或者说你发得起工资人家也不想留，这个时候股权就是最好的吸引和留住人才的工具，所以这部分股权要留下来用作股权激励。

另一类是将来引进的投资人。做创业公司靠自己的实力积累慢慢地去发展很难，那怎么办？就需要引进投资人，引进投资人需要给予股权。

所以，现在做创业公司的时候一定要预留一部分股权。如果不预留的话，公司股东把股权全部分掉以后，需要股份的时候从哪里来？要么是大股东转让，要么增资。大股东转让，自己的股份就少了，控制权也就被削弱了；增资的话，所有人的股份都会被稀释，本来你的股权是10%，一增资就变成8%了，股东心里会不舒服，可能又会有矛盾。另外，增资和转让手续比较麻烦，而预留的股权由核心创始人代持，需要用的时候进行大股东转让，手续比较简单。

(三) 利益结构设计

股权不等于分红权，股权和分红权可以画等号，也可以不画等号。拥有股权可以享受表决权、控制权，但分红权可以让渡。有人要股份你不能给太多，但是分红权你可以在一定时期内多给他一点，公司发展好了以后，约定好他得到他应有的回报以后再收回来。

另外，做创业公司的时候会有人提供资源，而且在创业的时候没有这个资源真

---

① 徐怀玉. 创业公司股权架构搭建原则［EB/OL］. https://zhuanlan.zhihu.com/p/24388547？from_voters_page=true.

的做不了。比如你做移动医疗，你现在没有这方面的人才或者没有医院这方面的人脉关系，或者做物流公司没有政府对接的品牌，那怎么办？有人有，他可以出资源。资源可以换算成钱，但不建议给资源方股权。

如果资源方一定要股权，我们可以少给一点，给完以后再通过分红权的设置或者优先转让权加以控制。要知道，如果创业成功的话，这些股权是很值钱的，跟他现在提供给你的这些资源远远画不上等号。

通过合理的利益结构的安排，能够协调创始合伙人或者其他合伙人之间的股权分配问题。

（四）利益冲突解决机制

什么叫利益冲突解决机制？下面通过例子介绍几种。

第一种：公司股权架构不合理，没有一个超过 50% 的股东，这个时候，如果各个股东意见不一致的话，公司的股东（大）会、董事会可能长期无法形成有效决议，导致公司生产经营困难。根据《中华人民共和国公司法》第一百七十二条的规定，拥有 10% 以上股权的股东可以向法院申请公司解散。

再有一个，如果公司长期不能形成有效决议怎么办？可以竞价收购。你有 30% 股权，我也有 30% 股权，我们公司现在弄僵局了，那么我们可以坐下来，把股权摆出来卖，价高者得。通过事先安排这种利益冲突解决机制，把有可能引起公司未来发展重大矛盾的事件扼杀掉。

还有很多种方法，如调解机制、仲裁机制还有审判机制等，比较复杂，但是一定要事先考虑到。如果你的股权架构不能够做到控制公司的话，一定要考虑到有可能会出现哪些情况。

第二种：股权退出机制。比如说 3 个人、5 个人一起创业，大家的股权也分好了，突然有一个人要退出，那么怎么办？那么我们可以在公司章程中规定股权绑定的形式。

比如说我们给一个合伙人 15% 的股权，那么在要求你在公司全职工作满 3 年，你每工作满 1 年可以拿走 5% 的股权，要是工作满 1 年以后走了，你只享受公司 5% 的股权，要是满 2 年，你享有的股权就是 10%，干满 3 年再走，15% 的股权都是你的。当然我们还可以再约定，我们这个创业是一辈子的，不是 3 年、5 年的，那在我绑定股权的同时，你要离开公司，不在公司全职工作，你的股权就要以约定好的价格被其他股东回购或者由公司回购。

所以建议创始人在引进创业合伙人的时候，一定要有这样的一个预防条款。否则工商登记完后，人走了，但是在公司里面他永远是有股权的。而你们公司要是做什么事情，走的人不来参与决议还得走程序。比如说我们 3 个股东开会，一起坐下来盖个章签个字就行了，但是有一个股东不来，你还必须走正式的程序，发一个书面的函件通知他，15 天之内，什么时间、什么地点、什么议题、到哪儿开会，你发了这个信之后还必须要有回执，没有回执证明不了，到哪里人家都不认，会很麻烦。

还有更极端的例子，人走了股还在，不但在还要给你添乱。比如跑到你的竞争对手那里去工作，拿着你的股权，分着你的红，开着你的会，给竞争对手干活。或者离开以后，把你的客户、你的资源全带走，出去自己开一家公司跟你竞争。

在股权架构搭建的时候你也要约定：

第一，我们所有的创始人都在这个公司里面做事，你要离开的话，几年之内不能做这个事；

第二，你要做了这个事，你的股权就要被公司收回来。

其实这些事情每天都在发生。比如有一个卖功能糖的，它的一个营销总监和一个渠道经理跑出来卖同样的东西。首先他们不受股权的限制，保密协议签了，销售渠道、客户名单算不算商业秘密呢？应该也算，但是举证太难了。总而言之，搭建股权架构的时候一定要考虑清楚这些问题，股权绑定是一个有效的方法。你在我公司跟我合伙，你干多长时间我给你多少股份，你离开以后股权怎么收回来，还是说给你多少留多少，一定要事先讲好。

两个朋友创业，设定 A 负责内部技术和运营，且 A 为发起人、创始人。B 负责推广、培训和营销，且 B 为联合创始人。假设初期约定资金各投入 10 万元。根据以上职责划分，如何合理分配股份？

第一种情况，不考虑工作分红和贡献。

公司还没有成立，建议用出资的比例分配股权，但两位投资都为 10 万元，股权比例是 50∶50。这种分配极其不好，会导致大家说话都不算话。建议其中一人多投资一些，保持手中股份有 67% 以上较好。

若没有多余的资金，建议用干股的方式进行处理，保持两位的分红权为 50∶50，但控制权比例为 70∶30 即可。

第二种情况，考虑工作内容和创始人。

方案 1：在这种情况下，可以适当溢价。如何溢价呢，A 先去成立公司，注册资金多少无所谓，假设投资 10 万元。然后 B 再加入。在 B 加入的时候，公司适当溢价，如溢价为 15 万元，那这个时候 B 投资 10 万元，占比为 10/（15＋10）＝40%，A 的 100% 的股权就被稀释到 60% 了。那么该如何溢价呢？一般是根据谈判而定的。

方案 2：对 B 做股权激励方案。

人员流动是一个问题，如果直接将 40% 的股份给了 B，万一 B 离职了但又不愿意放弃手中股份，那 A 就吃大亏了。

以后如果考虑风险投资的话，6∶4 的股权方案也不够好，因此可以用干股或虚拟股份的方式激励 B，给够钱，但不给注册股份激励。

在有绩效考核的情况下，可以按年给予 B 注册股份激励：

第一年加入给 1%；

第二年业绩达标给 2%；

第三年业绩不达标不给；

第四年业绩达标给 3%；

第五年业绩也达标，以上 6% 的股份直接转换为注册股份，公司免费赠予。

至于其他的对 B 进行股权激励的具体方式有很多，如虚拟股份转业绩股份、虚拟股份转注册股份、业绩股份转限制性股份和虚拟股份转期股等。

二、创始团队股权分配相关问题①

说明：正文中 Q 代表"提问"，A 代表"回答"。

Q1：创始团队股权如何分配才合理？初始预留多少期权给员工合适？

A1：对这个问题的回答有两点。第一点，正常情况下创始人需要保留控股权，如 51%~67%，股权不宜平分或者分配相对分散。不能平分原则，还有 1 大于 N 原则，早期不能过于分散。如果创始人出资有压力，或者实在不能拿到大多数的股份，至少应当保留否决权，也就是不能小于 34%，同时可以做表决权委托，但可能少分钱。第二点就是一般情况下在 7%~15% 之间。这个是期权池的一个预留比例。在第一轮期权池不要做太大，至少分为两次去释放。

如果原始团队的结构不是很优秀，后面涉及引进非常厉害的高管的话，这个时候你可以把期权池比例扩大到 20%~25%，再多的话可能就比较危险，对你前期股权的分散是不利的。

Q2：创始期的核心员工该如何进行股权分配？

A2：股东一般分为三类：财务型股东、资源型股东和经营班子股东。不同情况下股权的划分比例不同，因为它们的价值不一样。我们要针对我们的合伙人做磨合期设置，根据岗位的权重系数，按照基本的股份划分比例原则进行股权分配。

Q3：创业公司的股权如何给予引进的核心员工？期权池的比例、股权行权价格和时间如何确定？

A3：第一个是要按期给予。

第二个，一般的比例是 7%~15%，这是第一轮期权池的一个比例。

第三个，一般分为三到五年的行权期。

行权价格一般实行弹性业绩指标正向激励。什么是弹性业绩呢？就是我们一定要根据他这个部门的责任去设计行权价格。业绩逐年的增长率要根据咱们公司业绩的一个增长指标、增长比例来定，要做正向的激励。

举个例子，比如你的一个高管、你的一个市场合伙人到你的公司里面任职，约定行权期为三年。第一年约定 300 万元的业绩，第二年约定 400 万元的业绩，第三年约定 600 万元的业绩。第一年他完成了 300 万元的业绩，假如说你答应给他 3% 的股份，第一年你要给他做 1% 的一个行权。如果说他在第二年的时候完成了全年度的 600 万元，甚至是 800 万元的业绩，这个时候你要做弹性激励、弹性行权，一定要做正向激励，你要让你的员工感觉他做得越多拿得越多。而不是做刚性设计，指标划定一个不变数。

Q4：对创始员工是给股权还是期权呢？希望能够稳定团队。员工能力一般，但还算忠诚。

A4：在招募合伙人的时候，忠诚是一个考核条件，但是能力也很重要。要根据

---

① 以太创服. 如何用股权招募合伙人（Q&A）[EB/OL]. https://zhuanlan.zhihu.com/p/34659141.

你的部门权重划分去给你的员工做比例分配。这个时候相应的岗位要求什么样相应能力的人才，做了分析之后，再确定直接给他股权还是期权。一般期权针对的是高管，你的高管是比较容易跳槽或者离职的，这种时候一定要规定行权期限，也就是说他要有一定的工作年限，同时要完成他的绩效考核。

Q5：给予员工或者合伙人股权或者期权的区别在哪里？份额多少合适？

A5：股权和期权的区别就在于股权是实际的，股东是直接给你变更的，是实股，你是法定意义上的股东。期权的话，你不是法定意义上的股东，你有一个类似于限制型股权、限制型股票，你需要具备一定条件才能拿到正式股权。

份额给多少合适呢？要根据你公司的主营业务定位，得出你的公司组织架构；组织架构出来之后，定出你的部门岗位；按照你的部门岗位，根据你的主营业务来划分你的权重系数。也就是说，在你公司里面，什么样的岗位是更重要的，那么相应的股份就会多一些。就是说，股份的份额是按照你岗位的权重系数来做划分的。但是股权分配有三个原则：不能均分原则、不能单一股东大于等于34%原则，还有一个原则是1大于N原则，也就是说创始人是老大，创始人必须拥有绝对控股权。

Q6：股权如何分配？

A6：第一，看出资。如果大家都有钱，那就几个人合伙出资，比如公司注册资本100万元，我出60万元，你出40万元。这是最简单最直接的方式，但已经很少有人这样做了。

第二，创始人要有比较大的股权。创始人一定是牺牲最大的，他的股权在早期也一定是最大的控制权。

第三，合伙人在公司角色的重要性。一定要知道在这个公司的发展中（尤其是后期）最重要的人是谁，这个人的股权一定会相对多一点。比如你的公司是以产品为导向的，重点在产品上，那么产品合伙人一定要比技术合伙人占股比例大。或者你的公司是以技术为特点的，那么技术合伙人的占股比例就要大一些。也有做O2O、做电商的，可能更重要的是运营，那么运营合伙人的股权就应该最大。

第四，要有一个明显的股权架构梯次。最好的方式就是刚才提到的，创始人持股51%以上甚至是2/3，联合创始人持股在20%～30%，再预留10%～15%的期权池。这是相对合理的分配方法，有区间梯次。创始人肯定是老大，联合创始人有一定的话语权，期权池留给员工做激励。

第五，预留合伙人期权池。就像"真功夫"这个案例，潘宇海是创始人，但后期把它实际做大的是蔡达标。潘宇海只是在前期搭了个台子而已，后期蔡达标的功劳越来越大。这时怎么办？不能说一开始蔡达标拿到多少股份，后面就永远只是这么多。如果有合理的期权池，就可以很好地解决这个问题。

Q7：企业在不同发展阶段应有哪些激励？

A7：在创业初期，企业往往还没有利润，无法分红，这时员工更看重远期收益，采取实际股权激励更好。

在企业成长期，要根据企业的不同特点灵活选择上述三种工具，比如对于核心高管给予实际股权，对于中层则可以考虑虚拟股权及期权。

企业的成熟期一般处于上市阶段，公司近期收益可观，也可以考虑予以实际股权激励。

到了高成长之后的衰退期，股权已经没有吸引力了，应该以现金激励为主。

非股权激励的方式同样能达到很好的激励效果，比如奖励基金的设定。

三、主体股权架构设计形式①

主体股权架构模型一般有六种，如图5-1所示。下面我们分别展开了解这六种基本架构的内容。

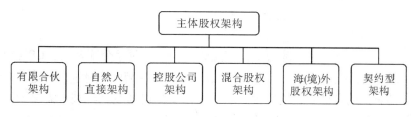

图 5-1 主体股权架构模型

（一）有限合伙架构

1. 概念

有限合伙架构，是指股东不直接持有主体公司的股权，而是通过有限合伙企业间接持有公司的股权。具体如图5-2所示。

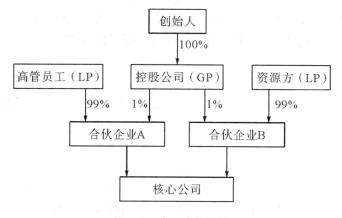

图 5-2 有限合伙架构

2. 两个角色

普通合伙人（general partner），简称"GP"，对合伙企业债务承担无限连带责任；有限合伙人（limited partner），简称"LP"，对合伙企业债务承担有限责任。

在有限合伙企业中，股东不直接持股拟设立的主体公司，而是先由股东搭建有限合伙企业作为持股平台，再由持股平台间接持有。

① 吉美财讯. 公司股权 | 公司股权架构设计的 6 种主体架构，值得参考！［EB/OL］. https://view.inews. qq.com/k/20230526A08XLP00? no-redirect＝1&web_channel＝wap&openApp＝false.

3. 三个环节

（1）股东搭建有限合伙平台，作为持股平台，指定合伙人员分别担任 GP、LP。

（2）GP 往往以一人有限公司的形式呈现，因此有成立一人有限公司的环节。

原因：

①风险隔离。按合伙企业法的规定，普通合伙人要对合伙企业的债务承担无限连带责任，一人有限公司好似一道防火墙，隔离了连带责任。

②调整灵活。一人有限公司做 GP，不影响个体继续做 LP；GP 需更换时，通过一人有限公司进行股东更换即可。

（3）持股平台（有限合伙企业）持股主体公司。

4. 四个税务要点

（1）退出税率不确定。税收立法正逐渐完善，在收益分配环节，GP 和 LP 目前适用财产转让所得税 20% 或生产经营个人所得税 5%～35% 的规定，界定较为模糊。

（2）持有期的分红收益需纳税。取得所投资公司的股息红利，需要缴纳的是个人所得税；其中投资公司给持股平台分红，这个过程是免征企业所得税的（符合条件的居民企业之间的股息、红利等权益性投资收益，免征企业所得税）。

（3）无法享受个人税收优惠。个人持有新三板公司或者是上市公司的股票，其取得的股息红利可以根据持股期限享受优惠税率（通常是 1 年以上免收），但是如果通过有限合伙企业持有，则无法享受优惠待遇（或需和主管部门沟通）。

（4）在部分税收优惠（如提供核定征收、税收返还）的地方，可以享有相应的优惠，但在执行中存在风险。在选择注册地的时候，应充分了解税收福利与现有法规之间是否冲突，同时应明确税收洼地并不适合做长期规划。

5. 三个适用场景

（1）钱权分离的股东队伍。在一些资金密集型的行业，VC/PE 在企业发展中起到了至关重要的作用，随着企业的发展，股权比例可能日益增加，创始团队的持股比例下降，影响控制权。如果投资人追求的是财务回报，并不想干预公司的日常运营，则投资人可以通过有限合伙企业间接持股，创始人自己则作为有限合伙企业的普通合伙人。

（2）期待短期套现的投资人。如果投资人投资后，有短期内套现的计划，选择在税收洼地注册合伙企业，合伙人可能享受核定征收或者财政返还的地方优待。

（3）员工股权激励。股权激励的对象较多时，以合伙企业作为员工持股平台，方便对股权进行管理，还有利于大股东获得更多的控制权。

（二）自然人直接架构

这种架构很好理解，就是自然人股东直接持股核心公司股权，如图 5-3 所示。

图 5-3　自然人直接架构模型

这种公司架构有什么利弊呢?

1. 优点

(1) 套现个税可预期。根据税法的规定,个人转让限售股,以每次限售股转让收入减除股票原值和合理税费后的余额为应纳税所得额,即应纳税额=〔限售股转让收入-(限售股原值+合理税费)〕×20%。如果通过有限合伙企业套现,税率可能是20%,也可能是35%;通过有限公司套现,全部税负可达40%。在不同股权架构下自然人股东套现个税率如表5-1所示。

表5-1　在不同股权架构下自然人股东套现个税率

持股主体	转让非上市公司股权	转让限售股	转让非限售股
自然人直接持股	征税,税率20%	征税,税率20%	免税
合伙企业持股	征税,税率20%或35%	征税,税率20%或35%	征税,税率20%或35%
有限公司持股	征税,税负40%	征税,税负40%	征税,税负40%

(2) 套现免征增值税。自然人通过有限合伙企业、有限公司套现均需缴纳增值税。不同持股模式下自然人股东套现增值税税率如表5-2所示。

表5-2　不同持股模式下自然人股东套现增值税税率

持股主体	转让非上市公司股权	转让限售股	转让非限售股
自然人直接持股	不征	免税	免税
合伙企业持股	不征	征税	征税
有限公司持股	不征	征税	征税

(3) 上市后套现可选择纳税地点。根据税法的规定,自然人转让上市公司限售股权,纳税地点为个人股东资金账户开户的证券机构所在地。也就是说,可以比较全国各地方政府对股票交易个税的财政返还力度,决定资金账户开户地,进而决定其纳税地。也就是我们前面所说的税收洼地的财务返还。

2. 缺点

(1) 不利于控制权集中。

(2) 缺乏利用股权杠杆的空间。比如我们前面章节所说的"金字塔架构",以小博大的杠杆效应。

(3) 对于长期持股的股东来说税负较高。自然人股东取得分红再用于投资,也需要缴纳个人所得税,包括转增资本。

3. 自然人直接架构的适用情形

(1) 规划上市后售股套现的财务投资人,可以通过证券交易账户操作,进而降低税负。

(2) 创业期的创始人股东。创业期不稳定因素较多,股权结构不宜设计得过于复杂，便于后期进行调整。

（三）持股公司间接架构

持股公司间接架构，如图5-4所示。

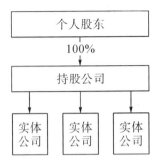

图5-4　持股公司间接架构

公司型持股平台，可以是有限责任公司，也可以是股份有限公司，即在设立核心公司前，自然人股东先投资设立一家持股公司，再由持股公司投资设立核心公司即持股公司间接架构。

新设立的持股平台，在注册资本方面并无最低额度限制，因此，对于员工来说，成立新公司实现间接持股，其成本是非常低的。

然而，公司型员工持股平台需要缴纳高额税费。税费主要来自两个方面：其一，持股平台需要缴纳25%的企业所得税，才能分配原公司的利润；其二，员工需要缴纳20%的个人所得税，才能从持股平台获取相应的利润。

在实践中，持股投资人大多考虑设立投资性持股平台，以做合理税收筹划。

持股公司间接架构的优势：

（1）持股公司收到的股息红利免税，资金可用于再投资成立新的公司。

（2）分红转增资本时可以享受免税待遇。

如果直接投资运营公司：经营所得先交25%的企业所得税，如实现利润100万元，企业所得100×25%＝25万元，税后75万元假设全部分给自然人股东，需再交个人所得税75×20%＝15万元。综合税负（25+15）÷100%＝40%。

（3）实体公司注销时，投资损失可以抵税。很多企业在创业初期都选择自然人直接架构，当商业模式成熟，开始盈利的时候，就会把自然人直接架构调整成持股公司间接架构。

（4）将股东分门别类地放在不同的合伙公司里，不仅方便管理，还便于约定不同的进入和退出机制。假如E公司赚钱了，分红至D公司享受免税，那么如果A、B、C三个人对未来的投资方向一致，即可以共同投资；但是如果这三个股东对未来的投资方向不一致，很可能导致一个结果：将D公司的钱再分别分红给股东个人，由个人再去分别投资各个领域，那么A、B、C三个人都要缴纳20%的个人所得税。如果不想交20%的个税，这个股权架构应该如何搭建呢？

如果当初成立公司时，A、B、C每个人都分别成立一家持股公司，E公司赚钱了可以分红到每个人的持股公司，享受免税待遇。如果三个股东想法一致就共同投资，如果不一致则可以用自己的持股公司独立投资。

持股公司间接架构的劣势：

（1）资金转移成本高：股东分红交个税，股东借款（年底未还）计入分红。

（2）管理风险大，财产混同、责任混同，容易出现有限责任无限化。

（3）有限合伙持股平台有利于企业家控制企业，但相对于个人股东来说，并无太多的实惠。

（四）控股公司架构

典型的控股公司架构如图 5-5 所示。

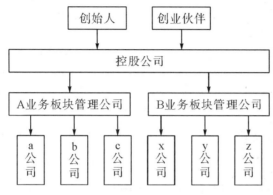

图 5-5　控股公司架构

不同的业务板块，涉及的行业税收征管方式是不一样的，特别是在战略规划里有 IPO 计划的公司，因为证监会不怎么喜欢混合型业务的公司。那么控股型公司有什么优缺点呢？

1. 优点

股权杠杆，以小博大；集中股权，提升控制力；有纳税筹划效应；便于债权融资；有助于人事安排；控股公司单独上市，方便上市后的资本运作等。

2. 缺点

股东最终退出时税负太高。控股公司是自然人→持股公司→核心公司的架构，持股公司需要缴纳企业所得税和个人所得税两道税负，所以并不适合未来有明确套现意图的财务投资人。它也缺乏灵活性，不适合作为员工持股平台。对于需要更加灵活的退出机制的员工持股平台而言，有限合伙公司更适合。

3. 控股公司架构的适用情形

（1）规划长期持股的实业家。

（2）有多个业务板块的多元化企业集团。

（3）作为大股东的家族持股平台。

（4）已进入成熟期，但没有上市规划，打算家族传承的实业公司。

（五）混合股权架构

在实践中，每个股东的诉求可能会有所不同。比如，实际控制人往往有长期持股的目的，但也不排除公司上市后出售部分股票，用套现资金改善生活或投资新产业板块；员工持股，往往希望在公司上市后可以套现；战略投资人，有的希望长期持股，有的希望公司上市后售股套现。于是，针对不同股东和不同诉求的混合架构便应运而生。典型的混合股权架构如图 5-6 所示。

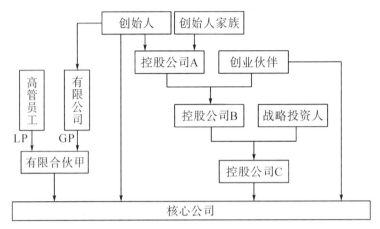

图 5-6 混合股权架构

公牛集团主体股权架构如图 5-7 所示，我们在此做一个简单的分析。

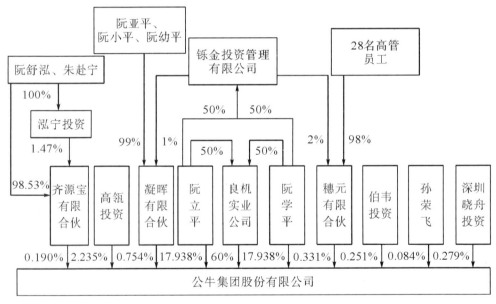

图 5-7 公牛集团股权架构

1. "金字塔"架构——创始人阮氏兄弟（图5-8）

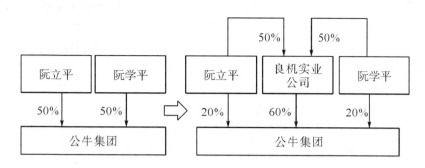

图5-8 创始人阮氏兄弟的"金字塔"架构

2. 自然人直接持股架构——阮氏家族其他成员、股权激励平台安排有限合伙公司（图5-9）

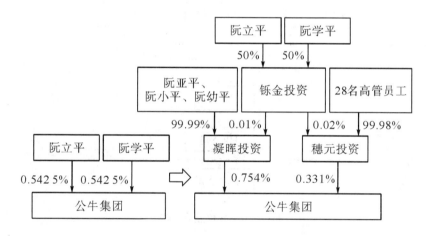

图5-9 阮氏家族成员的自然人直接持股架构

3. 一致行动人

阮立平、阮学平混合股权架构的优点是可以根据股东持股目的，量体裁衣选择最合适的架构，更有针对性。但该架构的难度在于预判公司的资本战略。混合股权架构适用于有明确境内上市规划的公司。

（六）海（境）外股权架构

海（境）外股权架构是指境内个人或公司在境外搭建离岸公司，通过离岸公司来控制中国境内或者境外业务的架构。搭建海（境）外股权架构一般有以下几种目的：境外上市；便于海（境）外资本运作比如融资、并购等；享受中国某些地区对外资企业的招商引资政策；便利海（境）外资产配置的财富管理；利用海（境）外架构避税；开拓境外市场，拓展境外业务。

常见的海（境）外股权架构有以下几种：

（1）红筹架构：红筹模式是指境内公司/个人将境内资产/权益通过股权/资产收购或协议控制（VIE）等形式转移至在境外注册的离岸公司，然后通过境外离岸公司来持有境内资产或股权,最后以离岸公司名义申请在境外交易所(主要是香港联合交易所、纽约证券交易所、伦敦证券交易所、法兰克福证券交易所、纳斯达克证券交易所、新加坡证券交易所等)挂牌交易的上市模式。为了实现红筹上市目的搭建的股权架构,本教材称之为"红筹架构"。红筹架构主要有股权控制模式和VIE模式这两种模式。

①股权控制模式:股权控制架构先由境内公司的创始股东在英属维尔京群岛(以下简称"BVI")、开曼群岛等地设立离岸公司,然后利用离岸公司通过各种方式收购境内权益,最后以该离岸公司为融资平台发售优先股或者可转股贷款给基金进行私募融资,最终实现该离岸公司境外上市的目的。控股权模式架构如图5-10所示。

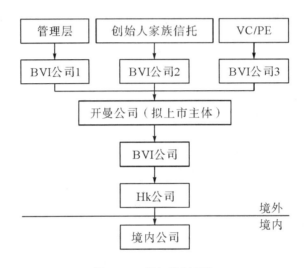

图5-10 股权控制架构

②协议控制架构,也称"VIE"架构,是指外国投资者通过一系列协议安排控制境内运营实体,无须收购境内运营实体股权而取得境内运营实体经济利益的一种投资结构。VIE架构通常用于外国投资者投资中国限制或禁止外商投资领域的运营实体。同时,VIE架构也是该等境内运营实体实现境外上市常采用的一种投资架构。VIE模式架构如图5-11所示。

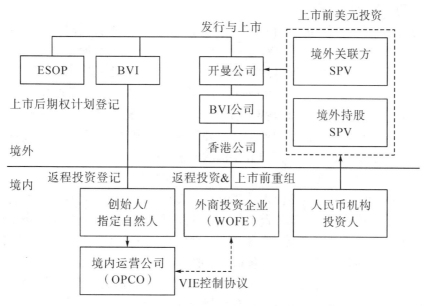

图 5-11　协议控制架构

（2）"走出去"架构，又称"对外直接投资"，指我国企业在国外及港澳台地区以现金、实物、无形资产等方式投资，并以控制境外企业的经营管理权为核心的经济活动。如巨轮股份股权架构，如图 5-12 所示。

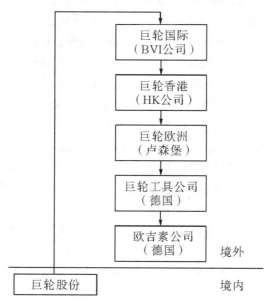

图 5-12　巨轮股份股权架构

通过图 5-12 可以看出，巨轮股份采用了多层股权架构，主要有以下几点原因：

①便于境外融资和资本运作。企业搭建境外多层架构后，方便利用 HK 公司和 BVI 公司（四大优点：注册便利；信息保密；几乎无税；外汇自由）等持股平台引入外币基金，由于英属维尔京群岛、中国香港等地法律制度更灵活，也方便使用优

先股、认购权等金融工具。

②方便未来的投资退出。当巨轮股份欲退出其在德国的投资时，不必直接转让德国公司的股权，而是通过将BVI公司转让香港公司的间接转股方式。由于BVI和中国香港没有外汇管制，实行自由贸易政策，无须政府审批，退出效率高。

③基于税务的考量。巨轮股份对德国欧吉素公司的投资，境外共有5家公司（巨轮国际BVI—巨轮香港—巨轮欧洲卢森堡—德国巨轮工具—德国欧吉素公司），这5家公司可以分为3层：顶层架构（巨轮国际BVI和巨轮香港）、中间架构（巨轮卢森堡）和底层架构（德国工具和德国欧吉素公司）。

第一，顶层架构。在"走出去"架构中，顶层架构一般注册在避税天堂。避税天堂是指那些为吸引外国资本流入、繁荣本国或本地区经济，在本国或本地区确定一定范围，允许境外人士在此投资和从事各种经济、贸易和服务活动，获取收入或拥有财产而又不对其征直接税，或者实行低直接税税率，或者实行特别税收优惠的国家和地区。世界著名的避税天堂包括开曼群岛、百慕大、巴哈马、荷属安的列斯、英属维尔京群岛等。避税天堂具有一些共同特点：社会稳定，没有税或税负很低，注册公司非常方便，维护成本很小，有较健全的法律体系，没有外汇管制，有严格的商业及银行保密制度，有方便的中介服务等。在实务操作中，中国"走出去"的民营企业以及在美国上市的"中概股"，多选择在开曼群岛或BVI注册，将其作为全球投资架构的最顶层；绝大多数"走出去"的中央直属国有企业、国有企业，会选择在中国香港注册，将其作为全球投资架构的最顶层。巨轮投资顶层架构中的第一层选择在了BVI，同时又在BVI下面设立了巨轮香港公司。中国香港实行属地征税，只有在中国香港产生或来自中国香港的利润才征税，利得税税率为16.5%；不对股息和利息征收预提所得税，只对支付给非居民企业的特许权使用费征收4.95%的预提所得税；不征收资本利得税；没有受控外国公司规则和资本弱化规则；税收损失可以无限期结转。巨轮股份选择顶层架构为BVI+香港，主要是考虑到中国香港不仅与内地签有避免双重征税安排，还与中间架构注册地卢森堡签订有《中华人民共和国香港特别行政区与卢森堡大公国就收入及资本税项避免双重课税和防止逃税协定》。

第二，中间架构。为了打击全球避税，欧盟国家、美国和OECD成员国会将一些低税收管辖区（或者没有企业所得税，或者企业所得税税率低于9%）列入"税收黑名单"。凡是被列入黑名单的离岸地注册公司，都会被实施更强有力的反避税监管和限制措施。开曼群岛、BVI等纯避税地都榜上有名。因此，"走出去"企业会考虑在顶层架构下（即在第二层至第三层），再加上中间层架构，这些中间层公司一般会选择"税制比较规范透明但不是明显的低税国、税收协定较多、协定优惠税率较低且对受益人限制较少、法制宽松但规范"的国家和地区。在实务中，荷兰、卢森堡、比利时、爱尔兰和瑞士常被选定为中间层的投资国。以巨轮股份选择的中间架构注册地卢森堡为例，卢森堡是海（境）外投资者进入欧洲的重要门户。卢森堡有相对安全和稳定的政治环境、完善的金融体系、优惠的税收制度，以及丰富而有弹性的双边税务协定，而且还具有欧洲陆运和空运的比较优势，容易满足企业运营上的实体化要求。

第三，底层架构。"走出去"企业搭建底层架构时（第四层至第五层），会选择有实质业务运作的国家和地区，如项目所在国。例如，巨轮股份选择标的公司所在地德国设立底层架构。根据我国税制，企业取得的已在境外缴纳的所得税税额可以抵免。如今境外所得的抵免层级为5层，并且有分国抵免法（企业通常以一个国家为维度计算可抵免境外所得税额和抵免限额，同一投资架构层级的位于不同国家之间的企业盈亏不得相互弥补）和综合抵免法（企业通常以同一投资架构层级为维度，计算可抵免境外所得税额和抵免限额，位于同一投资架构层级的位于不同国家之间的企业盈亏可以相互弥补）可以选择。如果"走出去"企业在境外业务的拓展逐步多元化，可以考虑增加多个并行的多层投资架构，特别是将性质不同的行业、业务分别以不同的层级进行分割并行开展，这样既可以享受上述多层投资框架的税收优惠，又可以最大限度地分散税务风险。除了上述多层架构外，有的企业还会在境外多层架构间嵌套信托计划，这不仅可以有效地隐藏境内企业与投资目标公司之间的投资关系，使得它们之间的交易和安排更为自由和灵活，而且可以在境外企业退出投资时，由BVI公司以及拟受让方共同修订原有的股权代持信托计划，将委托人和受益人更改为拟受让方，之后，BVI公司再将HK公司的股权在香港转让给拟受让方，从而实现投资退出。

（3）返程投资架构：返程投资是指境内居民直接或间接通过特殊目的公司（special purpose vehicle，SPV）对境内开展的直接投资活动，即通过新设、并购等方式在境内设立外商投资企业或项目（以下简称"外商投资企业"），并取得所有权、控制权、经营管理权等权益的行为。搭建返程投资架构路径：股东→BVI公司→境内实体公司。设置返程投资架构的目的分类：上市、非上市、开始不想上市后来又想上市。龙湖地产返程投资架构如图5-13所示。

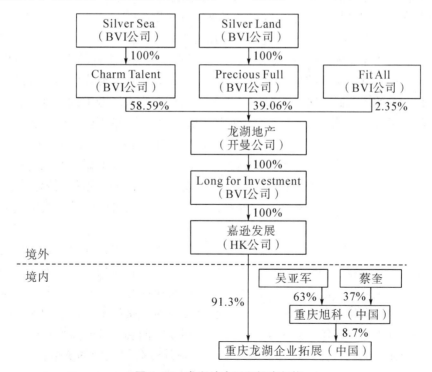

图5-13 龙湖地产返程投资架构

这里面我们要了解一下什么是"海（境）外信托"，龙湖地产的第一层架构就采用了家族信托，这个信托到底有什么魅力呢？海（境）外信托，是英美法律制度下特有的一种法律关系，其主要的作用在于确保私人的财产能顺利传给指定受益人。它有如下几个优点：

①破产风险隔离。如果将家族财产注入家族信托成为信托财产，家族财产不隶属于信托受益人，受益人只是通过信托受益权享有信托利益和一定的管理权限，除非委托人的债权人可以证明委托人设立家族信托的目的是逃避债务，否则便无权针对家族财产主张债权，从而降低家族企业破产风险对家族财富可能产生的不利影响。

②资产信息保密。家族信托条款由委托人与受委托机构协商订立，无须行政机关审批，也不供公众查询。

③锁定股权，解放"第二代继承人"。家族信托可以通过设定信托计划，集中家族股权、统一家族利益，并将家族企业股权作为信托财产锁定在信托结构中，使家族成员享有受益权，但无权处分家族企业股权。在锁定股权控制、避免控股权被稀释的同时，通过职业经理人对家族企业进行经营管理，实现了家族企业股权的平稳转移，保证了家族企业控制权与经营权、决策权的分离。

④私人订制，贯彻委托人意志，为子孙后代护航。对于挥霍无度的受益人，委托人可以规定受益条件、期限和方式；对于尚在接受教育的子女，可以设置附带信托利益支付条件落实对子女的期许；规避遗产税。境外股权架构由于设立目的多样，涉及不同国家的税收体制，而且比境内股权架构显得更为复杂，企业家们需要结合自身战略目的做充分的了解、详尽周密的计划安排方可实行。

以下为搭建海（境）外股权架构时需要注意的几点：

（1）红筹架构的并购审批。重点了解我国相关法律法规对外国投资者并购或投资境内企业的相关要求与规定。《关于外国投资者并购境内企业的规定》，简称"10号文件"。通过10号文件我们知道，六部门对于外资并购这类业务的审批是十分严格甚至是苛刻的。因此，民企在海（境）外上市时，为了降低审批难度、加快审批速度，出现了大量"曲线红筹"的事件。"曲线红筹"是指中国律师以各种方法对10号文件中的关联并购进行"限制解释"，以突破上市障碍。在实务中，主要有3种方式：①利用"壳资源"。如阿里妈妈、中国忠旺。②换国籍。如江南布衣、周黑鸭。③分步走。具体操作为：第一步，先将境内公司部分股权转让给外国投资者，使境内公司变更为外商投资企业；第二步，境外离岸公司再收购外商投资企业境内股东的股权。

（2）海（境）外股权架构的外汇登记。根据我国外汇管理的规定，境内居民以境内合法资产或权益向特殊目的公司出资前，应向外汇管理局申请境外投资外汇登记手续。由已经取得外汇管理局金融机构标识码且所在地外汇管理局开通资本项目信息系统的银行直接办理，外汇管理局应通过银行对直接投资外汇登记实施间接监管。如果不办理登记，境内居民从特殊目的公司获得的利润和权益变现所得将难以调回境内使用，而且，会造成外商独资企业与境外母公司之间的资金往来（利润、出资等）均不合法，从而对公司境外上市造成障碍。如果企业在境内申报IPO，即使拆除了返程投资架构，但外汇登记未做补办或未经过外汇管理局对该事项进行处理，也可能构成上市障碍，导致上市被否。因此，如果创始人投资的企业存在返程投资架构，且计划其控股的企业未来上市，无论是境内上市还是境外上市，均应充分重视该架构的外汇登记手续。

（3）海（境）外股权架构的税收要点。①投资阶段。所在国是否有反资本弱化规定，债资比一般为1：1，小于则为资本弱化。超过比例的，有可能利息支出不允许税前扣除。我国所得税法规定，企业从关联方接受的债资比超过比例的利息支出，不得在税前抵扣。②运营阶段。一方面是股息、利息、特许使用权使用费等跨境收入，应重点考虑多层架构中各国的"双边税收协定""受益所有人""受控外国企业""境外税收抵免"等制度；另一方面，产业链或价值链上不同公司如何划分收入和利润，应重点考虑多层架构中各国对于转让定价调查、成本分摊协议、税基侵蚀和利润转移（BEPS）多边公约和共同申报准则（CRS）等规定。③退出阶段。很多企业设立海（境）外股权架构的目的是方便境外资本运作，而且在境外避税天堂间接转让中国公司股权，也可以规避中国的税收征管。非居民企业通过实施不具有合理商业目的的安排，间接转让中国居民企业股权等财产，规避企业所得税纳税义务的，将被中国税务机关重新定性该间接转让交易，确认为直接转让中国居民企业股权等财产。

（六）契约型架构

契约型架构是指投资人通过资产管理计划、信托计划、契约型私募基金等契约型组织间接持有实业公司的股权架构。由于资产管理计划、信托计划、契约型基金均没有工商登记的企业实体，是依据《中华人民共和国证券投资基金法》《中华人民共和国信托法》《私募证券投资基金管理暂行办法》等法规，通过一系列合同组织起来的代理投资行为，投资者的权利主要体现在合同条款上，而合同条款的主要方面通常由基金法律规范，因此我们将投资人通过资产管理计划、信托计划等间接持有被投资公司的架构称为契约型架构。普通契约型持股架构如图5-14所示。

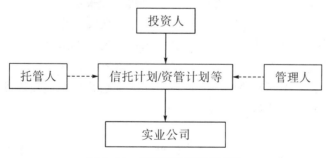

图5-14 普通契约型持股架构

结构性契约型持股架构如图 5-15 所示。

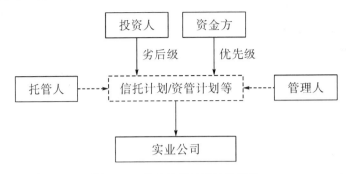

图 5-15　结构性契约型持股架构

契约型架构的优缺点：

（1）优点：①员工激励。在公司股价较低时，推出员工持股计划，让员工以自有资金购入公司股票，可以充分激发员工的积极性和创新动力。②杠杆收益。③市值管理。在股票市场低迷时，可以回购股票，提振公司股价。

（2）缺点：①适用范围较窄，主要应用于上市公司。②熊市股价下跌风险。在股价下跌时，将带来员工持股损失，可能会削弱员工的积极性。

创业顾问[①]

2010 年，广州市顾某与张某约定准备开设一家公司。在公司设立的过程中，顾某提供了公司成立所需要的注册资本，并提供了公司的营业场地和全部的办公用品所需要的费用。在此期间，张某为该公司的成立四处奔走，独自办理了公司成立的全部手续，办理了公司办公处的租赁，购买了全部的办公用品，招聘了公司的全部工作人员，该公司于 2010 年 10 月正式成立，名称为"广州市某某物资有限责任公司"，顾某为该公司的总经理，张某为该公司的副总经理。2011 年，顾某见公司的效益很好，生出非分之想，不愿与张某分享利润。在张某缺席的情况下，顾某召集了公司全体员工会议，免去张某的副总经理职务。张某认为，其在公司成立的过程中付出了大量劳动，应该是公司的主要股东之一，理应参加公司的分红，并且顾某在自己缺席的情况下免去自己的副总经理职务，是不合程序的，顾某的行为侵犯了自己的股东权益，于是诉至法院，要求公司恢复自己的副总经理职务，分给自己应有的分红并对自己进行赔偿。

评析：

张某的诉讼关系到公司的出资能不能以劳务的形式进行。所谓劳务出资，是指股东以精神上、身体上的劳务冲抵出资。一些大陆法系国家的公司法是允许无限责任股东以信用和劳务作为出资的。但依据我国公司法的规定，有限责任公司和股份有限公司的资本由现金、实物、工业产权、土地使用权等构成。这里，实物也叫有

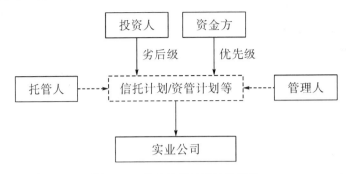

---

① 法律快车律师文集专栏 - 四川公司事务律师所案例［EB/OL］. https://m. lawtime. cn/article/lll28288052833899oo90565.

形财产，主要包括建筑物、厂房和机器设备等。除此之外，公司出资还可以以无形资产的方式进行。无形资产包括专利权、商标权、专有技术、土地使用权等。但是，依据我国的公司法，劳务不能作为公司资本的组成要素，即我国的公司不能以劳务入股。在上面的案例中，张某虽然在公司的成立过程中付出了很多的劳务，但是根据我国法律的规定，这些劳务是不能作为张某的出资的，即张某自始就没有取得该公司股东的身份。所以张某主张要求取得分红的诉讼请求是得不到法院支持的，张某仅能通过要求公司对其为公司付出的劳务给予合理的报酬来进行救济，而免去张某的副总经理职务并没有侵犯其股东的权利，故不能以此为理由要求公司对其进行赔偿。法院最终驳回了张某的诉讼请求。

延伸阅读

股权架构的重要性①

股权架构是企业内部的"宪法"，规定着股东之间的权利与义务，是企业治理结构的基础。一个合理、科学的股权架构能够平衡各方利益，激发企业活力，助力企业稳健发展。

一、股权架构设计应遵循的原则

平衡各方利益：股权架构的设计需充分考虑各方利益，既要保证创始人的控制权，又要让其他股东有足够的激励。

（1）风险共担：股权架构应体现风险共担的原则，让股东共同为企业的发展承担风险。

（2）便于融资：为满足企业融资需求，股权架构应具备足够的灵活性，以便引入新的投资者。

（3）长期发展：设计股权架构时应着眼于企业的长期发展，确保企业战略的实施不受股权结构的影响。

二、股权架构设计包括的内容

（1）确定股比：根据各方出资额或贡献度，合理分配股比，明确各方的权益与责任。

（2）制定章程：制定详细的章程，明确股东的权利与义务，保障企业的正常运营。

（3）引入投资者：根据企业发展需要，适时引入投资者，优化股权结构。

（4）调整股权结构：随着企业的发展，适时调整股权结构，以适应新的战略需求。

---

① IPO上市实务：如何设计股权架构［EB/OL］.https：//mp.weixin.qq.com/s？__biz=MzA4NjM2ODEyNw===&mid=2661266695&idx=5&sn=c832f6582d64eb965690062755211acc&chksm=84a2df17b3d556014b79a1fb8e7660c851d1d51a5dbd55bf3da58a73b0a6c3b76c799f7c6ce2&scene=27.

案例①

浙江某企业老板张三疯有三家公司：一家建材公司、一家工程公司、一家节能环保材料公司。三家公司均由董事长持股，分别是100%、100%、70%，如图5-16所示。在这种情况下，如何进行股权改造呢？

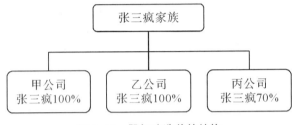

图5-16 股权改造前的结构

第一步，老板找一笔过桥资金（如借入1 000万元），投资成立"X投资公司"（1 000万元资金进了X投资公司的银行账户）。

第二步，X投资公司（谈判主体A）拿1 000万元中的部分资金（如500万元），购买老板个人（谈判主体B）在甲公司的股权——X投资公司给老板个人500万元，老板个人把其在甲公司的股权转让给X投资公司。按照此法依次购买乙公司、丙公司。

第三步，老板再把股权转让所得的1 000万元资金（过桥资金）还掉。公司股权架构已经完成了，这时股权架构图就成了图5-17的样式。

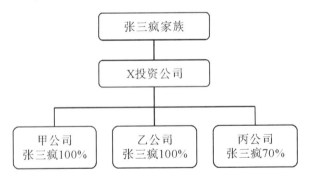

图5-17 股权改造后的结构

问题：该案例中股权再设计可以解决哪些潜在风险？

问题讨论

1. 新创业企业成立的标志是什么？

2. 新创业企业成立有哪些法律组织形式？

① 张金宝. 民营企业的股权设计架构［EB/OL］. https://doc. mbalib. com/m/view/0892ff2013b380fc1fc22e0350d33b00. html.

创/业/成/长/与/股/权/融/资

3. 新创业企业注册的流程有哪些?

4. 新创业企业常见的法律问题有哪些?

5. 新创业企业常见的知识产权问题有哪些?

本章参考文献

［1］ 李利威. 股权架构［M］. 北京:机械工业出版社,2019:112-150.

［2］ 企业名称登记管理规定实施办法［EB/OL］.https://baike.baidu.com/item/%E4%BC%81%E4%B8%9A%E5%90%8D%E7%A7%B0%E7%99%BB%E8%AE%B0%E7%AE%A1%E7%90%86%E8%A7%84%E5%AE%9A%E5%AE%9E%E6%96%BD%E5%8A%9E%E6%B3%95/63391862? fr=ge_ala.

［3］ 张玉利,等. 创业管理［M］. 5版. 北京:机械工业出版社,2020:253.

第六章
企业成长理论与模式

本章知识结构导图

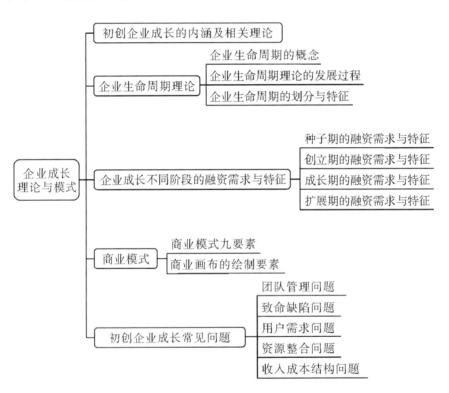

学习目标

（1）了解企业生命周期的相关理论；

（2）了解企业所处的生命周期阶段；

（3）了解创业企业成长中遇到的问题；

（4）了解企业内部团队、外部用户存在的问题；

（5）了解企业不同成长阶段的融资需求。

关键概念

生命周期；企业成长；初创企业成长

第一节　初创企业成长的内涵及相关理论

在系统研究企业成长的理论方面，美国学者伊迪思·彭罗斯（Edith Penrose）[①] 教授是一位集大成者，她在 1959 年发表的《企业成长理论》（The theory of the growth of the firm）一书中详细分析了企业成长的必要条件、成长过程。

当科斯[②]忙于解释企业为什么存在，把企业看作相对于市场交易而言的一种交易单位时，彭罗斯夫人则偏向于将企业看作行政管理组织，企业的目的在于通过它的管理去有效地利用资源而盈利。两位经济学家都对新古典经济学将企业看作"黑箱"（black box）的观点提出质疑，但他们采取不同的分析视角。现在西方学术界一般将科斯看作内部化理论（theory of internalization）之父，彭罗斯夫人则被誉为资源理论（resource-based theory）之母。

"成长"（growth）有两种不同的内涵，有时候指的是数量上的单纯增加，例如人们常说的产量、出口、销售的"增长"（increase）。而在其他一些时候，可从它的本意引申出规模的扩大（increase）或者是发展过程导致质量上的提高（improvement），这类似于自然界生物生长过程，生物相互作用的一系列内部变化导致体型不断变大，同时伴随着成长物体外部特征的不断变化。因此，"经济增长"（economic growth）和"经济发展"（economic development）常常可以互换使用，这里的"成长"不仅意味着一个国家产品的增加而且意味着这个国家经济的发展。"成长"在第二层含义中常常也有"自然的"（natural）或"常规的"（normal）的内容——不论条件是否合适都会发生，是一个"生物体"自然而然发生的过程，形状的变大变小因而是一个持续发展或展开的伴随过程。

在彭罗斯的观点中，企业的成长是有边界的。其原因有以下三个方面：

（1）管理的限制（抓住机会的能力——企业家服务、管理团队的经验——生产性服务）。如果所有必要的生产性服务，包括管理服务和企业家服务，都可以无限

179

[①] EDITH T PENROSE. The theory of the growth of the firm [J]. New York：Oxford Press, 1959：53.

[②] COASE RONALD. The nature of the firm [J]. Economica, 1937（4）：386-405.

量获得，并且如果对产品的需求弹性无穷大，则不存在一个"最优规划"，因为规模更大的规划总要比小一些的规划好，同时，企业必须利用这些资源或能力才能抓住市场机会。

管理限制对企业扩张速度的限制作用实质上分为两个方面：第一，从现有管理群体（团队）所能获得的管理服务限制了在任何时候所规划的扩张量，因为所有的扩张规划都要占据一部分管理服务，而且规划的规模越大，内容越复杂，从企业的利益出发，就需要有更多的服务来消化和支持这些规划。第二，在特定时期所规划的活动规模的大小限制了在"下一个时期"可以吸收进来的新职员的多少。

（2）不确定性和风险。"不确定性"指的是企业家对他的估计或预期的信心；"风险"指的是行为的可能结果，尤其指在采取一定行动之后可能会遭受的损失。

风险和不确定性明显影响了旨在扩张的管理服务的数量和类型，这不仅因为它促使公司获得采取行动前可能的信息，还因为它影响了扩张规划的组成——产品类型、时间结构，甚至所采取的进程的类型。对于任何程度的不确定性，管理服务的供给将决定公司所能进行的扩张的数量。克服不确定性是需要成本的，由管理服务所要求达到的目标来决定。但是，它对扩张的影响要依赖可获得的满足它的资源储备。

（3）需求和企业的生产资源。扩张的外部诱因是存在获利空间的正在成长的市场，如果存在市场进入的障碍，如专利权限制，扩张的唯一可行办法就是收购其他公司。而且，充满活力和雄心的企业家为企业扩张提供了外部诱因。

扩张的方向——先前或扩张得到的固有的资源；实施扩张计划从市场上获得的资源——资源和服务的限制。

扩张——使未使用的、闲置的生产性服务（资源）得到持续有效性（的使用）。

从外部得到的资源具有资源的异质性、资源的专门化，物质和人力资源间的相互作用会产生对新的管理服务的需求，在这一过程中又形成了新的生产性服务（资源）。

第二节　企业生命周期理论

企业生命周期[①]是企业的发展与成长的动态轨迹，包括发展、成长、成熟、衰退几个阶段。企业生命周期理论的研究目的就在于试图为处于不同生命周期阶段的企业找到能够与其特点相适应并能不断促其发展延续的特定组织结构形式，使得企业可以从内部管理方面找到一个相对较优的模式来保持企业的发展能力，在每个生命周期阶段充分发挥特色优势，进而延长企业的生命周期，帮助企业实现自身的可持续发展。

企业生命周期是组织研究领域的一个重要范畴，企业的生产、研发、人力、营销、资金、组织机构等在不同的时期能力可能有强有弱，呈现一定的波动性，所以企业成长会出现不同的态势，从而形成特定的生命周期。正因为企业生命的这种周

---

① 伊查克·爱迪思, 赵睿. 企业生命周期 [J]. 当代电力文化, 2015 (4)：101.

期特征影响着经营过程的方方面面，它也成了无论是经济学还是管理学长期以来都十分关注的研究角度。

企业成长理论认为，企业既是一个社会组织，同时也是一个生物有机体。企业像生物有机体一样，有一个从生到死、由盛转衰的过程。企业所呈现的生命周期现象是企业的基本活动规律之一。为了描述企业的生命过程及其形态变化，有关学者试图用企业生命周期模型来描述企业生命过程的一般规律。

一、企业生命周期的概念

1965 年，美国学者 J. W. 戈登尼尔①以"如何防止组织的停滞与衰老"为论题，系统地探讨了社会组织的生命力与生命周期问题；1972 年，美国哈佛大学教授拉里·格雷纳（Larry E. Greiner）在《组织成长的演变和变革》②一文中，率先用"生命周期"这一概念对企业的成长过程进行了分析和总结。目前，具有代表性的生命周期理论有：

（1）生命周期仿生进化论：企业仿生化研究把生物进化论作为经济分析的方法论基础，从生物学的视角来研究企业的组织结构。仿生论最具影响的理论是企业进化论，该理论以温特③为代表。

（2）企业生命周期阶段论：这种理论把企业的成长和发展视为一个具有若干阶段的连续过程，将考察的重点放在这种过程中的各个阶段的特征与问题上。

（3）企业生命周期归因论：通过揭示决定企业生命周期的具体因素，来找出改善和延长生命周期的处方。

（4）企业生命周期对策论：企业生命周期对策论以竞争对手为参照物，从系统动力学的角度来剖析企业如何获得成长和发展的优势。

二、企业生命周期理论的发展过程

目前，学术界将企业生命周期理论的发展大致划分为五个时期：萌芽期、系统研究期、模型描述期、改进修正期、延伸拓展期。

第一阶段（1951—1960 年）：萌芽期。Haire④最早提出了可以用生物学的中的生命周期的观点来研究企业并指出企业成长的停滞和最终经营的消失，可能是因为企业管理不善造成的。

第二阶段（1961—1970 年）：系统研究期。虽然企业也具有生命周期，但是其与生物的生命周期主要有三个方面的区别：首先，企业的发展具有不可预测性，不同企业经历的时间长短不同；其次，企业生命周期可能会出现停滞阶段，这与生物

---

① GARDNER J W. How to Prevent Organizational Dry Rot [J]. Harper′s Magazine, October 1965.

② GREINER L E. Evolution and revolution as organizations growth [J]. Harvard Business Review, 1972 (50)：37-46.

③ WINTER S G. Schumpeterian competition in alternative technological regimes [J]. Journal of Economic Behavior & Organization, 1984, 5 (3-4)：287-320.

④ MASON HAIRE. Biological Models and Empirical Histories in the Growth of Organizations [M]. New York：John Wiley, 1959：101-125.

的生命周期不同；最后，企业可以通过变革长时间存在，经历多个生命周期①。

第三阶段（1971—1989年）：模型描述期。在这一阶段，学者们使用不同的变量和标准，将企业生命周期的不同阶段通过模型进行描述，但是研究的基本的思路都是通过对企业诞生、发展、成熟、衰退的描述来刻画企业生命周期。

第四阶段（1990年至20世纪末）：改进修正期。这一时期的国内外学者将生命周期理论进行了不断丰富和完善，通过不同的划分标准，确定了大量的企业生命周期模型，并进行了丰富的实证研究，使得整个企业生命周期理论得到了长足的发展。

第五阶段（21世纪初期至今）：延伸拓展期。2013年，企业界和理论界的研究重点开始从原有的企业生命周期研究转向对企业寿命的研究，即如何保持和提高企业的成长性从而延长企业寿命。

三、企业生命周期的划分与特征

（一）企业生命周期的划分

国内外对于企业生命周期模型的确定以及对划分标准的研究成果十分丰富，目前学术界并没有统一的划分方法和相关标准，但大部分模型的设立均涉及企业的初创期、发展期、成熟期和衰退期四个阶段。

1979年，爱迪思②依据单位产量、销售额和员工数量将企业生命周期划分为五个阶段，分别是：产生、成长、成熟、衰退和死亡。1989年，Adizes又在其著作《企业生命周期》中，依据灵活性和可控性两个指标进一步将生命周期划分为10个阶段，分别是：孕育期、婴儿期、学步期、青春期、盛年期、稳定期、贵族期、官僚化早期、官僚期、死亡期，如图6-1所示。

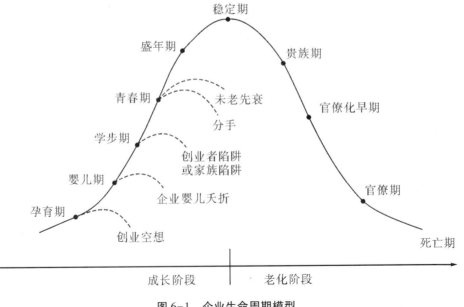

图6-1　企业生命周期模型

①　GARDNER J W. How to prevent organizational dry rot [J]. Harper's Magazine, 1965 (231)：20-26.
②　伊查克·爱迪思，赵睿. 企业生命周期 [J]. 当代电力文化, 2015 (4)：101.

创业成长与股权融资

图6-1的企业生命周期模型是爱迪思管理理论的基础,它形象地描述了企业整个生命周期的形态变化,是企业生命周期理论的奠基石。许多关于企业生命周期的理论和模型都将此模型作为母体而进一步发展和改进,力求抓住其思想精髓而略做形式上更为准确扼要的变化。

丘吉尔与刘易斯把企业的生命周期分为五个阶段,即创业、生存、成功、扩张和成熟。与其他生命周期模型不同的是,丘吉尔与刘易斯模型仅把企业的生命周期划分为不断成长发展的五个阶段,没有衰落、死亡阶段。他们认为,企业的衰落和死亡在生命周期的任何阶段都有可能发生,而并不仅仅是在成熟期以后;企业也有可能会在某个阶段长久停留,还有可能会倒退回以前的阶段。例如,我国创业企业压力很大,淘汰率也非常高,企业的衰落或死亡在生命周期的任何阶段都有可能发生,而并不仅仅是在成熟期之后。

在企业成长的每个阶段,企业都会面临不同的挑战和问题,这些问题的解决是企业顺利进入下一阶段的前提。创业阶段的主要目标是把企业建立起来,面临的关键问题是如何获取顾客并提供好的产品或服务来维持企业生存。生存阶段企业关注的焦点是如何保持现金收支平衡,产生足够的现金流来支持企业成长。成功阶段需要考虑如何盈利来支持企业发展。扩张阶段面临的问题是管理成长并处理复杂的商业环境。成熟阶段面临的主要挑战是如何通过快速增长来巩固和控制企业利润,以及如何保持企业的优点。

典型的企业生命周期模型一般将企业生命周期描述为四个阶段:初创期、成长期、成熟期和衰亡期,如图6-2所示。

183

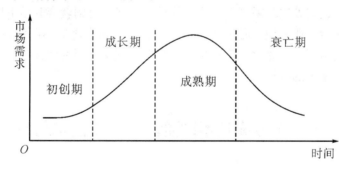

图6-2 典型的企业生命周期模型

(二)企业生命周期各阶段的特征(见表6-1)

表6-1 企业生命周期各阶段的特征

生命周期阶段	经营管理特征	发展方向	行动方法
初创期	产品或服务尚未定型,产品质量不稳定;市场地位较低;管理水平较低;资金实力薄弱,抗风险能力差;灵活性高,企业士气高昂。	形成产品或服务标准;提高市场占有率;完善管理制度;加强财务管理,保证资金供给	完善工艺或服务流程;加强媒体宣传;调整管理制度并加强学习、执行;尝试多种融资渠道

表6-1（续）

生命周期阶段	经营管理特征	发展方向	行动方法
成长期	产品或服务比较稳定，规模效应显现；市场知名度较高；管理及技术水平明显提升；快速发展甚至盲目追求速度；快速发展将会给资金链带来巨大压力	标准化产品或服务；快速复制扩大市场份额；标准化管理制度和流程；打造资本运作平台	制定产品和服务的标准；进行立体式宣传并塑造品牌；强调管理控制和执行；谋求上市
成熟期	产品或服务已经标准化；技术、工艺、管理也已定型；市场品牌形象得以树立；控制力明显加强而灵活性降低；现金流比较宽裕	持续品牌建设、巩固市场份额、降低产品或服务的成本；注意灵活新的维持，特别是对市场的快速反应能力；注重创新	密切把握新的市场需求和发展趋势；培育企业战略资源和核心竞争力；在新技术、新市场、新组织等方面进行创新
衰亡期	在成熟后没有完成完美蜕变，机体僵化、管理效率低下；企业业绩迅速下滑；技术、产品面临淘汰	尽最大可能维持其艰难运转，但是日趋崩溃	利用企业资源进行垂死挣扎，榨取最后的利润

从企业生命周期曲线①来看，完整的企业生命周期曲线是非常理想的，而实际上很多企业在发展的过程中可能由于种种原因与正常曲线分离而提前消亡。企业中途夭折往往是因为它们在某一个战略转折点出现危机而不能妥善解决，在生命周期曲线上这样的转折点非常多，特别是两个阶段交替的时刻，充满威胁和机会。如果能度过这些时点，突破这些限制，企业就能继续发展，否则就会开始下坡甚至消亡。因此，对于创业型企业来说，必须在下一个生命周期到来之前不断构筑自己的核心竞争力，顺利地活下去。总之，只有生命周期的突破者，才能化蛹为蝶；只有不断蜕变，才能保证增长的持续性。

第三节　企业成长不同阶段的融资需求与特征

一、种子期的融资需求与特征

种子期是指公司发展的一个阶段。在这个阶段，公司只有创意却没有具体的产品或服务，创业者只拥有一项技术上的新发明、新设想以及对未来企业的一个蓝图，缺乏初始资金投入。种子期融资就是创业公司在上述阶段所进行的融资行为。一般来说，资金来源是创业者自掏腰包。在此阶段所进行的融资行为就是种子轮融资。种子轮的投资额度一般在10万~100万人民币。

在这一时期，创业者将投入一定的资金来开发自己的企业产品，从而来验证自己创业创意的可行性。

---

① 伊查克·爱迪思，赵睿. 企业生命周期 [J]. 当代电力文化，2015（4）：101.

由于此时的企业还处于孕育阶段，因此就不具备相应的法人结构等，对资金的需求也仅会体现在企业的开办费用、可行性研究费用、一定程度的技术研发费用上。总的来说，这一阶段的企业发展，对资金的需求量并不是很大。

在企业发展种子期，公司暂时没有销售收入，因此现金便只见流出不见流入，加之创业产品和创新理念均处在起步设计阶段，还未经受市场的检验。因此，在这一发展阶段，产品开发风险较大，创业企业能否成功也具有很大的不确定性。

（一）融资方式

对于多数处于种子期的创业企业来说，暂时的无盈利状态，使得其承担风险的能力极为有限，因此，依靠创业者自身或是亲友相助以及私人的股权资本（承担高风险，追求高收益），成为这一阶段创业企业最为青睐的融资方式。

此外，还有一部分新创业企业也会在企业发展种子期采取负债融资的方式进行融资。

（二）融资决策

在这一阶段，创业者首先要根据内外发展的情况选择出适合自己的资本提供者，进而向这类投资者传递信息，制订出详尽的商业计划书。

再确定好了自己的融资策划内容之后，创业者便可以与风险投资家进行接触，提前为企业发展下一阶段所需的资金供应做准备。

二、创立期的融资需求与特征

（一）资金需求与风险分析

在这个时期，企业产品研发成功，企业运营对于资金的需求量也会加大，但是相应的销售收入现金回流仍十分有限。

企业资产规模小，但对于资金的需求又极为迫切，企业能否获得足够的资金来占领市场充满了不确定性。这一状况就决定了在创立期，企业所面临的各种风险较大，其抵御风险的能力较低。

（二）融资方式

在创立期，大多数创业公司会选择风险投资机构来进行融资。

与此同时，在这一时期，公司未来发展依旧存在许多不确定因素，创业者也无法对现金流预计做到精准估计，投融资双方对企业的价值在很多情况下会出现分歧，对于股权比例的争夺较为激烈。

（三）融资决策

创业者根据企业的发展情况和市场的实际情况修订相应的商业计划书。在这一发展阶段，除了确定本轮融资的相关事宜，企业还会对下轮及多轮融资进行筹划。

天使投资所投的一般是初创早期的项目，公司有了产品初步的模样（原型），有了初步的商业模式，积累了一些核心用户（天使用户），甚至有些还没有一个完整的产品和商业计划，这个时候一般就需要找天使投资人、天使投资机构了。

天使投资是风险投资的一种，投入资金额一般较小。投资量级一般在100万到1 000万人民币。最初的天使投资人简称3F，即 Family（家人）、Friends（朋友）、

185

Fools（傻瓜），天使投资一般在 A 轮融资完成后退出。

三、成长期的融资需求与特征

（一）资金需求与风险分析

在成长期，企业销售规模迅速扩大，创业及管理队伍也已经成型，公司在生产、销售、服务方面也有了十足的把握。在这一阶段，创业者往往会抱有扩充队伍、扩大生产线的愿景，以进一步开拓出企业发展的市场。

要实现规模效益的目的决定了在该阶段企业会对外部资本产生较大需求。

同时，在成长期，由于技术和市场的不确定性依旧很大，因此创业企业仍旧面临着诸多风险。但是相较于前两个阶段，其风险正在逐步降低。

（二）融资方式

在这一阶段，企业享有了一定的商誉，拥有了一定的资产可以作为抵押或者为关联企业担保，该时期的融资渠道也会变得较为通畅。除了股权融资以外，企业也可选择债务融资等进行融资。

（三）融资决策

在这一时期，融资决策要包含未来企业的发展模式。企业在处于快速发展的阶段时，自身商誉也得到了一步步的提升，因此便有能力来获得其他金融机构的支持。

PreA 轮是一个夹层轮，融资人可以根据自身项目的成熟度，再决定是否需要融资。倘若项目前期整体数据已经具有一定规模，只是还未占据市场前列，那么就可以进行 PreA 轮融资。

同时，PreA 轮或者 A+轮融资，就是你明明没有初具规模，钱却烧没了，那就先来个 PreA 轮进行"江湖救急"；或者在 A 轮融完以后，又有大咖看你不错，想投资你的业务，但你还没有新的业务进展，估值也基本没有变化，所以来了个 A+轮。

公司产品有了成熟模样，开始正常运作一段时间并有完整详细的商业及盈利模式，在行业内拥有一定地位和口碑。此时，公司可能依旧处于亏损状态，需要进行 A 轮融资。其资金来源一般是专业的风险投资机构（VC），投资量级一般在 1 000 万到 1 亿人民币。

四、扩展期的融资需求与特征

（一）资金需求与风险分析

在此时期，企业进入稳步发展的阶段，虽然现金流已经能够满足公司发展的大部分需求，但新的机会还在不断出现。因此在扩张期，企业还是需要外部资金来实现自身的高速发展，直至发展成为一个成熟企业。

从风险的角度看，随着企业资产规模的迅速扩大，其面临的风险也会大大降低，与此同时，企业的盈利与抵押能力的提升也增强了其抗风险的能力。

（二）融资方式

进入扩展期，企业的市场前景相对比较明朗，因此专为创业企业融资提供服务的创业板市场便会自愿提供支持。在进入创业板市场之后，创业企业即有望成为公众公司，在公众市场上筹集进一步发展所需的资金。

（三）融资决策

企业处于高利润阶段，具有一定的商誉，有能力获得其他金融机构的支持。

公司在经过一轮烧钱后，获得了较大发展，一些公司已经开始盈利。商业盈利模式没有任何问题，可能需要推出新业务、拓展新领域。资金来源一般是上一轮的风险投资机构跟投、新的风险投资机构加入、PE加入。投资量级在2亿人民币以上。这就是B轮融资。

在此时期，公司非常成熟，离上市不远了，应该已经开始盈利，在行业内基本处于前三位置。这轮除了拓展新业务，也有补全商业闭环、写好故事准备上市的意图。资金来源主要是PE，有些之前的VC也会选择跟投。投资量级在10亿人民币以上。这就是C轮融资。

第四节　商业模式

一、商业模式的概念与九大要素

（一）商业模式的概念

企业与企业之间、企业的部门之间乃至与顾客之间、与渠道之间都存在各种各样的交易关系和连接方式，Osterwalder、Pigneur和Tucci[①]将这种关系定义为商业模式。商业模式是一种包含了一系列要素及其关系的概念性工具，以阐明某个特定实体的商业逻辑。它描述了企业所能为客户提供的价值以及企业的内部结构、合作伙伴网络和关系资本（relationship capital）等以实现（创造、推销和交付）这一价值并产生可持续盈利收入的要素。

瑞士的亚历山大·奥斯特瓦尔德在《商业模式新生代》[②]这本书中提出了强大的通用商业模型。他认为，一个完整的商业模式应该包括4个视角和9个模块，基于此他提出了著名的商业模式画布。

随着市场需求日益清晰以及资源日益得到准确界定，机会将超脱其基本形式，逐渐演变成为创意（商业概念），包括如何满足市场需求或者如何配置资源等核心计划。

随着商业概念的自身提升，它变得更加复杂，包括产品/服务概念、市场概念、供应链/营销/运作概念（Cardozo，1996）[③]，进而这个准确并差异化的创意（商业概念）逐渐成熟并最终演变为完善的商业模式，从而形成一个将市场需求与资源结合起来的系统。

---

① OSTERWALDER A, PIGNEUR Y, TUCCI C L. Clarifying business models: origins, present, and future of the concept [J]. Communications of the association for information systems, 2005 (16): 1-40.

② 亚历山大·奥斯特瓦尔德，伊夫·皮尼厄. 商业模式新生代 [M]. 经典重译版. 黄涛，郁婧，译. 北京：机械工业出版社，2016：72-95.

③ 黄谦明. 论商业模式创新与企业家精神：基于资源基础观的分析框架 [J]. 改革与战略，2009，25 (8)：163-165.

（二）九大要素

对整个商业模式画布来讲，以"价值主张"模块为分隔线，其左侧的四个模块更重视"效率"，其右侧的四个模块更重视"价值"。

（1）价值主张，即公司通过其产品和服务能向消费者提供何种价值，表现为标准化/个性化的产品/服务/解决方案、宽/窄的产品范围。

（2）客户细分，即公司经过市场划分后所瞄准的消费者群体，表现为本地区/全国/国际、政府/企业/个体消费者、一般大众/多部门/细分市场。

（3）分销渠道，即描绘公司用来接触、将价值传递为目标客户的各种途径，表现为直接/间接渠道，单一/多种渠道。

（4）客户关系，即阐明公司与其客户之间所建立的联系，主要是信息沟通反馈，表现为交易型/关系型、直接关系/间接关系。

（5）收入来源（或收益方式），即描述公司通过各种收入流来创造财务的途径，表现为固定/灵活的价格、高/中/低利润率、高/中/低销售量、单一/多个/灵活渠道。

（6）核心资源及能力，即概述公司实施其商业模式所需要的资源和能力，表现为技术/专利、品牌/成本/质量优势。

（7）关键业务（或企业内部价值链），即描述业务流程的安排和资源的配置，表现为标准化/柔性生产系统、强/弱的研发部门、高/低效供应链管理。

（8）重要伙伴，即公司同其他公司为有效提供价值而形成的合作关系网络，表现为上下游伙伴、竞争/互补关系、联盟/非联盟。

（9）成本结构，即运用某一商业模式的货币描述，表现为固定/流动成本比例、高/低经营杠杆。

二、商业画布的绘制要素

首先要确定目标用户群体（客户细分），然后确定目标用户的需求（价值主张），接着制定接触用户的方式和渠道（渠道通路），之后确定企业与客户保持什么的关系（客户关系）；再确定企业的赚钱方式（收入来源）；再接着确定实现盈利的核心资源（核心资源），有了核心资源之后制定关键业务行动（关键业务）；再确定和评估企业的合作伙伴（重要伙伴）；最后确定以上各环节发生的成本开支（成本结构）。

（一）重要伙伴

（1）谁是我们的关键合作伙伴？

（2）谁是我们的关键供应商？

（3）我们从合作伙伴那里获得了哪项核心资源？

（4）我们的合作伙伴参与了哪些关键业务？

（二）价值主张

（1）我们要向客户传递怎样的价值？

（2）在我们的客户所面临的问题中，我们需要帮助解决哪一个？

（3）我们需要满足的是客户的哪些需求？

（4）面向不同的客户，我们应该提供什么样的产品和服务的组合？

（三）客户关系

（1）我们的每一个客户期待与我们建立并保持何种类型的关系？

（2）我们已经建立了哪些类型的关系？

（3）这些关系类型的成本如何？

（4）这些客户关系类型与我们商业模式中其他的模块是如何整合的？

（四）客户细分

（1）我们在为谁创造价值？

（2）谁是我们最重要的客户群体？

（五）渠道通路

（1）我们的客户希望以何种渠道与我们建立联系？

（2）我们现在如何去建立这种联系？

（3）我们的渠道是如何构成的？哪个渠道最管用？

（4）哪些渠道更节约成本？

（六）关键业务

（1）我们的价值主张需要哪些关键业务？

（2）我们的分销渠道需要哪些关键业务？

（3）我们的客户关系维系需要哪些关键业务？

（4）我们的收入来源需要哪些关键业务？

（七）核心资源

（1）我们的价值主张需要哪些核心资源？

（2）我们的分销渠道需要哪些核心资源？

（3）我们的客户关系维系需要哪些核心资源？

（4）我们的收入来源需要哪些核心资源？

（八）成本结构

（1）我们的商业模式中最重要的固有成本是什么？

（2）我们最重要的核心资源是什么？

（3）我们最重要的关键业务是什么？

（九）收入来源

（1）我们通过什么方式收取费用？

（2）我们的客户如何支付费用、客户付费意愿如何、企业如何定价？

（3）究竟何种价值是让我们的客户真正愿意为之埋单的？

（4）我们的客户目前正在为之埋单的价值主张是哪些？

（5）我们的客户目前使用的支付方式是什么？

（6）我们的客户更愿意使用的支付方式是什么？

（7）我们的每一个收入来源对于总体收益的贡献率是多少？

第五节　初创企业成长常见问题

一、团队管理问题

团队管理（team management）[①] 是指在一个组织中，依成员工作性质、能力组成各种小组，参与组织各项决定和解决问题等事务，以提高组织生产力和达成组织目标。小组是组织的基本单位，各种小组的形成，若是成员能力具有互补性，形成异质性团队（heterogeneous team），其效果较佳，因为各个小组可对不同观点进行讨论，激发更有创意或独特的问题解决方式。团队管理基础在于团队，其成员可在 2~25 人之间，理想上以少于 10 人为佳。团队的建立适当与否，将直接影响团队管理成效。在创业过程中，一个优秀的创业团队是不可缺少的因素[②]。

第一，团队能把互补的技能和经验带到一起，这些技能和经验超过了团队中任何个人的技能和经验，使得团队能够在更大范围内能应付多方面的挑战。

第二，和个人相比，团队能够获得更多、更有效的信息。环境变化越来越快，需要组织掌握更多有效的信息以做出决策。在团队形成自身目标和目的的过程中，团队的运作方式能建立起解决问题和提出倡议的交流方式。团队对待变化中的事物和需求是灵活而敏感的。因此，团队能用比个人更为快速、准确和有效的方法扩大大型组织的联系网，根据新的信息和挑战调整自己的方法。随着市场变化的加剧和产品的不确定性，这种交流的重要性越来越在组织中体现，使得团队开发成为必要和可能。

第三，团队组建方式为管理工作的提高和业绩的取得提供了新的途径。在加入团队的人们努力工作以克服阻碍之前，真正的团队是得不到发展的。通过共同克服这些障碍，团队中的人们对相互的能力建立起了信任和信心，也相互加强了共同追求高于和超乎个人和职能工作之上的团队目的的愿望。克服障碍，取得业绩，这就是使分组的人们成为团队的原因。工作的意义和努力都使团队深化，直至团队的业绩最终成为对团队自身的奖励。

第四，团队中的工作能具有更大的乐趣，而这种乐趣往往与团队的业绩是一致的。人们遇到的团队中的人员无一例外地不用提醒就会强调他们在一起工作中的高兴事。当然，这种高兴事包括聚会、吹牛和庆祝活动。然而，任何聚成群体的人们都会搞个好聚会；而团队的高兴事与那种聚会的区别就在于它支持了团队的业绩，也因团队的业绩而得以延续。例如，人们常常看到在那些有最佳业绩表现的优秀团队中有高度发展的工作幽默感，因为幽默感能帮助人们对付最佳业绩表现中的压力和紧张。人们也总能听到这样的说法，最大的也是最让人感到满意的乐事，就是"成为比我个人更重要的某种事物的一部分"。

第五，在团队的情况下，人们对变化的出现也较有准备。首先，团队中的人们

---

　　① 张迪. 有效沟通与团队合作［M］. 上海：上海交通大学出版社，2017：117-134.
　　② 熊斌，葛玉辉. 基于团队生命周期的高管团队共享心智模型的绩效过程机制研究［J］. 现代管理科学，2014，2（9）：96-98.

都要对集体负责，变化对团队的威胁并不像个人自己对付变化时那么大。其次，团队中的人们有灵活性，他们有扩大解决问题范围的意愿，团队为人们提供了比那些工作面窄又受层级制限制的小组所能提供的大得多的增长和变化余地。最后，团队也重视业绩、团队成果、挑战和奖励等因素，并且支持试图改变以往做事方法的那些人。

在各种组织日益频繁遇到的广泛变化中，团队有助于使自上而下的领导方法集中着眼点和质量，培育新行为，并为跨职能部门的活动提供便利。一旦团队开始工作，团队就能够将一种处于萌芽状态的理想和价值观转变为一致行为的最好方式，因为团队依赖于人们的共同工作。团队也是在整个组织内培养共同目标感最为实用的方法。团队能使各级管理人员负起责任，而不是削弱他们的作用，能使他们在跨组织的各个领域中推动事物的发展，并带来多方面的能力以承担各种难题。

大多数"未来的组织"模式，如"网络化组织""集群组织""非层级化组织""横向组织"等，都是以超越个人的团队作为公司主要业绩单位为前提的。根据这一先决条件，在管理人员寻求以更快更好的办法向客户机会或者竞争性的挑战分配资源时，主要的基本板块应该是团队，而不是个人。这并不是说个人业绩或个人责任就不重要了，相反，对管理人员越来越大的挑战反而是要摆正个人与团队的关系，不要偏向一方而排斥另一方。此外，个人的作用和业绩也会成为团队要更多开发和利用的方面，而不是各级管理人员要开发和利用的方面。

当然更重要的是，团队工作不同于一般的工作，正在于它是一个管理矛盾的过程。团队工作中充满了各种矛盾，一般表现出六种冲突形式的矛盾，管理者必须理解、接受，并尽可能地平衡这些矛盾。

（1）容纳个人的不同和集体目标的一致

第一个矛盾是需要包容个体的不同和达到集体目标的一致。团队的有效性常常需要混合不同的个体。为了从多样性中获益，团队必须具有允许不同声音——观点、风格、优先权——表达的过程。这些不同的声音实际上带来了开放性，这不可避免地就有冲突，甚至有团队成员之间的竞争。过多的冲突和竞争会导致一个胜负的问题，而不是合作解决问题的方法。这样做的目的是集合个体的不同，从而激励他们追求团队的共同目标。有效的团队允许个体的自由和不同，但是所有团队成员都必须遵守适当的下级目标或团队日程安排。

（2）鼓励团队成员之间的支持和对抗。如果团队成员的多样性得到承认，不同的观点被鼓励，团队需要发展一种成员之间互相激励和支持的文化。在这种文化环境下，团队成员之间有一种内聚性。他们对其他人的想法真正感兴趣，他们想听到并且区分谈论的内容。他们愿意接受其他具有专长、信息或经验和当前的任务或决策相关人员的领导和影响。但是，如果团队成员太过于互相支持，他们会停止互相对抗。在内聚力非常强的团队中，当反对不同意见时，保护和谐与友好关系的强硬的规范会发展成为"整体思想"。成员将会抑制他们个人的想法和感受，不会再互相批评对方的决策和行动，这时需要付出相当大的个人成本。团队决策时将不会出现不同意见，因为没有一个人想制造冲突。如果持续出现这种情况，团队成员很可能产生压抑的挫折感，他们将只是想"走自己的路"，而不是真正解决问题。有效的团队要想办法允许冲突，而又不至于因此而受损。

（3）注意业绩、学习和发展。第三个矛盾是同时兼顾当前的业绩和学习。管理者不得不在"正确的决策"和未来的经验积累的支出之间选择。犯错误应该被认为是学习付出的成本，而不是作为惩罚的原因，这将鼓励发展和革新。

（4）在管理者权威和团队成员的判断力和自治之间取得平衡。第四个矛盾就是在管理者权威和团队成员的判断力以及团队自治之间取得微妙的平衡①。管理者不能推脱团队业绩最终的责任，授权并不意味着放弃控制。给团队成员越多的自治，让他们遵守共同的日程就显得越重要。有效的团队是灵活的，他们可以在管理者权威和最适合的团队解决方案之间取得平衡。实际上，在功能完善的团队中，成员之间高度的互相信任，管理者在做出某些决定时不必讨论也不必解释。相反，无效的团队缺乏信任感，即使管理者做最易被理解的事情或无关紧要的建议，团队成员都要提出疑问。

（5）维护关系三角。对于管理者来说，他们最终具有正式的权威，而不是团队成员，所以让他们理解这一点非常重要。团队管理者的作用是管理关系三角：管理者、个体、团队，三者处于等边三角形的三个顶点。管理者必须关心三方面的关系：他们和每一个团队成员个体的关系；他们和作为整体的团队的关系；每一个团队成员个体和团队整体的关系。任何一条关系都受其他两条关系的影响。当管理者不能很好地管理这个关系三角求得平衡时，团队成员之间的不信任和不良影响将呈螺旋式向下蔓延。

（6）团队管理的挑战。团队具有复杂性，很多团队常常不能充分发挥它们的潜能。有效的团队不是自然形成的，管理者必须提前把团队成员团结在一起。很多管理者逐渐明白，如果他们在管理团队过程中和团队成员分担责任和权威——从管理团队边界到管理团队本身，团队会更有效。如果所有团队成员齐心协力，将取得有效的团队业绩。人们又一次看到，授权是管理者面对竞争现实可以依赖的工具。一位优秀的团队管理者发现："我最终认识到我的责任包括把优秀的人员集合起来，创造良好的环境，然后制定出解决问题的方案。"当然，在事情的进展过程中，这个责任说起来容易，做起来难。

在很多初创公司里，往往是创业者独自支撑着组织的运作，而最终创业失败也是意料之中的事情②。一个创业企业，无论有多么完美的创业计划、多么丰富的创业资源，如果缺乏一个强大的创业团队去执行和落实，也终将沦为美丽的泡影。因此，创业者要想取得成功，创业者必须构建一支充满激情、训练有素、有进取心、具备专业技能和协作精神的创业团队。

二、致命缺陷问题

被《哈佛商业评论》誉为当代"创新大师"的 Steve Blank 提出了初创企业的

---

① 赵伟. 给你一个团队，你能怎么管 [M]. 南京：江苏文艺出版社，2013：32.
② 孙鸿武. 中小企业的发展与管理问题 [J]. 中国中小企业，1994（S1）：9-11.

"致命九宗罪"，并做出了相应的解释①。

（1）"我知道客户想要什么"。对于初创企业来说，排在第一位也是最致命的缺陷就是创始人具有一种错误而又执拗的信念，认为自己知道客户群是什么样的人，知道他们需要什么，知道怎样将产品推销给他们。任何一位冷静的旁观者都知道，在第一天，初创企业根本就没有客户，除非创始人是一位真正的业内专家，否则对于客户、问题以及商业模式这几个方面，他或她只能靠猜测。

在最开始，一家初创企业只是在猜测基础之上，采取与创业信念一致的举措。要想成功，创始人需要通过走出去、询问客户自己的假设是否正确，并且迅速改变那些错误的假设，尽快将这些猜测转化为事实。

（2）"我知道该建立什么功能"。这第二个缺陷假设其实是由上一个缺陷假设导致的。创始人认为自己了解他们的客户，认为自己知道客户需要什么功能。这些创始人闭门造车，通过传统的产品开发方式来设计、构建出一款功能齐全的产品。但是，如果没有同客户进行直接、持续的联系，那他们根本就无从知晓这些功能对于客户来说是否具有吸引力。

（3）过度集中关注发布日期。通常来说，工程、销售和营销都集中在一个固定的发布日期。营销部门会挑选一次"事件"（贸易展、会议或者博客等）来顺势"发布"产品。高管们则根据这个日期，从产品推出之日往后反向推算安排日程。无论是管理者还是投资者，都无法容忍会导致发布日推迟的"致命弯道"。

但其实，产品发布日期以及产品首次交付日期仅仅是开发团队认为产品首次发布准备工作"已经完成"的日期。这并不意味着初创企业在产品发布日就已经了解公司客户，或者是知道怎样向他们推销或者是出售产品，但几乎所有的初创企业，无论是否已准备好，各个部门的日程安排都将这一日期设置为"首批产品出货"的场合。更有甚者，有些初创企业的投资者也会依据这一日期来调整他们的财务期望值。

（4）错误地强调执行，而不是测试、学习和迭代。成熟企业执行的商业模式是在客户、问题和必要的产品功能这些信息都了解的前提下，但对于初创企业来说，它们需要在不断测试并且证明每一个初始假设这样一种"探索"的情况下来执行商业模式。

初创企业应该从每一次测试中有所得，完善假设然后再次测试，所有这些都是在探索一种可重复、可扩展并且可盈利的商业模式。在实践过程中，初创企业首先会进行一系列的初步猜测验证，其中大部分猜测将会以验证的错误性而告终。因此，如果初创企业专注于执行，专注于基于最初、未经测试的假设而推出产品和服务将会成为导致初创企业走向终结的错误决策。

（5）制订的业务计划没有给试验和错误留余地。传统的商业计划和产品开发模式有一个很大的优势：它们为董事会和创始人提供了一条明确的道路，并且明确指出了董事会认为将会实现的里程碑成就。财务进展情况通过收益表、资产负债表和

①　创新大师 Steve Blank：初创企业致命的九宗罪 [EB/OL]. https://baijiahao. baidu. com/s？id＝1588472261886334371&wfr＝spider&for＝pc.

现金流等指标来进行追踪。问题在于，这些指标都不是非常有用，因为它们无法追踪初创企业唯一的目标（找到可重复和可扩展的业务模式）的进展情况。

（6）混淆了传统职位与初创公司的需求。大多数初创公司的职位设置是照搬那些已经发展成熟的公司职位设置。但要知道，它们的借鉴对象执行的是已知的商业模式。它们的"销售"指的是这样一个团队：它们通过标准的展示、价格、条款和条件向它们已经非常了解的客户群来反复推销一款有一定知名度的产品。而初创企业，这些条件可能都不具备，事实上，这些都是它们正在探索、寻找的对象。

也就是说，初创企业的销售需要对客户需求进行探索，这就需要那些能够适应变化和无序的环境，能够从失败中吸取教训，并且能够在具有风险、不稳定、没有现成流程可循的环境中工作的人①。

（7）错误地关注销售执行和营销计划。聘请到正确岗位的副总裁和高管级别人物，但是技能不搭配，可能会为初创企业带来更多的麻烦，因为这种级别的销售和营销人员是为执行计划而来的。这些公司高管和董事会成员已经习惯了用可衡量性指标来衡量进展，他们将会把重点放在这些执行活动上，因为这是他们知道怎样去做的事情（也是他们相信聘请他们来做的事情）。当然，对于有着熟悉客户群和市场的成熟企业来说，这一关注点没什么问题。

甚至在现有市场的一些初创企业中，如果它们对客户和市场都有很好的了解，这种侧重点可能也会有效。但是对于大多数初创企业来说，依据产品发布或者是收入计划来衡量进展其实并不合适，因为它就像是在真空状态下进行的，缺乏真实的客户反馈，充满了可能错误的假设。

（8）根据一种成功的设想过早地扩大公司规模。业务计划、收入预测和产品介绍模式都在假设初创企业每一步都不出差错顺利进行的前提下，几乎没有为错误、学习、迭代和客户反馈留出空间。这样，即便是最有经验的管理人员也会被推动着按照计划去进行招聘，而无视当下的实际进展，这就会导致初创企业面临过早扩大规模这一灾难。

（9）被危机管理牵制，导致出现死亡螺旋。大多数初创企业的错误后果会在首批产品出货后开始出现，因为那时他们可能会发现销售量并没有达到计划数值。之后不久，销售副总裁可能会被免职，作为"解决方案"的一个措施。然后公司会聘请新的销售副总裁，这位副总裁将很快得出结论，问题只是在于公司不了解客户或者不知道怎样推销产品。由于新聘请的销售副总裁是来"修补"销售团队的，对于这样一位认为公司之前所推行的销售策略是错误的销售经理，营销部门必须做出相应的回应。而其实真正的问题在于：没有任何商业计划可以在首次与客户交手之后幸存下来。商业计划中的内容只是一系列未经过测试的假设。当真正的结果出现时，聪明的初创企业会根据结果来转换或改变它们的商业模式。这不是一场危机，而是通往成功之路的必经历程。

---

① 孙鸿武. 中小企业的发展与管理问题［J］. 中国中小企业，1994（S1）：9-11.

三、用户需求问题

用户需求是用户从自身角度出发自以为的需求，用户经常提出的需求，从他们自身角度而言都是正确的，但更多的是从自身情况考虑，对于产品的某个功能有自己的期望，但对产品定位、设计的依据等情况不了解。他们的建议也许并不是该功能的最好实现方式，也就不足以直接作为产品规划的直接依据。产品需求是提炼、分析用户的真实需求，并符合产品定位的解决方案。解决方案可以理解为一个产品、一个功能或服务、一个活动、一个机制[①]。

（1）需求分析。从用户提出的需求出发，挖掘用户内心真正的目标，并转变为产品需求的过程。我们不能简单地看用户需求，而是应该去挖掘用户产生这个需求时，其心里是什么驱动着用户。所以，更应该思考，需求分析的过程，如何把用户需求转变为产品需求，中间的纽带是什么？如何将产品需求转化为用户需求？

（2）马斯洛需要理论。出自经典著作《人的动机理论》的马斯洛需要理论，阐述了人类的需要有五类，即生理需要、安全需要、社交需要、尊重需要和自我实现需要。人类最基本的生理需要是衣、食、住、行，若无法得到满足，人类将无法生存。这也是我们提及最多的用户刚需，每一天都离不开。随之产生的是安全需要，希望生活有所保障，避免被伤害。两个需要得到满足后个体会产生友谊、爱情、亲情等各种感情诉求，也渴望成为集体的一部分。几乎没有人希望过着孤独的不与外界联系的生活。随后希望被人尊重，得到认可和赞赏，产生名誉、声望和地位的尊重需要，这种需要很少得到充分满足。自我实现是最高层次的一种需要，即实现个人抱负、理想、价值的需要。

（3）如何筛选需求。在筛选需求的时候，除了需要挖掘用户动机寻找真实需求外，还需要考虑以下几点：

①该用户是否为目标用户：如果不是产品针对的目标用户，其建议或需求的参考价值可能没那么大。当然也有可取的建议，自当仔细把握。

②该需求是否符合产品定位：该需求的满足可能会影响产品的核心服务，破坏用户体验。

③该需求是否能实现：评估这个需求需要多少开发资源或运营能力，价值有多大？性价比如何？符合产品的周期或市场战略吗？

在考虑需求的价值的时候，可以从四个维度考虑：

广度：该需求的受众面有多大？

频率：该需求的使用频率是否以日/周/月为周期？

强度：该需求对用户而言有多强烈？

时机：该需求是否符合产品的规划？当下的环境？"满足需求的产品"与"让用户尖叫的产品"之间，区别往往就在于对人性的把握。

---

① 郝志中. 用户力：需求驱动的产品、运营和商业模式［J］. 中国房地产，2016（5）：76.

四、资源整合问题

资源整合是企业战略调整的手段，也是企业经营管理的日常工作。整合就是要优化资源配置，就是要有进有退、有取有舍，就是要获得整体的最优。任何一个企业资源再多也还是有限的，企业不仅应拥有资源，而且还要具备充分利用外部资源的能力，使社会资源能更多更好地为本企业的发展服务。一些企业没有厂房，没有机器设备，甚至没有自己的员工，同样能生产出产品。当然它们并不是真的没有这些资源，而是充分利用了社会上的资源，进行了虚拟研发、虚拟营销、虚拟运输以及虚拟分配（指股权、期权制）等。有的企业进行脑体分离，企业仅拥有组织经营生产的人员和几间办公室而已，却利用外部的土地、厂房以及社会上的技术人员、管理人员、劳动力、原材料等生产出大量的产品。所以，在营销策划的过程中，必须时刻提醒自己要开阔视野，充分利用广泛的社会资源①。

（1）在战略思维的层面上，资源整合是系统论的思维方式，就是要通过组织和协调，把企业内部彼此相关却彼此分离的职能，把企业外部既参与共同的使命又拥有独立经济利益的合作伙伴整合成一个为客户服务的系统，取得1+1大于2的效果。

（2）在战术选择的层面上，资源整合是优化配置的决策。资源就是根据企业的发展战略和市场需求对有关的资源进行重新配置，以凸显企业的核心竞争力，并寻求资源配置与客户需求的最佳结合点。目的是要通过组织制度安排和管理运作协调来增强企业的竞争优势，提高客户服务水平。

按照企业之间整合资源的方式不同，可以把资源整合分为三种形式：纵向整合，横向整合和平台式整合。

（一）纵向整合

纵向整合是处于一条价值链上的两个或者多个厂商联合在一起结成利益共同体，致力于整合产业价值链资源，创造更大的价值。

传统的"原材料供应—设计制造—产品分销"就是一条典型的纵向价值链，企业在其中要考虑的问题是：自己是否处于价值链上最有利的位置？自己是否在做最适合自己、最能发挥自己优势的工作？如果不是，自己在哪些环节上没有相对优势？应整合哪些具有相对优势的资源？又如何整合？

（二）横向整合

横向整合是把目光集中在价值链中的某一个环节，探讨利用哪些资源，怎样组合这些资源，才能最有效地组成这个环节，提高该环节的效用和价值。它与纵向资源整合不同，纵向资源整合是把不同的资源看作位于价值链上的不同环节，强调的是每个企业要找准自己的位置，做最有比较优势的事情，并协调各环节的不同工作，共同创造价值链的最大化价值。横向整合的资源往往不是处于产业链内，而是处于本产业链外。

（三）平台式整合

不论是纵向还是横向资源整合，都是把企业自己作为所整合资源的一部分，考

---

① 洪秦平. 资源整合赢天下［M］. 北京：中国经济出版社，2011：103-162.

虑怎样联合别的资源得到最佳效果。而平台式资源整合却不同，它考虑的是，企业作为一个平台，在此基础上整合供应方、需求方甚至第三方的资源，同时增加这双方的收益或者降低双方的交易成本，自身也因此获利。

现在所有的展览会都通过平台式资源整合方式打造供求双方的平台，通过满足双方各自的需求而盈利。一个展会至少要整合三方面的资源：一是参展商；二是专业观众；三是为展会服务的服务商（如物流商、酒店、搭建商、保洁、安保、展馆、旅游商等）。

创业者能否成功地开发出机会，进而推动创业活动向前发展，通常取决于他们掌握和能整合到的资源，以及对资源的利用能力。许多创业者早期所能获取与利用的资源都相当匮乏，而优秀的创业者在创业过程中所体现出的卓越创业技能之一，就是创造性地整合和运用资源，尤其是那种能够创造竞争优势，并带来持续竞争优势的战略资源。

五、收入成本结构问题

过度扩张在快速发展的企业中普遍存在，此种做法导致企业收入成本结构严重失衡，最终导致财务状况恶化。其主要原因有：

（1）不考虑资本成本的过度投资。很多老板往往以为企业所掌握的资金就是自己的，而不知道这当中有多少是银行的，有多少是供应商的，于是直接拿去投资，忘了它们其实是应付账款或是短期负债，甚至有些是长期负债。企业能借到钱或融到资，就会扩大投资。发展顺利，就再扩张，造成信用使用过度。只要现金流出现一次问题，就像触动了多米诺骨牌，带来连锁反应，企业很快就整个垮掉。一根稻草可以压死一头骆驼，由一笔相对于其资产来说数额很小的流动资金引发连锁反应，造成巨人大厦工程倾覆就是一个有力的佐证。

（2）准备不充分的仓促投资。由于上市融资、风险资本投入等原因，企业可控的资金突然增加，并且数额巨大。增加的这些巨额资金是有投资回报要求的，面临这些投资回报压力，企业必须为这些资金寻找能够获利的出路投资，此时就容易急功近利。由于项目本身准备也不充分（包括项目可行性论证不充分），项目进展缓慢造成资金投入不断超出预期，加之缺乏运作巨额资本的经验，对资金使用的控制不严格，导致资金效率低下，最终项目回报少，血本无归也是有可能的。现实中被新项目一点点拖垮的企业不在少数。

（3）企业多元化失控。有钱了就投资，只是有的集中一点，有的遍地开花——也许是赚钱的领域多而看花了眼，或是贪心得一个也不肯放过，于是很多企业大搞多元化投资[①]。但是，也许是没有结合自己的特点深入地分析投资某行业的可行性，特别是没有综合分析多元化投资的相互影响，因而不仅没能发挥关联方取长补短、相互促进的优势，还造成了不同投资领域相互掣肘的局面，进而因投资的过度分散而造成管理效率下降，同时对资金的多头需求严重降低财务控制水平，最终导致财

---

① 孙鸿武. 中小企业的发展与管理问题［J］. 中国中小企业，1994（S1）：9-11.

务链断裂。

（4）被家族体制困扰。家族企业最初的权力来源往往依托于伦理关系。当作为创业者的第一代企业主退出企业时，必然引起企业财产继承权和在家族成员间的分割问题，此时特别容易导致彼此作为竞争对手的后代发生争权夺利、骨肉相残的现象。中国民营企业、家族企业的接班问题是企业的一道生死坎，传到二代的不多，传到三代的更是少之又少。

创业顾问

蒙牛的五个发展阶段与九种营销策略①

（一）初创阶段，"初生牛犊也怕虎"：蒙牛的比附营销策略

所谓比附营销策略，是指攀附名牌的营销策略。2000 年 9 月，蒙牛推出大型公益广告——《为蒙牛喝彩·中国乳都》，在其投放的箱体广告中写着"千里草原腾起伊利、兴发、蒙牛乳业"，在产品外包装上，蒙牛直接打出"为民族工业争气，向伊利学习"的字样。笔者认为蒙牛的比附营销策略有"一石三鸟"的效果：其一，把自己的竞争对手放在首位，而且强调把"行业蛋糕"做大，可以免遭竞争对手的攻击，为蒙牛的发展壮大赢得宝贵时机；其二，对处于初创期的蒙牛来说，借助优势名牌的影响力可以提高自身品牌的知名度，使蒙牛品牌迅速进入消费者的心智；其三、符合中国传统文化，体现了老庄哲学"知其雄，守其雌"的思想，更易被消费者理解和接受。

（二）成长阶段一，"展翅鹏程"：蒙牛体验营销策略

在蒙牛之前的 1997—1998 年，伊利进军深圳，未获成功。针对深圳人对蒙牛品牌尚不了解，加之深圳各大零售商对外来产品的排斥现象，蒙牛决定改变伊利"从城市到农村"的传统营销策略而采取"农村包围城市"的体验营销策略。蒙牛促销人员身着蒙古袍，带着大草原所特有的醇香新鲜牛奶，让深圳各个社区的居民免费品尝，引来居民的普遍赞誉和良好口碑，从而使蒙牛产品成功打入深圳市场。

（三）成长阶段二，"神五"飞天，蒙牛"走红"：蒙牛的公关营销和情感营销策略

2003 年 10 月 16 日 6 时 23 分，中国"神五"飞船首次载人航天飞行圆满成功。蒙牛作为中国航天的首家合作伙伴，也因此成为国人关注的焦点之一。在举国欢庆之时，蒙牛打出"举起你的右手，为中国喝彩"的广告词，同时在各大城市充分利用户外广告、平面广告等媒体宣传"蒙牛，中国航天员专用奶"，"蒙牛，强壮中国人，鼓舞中国心"。印有"航天员专用奶"标志的新包装牛奶和相应众多大众宣传也及时出现在各大卖场，蒙牛宣传攻势锐不可当。蒙牛紧紧把握住这一伟大民族盛事开展公关营销，拉近了蒙牛与消费者之间的情感距离，使蒙牛在消费者心中树立了一个具有民族责任感及人性关怀的品牌形象，因此也达到了情感营销的效果，完

---

① 吴增国，李福学. 企业生命周期与营销策略研究：以蒙牛为研究案例 [J]. 现代企业教育，2010（16）：87-88.

成了组织设定的营销目标。

2005 年，由蒙牛与湖南卫视联合打造的"蒙牛酸酸乳超级女声"青春女孩秀取得非凡成功。中国最具人气的四大"超女"：李宇春、黄雅莉、赵静怡、陈西贝为蒙牛酸酸乳代言，"真我新声代"栏目火遍大江南北。蒙牛借此活动创造了营销神话，其全年销售额达到 108 亿元，同比增长 50%，净利润高达 4.5 亿元，同比增长 43.7%。4 亿观众狂热追捧，900 万个短信投票的平民娱乐秀，再加上电视、网络、报纸、其他媒体的跟踪报道，使蒙牛品牌与其主推的蒙牛酸酸乳走进了千家万户。"超级女声"其实是一个"三网一体"的互动营销，"三网"是指电视网络、互联网和电信网（手机无线网），体现了蒙牛对媒体力量的整合，更体现了两个具有创新观念企业的沟通和全力投入的成果。在发展过程中，新合作者不断加入，直至全民参与，体现了蒙牛对人的力量的整合，还有对中国特色文化力量的整合。

（四）衰退阶段，蒙牛的事件营销策略——终极篮徒

事件营销是指企业利用具有社会影响的人或事件吸引媒体、社会团体和消费者的兴趣与关注，以求提高企业或产品知名度、美誉度，树立良好品牌形象，并最终促成产品或服务销售的手段和方式。2009 年 2 月 12 日，石家庄市中级人民法院因三鹿婴幼儿奶粉中三聚氰胺含量超标导致婴幼儿患肾结石而宣判三鹿集团破产。随即国家质检总局对国内乳制品企业进行质检，结果包括伊利、蒙牛、光明、圣元及雅士利等在内的 22 个厂家 69 批次产品中都检查出三聚氰胺含量超标。蒙牛、伊利等乳制品企业的产品质量及产品安全性的形象大打折扣，蒙牛销量锐减。蒙牛 2008 年年报显示，2008 年亏损 9.486 亿元，超过其 2007 年全年利润。蒙牛业绩不断下滑，创始人牛根生泪流满面。为了重新塑造蒙牛产品绿色、健康和营养的品牌形象，提高蒙牛销售业绩，2009 年 4 月 20 日，由蒙牛、NBA（中国公司）和山东卫视共同打造的"蒙牛 NBA 终极篮徒"活动在京启动，是一场针对青少年的集专业性、趣味性、娱乐性和参与性为一体的篮球盛宴。蒙牛大力宣传"运动+营养（蒙牛）=健康"的营销理念。历时 6 个月的活动与宣传，取得了优异成果。蒙牛借助第十一届全国运动会在山东举行这个后奥运时代最牛的营销事件，让亿万青少年燃烧运动激情，传递蒙牛绿色、健康和营养的产品形象，使消费者再次对蒙牛产品认可与接收。最终蒙牛销量开始不断回升，企业发展转危为安。

（五）二次创业阶段（又称转型期），蒙牛以攻为守的创新营销策略

经历了三聚氰胺事件后的蒙牛没有像三鹿一样破产消亡，而是进入了又一个新的发展阶段——二次创业阶段（转型期）。为了不断迎接多变的市场挑战，使蒙牛处于一种不断发展前进的竞争态势，蒙牛决定采用以攻为守的创新性营销策略，即通过"三架马车"来拉动蒙牛的前进。第一架马车：多元化营销策略。为扩大利润增长点，蒙牛实行产品线延伸策略（产品线向上延伸策略），推出金牌高端牛奶特仑苏，同时丰富产品系列，在白奶系列的基础上增加花色奶系列、儿童奶系列、蒂蓝圣雪系列、冰+系列等。第二架马车：国际化营销策略。蒙牛总裁杨文俊表示，蒙牛用十年时间实现了从"草原牛"到"中国牛"再到"世界牛"的发展路径。蒙牛战略层表示，将进一步实施国际化营销策略，让蒙牛产品进入世界各个城市和

199

家庭，使蒙牛获得持续、强劲的发展动力。第三架马车：网络化营销策略。超越传统营销模式，打造新的市场营销渠道，建立时尚乳业电子商务平台，使顾客对蒙牛产品"了如指掌""触手可及"，而且及时反馈消费者购后信息。

延伸阅读

A 公司成长性不足的判定①

2023 年 4 月 13 日，在满足申报标准的情况下，深圳证券交易所上市审核委员会对 A 公司做出了不予上市的决定。上市审核委员会重点关注了 A 公司的主营业务成长性问题，聚焦于客户高度依赖以及研发能力下降等因素。客户协助式的高度依赖发展模式，风险巨大，一旦客户经营情况和需求发生变更，企业无法适应市场竞争，业务成长性面临巨大挑战。同时，研发能力是创业板企业的灵魂和生命线，A 公司研发能力不足，企业无法形成稳定的核心竞争力，导致其成长性不足。经过两轮问询，A 公司未能充分解释其主营业务成长性根据。

一、A 公司简介

A 公司是国家高新技术企业，四川省企业技术中心、工业和信息化部认定的专精特新"小巨人"企业，已取得军工业务相关资质，通过国家军工标准质量管理体系认证以及必维集团航空航天质量管理体系认证，具有一定的行业地位。它成立于 2002 年 12 月 26 日，其前身为成都××制冷设备有限公司，主要从事的是空调制冷设备和中央空调等相关产品的品牌代理销售业务，业务量较小，2004 年停业。在此期间，其曾两度变更经营范围，但除零星材料待采购业务外均未实际开展业务。2014 年至 2017 年 3 月，在股权纷争落下帷幕之前，公司依旧未开展经营活动。2017 年 3 月，××创投、××投资与公司控制人刘××、周××就相关投资意向及股权结构调整安排签署了投资协议，向 A 公司投入资金 5 000 万元，之后 A 公司开始转型从事航空零部件和燃气轮机零部件的加工制造业务。业务涵盖定型批产的机体结构件、起落架、航空发动机零件，以及航空发动机、燃气轮机型号项目、预研项目的科研件试制等。

A 公司的客户主要为中航工业和中国航发等军工集团下属主制造商、分承制商和科研院所。在此阶段，A 公司迎来了业绩体量的快速增长，景气度陡升。然而，相较于同行业公司，如爱乐达、立航科技、广联航空、迈信林和航亚科技，A 公司客户集中度相当高，公司研发投入规模和研发费用率较低，其产品竞争力并未占据引领地位。

2022 年 6 月，A 公司拟在创业板上市，向深圳证券交易所递交《首次公开发行股票并在创业板上市招股说明书（申报稿）》（简称"招股书"），拟公开发行人民币普通股不超过 2 577 万股，募集资金金额约 53 518.00 万元。

二、IPO 申报依据及风险提示

A 公司创业板 IPO 申报标准是根据《深圳证券交易所创业板企业发行上市申报

---

① 深圳证券交易所发行上市审核信息公开网站-IPO 详情（szse.cn）［EB/OL］.http://listing.szse.cn/project-dynamic/ipo/index.html.

及推荐暂行规定（2022年修订）》第三条第（一）款要求：最近三年研发投入复合增长率不低于15%，最近一年研发投入金额不低于1 000万元，且最近三年营业投入复合增长率不低于20%。招股书显示，最近三年A公司研发投入复合增长率为32.86%，最近一年研发投入金额为1 434.91万元，且最近三年营业投入复合增长率为26.52%，不低于20%。因此，该公司符合《深圳证券交易所创业板企业发行上市申报及推荐暂行规定（2022年修订）》的相关要求。

A公司选择的具体上市标准为《深圳证券交易所创业板股票上市规则（2020年12月修订）》（简称《上市规则》）2.1.2第（一）项，即"最近两年净利润均为正，且累计净利润不低于5 000万元"。根据容诚审计师事务所出具的审计报告，A公司2021年度和2022年度归属于母公司股东的净利润（扣除非经常性损益前后孰低）分别为5 284.72万元和6 180.25万元，合计11 464.97万元。因此，该公司符合《上市规则》的相关要求。

此外，A公司在招股书中提示了其存在的主要风险：

（1）客户集中度较高。公司客户主要集中于中航工业和中国航发下属单位，如果未来客户经营情况或需求出现较大变化等导致与主要客户合作关系发生变化，将对公司经营业绩产生不利影响。

（2）应收账款金额较大。公司下游军工客户具有项目结算时间较长、年度集中结算等特点，导致公司报告期末应收账款金额较大，若下游客户生产经营出现重大变化，公司将面临流动资金紧张的风险。

（3）公司还存在相关军工单位协作配套需求减少、暂定价调整导致业绩波动、豁免披露部分信息影响投资者对公司价值判断、租赁厂房存在权属瑕疵等风险。

三、IPO申报结果

深圳证券交易所上市审核委员会两轮问询主营业务收入以及研发费用情况，重点关注了A公司报告期内第一大客户收入大幅增长是否合理，对客户是否存在重大依赖，科研投入增长缓慢是否正常，核心技术是否先进和研发费用归集是否准确等问题。2023年4月13日，深圳证券交易所上市审核委员会在第21次会议上对A公司做出了不予上市的决定。上市审核委员会审议认为，A公司未能充分解释主营业务的成长性，进而未能充分说明其是否符合成长型创新创业企业的创业板定位要求，因此不符合上市条件。

案例

B公司商业模式设计①

一、行业背景及公司介绍

随着近几年互联网的崛起和互联网的广泛传播，网络传播平台对传统实体店造成了巨大的冲击，B公司创始人意识到传统企业必须要顺应时代的潮流，故决定探

---

① 本案例素材，由编写团队自主开发整理编写。

索一条关于互联网+的新的运作模式。2015 年初，创始人自建了一家食品科技公司 B。

B 公司是一家致力于传播新的饮食文化理念的公司，并将有着相同生活理念和同样追求"简单、健康、高效、时尚"生活方式的人群聚集起来，建立平台。B 公司通过推出其旗下食品的方式，让人们了解更健康、更简单的饮食文化。B 公司通过解决餐桌上的健康，来引领新的生活方式变革，做家庭的随心私厨。

但是，B 司是初创企业，缺少相应的生产设施等，在考虑了成本等一系列因素后，B 公司决定依托 A 公司现有的生产基地，通过 A 公司的两个生产基地来直接提供产品。B 公司的总部在成都，通过 A 公司建在珠海和连云港的两个生产基地生产产品，生产出的产品经由第三方冷链运输到成都，再通过成都辐射整个西南及全国。对于以后 B 公司是否在四川自建生产基地等问题，公司的管理层还在考察和讨论当中。

目前，B 公司旗下的产品分为以下几类：糕点、饮品和料理包等。其中：糕点产品以南瓜栗系列产品为主，该系列产品的食材主要来自日本的珍贵品种"板栗南瓜"，通过 B 公司特有的专利技术，制作出没有任何添加剂并且能保持原材料营养价值的健康食品。

饮品主要以 B 公司最新研制的米浆系列产品为主，通过挑选优质原材料，加上 B 公司特殊的工艺，制作成天然健康的绿色饮品。B 公司希望以南瓜栗系列和米浆系列作为导入产品，将公司倡导的新的饮食文化理念推广到广大消费者中，并建立自己的粉丝社区，通过用户反馈，建立大数据分析系统，以定制更健康的个性化产品。

料理包以解决人们餐桌上的饮食为主。B 公司采用欧美最先进的技术，通过全球采购优质和健康食材，制作出可口美味的饭菜。B 公司料理包的推出，不仅解决了"上班族"切实存在的做饭问题，更重要的是将 B 公司提倡的"简单、健康、高效、时尚"的饮食文化理念传播到更广大的消费群体中去。B 公司计划料理包将呈现出多元化，以符合更多地区消费者的口味。目前，B 公司的料理包产品以川味情怀为主，市场群体主要是北京、上海、深圳等地区。B 公司希望通过试点向区域发展的方式将新的饮食文化普及到更多的群体。

B 公司产品采用欧美最先进生产技术，该技术能将食品在 3 秒钟内极速冷冻至零下 18 摄氏度，在该温度下及时锁住食物营养，停止细菌繁殖，保证食物的新鲜程度，再通过全程冷链运输方式以最快的速度将美食送到人们的餐桌上。通过这样的特殊专利技术，食品虽然经历了极速冷冻和全程冷链过程，但是到达客户手中时，其味道和营养依旧不会改变。并且，B 公司的食材来自全球，安全质量符合国家标准，并通过了 FSSC 认证。因此，B 公司的核心技术可以归纳为两方面：一方面是菜品食材的高品质和菜肴研发制作等工艺可以达到绿色、新鲜、美味及健康的客户需求；另一方面是 B 公司自建的销售平台。其主要职责是通过线下、自营平台及第三方平台获取的用户反馈及偏好等，进行产品调整及研发。

虽然这种冷链食品的发展在国内还处于萌芽阶段，但是在发达国家，这种食品已经非常流行。目前，发达国家对极速冷冻食品的消耗量非常高。据不完全统计，发达国家人均年消费冷冻食品一般在 20 千克以上，并以每年 30%的速度递增，所以

B公司对市场前景非常看好。但这似乎又与国内传统的对食品的"新鲜、健康"评价略有不同。

从销售模式来看，B公司的所有产品基本都在线上销售。B公司通过建立自有销售平台和借助目前国内已有第三方线上销售平台来进行产品的推广和饮食文化的传播。B公司希望借助互联网思维，使B公司的饮食文化更快地得到传播和分享。

虽然B公司有着极好的发展前景，但是B公司仍面临着许多问题，从现在线上平台的销售情况来看，结果并不如人意。虽然这种新的饮食文化理念在欧美已经非常流行，却与中国传统的饮食理念有所不同，于是公司管理层思考：目前的经营方式以及传播渠道是否正确，如何才能更快地将新的饮食文化理念传播到更多的人群中去。公司管理层对于专家提出的"随心私厨"理念，也一直在思考其合理性。从开始提出"心想食呈"到"随心私厨"，虽然最后确定了"随心私厨"，但这个概念是否能顺应未来消费的趋势？是否能得到不同人群的认同？这些问题都还不明朗。同时，B公司作为一家初创企业，在产品生产和客户数据收集等方面都严重依赖A公司，特别是食材的共享和物流的共享，并且A公司生产基地设在东部沿海，导致中间物流成本很高。B公司管理层也在思考是否在四川本地设厂。如果在四川本地设厂，食材的收集物流成本将会加大。如何取舍，成为B公司管理层心里的一块石头。在客户选择方面，B公司对如何定位产品和文化所对应的客户群体产生了许多疑虑。虽然B公司产品是极速冷冻产品，但是B公司食品是一种完全健康、绿色的食品。对于该选择哪些年龄层人群作为突破对象，B公司管理层不知如何下手。最后，困扰B公司最大的问题是现在冷链物流成本过高，这是B公司启动很多项目之前十分重视的问题。

随着中国经济的飞速发展，特别是人们的年人均收入不断提高，向中等发达国家水平靠近，人们的消费方式、消费观念和消费结构也会发生变化，相应的冷链物流会更加成熟。如果解决了B公司存在的问题，B公司倡导的新的饮食文化理念和该公司的产品会逐渐被人们认可，并且在不久的将来会呈现出爆发式的增长，其料理包等产品也会从北京、上海、深圳等城市扩展到更多的城市。

二、公司组织结构（见图6-3）

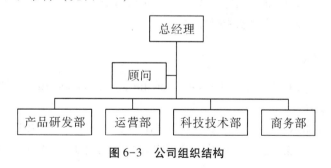

图6-3　公司组织结构

203

三、公司财务数据（见表 6-2）

表 6-2 公司财务数据　　　　　　　　　　　　单位：万元

	利润			
	2022 年 Q4	2022 年 Q3	2022 年 Q2	2022 年 Q1
营业收入	630	520	350	130
运营成本	1 050	1 050	1 020	900
食材成本	300	150	140	50
宣传费用	390	370	350	320

四、公司业务流程（见表 6-3）

表 6-3 公司业务流程

总部	生产	运输	销售	分发	售后服务	新产品开发
成都	珠海	全程冷链	自建平台	成都	客户反馈	研发部
	连云港		第三方网络平台		数据分析	
			线下渠道			

五、公司面临的诸多困惑

在保留传统实体业务的基础之上，选择新的商业模式和线上业务的理由何在？该公司以后发展需采用哪种商业模式？

问题讨论

1. 分析企业在不同的生命周期阶段应采用何种发展策略？

2. 蒙牛是如何将生命周期理论运用于企业实际发展的？带给我们的启示是什么？

3. 企业在不同的生命周期阶段有哪些不同的特点？

4. 初创企业如何克服成长中的常见问题？

本章参考文献

［1］EDITH T PENROSE. The theory of the growth of the firm ［M］. New York：Oxford Press，1959：53.

［2］COASE RONALD. The nature of the firm ［J］. Economica，1937（4）：386-405.

［3］伊查克·爱迪思，赵睿. 企业生命周期 ［J］. 当代电力文化，2015（4）：101.

［4］余伟萍. 组织变革：战略性 ERP 价值实现的保障 ［M］. 北京：清华大学出版社，2004.

［5］GREINER L E. Evolution and revolution as organizations growth ［J］. Harvard

Business Review, 1972 (50): 37-46.

[6] WINTER S G. Schumpeterian competition in alternative technological regimes [J]. Journal of Economic Behavior & Organization, 1984, 5 (3-4): 287-320.

[7] MASON HAIRE. Biological models and empirical histories in the growth of organizations [M]. New York: John Wiley, 1959.

[8] GARDNER J W. How to prevent organizational dry rot [J]. Harper's Magazine, 1965 (231): 20-26.

[9] OSTERWALDER A, PIGNEUR Y, TUCCI C L. Clarifying business models: origins, present, and future of the concept [J]. Communications of the association for information systems, 2005 (16): 1-40.

[10] 亚历山大·奥斯特瓦尔德, 伊夫·皮尼厄. 商业模式新生代 [M]. 经典重译版. 黄涛, 郁婧, 译. 北京: 机械工业出版社, 2016.

[11] 黄谦明. 论商业模式创新与企业家精神: 基于资源基础观的分析框架 [J]. 改革与战略, 2009, 25 (8): 163-165.

[12] 张迪. 有效沟通与团队合作 [M]. 上海: 上海交通大学出版社, 2017.

[13] 熊斌. 高管团队共享心智模型对团队绩效的影响机制研究 [M]. 成都: 电子科技大学出版社, 2016.

[14] 孙鸿武. 中小企业的发展与管理问题 [J]. 中国中小企业, 1994 (S1): 9-11.

[15] 创新大师 Steve Blank: 初创企业致命的九宗罪 [EB/OL]. https://baijiahao.baidu.com/s? id=1588472261886334371&wfr=spider&for=pc.

[16] 吴文辉. 创业管理实践: 新创企业的成长模式 [M]. 北京: 中国经济出版社, 2015.

[17] 郝志中. 用户力: 需求驱动的产品、运营和商业模式 [J]. 中国房地产, 2016 (5): 76.

[18] 洪秦平. 资源整合赢天下 [M]. 北京: 中国经济出版社, 2011.

[19] 吴增国, 李福学. 企业生命周期与营销策略研究: 以蒙牛为研究案例 [J]. 现代企业教育, 2010 (16): 87-88.

205

第七章
企业家与创业团队

本章知识结构导图

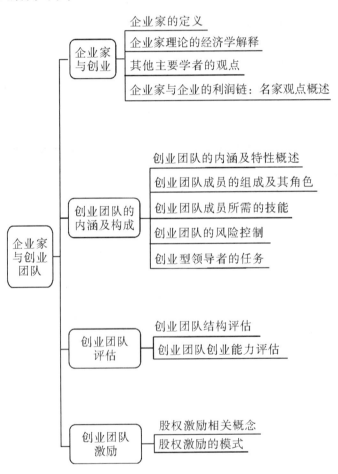

学习目标

（1）了解企业家的内涵；

（2）了解企业家与创业的关系；

（3）了解创业团队的评估方法。

关键概念

创业团队；创业领导者；创业团队评估

第一节　企业家与创业

一、企业家的定义

企业家（entrepreneur）的内涵在学术界看来是不断丰富的。

企业理论开创者之一的法国经济学家 J. B. 萨伊①最先对"企业家"下了定义："把经济资源从生产率较低、产量较小的领域，转到生产率较高、产量更大的领域的人就是企业家。"

美国经济学家黑尔斯②的"企业家"定义是："所谓企业家，即那些能够抓住经济生活中的机遇，或能够对经济生活中发生的机会做出反应，通过创新为其本人和社会创造更多的价值，从而使整个经济体系发生变化的人。"

英国经济学家马歇尔在《经济学原理》③中指出："企业家们属于敢于冒险和承担风险的有高度技能的职业阶层"；"企业家们总是以自己的创造力、洞察力和统帅力，发现和消除市场的不均衡，创造出更多的交易机会和效用，给企业的生产过程指明方向，是生产要素的组织化。"

奥地利学派的经济学家柯兹纳在其著作《竞争与企业家精神》④中将企业家定义为："具有一般人所不具有的、能够敏锐地发现市场获利机会，具有洞察力的人"。

美籍奥地利裔著名经济学家约瑟夫·熊彼特在《经济发展理论》⑤中指出："企业家是实现创新、进行新组合的人，否则只能是管理者。"

英国经济学家彭罗斯⑥把企业家的意义进行了提升："企业家的事业心和对风险的态度是一枚硬币的两面。因为企业家的事业心包含承担风险的意志，探索避免风险的热情，是企业持续发展的动力，以及把对利润的追求当成自己的伟大使命。"

---

① 萨伊. 政治经济学概论［M］. 陈福生，陈振骅，译. 北京：商务印书馆，1963：53.

② 殷洪玲. 企业家社会资本对其创业能力的影响研究［D］. 长春. 吉林大学，2009.

③ 马歇尔. 经济学原理［M］. 朱志泰，陈良璧，译. 北京：商务印书馆，1965：76-87.

④ KIRZNER I M. Competition and Entrepreneurship［M］. Chicago：University of Chicago Press，1973：68.

⑤ 约瑟夫·熊彼特. 经济发展理论［M］. 何畏，易家详，译. 北京：商务印书馆，1990：71-89.

⑥ EDITH T PENROSE. The theory of the growth of the firm［M］. New York：Oxford Press，1959：53.

美国学者奈特在其博士论文《风险不确定性和利润》① 中认为，所谓企业家就是那些在极不确定的环境下，做出决策并必须自己承担决策全部后果的人。他明确指出，企业家必然是"工商企业主"，而不是负责日常决策、领取薪水的经理。

当代美国经济学家卡森在《企业家：一个经济理论》② 中对企业家定义的外延进行了拓展："企业家就是专门就稀缺资源的配置做出判断性决策的人。"

美国著名管理大师彼得·德鲁克③认为："企业家就是赋予资源以生产财富的能力的人。"

日本学者 Uiroshi Mannari 认为，企业家是指"占有或取得企业资产并承担经营风险、从事市场交易的主体"。

尽管如此众多的"企业家"定义给人不确定感，但其共同性还是鲜明的，那就是企业家既敢于创新又勇于承担风险；企业家既能创办企业，又能经营好企业。更重要的是，企业家不是一个实体概念，而是一个职能概念。大多数人在提到企业家时，趋向于把企业家与小企业联系在一起。其实并非所有的小企业管理者都是企业家，许多小企业管理者并不进行创新。相当多的小企业管理者，不过是许多大型组织中保守的、循规蹈矩的缩影。企业家同样可能存在于已经建立起来的大型组织中。通用电气公司的杰克·韦尔奇，就是大型组织卓越企业家的典范。

二、企业家理论的经济学解释

"企业家"这个词，从在 16 世纪诞生的那一刻起，就被赋予了冒险者的身份。而在这之后到现在的若干个世纪里，企业家先后被赋予了经营者、资本家、经理、革新者等身份。这些身份的变化，反映了在时代更替、生产力发展、制度变迁的历史中，学者们对企业家角色的不断思索。但是，在这段历程中，我们可以看到，作为社会化生产的先行者和执行者，企业家这一路走得并不顺利，企业家理论的发展也不是一帆风顺的。从"企业家"这个名词的诞生，到企业家在经济实践中地位的确立；从经济学理论中偶尔对企业家的提及，到系统的企业家理论的形成，企业家和企业家理论经历了几个世纪的风雨。

（一）企业家理论前史

企业家理论的飞速发展，是 20 世纪的事情，但对企业家的研究最早却可以追溯到 1776 年亚当·斯密发表《国富论》（《国民财富的性质和原因研究》）④ 创立古典经济学完整体系以前的资本原始积累时期。在这个历史时期，企业家的含义虽然不十分明确，但也有着较为稳定的固定含义，即企业家是同风险相联系的。企业家与资本家之间的区别，仅在于承担风险内容上的差异。他们并不具有较高的社会地位，也未能赢得社会的普遍尊重和信任。

但在这个时期的重商主义和重农学派中，仍不乏对企业家的真知灼见。18 世纪

① 安佳. 风险、不确定性与利润以及企业组织：奈特理论介评 [J]. 科学·经济·社会，2006，24（1）：15–18.

② 王玉帅，尹继东. 创业者：定义的演化和重新界定 [J]. 科技进步与对策，2009，26（10）：137–141.

③ 彼得·德鲁克，蔡文燕. 创新与企业家精神 [J]. 投资与合作，2007（1）：91.

④ 曲振涛. 论法经济学的发展：逻辑基础及其基本理论 [J]. 经济研究，2005（9）：113–121.

的法国经济学家坎蒂隆，是在经济文献中最先使用企业家的概念并系统地考察企业家角色的经济学家。坎蒂隆在 1755 年出版的《商业性质概论》① 中，把企业家置于不确定的市场环境中来考察其地位和作用，从而揭示了企业家与商品经济的联系。康替龙意义上的企业家是从事商业投机活动的套汇者。重农学派的领袖人物魁奈② 眼中的企业家则是以农民的形式出现的。他认为，企业家是大规模农场的经营者，在别人的土地上从事自己的事业，是一项事业的实施者。杜尔哥③将资本所有者作为经济中一个独立的职能，认为企业家是企业的独立组织者和管理者。值得一提的是另一位重农学派的经济学家尼古拉斯④的观点，他在将企业家看作风险承担者的同时，为企业家增加了一个独有的特征，即将企业家同时也看作一个革新者，企业家发明新技术或新思想并将其应用于生产中以降低成本，增加利润。

（二）古典经济学时期的企业家理论

1. 企业家理论产生的时代背景

企业家理论的产生，是企业家阶层发展的必然结果，但归根到底是经济实践发展的结果。在古典经济学孕育和形成的时期，工业革命的发展，使集约化的机器大工业取代了原有的工场手工业。随之而来的，除了生产力的飞速发展、社会财富的不断积累，还有企业家阶层的壮大和力量的增强，他们急切希望自己的地位在对企业管理、决策职能的发挥中，得以迅速提高，并在此过程中获得最优的利润分配。但企业家阶层在古典经济学时期并未获得独立的地位。由于斯密的"工人、资本家、地主"的三大阶级划分及对应的"工资、利润、地租"三大收入形式构成的影响，企业家似乎并未与资本家区分开来，而企业家获得的收入，也未与资本家的收入区分开来。

2. 古典经济学时期的企业家理论

虽然古典经济学时期对企业家的研究并不是主流，但正如企业在微观经济中的重要作用不容忽视一样，作为经济增长源泉的企业家同样不可能被遗忘。我们清楚地知道，从亚当·斯密开始的整整一代经济学家毕竟是通过对处于上升时期的工商阶级的认同，才对当时的经济产生决定性影响的。虽然当时的经济学家没有对企业家问题进行深入的研究，但这并不表示没有人对企业家加以强调。

在古典时期，萨伊⑤是第一个在经济过程图式中给予企业家以一定位置的经济学家，他把企业家定义为结合一切生产手段并为产品寻求价值的代理人，认为企业家能够把经济资源从生产率较低和产量较少的领域，转移到生产率较高和产量较大的领域。

萨伊在他的分配理论中，用利息和企业主收入来代替利润，认为它们来自两个不同的源泉。他特别强调企业家的力量对财富分配发挥了最显著的作用。企业家必须具备判断力、坚毅品质和专业知识，掌握监督和管理技术，还要有敢冒风险的精

① 理查德·坎蒂隆. 商业性质概论 [M]. 余永定，徐寿冠，译. 北京：商务印书馆，1986：25-29.
② 魁奈. 魁奈经济著作选集 [M]. 吴斐丹，张草纫，选译. 北京：商务印书馆，1980：34-47.
③ 杜尔哥. 关于财富的形式和分配的考察 [M]. 唐日松，译. 北京：商务印书馆，1997：51-72.
④ 高良谋. 史前经济学中的企业家思想 [J]. 财经问题研究，2000（10）：69-74.
⑤ 萨伊. 政治经济学概论 [M]. 陈福生，陈振骅，译. 北京：商务印书馆，1963：53.

209

神。因此，企业家和资本家是不同的，企业家的收入和工人的收入一样，都是劳动的报酬，是对他监督管理企业、掌握科学技术和承担风险的报酬；而资本家的利息，则是对于资本的效用或者使用所付的租金。

萨伊的企业家理论，从定义、内涵、职能、收入分配等角度对企业家加以分析。虽然企业家问题并不是古典经济学研究的主要问题，但从萨伊的论述中，我们可以看到，企业家并未被遗忘。萨伊将企业家与资本家职能分开，为以后企业家理论研究的开展奠定了基础。

（三）新古典经济学时期的企业家理论

1. 企业家理论产生的时代背景

新古典经济学时期是资本主义各国逐渐由自由资本主义过渡到垄断资本主义的时期。在这个时期，通过竞争、股份制等方式，资本日益集中于少数企业，使得这些企业的规模不断膨胀，实力不断加强，能够在更广阔的范围内进行资源配置与社会分工，使得这些企业的发展，在优势互补的基础上，得以良性循环。

此时，随着企业规模的扩大与竞争的加强，市场的自发调节作用更加明显，同时对企业家也提出了更高的要求，不仅要具有管理与决策的职能，还对其创新的精神、自身的素质、规避风险的能力等提出了更高的要求，从而促使企业家职能也发生了改变，所有权和经营管理权逐步发生了分离，经理制风靡世界。

2. 主要的企业家理论

随着资本主义政治经济形态的变化，企业内部进行着不断的调整，企业家的职能也在不断完善，地位也得到了确立。因而，此阶段对企业家问题的研究，逐步由表象向本质延伸，人们开始更多地讨论企业家本身的问题。此时的经济学家对企业家的认识，远远超越了前一个时期，他们运用当时主流的分析方法，从更深的层次上对企业家加以研究和解释。

（1）马歇尔①的企业家理论

马歇尔明确地在土地、资产和劳动三个生产要素之外，提出"具有利用资本的经营能力"的一个生产要素。在其分配理论中，他把早期的"三位一体"公式扩大为"四位一体"的公式，即劳动—工资、土地—地租、资本—利息、企业家才能—利润。他理想的企业家必须具备的综合能力分为两个方面：第一，把企业家作为"商人和生产组织者"来说明其作用和能力。作为商人，企业家以敏锐的洞察力发现市场的不均衡性，并创造交易机会和效用；作为生产组织者，企业家以自己的创造力和统帅力，使生产要素组织化，并承担生产上的主要风险。第二，以其作为企业管理者而论，企业家必须天生就具备领导他人的才能：一是选人用人的才能，二是决断能力、应变能力和统驭能力。

马歇尔赋予了企业家"中间商人"的角色，并认为企业家承担风险，而且这种风险是资本意义上的。他始终从市场均衡的角度论述和把握企业家的作用，认为企业家是那些凭借创新、洞察力和统帅力，发现和消除市场的非均衡性、创造机会和

---

① 马歇尔. 经济学原理 [M]. 朱志泰，陈良璧，译. 北京：商务印务馆，1965：200.

效用，给生产指出方向，使生产要素组织化的人，从而使企业家更易于融入整个经济学体系。但是，他的论述是在其均衡理论的框架中进行的，且论述方法是综合性的，因而显得不够突出，使得他的企业家理论深度不够。

（2）熊彼特①的企业家理论

马歇尔认为企业家是从市场不均衡到均衡的过程中获得利润的人，而熊彼特则认为，企业家是从市场均衡到不均衡的过程中获取利润的人。他认为企业家是以创新为己任的，其创新主要表现在五个方面：

①引入一种新产品或一种产品的新质量；

②采用一种新的生产方法；

③获得一种原材料或半成品的新的供应来源；

④开辟新市场；

⑤实行一种新的企业组织形式。

另外，他还认为，当企业家把产品特征、生产技术、营销方法、供应来源以及组织形式按照新方式加以组合时，他就打破了旧有的产品供应体系。企业家的职责，就是通过创新，实现企业生产、经营、管理等各方面的新的组合。企业家的这种创造性工作，是企业利润的主要源泉。熊彼特从三个方面归纳企业家的动机："建设私人王国""对胜利的渴望""创造的喜悦"。由上面的动机出发，企业家为追求利润目标而实现新的组合，从而打破了原有的均衡状态；之后，众多的追随者和模仿者接踵而来，相互竞争的结果是使获得利润的机会逐渐丧失，从而又再度达到一个新的均衡状态，进入下一轮的"创造性破坏"。熊彼特认为这是资本主义的本质和资本主义发展的内在的根本原因。

熊彼特的企业家理论论述了企业家创新功能、企业家动机和企业家作用等方面，这些论述对后人进行这一领域的研究具有重要的启迪意义。但是他的企业家理论也存在着明显的不足：

①他认为企业风险由资本家完全承担，企业家与企业风险无关，这与现实情况不完全符合；

②他对企业家利润的分析是不足的，认为企业家的创新活动以企业家利润为回报，但企业家利润如何计量却是一个问题；

③他对企业家动机的分析是不全面的，他认为企业家从事创新活动的动机在于"建设私人王国""对胜利的渴望""创造的喜悦"等精神因素，显然这种认识具有片面性；

④把企业家看成个人主义的英雄，没有把企业家和企业组织联系起来。

事实上，企业家的作用，只有借助于一定的企业组织才能实现，离开了企业组织，企业家的作用是无从发挥的。

（3）科斯纳②的企业家理论

科斯纳把企业家的发现特征与竞争结合在一起，把竞争的过程明确表述为企业

①　约瑟夫·熊彼特. 经济发展理论［M］. 何畏，易家详，译. 北京：商务印书馆，1990：55-64.

②　KIRZNER I M. Competition and Entrepreneurship［M］. Chicago：University of Chicago Press，1973：68.

家的创新过程。他从信息不完全理论出发，认为企业家的作用在于：从确认现实经济中不能完全掌握所有交易情报这一事实出发，企业家必须迅速发现对买卖双方都有利的交易机会，并作为中间人参与其间，促进交易的实现。因此他指出：以深刻而敏锐的洞察力去发现时机，才是企业家精神的本质。科斯纳认为，市场是资源所有者、生产者和消费者的决策相互作用的场所，市场机制的作用存在于达到均衡的过程中。修正和改善市场中相互作用的各种决策的市场过程，是各个经济主体在信息不完全的情况下，通过加入市场，获得新信息，而使其决策得以修正的过程，信息的不完全会造成参与市场活动的行为主体之间交易条件的不协调，企业家则可使这些不协调因素在一定程度上消除。企业家的决策不仅要求他具有单纯的计算能力，而且要求他具有能够发现潜在的更有价值的目的和手段的才能。企业家行为的本质就是及时发现在投入和产出的相对关系中潜在的更有价值的机会，并充分利用这一机会。

科斯纳关于企业家问题的探索，对于平稳运转的经济体所具有的复杂协调计划之重要性的认识，促使人们重新思考市场的现代理论表达。但是，他尚未阐明企业家作为组织存在的意义，未阐明资本的作用。他认为，企业家只要计算应买进的要素投入量和应销售的产出量的利益对比，企业的运作就能顺利进行。他既没有考虑到在使用资本过程中会发生什么困难，也没有考虑到资本在生产要素中所具有的特殊作用，而是将资本和其他要素等同起来。

（4）奈特①的企业家理论

奈特将企业经营中的不确定性风险分为两种：一种是可能推测的不确定性风险，叫作风险，是可以通过保险来抵消的；另一种是不可能测定的不确定性，叫作（真正的）不确定性，是不能通过保险来抵消的。他认为，不确定性才是说明利润这一不均衡状态中特有收入的概念，企业家作用的意义和企业组织出现的根据。奈特认为一个自然人可以通过三种途径成为企业家：

①他拥有可以保证支付各种生产要素的合同收入能力，这是业主式企业家；

②他不具有充分的保证能力，需要克服他人与自己共同拥有保证支付合同收入的能力，这是合伙式企业家；

③发起人在组织中发现了他的才能，把他置于企业家的位置，这是公司式企业家。

企业家一方面从事日常经营，所以获得相当于工资的报酬；另一方面又要对所做出决策的后果负责，所以获得总收益减去合同收入后的剩余收入。以上奈特的企业家理论可归结为：

第一，把企业家的作用与处理不确定性的能力相结合；

第二，为发挥这一能力，必须具有对各生产/服务合同收入的保证能力；

第三，一方面具有洞察他人能力的能力，另一方面具有让他人相信自己有能力的能力；

---

① 兰克·奈特. 风险、不确定性和利润 [M]. 王宇，王文玉，译. 北京：中国人民大学出版社，2005：17–41.

第四，所谓处理不确定性的能力，只能是依赖于对将来形势的预测，企业所获利润的大小，有可能受企业家刚毅或懦弱的气质左右。

奈特开创了企业的企业家理论，不仅正式将企业与企业家关联在一起，还从不确定性的角度研究企业家，且从承担不确定性能力与管理权限关系的角度分析了企业内部的权益配置，其视角是独特的，具有启迪意义。他依据不确定性原理，充分肯定了资本拥有者的积极作用，弥补了熊彼特忽视资本拥有者作用的缺陷；但是，他只关注产品市场的不确定性，忽视了要素市场的不确定性，从而使得他对企业家功能及企业内的权力分配的分析不够全面。同时，由于未能将企业家与资本家明确区分开，他对企业内权力的分配没有做深入的探讨。

（四）新制度经济学时期的企业家理论

1. 理论产生的时代背景

新制度经济学产生于19世纪六七十年代的美国。此时的美国，跨国公司正繁荣地发展着。为了寻找更有效的管理企业的方法，新制度经济学提出了交易费用、产权、契约等概念，构筑了一套完整的理论体系，用于对企业和企业家的理论与实践创新之中。

新制度经济学的代表人物科斯所发表的《企业的性质》[①]一文可以说是现代企业理论的奠基之作。科斯在这篇文章中提出的有关企业性质的学说为人们提供了崭新的视角。从此，企业理论研究进入了一个崭新的发展阶段：企业的契约理论指导着许多优秀的经济学家的研究，而这些研究工作反过来也使企业的契约理论得到了完善和发展，以至于成为现代企业理论的主流。

在新制度经济学时期，对企业家问题的研究出现了前所未有的兴盛局面。新制度经济学跳出新古典经济学假定价格体系协调资源配置的框架，把企业看作组织经济活动的方式，解释企业内部有关的问题，使得企业理论在近几十年中得到快速发展。同时，新制度经济学强调企业与企业家的关系，将二者联系起来加以讨论。

2. 主要的企业家理论

新制度经济学的企业家理论，多与企业理论相辅相成，而这也恰好解释了这个时期企业家理论获得巨大发展的原因。严格来说，企业理论的奠基人是科斯，他在1937年发表的文章具有革命性的意义。当哈特提出"不完全合同"这一概念之后，契约理论在威廉姆森提出"资产专用性"观点之后，又获得了一个突破性的进展，解开了交易费用的来源之谜。契约理论作为一个体系就具备了清晰的逻辑，即：之所以有交易费用（不管是市场交易还是企业内部交易），是因为契约是不完全的；因为契约不完全，所以才需要有一个所有者，而所有者是要靠产权来定义的。按照哈特的观点，产权的核心是剩余控制权。有了产权才有经营权和所有权的分离，随着经营权和所有权的分离才有了激励不兼容的问题，出现了代理问题。现代企业制度对代理问题的解决办法是，让管理者成为所有者或至少是部分所有者以及建立企业家市场机制。

① COASE RONALD. The nature of the firm [J]. Economica, 1937 (4): 386-405.

（1）诺斯①的企业家观点

诺斯在其早年的著作中并未对制度变迁过程中的企业家作用进行分析。他认为，相对价格的变化以及随之而来的利益刺激将会引导人们建构新的制度，不存在企业家的创新、学习和试验，制度将会自发地沿着有效率的方向演进。

进入 20 世纪 90 年代后，从熊彼特的企业家理论中得到启发，诺斯重新修正了自己的理论。他将广义企业家引入制度变迁模型中：广义企业家存在于个人、团体和政府三个层次上；稀缺条件下的竞争导致企业家和组织加紧学习以求得生存，在学习过程中发现潜在利润，创新现有制度。然而在这一理论框架中，诺斯着重强调的是制度与组织两者之间的交互作用对制度变迁的影响，从事市场交易活动的企业组织和作为变迁"代理人"的企业家都先验地存在着，企业家作为组织实现最大化的工具，不存在自身的创造性和预见性。企业家仅仅只是诺斯制度变迁理论中的催化剂，而不是制度变迁中基本的力量。

（2）阿尔钦和德姆塞茨②的企业家观点

阿尔钦和德姆塞茨认为，企业实质上是一种团队生产方式，每个成员的边际贡献不可能到精确地分离与预测。为了克服由此而产生的"搭便车"问题，就必须让部分成员专门从事监督其他成员的工作。为了保证其监督的积极性，剩余索取权必须交于监督者。为了使监督有效率，监督者还必须掌握修改合约条款及指挥其他成员的权利，否则他就不能有效地履行他的职能。另外，监督者还必须是团队固定投入的所有者，因为由非所有者的监督者监督投入品的使用成本过高。

阿尔钦和德姆塞茨的企业家理论，有力地解释了古典企业中的不对称的合约安排，但把企业家的功能仅归结为"监督"，而忽视了企业家其他的更重要的职能。

（五）企业家理论的最新发展

在新制度经济学发展的同时或之后，还有许多经济学家对企业家理论进行了深入研究。他们采取了更多样的方法，在不同经济学流派、不同学科的渗透中，使企业家理论得到了更全面的发展，在社会上产生了重大的影响。

1. 莱宾斯坦的企业家理论

美国学者莱宾斯坦在《企业家精神和发展》③ 一文中认为，企业家就是避免别人或他们所属的组织易于出现的低效率从而取得成功的人。莱宾斯坦抨击了新古典厂商理论，重新审视了企业内决策制定过程。莱宾斯坦在决策的制定中引入了个人的心理和生理活动。决策的制定可能依靠习惯、常规、道德规范、模仿或惯性，这常常具有非最大化的性质。而信息的不完备（合同中可以明确规定报酬但不能规定努力程度）和惰性就会产生相对于资源配置的帕累托效率而言的非配置性低效率，莱宾斯坦将其命名为一个包容性很强的概念——X 低效率，以涵盖所有非配置性低效率。企业家的职能就在于克服组织中的 X 低效率。

---

① 诺斯. 制度、制度变迁与经济绩效 [M]. 刘瑞华，译. 上海：上海三联书店，1994：99-110.

② ALCHIAN A, H DEMSETZ. Production, information costs and economic [J]. American Economic Review, 1972, 62（5）: 777-795.

③ HARVEY LEIBENSTEIN. Entrepreneurship and development [J]. The American Economic Review, 1968, 58（2）: 72-83.

2. 卡森的企业家理论

英国经济学家卡森[①]对各种企业家观点进行了综合，并借鉴心理学、社会学等其他社会科学对企业家行为的认识，给出了企业家行为分析的一个以内生性偏好和内生性实施为特征的动态的制度分析的理论框架。卡森将企业家定义为"专门就稀缺资源的配置做出判断性决策的人。判断性决策的本质在于，在决策中不可能采用一条明显是正确的而且只使用公开可获得信息的规则"。卡森还强调了文化与个性因素对激发企业家行为的重要性。在企业家行为分析的基础上，卡森以企业家的决策理性为前提，保留了新古典主义的最大化和均衡分析方法，得出了企业家市场供求均衡模型。不确定性越强，越需要在经营中运用判断性决策，对企业家的需求也就越大；此外，卡森还首创了企业家市场均衡模型，不过，卡森同时指出："'企业家市场'中任何类型的'均衡'，基本上是某种分析性的虚构，因为把市场调整到均衡正是企业家的任务。"

3. 张维迎的企业家理论

张维迎在《企业的企业家——契约理论》[②] 一书中，按照资本雇佣劳动的逻辑，剖析了古典企业中经营者—企业家—资本家合三为一的现象，建立了企业家的一般均衡模型，把经营能力、个人财富和风险厌恶作为三个变量函数，说明了在均衡状态下，企业家、工人、管理者和资本家的特征，认为具有企业家才能又同时拥有足够资本的人才能够被认为是合格的企业家。他假设不同个人的经营能力至少部分是天赋的，无法全靠后天培育，因此，一开始就是水平不一的。正是个人间经营能力的这种差别，为人们相互合作建立企业创造了机会。企业家的重要性来源于企业面临的不确定性。资本雇佣劳动是一种保证具有真正才能的人被选为企业家的方法。把剩余索取权授予经营者可能会给企业乃至每个企业成员带来更小的福利损失。

在经济高速发展的今天，作为一种具有边际报酬递增生产力价值的特定类型的人力资本，企业家在企业发展、社会经济进步的过程中，发挥着越来越重要的作用。人们也越来越深刻地认识到：企业的兴衰成败，在于是否由迎合潮流的、真正的企业家掌握了企业的运营；企业家的成长与更替是保持企业持续成长和经济持续发展的关键。

三、其他主要学者的观点

（一）麦克莱兰的观点

美国哈佛大学的著名心理学家麦克莱兰（David McClelland）[③] 对企业家特质进行了大量研究。他和他的同事经过实验提出，人们在工作情景中有三种基本的动机和激励需要。他们把这三种需要分为：对权力的需要（need for power）、对归属的需要（need for affiliation）和对成就的需要（need for achievement）。这三种需要在现实

---

① CASSON M, WADESON N. The discovery of opportunities: Extending the economic theory of the entrepreneur [J]. Small business economics, 2007 (28): 285–300.

② 张维迎. 企业的企业家：契约理论 [M]. 上海：上海人民出版社，2015：136–161.

③ MCCLELLAND D C. Testing for competence rather than for intelligence [J]. American Psychologist, 1973 (28): 1–14.

215

生活的人们中都不同程度地存在，只是各种需要的强弱程度因人而异。研究发现，企业家们显示出很高的成就需要和较高的权力需要，他们具有强烈的成功欲和自我实现的心理需要，其成就欲一般高于普通人群。他们寻求挑战性的工作，敢于承担责任，渴望自己将从事的工作做得更完美更有成效。他们追求成功的行为，表现在创立企业并自主经营和敢于承担并接受风险，他们的存在是企业尤其是中小企业得以存在和发展的社会基础。研究同时表明，成就欲与创业行为存在正相关关系，企业家们作为一个客观存在的特殊社会群体，在创办和经营企业的过程中，需要承担经济风险（投入资金）、职业风险（放弃稳定工作）和家庭风险（投入时间、精力）。成功欲越是强烈的人越是愿意承担较高风险，这种对风险的态度和承受力，同时表现出企业家的另一种高度自信的个性特征。

（二）迈克尔·波特的观点

迈克尔·波特在《什么是战略》① 一文中指出，制定或重建一个清晰的战略是一项挑战，它对由人构成的组织挑战很大，因此要仰赖组织的领导者。在许多企业中，领导者已经退化到直接指挥运营和到处找生意的地步，波特由此评论道："然而，领导者的角色应该更广也更重要。最高管理层不仅仅是各个职能部门的总管家，其核心人物是战略。领导者必须制定准则，来决定企业应该如何对何种行业变化以及何种客户需求做出反应，同时防止组织出现分歧，并且保持企业的独特性。"

（三）彼得·德鲁克的观点

彼得·德鲁克②继承并发挥了熊彼特的观点。他提出企业家精神中最主要的是创新，进而把企业家的领导能力与管理等同起来，认为"企业管理的核心内容，是企业家在经济上的冒险行为，企业就是企业家工作的组织"。

四、企业家与企业的利润链：名家观点概述

（一）熊彼特的企业家创新观点

从经济发展的角度，熊彼特将企业创新定义为"新组合"，包括新产品（或新特性）、新技术（或新生产方法）、新市场、新供应链、新组织五种情况。《创新者窘境》作者 Clayton M. Christensen 提出了"破坏性创新"概念③，认为这是后发企业超越领先企业的重要原因。斯坦福大学教授谢德荪（Edison Tsee）④ 将创新分为两大类，即一是科技创新，或称原始创新，指有关大自然规律的新发现，包括新科学理论和新科技。二是商业创新，指创造新价值的创新。商业创新又分为流创新和源创新，后者以推动新价值理念，引导其他相关成员加入及整合大家的资源和能力来满足市场需求，并以此开拓新市场，引导消费。

---

① PORTER M E. What is stratagy [J]. Havard Business Review, 1999 (11-12)：57-59.
② 彼得·德鲁克，蔡文燕. 创新与企业家精神 [J]. 投资与合作，2007（1）：91.
③ CHRISTENSEN C M. The innovators dilemma：when new technologies cause great firms to fail [M]. Boston：Harvard Business Review Press，2013：129-167.
④ 谢德荪. 重新定义创新：转型期的中国企业智造之道 [M]. 北京：中信出版社，2016：31-37.

企业获得超额利润的决定因素是什么？1984 年，沃纳菲尔特（Wernerfelt）[①] 的企业资源观（resource-based view，RBV）认为，企业竞争优势来自企业内部具有特殊性质的资源。在 RBV 理论基础上，普拉哈拉德和哈默[②]认识到"组织中积累性的学识，特别是关于如何协调不同的生产技能和有机结合多种技术流派的学识"即核心能力是企业形成竞争能力的关键，他们意识到知识是企业核心能力的载体，企业核心能力的本质是企业特有的知识和资源。替斯[③]等人指出，企业现存能力很大程度上是企业拥有的独特资产和演进路径共同作用的结果，在市场变化日益加剧的环境下，企业通过对内外资源，特别是知识资产的协调、整合、学习、重构和转化来调整、提高自身的独特资产和禀赋的能力构成了企业的动态能力。

（二）彭罗斯的企业成长观点

企业成长理论领域的著名经济学家伊迪思·彭罗斯[④]认为，企业管理人员不仅要提供管理服务，也要提供企业家服务，只是随着其组织角色的不同而对其二种服务要求的程度有所差异，前者指执行企业家计划，也是我们常说的履行职位职责，多属于事务性职能；后者指那些对企业运营或经营有贡献的服务，包括新想法（尤其是产品、定位、技术上的新变革）、帮助企业引入战略性稀缺人才、新融资、企业管理组织的基础性变革、扩张路径选择等，也就是我们常说的"立足岗位的创新"。

（三）张维迎的企业家"套利"和"创新"观点

张维迎[⑤]认为"套利"和"创新"是企业家的两个基本职能。为什么这么说呢？他认为企业家的基本职能和市场经济的功能是一样的。市场经济有两个重要功能，第一是优化配置资源，第二是促进技术进步。张维迎认为技术进步更加重要，因为如果一个国家的经济主要靠资源配置增长，那么在资源配置至最优时，经济就会停止增长。但技术进步却可以重新优化配置资源，让经济持续增长。

市场经济的这两个基本功能，对应到企业家就是"套利"和"创新"。张维迎先解释了什么是"套利"，就是如果市场中有一些资源没有被有效配置，或者配置不均衡的时候，你发现了它，你就可以利用它赚钱。套利能让经济的不均衡、不协调变得相对协调、均衡一些。张维迎说，套利分为两种。一种是创造价值的套利，另一种是不创造价值的套利。创造价值的套利是生产性套利，就是把便宜的东西买进来，再到能卖到更高价格的地方卖出去，这个过程里增加了产品的价值。但是还有些不创造价值的套利，特别是一些政策性套利。

结合以上学者的观点，我们绘制了企业家与企业利润链的关系模型图，如图 7-1 所示。

① WERNERFELT B A. Resource-based view of the firm [J]. Strategic Management Journal, 1984, 5 (2): 171-180.

② PRAHALAD C K, HAMEL G. The core competence of the corporation [J]. Havard Business Review, 1999 (5-6): 79-91.

③ 吕巍，吴韵华，严紫瑶. 知识战略选择：战略管理的新命题 [J]. 复旦学报（自然科学版），2001, 40 (2): 194-198.

④ EDITH T PENROSE. The theory of the growth of the firm [J]. New York: Oxford Press, 1959: 53.

⑤ 杨振. 激励扭曲视角下的产能过剩形成机制及其治理研究 [J]. 经济学家，2013, 10 (10): 48-54.

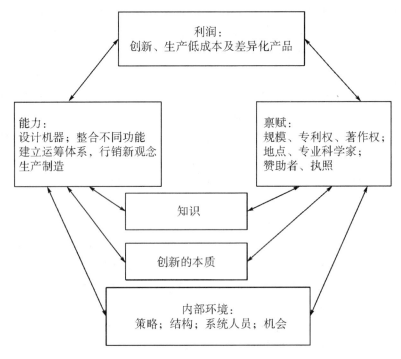

图 7-1　企业家、创新与企业利润的关系

创新利润是指企业家实现创新目的之后，其所获的创新收益超过创新成本的余额。

创新成本是指为创新而增加的、超过正常成本的投入（包括各类投入要素的价格和为创新增加的交易和组织劳动）。创新收益则指因创新而获得的超过正常收益的收益（包括超额利润和创新节约的劳动，以及因创新而获得的持久的市场领先地位导致的利益）。一般而言，只有当创新成本小于或等于创新收益时才会发生创新活动，反之则无创新活动。

如果一个企业家能在若干年里，或在一个较长的时间段里，不断取得较好的创新利润，那么这表示该企业家具备某种能力，这在经济学中可以称之为企业家无形资产。

资本与利润互为依存，资本投入，可以产出利润，而利润除去消费后的剩余，可以产生新增资本。企业家创新利润与企业家无形资产的关系有类似的一面。首先，只有当企业家具有创新意识，有实施创新行为的能力，且最终创新行为获得成功之后，企业家创新利润才能实现。企业家创新利润是企业家身上某种内在价值在一定环境下的体现，这种企业家的内在价值只能通过仔细观察，充分比较才能感觉到存在差异，它是无形的、内在的，因而可以认为这是企业家的无形资产。总之，企业家的无形资产是企业家创新利润的来源，因为企业家无形资产本身就代表了企业家自身拥有的创新意识、欲望、能力及成功的可能性。企业家无形资产实现的货币方式就是企业家创新利润。

企业家行为不仅包括以上企业的外在扩张行为，还包括企业内部的结构重组

（但不包括企业内部的利益协调）。在很多情况下，企业经营不善导致企业亏损甚至破产。在企业新领导人通过兼并、收购等手段，接手一家亏损企业时，该领导人必须对企业进行结构重组。或者拍卖企业不重要的资产，购进新的重要的资产，或者重组企业管理结构，重建或改建销售网络与原材料基地，重新确立企业的成本中心、效益中心等。

在自由市场中，资本家—企业家是消费者的代言人。他猜测消费者的需要，以他认为有利的价格购买竞争要素，组织生产，满足消费者的需要。在自由市场中，企业家利润意味着消费者支付给企业家的数额超过了购买要素的支出。

如果人人都是全知全能的，且要素可以自由流动，那么就不会有利润。假设一种生产要素有两个用途，生产 X 或 Y，分别代表着消费者的两种需要。代表消费者的两种需要的两组企业家在要素市场上进行竞价，结果是要素的市场价格。如果决心为消费者生产 X 的企业家以 1 000 元的价格获得一单位要素，将其用于生产 X 获得净收益 1 100 元。在人人都是全知全能的情况下，这样的事情会发生吗？肯定不会。有规律的变化也不会产生利润。原因是，有规律的变化是人们可预料到的变化，而预料之中的变化会在要素的边际产品价值的贴现值中表现出来。其他条件不变，如果人们知道一单位要素在用于生产 X 时的边际产品价值的贴现值会每年递增 1%，那么，要素的价格现在就会上升 10%。总之，如果人们确切地知道要素的未来价值如何变化，也就会知道这样的变化对现值的影响，从而现在的要素市场上的要素定价就会把这样的变化反映出来，从而不会产生利润。

概率已知的不确定性不产生利润。如果人们确切地知道各种可能结果出现的概率，那么，通过归类整合，风险也可以被消除。

假设印制 100 张彩票，其中 50 张奖 5 元，另 50 张奖 15 元。如果你只购买一张彩票，那么，你将以 0.5 的概率获得 5 元，以 0.5 的概率获得 15 元。

但是，如果你全部买下这 100 张彩票，那么，你以 100% 的概率获得 1 000 元，平均每张获奖 10 元。在这种情况下，整合使风险完全消失了。

假如制度规定每个人只能购买一张彩票，而大家都是风险回避者，那么，我愿意开设一个保险公司，每人只需交 0.1 元或更少的费用，担保你得到 10 元。

假设在投掷一枚均匀的硬币的游戏中，规定出现正面获奖 15 元，出现反面获奖 5 元。如果你只投掷一次，那么，你将以 0.5 的概率获得 5 元，以 0.5 的概率获得 15 元。

如果你投掷 100 次，平均每次获奖在 ［8，12］ 元之间的概率是多少？

如果你投掷 10 000 次，平均每次获奖在 ［8，12］ 元之间的概率是多少？

假如你开设一个保险公司，为这 10 000 次投掷担保，你的风险是不是也很小啊？

在有些情况下，单个商人就能够进行这样的归类整合，从而消除概率已知的不确定性。例如，按照次品率提取一笔资金计入成本，这相当于自己为自己担保。

在单个人不能进行这样的归类整合的情况下，多个人可以联合起来应对此类不确定性。这是保险的原理：交一笔固定费用，风险就消失了。

219

第二节 创业团队的内涵及构成

一、创业团队的内涵及特性概述①

创业离不开团队。创业团队对于创业家的重要性在于创业团队的普遍性以及它对公司创业绩效的影响。在现实中，有些企业是由创业者个人创立且拥有的，然而大多数企业是由两人或两人以上共同创立并拥有的。大量研究表明，创业团队在创办新企业的过程中起着非常关键的作用。换句话说，在一个企业创建的头几年里，其一般由创业团队来支撑。

一般认为，创业团队是指创业者在创业过程中组成的以开创新的局面、满足共同的价值追求为共同目的，甘愿共同承担创业风险和共享未来收益并紧密结合的正式的或非正式的组织。创业团队并不是简单意义上的人的组合和聚集，它同一般意义上的群体有着很大的区别，其中最根本的区别在于：团队成员是互补的，而群体中的成员在工作上很大程度是互相替代的。创业团队也不同于一般团队。创业团队是在企业初创时期建立的，目的在于成功创办新企业，而一般团队的组建只是为了解决某类或者某个特定问题。相对于其他类型的团队，创业团队有自己的显著特性，具体如下：

（1）开创性。开创性也就是创新性。创业团体的目的是开创新的局面，而不是去完成已经被实现过的目标，这往往意味着开发新的技术、开拓新的市场、应用新的经营管理思想、创立新型的组织形式等。这种开拓性就要求创业团队必须是一个创新观念和能力很强大的集体，而且对创新气氛培养的重视远高于对规章纪律的重视。

（2）组织的变动性。在创业过程中，创业团队的人员构成和组织架构都经常变动。从短期来看，组织的变动性更多的会增加创业风险，因为团队资源遭到破坏，创业资本、技术、人才等创业资源有所流失。但从长期来看，组织变动和磨合不可避免，在变动过程中可能会形成结构更为合理、共同点更多的有力量的创业团队。

（3）团队的平等性。创业团队往往具有高度的平等性，但是这种平等并不意味着股权和各种权利（权力）的绝对平等，而是立足于公正基础上的平等，也就是在团队内部客观评定各个成员对于团队的贡献程度的基础上的平等性。事实证明，绝对的平等不仅不利于企业的发展，反而会阻碍企业的发展，其原因是权利（权力）过分分散会导致公司在运营过程中的机会丧失。团队需要建立以能力和贡献为基础、以实现组织效率为目标的激励政策和薪酬制度，合理的激励政策和薪酬制度是保持团队稳定和团队绩效的基础，也是团队公正性的体现。

（4）能力结构的全面性。创业团队面对的是不确定的市场环境，机遇和风险都可能在各个方面出现，这就要求创业者具备一定的素质，对机遇有较高的敏感性。

---

① 刘志阳，李斌，任荣伟，等. 创业管理［M］. 上海：上海财经大学出版社，2016：136-153.

因此，创业者团队成员的能力应各有所长且能够互补，科技型中小创业企业的创业者尽量要是某些技术领域的专家。

（5）紧密协作性。由于创业团队的风险和机遇可能来自任何方面、任何时间，所以创业团队不可能完全通过事先分工的方法来进行工作；同时也由于创业团队的个人能力的专擅性和团队成员总体能力的全面性，所以更要求创业团队的成员紧密协作以应对多种挑战。

（6）创业团队成员的高凝聚力和强烈的归属感。由于创业团队能够最大限度地实现个人价值的追求，一旦成功就意义非凡；同时团队成员之间的素质高，关系平等密切，合作紧密，创造氛围浓厚，这一切都使创业团队拥有很强的凝聚力，团队成员对创业团队有很强的归属感。这主要体现在团队成员对于团队事务的尽心尽力和全方位的投入上。

这些特性是所有创业团队都应该具备的，它既是创业团队建设的目标，也是判断一个创业团队质量和潜力的标准。不仅初创事业的创业者组建创业团队要参考这些标准，即使是在已经十分成功的大公司中，组织开创新局面的创业团队也要遵循这些标准。同时，这些特征也有别于其他类型的团队。

一个成功的创业团队除了上述群体特征外，更要关注创业团队的效率和稳定性问题。

一般团队和创业团队的区别见表7-1所示。

表7-1　一般团队和创业团队的区别①

比较项目	一般团队	创业团队
目的	解决某类或某具体问题	创办新企业或拓展新事业
职位层级	成员并不局限于高层管理者	成员处于高层管理者职位
权益分享	并不必然拥有股份	一般情况下在企业中拥有股份
组织依据	为解决特定问题临时组建	基于工作原因而经常一起共事
影响范围	只影响局部、任务性的问题	影响决策各个层面，范围广
关注视角	战术性、执行性的问题	战略性的决策问题
领导方式	受公司最高层的直接领导	以高层的自主管理为主
成员的组织承诺	较低	高
成员和团队之间的心理契约	不正式且影响力小	心理契约关系特别重要，直接影响公司决策

二、创业团队成员的组成

创业团队的构成在企业与企业之间并不是完全相同的。狭义创业团队主要指创业创建者，广义创业团队还包括管理团队、核心员工、董事会、顾问委员会、咨询

① 陈忠卫. 创业团队企业家精神的动态性研究［M］. 北京：人民出版社，2007：83.

专家等。例如，当行业竞争不够激烈或者社会法律要求不严格时，初创企业会很少寻求咨询顾问的帮助。

（一）团队基本成员

图7-2呈现了初创企业团队的基本构成要素，这些要素的安排往往因企业而异。

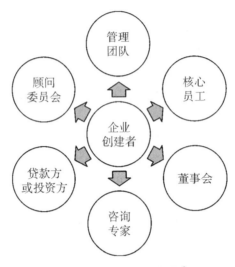

图7-2　创业团队的构成①

1. 企业创建者和管理团队

从规模上讲，企业的创建者更倾向于组建初始创业团队来创办企业。研究表明，50%~70%的新创业企业由一人以上的创业者创建。人们普遍认为，由团队创建的新创业企业要比由个人创建的新创业企业更具有优势，因为团队为新创业企业带来的才能、创意和专业联系要远远多于个体创业者所能做到的。团队的知识、技术和经验往往是初创企业所具有的最有价值的资源。正是由于这个原因，人们常常通过评估合伙人团队的素质来预期企业未来发展的前景。

管理团队主要是企业创建者聘请的职业经理人团队，在企业创立之初往往是二合一的。

2. 核心员工

企业创建者还需要招聘核心员工，将他们安排到那些关键岗位上。新创业企业大多具有现金约束，每位团队成员都必须做出有价值的贡献，所以招募一个意愿很高但不适合某项工作的人会对企业很不利。初创企业的首席执行官不一定是企业的创建者，他可以是从外部招聘而来的。

3. 董事会

董事会是公司制企业中按规定需要成立的，一般由内部董事和外部董事构成。如果创业管理处理得当，董事会能够成为创业期创业团队的重要组成部分。其作用

① 巴林格（Barringer B. R.），爱尔兰（Ireland R. D.）. 创业管理：成功创建新企业 [M]. 杨俊，薛红志，等译；张玉利，审校. 北京：机械工业出版社，2010：155.

主要体现在两个方面：

（1）提供指导：董事会的最主要职能就是对企业管理者提供指导和支持。

（2）增加资信：董事会由股东大会选举产生，负责处理公司诸多经营管理事项。具有较高知名度和地位的董事会成员能够为企业带来即时的资信。

表7-2讨论了有效董事会的具体指标。

表7-2　有效董事会的指标[①]

指标	说明
高目标	挑选具有以下特征的董事： ●曾经成功经营过公司 ●具有初创企业所需的能力 ●在其专长领域拥有较高的知名度和地位
组成	组建具有以下特征的董事会： ●多样性 ●熟悉初创企业拟参与的技术和市场 ●由内外部董事构成
建立相关决策程序	建立以下程序： ●例行决策由企业管理者处理 ●重要的人员、经营和财务决策的批准由董事会制定
信息共享	执行以下沟通机制： ●根据企业活动相应的更新董事会 ●不向董事会隐瞒坏消息
利用委员会	运用以下委员会的方式： ●在委员会中尽全力工作 ●建立法定的董事会，如审计、薪酬和任命委员会 ●根据需要追加委员会
激励董事会成员	通过以下方式激励董事会成员发挥模范作用 ●某种形式的经济激励手段，如公司股票或者优先股认证 ●成为一项鼓舞人心的新项目的成员
明确权责问题	向董事会成员公布以下内容： ●提醒董事会成员要对新股东担负信用责任 ●证实董事会成员意识到他们可能的责任和义务 ●配备法律和财务专家，为董事会成员提供有效的顾问和建议

223

4. 顾问委员会

越来越多的初创企业开始组建顾问委员会，以便获取他们的指导和建议。顾问委员会是企业管理者在经营过程中向其咨询并能够得到建议的专家小组。与董事会不同，顾问委员会对企业不承担法定责任，只提供不具有约束性的建议。

5. 贷款方或投资方

贷款方或投资方在创业企业有着他们的既得利益，因此通常会全力以赴地帮助他们所资助的企业。很少有贷款方或者投资方把钱投入创业企业后就撒手不管了。

6. 咨询专家

企业可以就他们遇到的实际问题向咨询师寻求帮助。尤其是当他们需要对企业本身进行深入分析或者对潜在进入行业进行分析时，咨询专家起着非常关键的作用。咨询专家分为两类：一类如埃森哲、贝恩等全球知名或者其他一些收费的咨询机构；另一类则主要是由政府创建的为创业企业服务的咨询机构。当然，新创业企业在开始阶段受到资金的限制，很难向知名的咨询机构获取建议，因此在选择咨询机构时更应该考虑本身的因素。

（二）创业团队成员扮演的角色

一个优秀的创业团队一般包含 8 种角色，正是这些团队角色的存在保证了团队决策的高效，具体见表 7-3。

表 7-3 创业团队角色[①]

角色	角色描述
革新者	解决难题，富有创造力和想象力，不墨守成规
倡导者	外向，热情，健谈，发掘机会，增进联系
协调者	成熟，自信，是称职的主事人，阐明目标，促使决策的制定，分工合理
塑形者	激发人的，充满活力，在压力下成长，有克服困难的动力和勇气
监控者	冷静，有战略眼光与识别力，对选择进行比较并做出正确选择
团队工作者	协作温和，感觉敏锐，老练，建设性的，善于倾听，防止摩擦，平息争端
贯彻者	纪律性强，值得信赖，有保守倾向，办事高效利索，把想法变为实际行动
完成者	勤勤恳恳，尽职尽责，积极投入，找出差错与遗漏，准时完成任务

三、创业团队成员所需的技能

在新创业企业内，创业团队的成员必须亲自履行至少一项职能性的工作，并且要求该成员具备做此项工作的能力。赵骅[②]等描述了一些重要团队成员的角色与能力要求，具体见表 7-4。

表 7-4 高新技术企业团队成员角色与能力匹配

角色	职能	基本素质要求
战略管理者	团队的思想家、掌舵人，强化团队的创业思路，引导团队的创业行为	强烈的创业意识与团队意识，丰富的知识经验与思路，高度理性的思维和行为，善于团结和引导团队成员

① R. 梅雷迪思·贝尔宾（R. MeredithBelbin）. 团队角色：在工作中的应用［M］. 李和庆，蔺红云，译. 北京：机械工业出版社，2022：32.

② 赵骅，等. 创业管理的理论与实践［M］. 重庆：重庆大学出版社，2007：34.

表7-4(续)

角色	职能	基本素质要求
策划主管	团队行动的设计师,为团队设计具体的创业路线、行为方式、行动步骤、保障措施、监控指标	优异的逻辑思维能力,精细严谨的工作态度与行为方式,善于理解和具体化战略者的创业思想与思路
技术掌门人	团队起步创业的技术供给者、未来关键技术的创造者	能够为团队带来起创业所需的核心技术,能够为新创业企业提供持续成长的关键技术
研发主管	新创业企业研究开发的掌舵人、组织者	优异的科技素质,丰富的一线科技活动经验,善于发现该领域科技发展的新方向、新趋势,能够凝聚不同类型、不同个性的科技人员
生产主管	新创业企业产品制造过程的掌舵人、生产活动的组织者	优异的工程科技素质,丰富的工艺技术实践经验和生产组织管理经验
营销主管	新创业企业产品营销过程的掌舵人、营销活动的组织者	丰富的营销知识与经验高度的市场敏感性,乐于深入一线的工作态度,乐于与用户沟通,善于策划和组织营销活动
人力资源主管	新创业企业人力资源开发的掌舵人、员工激励的组织者	丰富的人力资源管理知识与应用,对人的行为变化有高度的敏感性,善于发现不同人员的缺点,扬其长、避其短,组织协调高效的一线作业团队
财务主管	新创业企业融资投资活动的掌舵人、财务运行的组织者	严守国家金融法律、财务纪律,丰富的公司理财知识与经验,对资本市场、公司财务状况变化有高度的敏感性,善于低成本融资、高效率用钱
信息与知识主管	新创业企业自有知识产权的看守人、信息与知识管理的组织者	基本的科技素质,高度的信息敏感度,善于将新创业企业生产和获得的知识编码化,掌握知识产权法,敢于和善于为维护企业的知识产权采取法律行动
公共关系主管	新创业企业公共关系的掌门人、公共关系的组织者	外向型性格,广泛的社会联系,合法做事的自律态度,善于与人沟通,乐于为企业四处呼号、八方奔走
新事业开拓人	企业新事业的构思者、新业务的组织者	基本的科技素质、高度的科技和市场敏感性,敢于提出开拓新事业的新思路,并善于动员和协调其他人将其付诸实践

225

四、创业团队的风险控制

(一)选择合适的团队成员

建立优势互补的创业团队是保持创业团队稳定性的关键,也是规避和降低团队组建模式风险的有效手段。在团队创建初期,人数不宜过多,能满足基本的需求即可。在成员选择上,创业者要综合考虑成员在能力和技术上的互补性,基本保证具备理想团队所需的九种角色。而且,成员的能力和技术应该处于同一等级,不宜差异过大。如果团队成员在对项目的理解能力、表达能力、执行能力、社会资源能力、思维创新能力等方面存在较大的差异性,就会产生严重的沟通和执行障碍。

此外，创业者在选择成员时还要考虑创业激情的影响。在企业初创期，所有成员每天都需要超负荷工作，如果缺乏创业激情和对事业的信心，不管其专业水平多高，都可能成为团队中的消极因素，对其他成员产生致命的负面影响。

"携程网"的成功，除了抓住互联网快速发展的契机外，有一个良好的创业团队是关键。"携程网"的团队成员来自美国甲骨文公司、德意志银行和上海旅行社等，是技术、管理、金融运作和旅游的完美组合。大家共同创业，分享各自的知识和经验，避开了很多创业"雷区"。

（二）确定清晰的创业目标

创业团队在实践中要不断总结和吸取教训，形成一致的创业思路，勾画出共同的目标，以此作为团队努力的目标和方向，鼓励团队成员积极掌握工作内容和职责，竭诚与他人合作交流，贡献个人能力。

创业团队的目标必须清晰明确，能够集中体现出团队成员的利益，与团队成员的价值趋向一致，并保证所有团队成员都能正确理解，这样才能发挥鼓励和激励团队成员的作用。此外，创业团队的目标还必须切实可行，既不应太高，也不应太低，而且能够随着环境和组织的变化而及时更新和调整。

1998年成立于北京的交大铭泰，主要从事研究、开发及销售以翻译软件为主的四大系列软件产品。其在创业初期就确定了三年内成为我国最大应用软件和服务提供商的目标以及具体的发展战略。明确的创业目标保证了团队成员的稳定性，其成员自创业以来基本上没有太大变化，这不仅带来了企业凝聚力的提高，也使交大铭泰在企业创新方面取得了较大突破。交大铭泰很快成为国内第一个通用软件上市公司，亚洲首只"信息本地化概念股"，2004年在香港股市第一家上市。

（三）制定有效的激励机制

正确判断团队成员的利益需求是有效激励的前提。实际上，不同类型的人员对于利益的需求并不完全一样，有些成员将物质追求放在第一位，而有些成员则是希望能够获得荣誉、发展机会、能力提高等其他利益。因此，创业团队的领导者必须加强与团队成员的交流，针对各成员的情况采取合理的激励措施。

创业团队的利润分配体系必须体现出个人贡献价值的差异，而且要以团队成员在整个创业过程中的表现为依据，而不仅是某一阶段的业绩。其具体分配方式要具有灵活性，既包括诸如股权、工资、奖金等物质利益，也包括个人成长机会和相关技能培训等内容，并且能够根据团队成员的期望进行适时调整。

五、创业型领导者①的任务

组建了创业团队之后，核心创业者就在团队的日常管理活动中起着至关重要的作用。尤其是在前期，企业还没有完全正规化，或者由于各方面的限制，人员配置不够，团队的人心也不可避免地浮动。面对遇到的各种困难，领导者要激发团队的热情和创造力、维持团队的稳定，领导人的独特魅力会促进团队成员之间的协作，

① 刘志阳，李斌，任荣伟，等. 创业管理［M］. 上海：上海财经大学出版社，2016：136-153.

226

并为了共同目标前进。

研究表明，创业型领导就是创造一个愿景，以此号召、动员下属，并使下属承诺对战略价值创造进行发现与探索的一种领导方式。这个定义，一方面强调创业型领导面临挑战的有关价值创造的资源获取、下属承诺这两个问题，包括创造愿景以及拥有一个有能力实现愿景的支持者群体；另一方面，它也强调对创业采取战略性思路，以便创业主动性能够提高公司持续创造价值的能力，因此创业型领导能够为公司构建一个竞争优势和技术增长的基础。

古普塔（Gupta）等在马格拉思（McGrath）和麦克米兰（MacMillan）理论的基础上提出了创业型领导的理论框架，包括 2 个挑战维度、5 个创业型领导角色及 20 个特征，如表 7-5 所示。

表 7-5　创业型领导理论框架①

维度	角色	特征
情景扮演	构建挑战性目标（描述一个具有挑战性但可以实现的结果）	●设置一个高目标 ●提供能力的方向 ●设置高目标、工作努力 ●有知识并对信息敏感 ●直觉
	不确定性吸收（承担未来失败的责任）	●拥有愿景并对未来富有想象力 ●预测未来可能发生的事情 ●逐步灌输别人以自信
	路径清晰（与反对者进行谈判，并澄清情景实现的路径）	●熟练的人际技能 ●有效谈判的技能 ●具有说服别人的非凡能力 ●通过消除疑虑给予别人自信和希望
任务扮演	建立承诺（建立一个令人鼓舞的目标）	●鼓舞他人的情绪和信心，鼓舞他人努力工作 ●呈现热烈、积极的工作热情 ●使组织成员一起高效工作 ●寻求绩效的持续改进
	阐明约束（明确什么事情能做，什么事情不能做）	●整合能力 ●鼓励他人思考 ●乐观并且自信 ●迅速、果断地做出决策

创业型领导理论框架包括两个挑战维度：情景扮演和任务扮演。情景扮演是指在当前的资源约束条件下，预想和创造那些一旦被抓住就可以对当前的处理方法进行彻底变革的机会；任务扮演是指使潜在的追随者和公司的股东确信在这个情景下，通过整合资源和当前处理方法的转变，是可以成功实现预期目标的。

其中，情景扮演包括以下三个创业型领导角色：①"构建挑战"角色，是指创业型领导者通过构建挑战性任务，使得团队能够将他们的能力发挥到最大限度。②"不确定性吸收"角色，是指创业型领导者需要构建一个愿景，并由下属具体实

① VIPIN GUPTA, IAN C MACMILLAN, GITA SURIE. Entrepreneurial leadership: developing and measuring a cross-cultural construct [J]. Journal of Business Venturing, 2004, 19 (2): 241-260.

施，但是创业型领导者必须承担失败的责任；考虑到不确定性对下属的影响，创业型领导者必须使下属建立自信，并使他们确信愿景是可以实现的。③"路径清晰"角色，是指创业型领导者需要与内外环境进行谈判，并能解决潜在的阻力，获得内部关键股东和外部利益相关者的支持，以及能够消除实现愿景的障碍。

任务扮演包括以下两个创业型领导角色：①"建立承诺"角色，是指创业型领导者需要使用团队建立技能来鼓舞、塑造一个高承诺的团队，并使这个团队承诺付出更大的努力来实现领导者所描述的愿景。②"阐明约束"角色，是指通过果断地阐明约束，领导者能够再造下属对他们自己能力的知觉，而且当约束被定义时，创造力更容易被发挥。

（一）加强战略思维

作为 CEO，你要在创业第一天就做好心理准备和技术储备。要想到，如果有巨头进入这个行业，你会如何应对？这里有战略选择的问题。

2008 年，京东面对的是市场上已经有发展的巨大电商平台，刘强东选择了自营电商的道路。那时候还没有一家公司包括线下零售商，能够真正在供应链、仓储和配送这几件事上都做好，但事实证明他这个与众不同的战略选择是正确的。

（二）深度参与产品

做好用户体验并不需要你是技术或编程高手，但你必须重视产品和用户体验。

CEO 肯定也是产品经理，团队负责执行，但 CEO 应该深度介入并参与，帮助团队打磨产品。

（三）提前培养年轻人

实践证明，空降高管的失败率是不低的。成长型公司天天都像打仗，战况瞬息万变，突然来了一位大公司的高管，他能很快适应吗？不一定。

实务界更倾向于培养年轻人，他们可能没有那么多经验，不一定非得是顶级 MBA 或投资银行或咨询出身，但要有想法和好的商业感觉，与团队的核心创新理念吻合，再让他们和公司一起成长。

怎么对他们进行培养？

实战就是最好的培养。你让一个有潜力的年轻人在实战中学习成长，他会远比在大公司里从事程序化的工作进步快很多。

如果一家公司多年以后还都是最早的创始高管们在担当所有重要角色，年轻人没有机会成长起来，恐怕是会有问题的。

（四）重视数据分析

在创业公司里，往往有一个部门是被轻视的：财务部门。

这是一个认知偏差。当然钱是生命线，融不到钱，你再多宏图伟略都无法实现。但好的财务部门是公司业务的重要参谋。美国的世界五百强企业里，CFO 接替退下来的 CEO 位置的不在少数。CFO 要帮助 CEO 把公司的业务健康状况看清楚，帮助 CEO 把公司未来的发展战略算清楚。

当然 CEO 也要是会算账的人，不能拍着脑袋决策。至少有两个数字是大部分公司都必须关注的：

第一个是毛利率。它决定了一家公司有没有真正的议价能力或者定价实力，这是 CEO 需要关注和保持敏感的一个数字。

第二个是单位经济性。比如说，互联网 OTA（在线旅行商）一个客户的综合收益是多少？

首先你要获取客户，这个需要成本；其次有转化率和流失率；再接着，服务客户时运营需要成本，应该具体分析到每一个环节。考虑能不能降低收购成本，做好用户体验提高转化率，用技术手段减少运营成本等，每个环节都需要量化。

CEO 不是那么好当的，定战略、重产品、带团队、算好账，一个都不能少。

第三节　创业团队评估

一、创业团队结构评估

作为复杂的结构变量，创业团队结构在创业研究领域已被较为广泛地研究，但在创业团队结构的界定、维度和测度方面，学界尚未形成共识。Timmons[1] 研究认为，创业团队成员职能分工必须明晰并且完整，要有技术、市场和生产方面的技能人才，即成员技能等方面要达到互补，这样才能有利于新创事业的成功；Judith、Jeffrey、John 等[2]认为形成有效创业团队的一个重要方面是所有权的分配；Shane[3] 等研究提出优秀的创业团队的构成除了领导角色之外，技术专家、赞助人、项目领导者、守门员等角色也是必不可少的；Cooper 和 Daily[4] 通过研究发现，如果创业团队成员能够平衡他们的技能、知识和能力，这样的团队是最有效的。显然，他们都是从创业团队的角色结构、技能结构和权力结构等单一方面来研究创业团队结构因素对创业团队及其绩效的影响，尚未上升到创业团队结构的界定、维度和测度等方面。我国学者杨俊辉等[5]在总结国外创业团队研究时，从团队的规模与角色、关系结构、能力结构和权力结构等方面归纳了创业团队的结构特征。他们认为，创业团队关系结构是创业团队结构的重要方面，但其对创业团队绩效的影响常常是通过创业团队的角色结构、技能结构和权力结构来实现的，因为无论创业团队成员之间是何种社会关系，他们在创业团队内都有特定的角色、特定的权力，其不可能也不应该超出其角色、权力范围而影响整个创业过程及其绩效。所以，创业团队角色结构、技能结构和权力结构应是研究创业团队结构的基本视角[6]。

① TIMMONS JEFFREY A. Careful self-analysis and team assessment can aid entrepreneurs [J]. Harvard Business Review, 1979 (10): 198-206.
② JUDITH, JEFFREY, JOHN, et al. Entrepreneurial teams in new venture creation: a research agenda [J]. Entrepreneurship Theory and Practice, 1990 (3): 7-17.
③ SHANE, VENKATARAMA, MACMILLAN. Cultural differencesin innovation championing strategies [J]. Manage, 1995, 21 (5): 931-953
④ CHENG JIANG. A Literature Review of the Relationship between Entrepreneurial Team Heterogeneity and Entrepreneurial Performance [J]. Foreign Economics & Management, 2017, 39 (10): 3-17.
⑤ 杨俊辉，宋合义，李亮. 国外创业团队研究综述 [J]. 科技管理研究，2009, 29 (4): 256-258.
⑥ 谢科范，陈刚，郭伟. 创业团队结构的三维模型及其实证分析 [J]. 软科学，2010, 24 (3): 78-82.

创业团队结构是由创业团队内所有个体的差异化特质构建而成的一种关系网络及其结构化分布。它由创业团队角色结构、技能结构和权力结构三个维度组成，如图 7-3 所示。

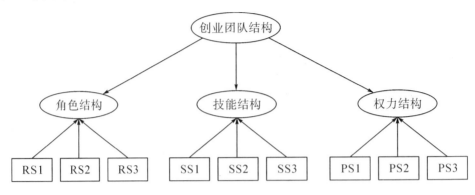

图 7-3 创业团队结构三维模型

（一）角色结构评估

创业团队角色结构是指创业个体在创业企业担负的不同角色而在创业团队中所呈现的结构形式。学者们研究表明，团队创业的绩效要好于单枪匹马的、拥有单一技术的创业者单独创业的效果，新创事业的成功与创业者管理团队的完整程度正相关①，具有完整团队角色的创业团队具有更高的绩效。创业团队中职能分工明确具有重要意义（Timmons，1979），角色模糊性是影响团队绩效的重要因素，角色的明确性与创业团队绩效相关。创新企业家由于个人的工作背景，容易出现如下的角色错位：兼具技术专家和企业管理者职能，自我定位为企业中层领导者②，可见角色的对位性与创业团队绩效相关。

（二）技能结构评估

创业团队技能结构是指创业团队中各成员的不同技能禀赋所构成的结构。创业团队成员的职能分工必须明晰并且完整，要有技术、市场和生产方面的技能人才（Timmons，1979）。团队中各个方面的技能不可缺少，某一方面的技能缺失便可能降低团队的绩效。而且，成员专长的异质性通过交互记忆系统对团队绩效有影响作用③。创业团队成员在技能、知识和能力方面实现互补能够促进创业团队实现高效（Cooper&Daily，2000），创业团队成员技能的异质性、互补性对创业团队绩效有影响作用。实际上，还有一个重要的因素影响着创业团队成员技能的发挥，那就是其扮演的角色及分布的权力，如果技能与角色、权力相互匹配，就能实现"才有所用"，也就是说，创业团队成员技能的对位性也是影响创业团队绩效的因素。所以，创业团队技能结构的完整性、异质性、互补性、对位性都是创业团队绩效的重要影响因素。

---

① ROURE JUAN B，MAIDIQUE MODESTO A. Linking prefunding factors and high-technology venture success：an exploratory study［J］. Journal of Business Venturing，1983（1）：295-306.

② 何欣. 高新技术企业创业团队成员角色缺失的分析与对策［J］. 甘肃科技，2007，2（23）：7-8.

③ 张钢，熊立. 成员异质性与团队绩效：以交互记忆系统为中介变量［J］. 科研管理，2009，1（30）：71-80.

(三)权力结构评估

决策权力在创业团队成员中的分布称为创业团队权力结构。领导者和团队中普通成员的角色不同,领导者是团队权力的中心,因为团队工作效率更有赖于领导者的角色,创业团队成员权力与角色相匹配有利于创业团队绩效的提升。权力分配的准则是成员的能力而不是"兼顾公平",对创业团队成员的权力分配要与该成员的自身能力相一致。Dooryards(2002)认为团队领导与成员之间的责任与权利如何分配,影响着团队的绩效,权责是否对等也会影响到团队的绩效。所以,创业团队权力结构的角色匹配性、技能匹配性、权责对等性等都是影响创业团队绩效的重要因素。

创业团队角色结构、技能结构和权力结构是创业团队结构的三个重要维度,其中,创业团队角色结构的完整性、明确性和对位性影响创业团队绩效;创业团队技能结构的完整性、异质性(互补性)和对位性影响创业团队绩效;创业团队权力结构的角色匹配性、技能匹配性和权责对等性影响创业团队绩效。具体如表7-6所示。

表7-6 创业团队的评估

创业团队结构		评价的内容
角色结构	角色完整性	创业团队关键角色的权、责、利明确
	角色明确性	创业团队各种角色齐全
	角色对位性	创业团队的关键角色人员配置合理
技能结构	技能完整性	创业团队具备适应目前事业发展所需基本技能
	技能异质性	创业团队所有成员的技能是其角色确定的依据
	技能对位性	创业团队所有成员的基本技能不具有同质性
权力结构	角色匹配性	创业团队能做到权力与角色相匹配
	技能匹配性	创业团队能做到权力与能力相适应
	权责对等性	创业团队能做到权责对等

231

二、创业团队创业能力评估

(一)创业团队管理能力评估

1. 高管人员角色评估

高管人员任职情况及任职资格、高管人员的经历及行为操守、高管人员胜任能力和勤勉尽责、高管人员薪酬及兼职情况、报告期内高管人员变动、高管人员是否具备上市公司高管人员的资格、高管人员持股及其他对外投资情况。安德里森霍罗威茨基金(Andreessen Horowitz)提出评价 CEO 的几个关键问题:

CEO 是否知道自己该做什么?

CEO 能否让公司执行自己的意志?

CEO 是否依靠一系列适当的目标达到自己期望的结果?

2. CEO 是否知道自己该做什么

CEO 是否知道自己在什么时间和情况下应该做什么决定？这包括人事问题、财务问题、产品策略问题、目标定位问题以及市场营销问题。从宏观上说，即 CEO 能否为公司制定正确的战略，并且知道其中每一个细节对公司意味着什么。

战略上——安德里森霍罗威茨基金倾向于认为，在优秀的公司里，价值观与战略其实是同一回事。因此，所有战略工作的固定产出就是价值观。

决策上——在细节上，知道该去做什么将决定 CEO 决策的速度与质量。

为做出正确决策，CEO 必须系统地搜集有可能影响到其决策的任何事物的知识。比如下列问题：

竞争对手们喜欢做什么？

潜在的技术有哪些？其时间框架如何？

自己的组织的真实能力如何，以及如何将其最大化？

这意味着多大的财务风险？

这个问题会给当前的产品架构造成怎样的影响？

员工们对于此次促销的态度是兴奋的还是沮丧的？

3. CEO 能否让公司执行自己的意志

如果 CEO 描绘了一个激动人心的愿景，并做出了快速和高质量决策，他能否让公司基于这一愿景和决策去执行？

此外，良好的执行还需要一系列的运作技巧。组织越庞大，技巧的设置就越需要精细。一家公司如果想执行一系列的决策和动议，它就必须有能力去实现。换句话说，公司里面必须有能够担当重任的人，并且在合适的职位上去执行战略。

4. 基于目标的业绩或结果如何

我们基于目标进行业绩评定的前提是要确保目标制定的合理性。善于驾驭董事会的 CEO，往往能够通过人为地将目标设置得较低而获得成功。

（二）创业团队商业特质评估

1. 团队架构是否合理

团队架构是否合理包括团队组成是否具备运营的基本条件，包括运营决策者、技术、营销、服务等方面，这几个方面缺一不可。如果团队成员不够优秀，天使投资人会建议补充团队成员或者在投资后直接补充团队成员。

2. 团队是否具备创业精神

创业精神在创业期间是必不可少的，积极努力的乐观精神是创业团队的基调，一个疲软的团队是不可能被看好的。

3. 团队的凝聚力、执行力

团队是一个整体，所以评估一个团队，要看有没有核心人物，有没有凝聚的向心力，有没有执行力。

4. 团队成员的性格人品

团队成员性格与人品如何是鉴定一个团队是否优秀的基本因素，团队成员的性格与人品是否契合，将直接影响团队的凝聚力。

5. 创始人是否具有领袖特质

一个具有领袖特质的创始人会带领团队积极发展，会提高团队的凝聚力、向心力和执行力，提高创业的成功率。

第四节　创业团队激励

一、股权激励相关概念

（一）授予日

授予日是指公司向激励对象授予股权激励的日期或股份支付协议获得批准的日期。对于上市公司来说，授权日必须是交易日；对非上市公司来说，授权日没有法律限制，公司可以根据自己的实际情况来确定。

（二）禁售期

为了更好地发挥股权激励的效果，充分调动激励对象积极性，公司在实行股权激励的过程中，通常会将股权激励和公司业绩捆绑在一起，并通过分批次、分阶段的方法来施行。禁售期、解锁期等概念也就因此而生。

激励对象在行权之后，一般会被强制规定其必须在持股一定时期后方才可进行股票出售或转让，这段规定的禁止股票出售或转让的时期就被称为"禁售期"。

（三）解锁期

为了更好地提高股权激励效果、调动被激励对象的工作积极性，企业可以采取限制性股份模式，将股权激励同年度业绩绑定，并通过分期、分批的方式实行，这样就形成了解锁期的问题。比如，在限制性股份模式中，股份授予后可以被锁定，激励对象需要分几年进行解锁，每年解锁一部分，是否可以解锁取决于公司和个人的业绩考核情况。采用也一样，分批设置不同的等待期，每批过了等待期后是否可以行权要与公司和个人的业绩考核情况关联起来。

（四）行权

行权是指期权的买方行使期权合约赋予的权利。股权激励行权是指在股票期权激励方案的设计中，授予激励对象（一般为经理人）在将来某一时期内以一定价格购买一定数量股权的权利，经理人到期可以行使这个权利，购股价格一般参照股权的当前价格确定，同时对经理人在购股后再出售股票的期限做出规定。

二、股权激励的模式

（一）股票期权模式

股票期权属于期权的一种，也是目前国际上最为经典、使用最为广泛的股票激励模式，是指企业所有者授予激励对象（如高管人员、技术骨干等）购买本公司股票的选择权。拥有这种选择权的人，可以在规定的时期内（锁定期），以事先约定好的价格（行权价）从公司购买一定数量的股票（此过程称为行权），也可以放弃购买股票的权利，但股票期权本身不能转让①。

苏宁电器早在 2007 年就实施了股票期权激励计划，该计划草案的要点如下：

（1）授予期权的数量和对象。公司拟授予激励对象 2 200 万份股票期权，占激励计划公告日公司股本总额的 3.05%，分多次授予：第一次授予的期权数量为 1 851 万份，主要授予 34 名公司高管人员；剩余 349 万份股票期权，授予董事长提名的骨干人员和特殊贡献人员。

（2）行权价格。首次授予的期权行权价格为公告前一日收盘价 66.60 元每股，行权额度上限为获授股票期权总额的 20%。

（3）行权条件。苏宁电器 2006 年度的净利润较 2005 年度的增长率达到或超过 80%，且 2006 年度每股收益不低于 0.9 元；2007 年度净利润较 2006 年度的增长率达到或超过 50%，且 2007 年度的每股收益不低于 1.35 元；2008 年度的净利润较 2007 年度的增长率达到或超过 30%，且 2008 年度每股收益不低于 1.75 元。具体行权条件如表 7-7 所示。

表 7-7　苏宁电器 2007 年股权激励计划行权条件

阶段	首个行权日	行权期始	行权期止	行权额度	行权条件
第一个行权期	T	T+12	T+30	获股票总数的 20%	2006 年净利润增值≥80%，且每股收益≥0.90 元
第二个行权期	T	T+30	T+45	获股票总数的 40%	2007 年净利润增值≥50%，且每股收益≥1.35 元
第三个行权期	T	T+45	T+60	获股票总数的 40%	2006 年净利润增值≥30%，且每股收益≥1.75 元

来源：朱冬梅：苏宁电器股权激励计划启动 [J]. 现代家电，2007（6）：27.

按照激励计划，苏宁电器共拿出 2 200 万股（占总股本的 3.05%，不到可行使股权激励的 1/3）用来激励管理团队，行权价格为 66.60 元每股，以 2007 年 1 月 29 日收盘价为基准；授权对象包括苏宁部长级以上管理人员、连锁店店长以及部分重要部门负责人；所有股票期权分三期进行行权，行权条件为公司连续三年业绩同比增长幅度分别达 80%、50% 和 30%。

苏宁电器上市以后发展潜力巨大，业绩增长迅速，是中小板成长最快、市值最高的绩优股之一。因此，股票期权对激励对象来说是比较合理的激励模式，激励力度非常大。

（二）股份期权模式

股份期权是股票期权的另一种模式，是指企业根据激励对象的贡献，授予其一定的资产所有权份额，并且能在所限制的条件满足后转换为现金福利。

（三）虚拟股票模式

虚拟股票模式是指公司授予激励对象一种"虚拟"的股票，激励对象可以据此

---

① 杨晓刚. 股权激励 [M]. 北京：人民邮电出版社，2019：22-23.

享受一定的分红权和股价升值收益。

2015 年 5 月，新三板上市公司北京精冶源新材料股份有限公司发布了一份虚拟股权激励方案。方案显示，此次激励计划采取虚拟股票模式，由公司无偿授予激励对象一定比例的分红权，授予对象包括公司中高层管理人员、业务骨干以及对公司有卓越贡献的新老员工等；计划有效期限为三年，从 2015 年到 2017 年，有效期满后，公司根据实际情况决定是否继续授予；公司根据激励对象所处职位确定股权级别及其对应的基准职位股数，根据个人能力系数和本公司工龄系数确定计划初始授予数量，根据年终绩效考核结果确定当年最终授予虚拟股权数量；本次激励计划所授予的股权共分为四个级别，基准股数区间为 1 万~2.5 万股，授予年度分红权激励基金的基准指标是公司年度净利润增长率达到 20%。

（四）业绩股票模式

业绩股票是一种典型的股权激励模式，它是指公司在年初确定一个科学合理的业绩目标，如果激励对象到年末时达到预定的目标，则公司授予其一定数量的股票或提取一定的奖励基金购买公司的股票；如果未能通过业绩考核或出现有损公司行为、非正常离任等情况，则其未兑现部分的业绩股票将被取消。

1999 年 9 月，天津泰达股份有限公司正式推出了"激励机制实施细则"。该实施细则主要内容为：泰达股份将在每年年度财务报告公布后，根据年度业绩考核结果对有关人员实施奖罚。当考核合格时。公司将提取年度净利润的 2% 作为对公司董事会成员、高层管理人员及有重大贡献的业务骨干的激励基金，基金只能用于为激励对象购买泰达股份的流通股票并做相应冻结；达不到考核标准的要给予相应处罚，并要求受罚人员以现金方式在 6 个月之内清偿处罚资金。奖罚工作由公司监事、财务顾问、法律顾问组成的激励管理委员会负责。

该细则规定，激励对象的考核指标之一为公司每年的业绩增长率达到 15%。下面是泰达股份 1997—2003 年的业绩资料，具体如表 7-8 所示。

表 7-8　泰达股份 1997—2003 年业绩资料

项目	1997 年	1998 年	1999 年	2000 年	2001 年	2002 年	2003 年
主营业务收入/万元	15 003.52	21 405.91	21 752.72	38 220.77	37 405.64	38 719.5	44 816.96
主营业务利润/万元	3 821.65	11 535.12	13 113.78	16 159.14	17 611.6	15 824.48	19 656.93
营业利润/万元	3 875.51	10 103.06	13 017.86	13 001.17	11 712.14	8 236.97	9 760.63
利润总额/万元	8 360.7	14 796.87	18 690.21	15 570.28	133 224.92	13 934.96	13 082.05
净利润/万元	7 139.94	13 050.39	16 720.53	14 020.05	11 952.22	9 848.86	9 355.42
净资产收益率/%	28.68	34.38	30.15	21.09	9.22	7.13	6.39
每股收益/元	0.53	0.7	0.63	0.53	0.4	0.22	0.12

来源：天津泰达 1997—2003 年公开财务报表。

235

上述资料显示，公司 1998 年度的净利润为 1.305 亿元，净资产收益率 34.38%，现金流量充裕，业绩较为平稳，比较适合实施业绩股票激励计划。

（五）股票增值权模式

股票增值权（stock appreciation rights，SARs）是指上市公司授予激励对象在未来一定时期和约定条件下，获得规定数量的股票价格上升所带来收益的权利。

2016 年 1 月，中科创达发布了股票增值权激励计划草案。

该草案的主要内容如下：

（1）此次激励计划采用股票增值权工具，以中科创达股票为虚拟标的股票，在满足业绩考核标准的前提下，由中科创达以现金方式支付行权价格与兑付价格之间的差额，该差额即为激励额度。

（2）本计划的激励对象范围为受政策限制无法纳入限制性股票激励计划的公司员工，即公司境外（含港澳台地区）业务和技术骨干，合计 12 人。

（3）本计划不涉及真实股票交易，所涉及的公司虚拟标的股票总数为 28.30 万股，相当于公司股本总额的 0.283 0%。股票增值权有效期内若发生资本公积金转增股本、派发股票红利、股份拆细、缩股、配股等事宜，股票增值权数量及所涉及的虚拟标的股票数量将根据本计划相关规定进行调整。

（4）股票增值权行权价格与"中科创达软件股份有限公司限制性股票激励计划"中限制性股票授予价格相同。在本计划下授予的股票增值权有效期内发生派息、资本公积转增股本、派发股票红利、股份拆细或缩股、配股等事宜，行权价格将根据本计划相关规定进行调整。公司在发生增发新股的情况下，股票增值权的数量和行权价格不做调整。

（5）本期计划授予的股票增值权的行权等待期为一年，自股票增值权授权日起至该日的第一个周年日止。等待期满后的三年为行权期，具体安排如表 7-9 所示。

表 7-9　中科创达股票增值权计划的行权期限

行权期	行权时间	可行权比例/%
第一个行权期	自授权日起 12 个月后的首个交易日起至首次授权日起 24 个月内的最后一个交易日当日止	30
第二个行权期	自授权日起 24 个月后的首个交易日起至首次授权日起 36 个月内的最后一个交易日当日止	30
第三个行权期	自授权日起 36 个月后的首个交易日起至首次授权日起 48 个月内的最后一个交易日当日止	40

来源：东方财富网研报中心。

（6）本计划授予的股票增值权，在行权期的三个会计年度中，分年度进行绩效考核并行权，每个会计年度考核一次，以达到绩效考核目标作为激励对象的行权条件。各年度绩效考核目标如表 7-10 所示。

表 7-10　中科创达股票增值权计划公司业绩考核条件

行权期	行权时间
第一个行权期	以 2015 年业绩为基础，2016 年度营业收入的增长率不低于 20%
第二个行权期	以 2015 年业绩为基础，2017 年度营业收入的增长率不低于 40%
第三个行权期	以 2015 年业绩为基础，2018 年度营业收入的增长率不低于 60%

来源：东方财富网研报中心。

2015 年，中科创达实现净利润 1.17 亿元，同比增长率 4.17%，现金流充足；自 2015 年 12 月上市后，股价稳定上涨，位列资金流入速度最快个股前五名；加之此次激励对象为受政策限制无法纳入限制性股票激励计划的外籍员工，因此，股票增值权是比较合适的激励模式。

（六）限制性股票模式

限制性股票也是上市公司广泛采用的一种股权激励模式，是指事先授予激励对象一定数量的公司股票，但对股票的来源、出售条件做出限制，激励对象只有在工作年限或业绩目标符合股权激励计划规定的条件后，才可出售限制性股票并从中获益。

（七）员工持股计划模式

员工持股计划（employee stock ownership plans，ESOP）又称员工持股制度，是指通过给员工配发本公司股票和期权而使其享有相应的管理权，成为公司的股东，获得长期激励的一种绩效奖励制度。

2014 年 8 月，三安光电股份有限公司员工持股激励草案公布，其主要内容如下：

1. 参与对象范围

本员工持股计划的参与范围为公司的董事、监事、高级管理人员以及公司和下属子公司职级为三职等（含三职等）以上的正式员工。

2. 员工持股计划的资金来源

本员工持股计划筹集资金总额为 30 808 万元。本员工持股计划分为 30 808 份份额，每份份额为 10 000 元，参与人员必须认购整数倍份额。

持有人按照认购份额分期缴纳认购资金。首期缴纳资金比例不低于 30%，且须为 10 000 元的整数倍，缴纳期限为股东大会审议通过本员工持股计划之日起三日内；其后缴纳金额和时间由员工持股计划管理委员会确定，但每期缴纳资金均须为 10 000 元的整数倍；全部缴纳的最后期限为股东大会审议通过本员工持股计划之日起四个月内。

持有人如有任何一期未按期缴纳认购资金，则自动丧失认购权利，其拟认购份额由其他持有人申报认购。申报份额如多于弃购份额，由管理委员会确定认购人选和认购份额。

3. 员工持股计划涉及的标的股票来源

本员工持股计划设立后委托兴证证券资产管理有限公司管理，并全额认购兴证证券资产管理有限公司设立的鑫众 1 号集合计划中的次级份额。鑫众 1 号集合计划份额上限为 9.3 亿份，按照 2∶1 的比例设立优先份额和次级份额，鑫众 1 号集合计划主要投资范围为购买和持有三安光电股票。公司控股股东福建三安集团有限公司为鑫众 1 号集合计划中优先份额的权益实现提供担保。

鑫众 1 号集合计划以二级市场购买等法律法规许可的方式取得并持有标的股票。鑫众 1 号集合计划所持有的股票总数累计不超过公司股本总额的 10%；任一持有人所持有本员工持股计划份额所对应的标的股票数量不超过公司股本总额的 1%。鑫众 1 号集合计划将在股东大会审议通过员工持股计划后六个月内，通过二级市场完成标的股票的购买。

以鑫众 1 号集合计划的规模上限 9.3 亿份和公司 2014 年 8 月 5 日的收盘价 14.16 元每股测算，鑫众 1 号集合计划所能购买的标的股票数量上限约为 6 568 万股，占公司现有股本总额的 2.74%。

4. 锁定期

鑫众 1 号集合计划通过二级市场购买等法律法规许可的方式所获标的股票的锁定期为 12 个月，自公司公告最后一笔标的股票过户至本期持股计划名下时起算。

锁定期满后 12 个月内，鑫众 1 号集合计划出售的标的股票数量不超过锁定期间标的股票总数的 60%。

鑫众 1 号集合计划在以下几个期间不得买卖公司股票：

（1）公司定期报告公告前 30 日内，因特殊原因推迟公告日期的，自原公告日前 30 日起至最终公告日；

（2）公司业绩预告、业绩快报公告前 10 日内；

（3）自可能对公司股票交易价格产生重大影响的重大事项发生之日，或在决策过程中至依法披露后两个交易日内。

管理委员会在决定买卖公司股票时，应及时咨询公司董事会秘书是否处于股票买卖敏感期。

（八）延期支付计划模式

延期支付计划也称延期支付，是指公司将激励对象的部分薪酬（例如年度奖金、股权激励收入等），按当日公司股票市场价格折算成股票数量，存入公司为管理层人员单独设立的延期支付账户，在既定期限以后或激励对象退休以后，再以公司股票的形式或根据期满时的股票市场价格以现金方式支付给激励对象。

（九）岗位分红权模式

岗位分红权模式是指公司授予关键岗位员工一定数量的公司股份或者虚拟股份，该激励对象在岗位任职期间可以享受该股份对应的分红权。

创业顾问

华为的 TUP 虚拟股票激励方案①

华为公司在 2010 年后虚拟股票激励基本成熟。华为公司从 2010 年跨入世界 500 强后每年以 100 名左右的排位迅速前进，华为公司的财务的抗风险性大大增强。同时，华为的虚拟股票激励的员工购买的资金来源受到限制，银行不再给予类似贷款，因此华为的许多员工无法继续购买公司的虚拟股票。另外，很多老员工随着华为的壮大逐渐失去了奋斗积极性，出现了付出和分红不匹配的状况。华为多年的高速发展，给老员工带来丰厚的收益，出现了老员工坐享丰厚分红而工作怠惰的情况，此时华为开始制定与奋斗者分享利润的计划，出台具体措施去识别"奋斗者"，与奋斗者分享利益，并最终推出了动态 TUP（时间单元计划）的虚拟股票激励方案。

TUP 计划实施框架：华为每年根据员工岗位及级别、绩效，分配一定数量的 5 年期权，同时员工不需要花钱购买虚拟股票，公司根据员工的绩效评价体系授予员工一定数量的五年虚拟股票期权。这种虚拟股票只享有虚拟股票带来的分红权益和股票的增值权益，并且在 5 年后清零。例如，2014 年，某员工获得期权 5 000 股，当期股票价值为 5.42 元每股。2015 年，可以获取 5 000×1/3 分红权。2016 年，可以获取 5 000×2/3 分红权。2017 年，可以获取 5 000 股的全额分红权。2018 年，可以获取全额分红权，同时对 2014 年的期权进行结算。如果 2018 年股票价值为 6.42 元每股，则第五年获取的回报是 2018 年分红+5 000×（6.42-5.42），同时将这 5 000 股期权清零。

239

延伸阅读

成长型企业常见股权激励时间点设置②

选择什么时机进行股权激励，和企业的性质、规模、发展阶段有关系，针对不同情况，企业可以选择不同的授予时机。比如，非上市公司和上市公司、小公司和大公司、初创型公司和成熟公司的授予时机都是不一样的，选择一个适当的时机出手，如同把握商业机会，对企业来说是十分重要的。这个问题没有统一答案，但有一个原则，那就是具体问题具体分析。只有充分地了解企业的发展现状以及市场的现状，才能选择一个合适的机会，并促使股权激励达到最大的效果。

以华为为例，在遭遇经济环境危机、企业发展受阻、企业有融资需求、核心员工可能流失等情况下，华为会适时地实行大规模的股权激励计划。华为凭借对时机的把握，稳定和发展了企业，达到了股权激励的目的。

另外，很多非上市公司在上市之前会实行股权激励计划，目的是优化股权结构，

① 苏冶. 打造狼性团队不只靠深夜狂吼，任正非如何用钱养出一群饿狼？[EB/OL].https://mp.weixin.qq.com/s/4Wup_j4Ue1EsQIIfe2iE1g.
② 王璐山. 一文厘清股权激励的授予时机[EB/OL].https://mp.weixin.qq.com/s/9TxdmvRqHwArpiHRjFQ_-g.

和企业员工分享企业上市的红利。

规划合理的股权授予时间表，该时间表既要达到企业长期激励的目的，又不会使员工感觉股权激励不够明显。一个合理的时间表能够达到持久激励的效果，从而切实实现企业和员工的双赢。

一般而言，股权激励计划会涉及股权激励计划的有效期、授权日、等待期、解锁期、行权日、行权窗口期和禁售期。

股权激励计划的有效期是指获授人可以行使股权所授予的权利的期限，超过这一期限就不再享有这种特权。按法律规定，有效期不能超过10年。一般上市公司为1~3年，一般的非上市公司通常设置为3~8年。一般来说，有效期不能超过激励对象劳动合同的有效期。

授权日又称授予日，是公司向激励对象授予股权激励的日期。对上市公司来说，是指证监会备案且证监会无异议并由股东大会审议通过的日子。而对非上市公司来说，是股东大会审议通过的日子。在授权日，对非上市公司应考虑以下这三个因素：

（1）授权日是不是工作日；

（2）授权日是不是和企业考核日期相对应；

（3）授权日是不是和企业战略目标的起始日保持一致。

以下是可供参考的几个日期：

（1）激励对象受聘的日子。

（2）激励对象晋升的日子。

（3）激励对象的业绩评定日。

（4）激励对象取得重大成功之日。

（5）激励对象负责公司重要项目之日。

等待期是指激励对象获得股权之后，需要等待一段时间，达到一系列事前约定的约束条件，才能获得实际股份。等待期还分为一次性等待期、分次等待期、业绩等待期三种类型。一次性等待期，顾名思义，是指激励对象在一次性的等待期满后就可以行使权利。分次等待期是指激励对象分次获得激励标的。而业绩等待期是指激励对象在规定时间内完成规定的业绩目标后即可行权。

案例

"前首富"再创辉煌为何彻底"演砸了"？[①]

想当初，黄××于2003年、2004年和2008年三次称霸"中国富豪榜"。但在2008年，风光无限的黄××锒铛入狱，两年后被判服刑14年。

2021年2月，在黄××假释出狱的刺激下，国美股价一度涨至2.55港元的历史

创/业/成/长/与/股/权/融/资

---

① 笔者根据网络公开资料整理。参见：宏皓.昔日首富黄光裕为何两年败光家产[EB/OL].https://new.qq.com/rain/a/20240811A02YGZ00?.国美黄光裕：打造好六大平台 消费者才能"真快乐"[EB/OL].东方财富网（eastmoney.com）.国美零售2022上半年收入同比跌53.5%，亏损同比扩大50.2%至29.66亿元[EB/OL].中华网（china.com）.

最高点。正式提前获释的黄××重掌大权，高调宣布要用 18 个月的时间让国美再现辉煌，并亲手对线上线下业务开启了一系列大刀阔斧的改革。

其一，结盟线上流量巨头，与京东、拼多多先后达成共计 3 亿美元的可转债交易。后两者若如期行权，将可转换国美总股本的 5.62% 和 2.8%。

其二，重启电商战略，尝试娱乐化营销而更名"真快乐"，力图从家电板块拓展至全品类以提升用户复购率。

其三，线下门店重新定位，从家电卖场转为本地生活服务，冠以"国美家"新品牌，并划分为城市店、商圈店、区域店和社区店四种形态。

就这样，黄××迅速搭建起六大平台，包括线上的"真快乐"、线下的"国美家"、供应链开放平台"共享共建"、家居平台"打扮家"，以及物流配送平台"安迅物流"及酒类供应链"国美窖藏"。

为此，黄××积极将互联网人才纳入麾下。先有百度前高管向××出任国美在线 CEO，后有阿里巴巴系的曹××、丁×和胡××，分别担任国美零售经营策略与执行中心 VP（Vice President）、"真快乐"COO（Chief Operating Officer）和国美集团 CMO（Chief Marketing Officer）。

2022 年上半年，国美实现营业收入 122.5 亿元，同比下滑 53.5%；亏损 27 亿元，同比下滑 40.7%。黄××再战江湖 16 个月，公司亏损 70 亿元。立志再创辉煌的"前首富"似乎没做错啥啊，为何会落得如此令人惨不忍睹的下场？

首先，狱中方十年，时代已巨变。从大背景来看，国美已错过移动互联网的黄金发展期和电商的流量积累期，烧钱圈粉、娱乐营销的边际收益已急剧下降。

其次，一般内容平台都在积蓄起庞大流量池后才推动商品交易变现。"真快乐"在内容和电商两个平台上都缺乏明显优势，而线下大型卖场已沦为提供展示和引流为主的场所。

最后，国美传统的家电零售商基因沉重，团队融合和文化嫁接难度很大，而且公司股权高度集中，决策机制也非常官僚化。

可以说，在很大程度上，是对"企业家精神"的认知偏差害了黄××。

问题讨论

1. 什么是创业团队？
2. 创业团队所需的技能有哪些？
3. 创业团队领导者应具备哪些能力？
4. 如何对创业团队进行评估？
5. 试探讨谷歌公司创业团队的四个维度。

本章参考文献

［1］刘志阳，李斌，任荣伟，等. 创业管理［M］. 上海：上海财经大学出版社，2016：136-153.

［2］陈忠卫. 创业团队企业家精神的动态性研究［M］. 北京：人民出版社，2007.

　　[3] Bruce R. Barringer（布鲁斯·R. 巴林格），R. Duane Ireland（R. 杜安·爱尔兰）. 创业管理：成功创建新企业 [M]. 张玉利，王伟毅，杨俊，等译. 北京：机械工业出版社，2006.

　　[4] 赵骅，等. 创业管理的理论与实践 [M]. 重庆：重庆大学出版社，2007.

　　[5] VIPIN GUPTA, IAN C MACMILLAN, GITA SURIE. Entrepreneurial leadership：developing and measuring a cross-cultural construct [J]. Journal of Business Venturing，2004，19（2）：241-260.

　　[6] TIMMONS JEFFREY A. Careful self-analysis and team assessment can aid entrepreneurs [J]. Harvard Business Review，1979（10）：198-206.

　　[7] JUDITH, JEFFREY, JOHN, et al. Entrepreneurial teams in new venture creation：a research agenda [J]. Entrepreneurship Theory and Practice，1990（3）：7-17.

　　[8] SHANE, VENKATARAMA, MACMILLAN. Cultural differencesin innovation championing strategies [J]. Manage，1995，21（5）：931-953.

　　[9] COOPER A C, DAILY C M. Entrepreneurial teams [M] // D L SEXTON, R W SMILOR（Eds.）. Entrepreneurship. Chicago, IL：Upstart Publishing，2000：127-150.

　　[10] 杨俊辉，宋合义，李亮. 国外创业团队研究综述 [J]. 科技管理研究，2009，29（4）：256-258.

　　[11] 谢科范，陈刚，郭伟. 创业团队结构的三维模型及其实证分析 [J]. 软科学，2010，24（3）：78-82.

　　[12] ROURE JUAN B, MAIDIQUE MODESTO A. Linking prefunding factors and high-technology venture success：an exploratory study [J]. Journal of Business Venturing，1983（1）：295-306.

　　[13] 何欣. 高新技术企业创业团队成员角色缺失的分析与对策 [J]. 甘肃科技，2007，2（23）：7-8.

　　[14] 张钢，熊立. 成员异质性与团队绩效：以交互记忆系统为中介变量 [J]. 科研管理，2009，1（30）：71-80.

　　[15] 萨伊. 政治经济学概论 [M]. 陈福生，陈振华，译. 北京：商务印务馆，1963.

　　[16] 殷洪玲. 企业家社会资本对其创业能力的影响研究 [D]. 长春：吉林大学，2009.

　　[17] 马歇尔. 经济学原理 [M]. 朱志泰，陈良璧，译. 北京：商务印务馆，1965.

　　[18] KIRZNER ISRAEL. Competition and Entrepreneurship [M]. Chicago：University of Chicago Press，1973.

　　[19] 约瑟夫·熊彼特. 经济发展理论 [M]. 何畏，易家详，译. 北京：商务印书馆，1990.

　　[20] EDITH T PENROSE. The theory of the growth of the firm [J]. New York：Oxford Press，1959：53.

　　[21] 兰克·奈特. 风险、不确定性和利润 [M]. 王宇，王文玉，译. 北京：中

国人民大学出版社，2005.

[22] CASSON MARK. The entrepreneur：an economic theory [M]. Cheltenham, U. K.：Edward Elgar, 2003.

[23] 彼得·德鲁克. 创新与企业家精神 [M]. 蔡文燕，译. 北京：机械工业出版社，2018.

[24] 亚当·斯密. 国民财富的性质和原因研究 [M]. 郭大力，王亚南，译. 北京：商务印书馆，2008.

[25] 理查德·坎蒂隆. 商业性质概论 [M]. 余永定，徐寿冠，译. 北京：商务印书馆，1986.

[26] 魁奈. 魁奈经济著作选集 [M]. 吴斐丹，张草纫，选译. 北京：商务印书馆，1980.

[27] 杜尔哥. 关于财富的形式和分配的考察 [M]. 唐日松，译. 北京：商务印书馆，1997.

[28] 高良谋. 史前经济学中的企业家思想 [J]. 财经问题研究，2000（10）：69-74.

[29] COASE RONALD. The nature of the firm [J]. Economica, 1937 (4)：386-405.

[30] 诺斯. 制度、制度变迁与经济绩效 [M]. 刘瑞华，译. 上海：上海三联书店，1994.

[31] ALCHIAN A, H DEMSETZ. Production, information costs and economic [J]. American Economic Review, 1972, 62 (5)：777-795.

[32] HARVEY LEIBENSTEIN. Entrepreneurship and development [J]. The American Economic Review, 1968, 58 (2)：72-83.

[33] 张维迎. 企业的企业家：契约理论 [M]. 上海：上海三联书店，1995.

[34] MCCLELLAND D C. Testing for competence rather than for intelligence [J]. American Psychologist, 1973 (28)：1-14.

[35] PORTER M E. What is stratagy [J]. Havard Business Review, 1999 (11-12)：57-59.

[36] CHRISTENSEN C M. The innovators dilemma：when new technologies cause great firms to fail [M]. Boston：Harvard Business School Press, 1997.

[37] 谢德荪. 重新定义创新：转型期的中国企业智造之道 [M]. 北京：中信出版社，2016.

[38] PRAHALAD C K, HAMEL G. The core competence of the corporation [J]. Havard Business Review, 1999 (5-6)：79-91.

[39] WERNERFELT B A. Resource-based view of the firm [J]. Strategic Management Journal, 1984, 5 (2)：171-180.

第八章
企业融资估值方法

本章知识结构导图

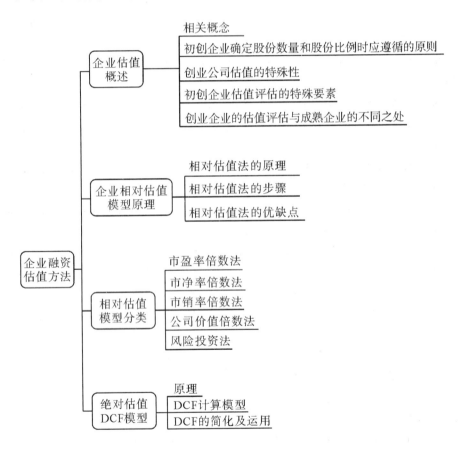

学习目标

（1）了解公司价值及相关概念；

（2）清楚创业企业和一般企业估值的不同；

（3）掌握相关相对估值模型及相关方法；

（4）掌握风险投资估值法；

（5）掌握 DCF 计算模型及运用。

关键概念

公司估值；创业企业；相对估值法；风险投资估值法；DCF 模型

第一节　企业估值概述

估值的关键在于一个"估"字。"估"的高低关键在于发展潜力，而"估"的精确度关键在于发展稳定性。因此说，不是估值越高，公司就一定越好，比如乐视；也不是估值低的公司就一定是糟糕的。我们接触了太多不受资本追捧但业务发展良好的公司。所以，企业在做估值的时候，不要一味地追求高估值，而应追求精确的估值，尽可能客观地展现公司价值。为了便于理解，非上市公司估值可以有初创阶段估值和成长阶段估值。每个阶段对应一个估值导向。这里仅代表一种倾向，不是绝对正确的做法，企业在实际应用中，还需结合自身实际情况做出判断，选择最适合自己的估值方式。

一、相关概念

（一）公司价值

公司价值又称企业价值，即指企业本身的价值，是企业有形资产和无形资产价值资产的市场评价。企业价值不同于利润，利润是企业全部资产的市场价值中所创造价值的一部分，企业价值也不是企业账面资产的总价值，由于企业商誉的存在，通常企业的实际市场价值远远超过账面资产的价值。

（二）企业价值

企业价值，是指公司所有出资人，包括股东和债权人，共同拥有的公司运营所产生的价值，包括企业的股东所拥有的股权价值和企业的债权人所拥有的债权价值。

（三）股权价值

股权投资基金更关注股权价值，最后的交易价格依据股权价值来确定。

（四）企业价值与股权价值的关系

运用价值等式，企业价值和股权价值之间可以转换。

（1）简单价值等式：

企业价值+现金=股权价值+债务

【提示】在简单价值等式中：①各项值都是市场价值。②"债务"只包括要支付利息的负债（如银行贷款），不包括不用支付利息的负债（如应付账款）。③"现金"是指从货币资金总额中扣除用于日常经营所需的现金后剩下的余额。

债务与现金的差额为净债务。故价值等式还可以表示为：

企业价值＝股权价值+净债务

（2）一般价值等式：

企业价值+非核心资产价值+现金＝债务+少数股东权益+归属于母公司股东的股权价值

简单价值等式不适用有非核心资产的公司，一般价值等式将股权价值和企业价值联系起来，二者之间可以自由转换。

（五）账面价值

账面价值是指按照会计核算的原理和方法反映计量的企业价值。国际评估准则指出，企业的账面价值，是企业资产负债表上体现的企业全部资产（扣除折旧、损耗和摊销）与企业全部负债之间的差额，与账面资产、净值和股东权益是同义的。

资产的账面价值＝资产账面余额-资产折旧或摊销-资产减值准备

（六）内在价值

企业内在价值是指企业在其余下的寿命中可以产生的现金的贴现值。但是企业内在价值的计算并不是如此的简单，它是估计值而不是精确值，而且它还是在利率变化或者对未来现金流的预测修正时必须加以改变的估计值[1]。

（七）市场价值

企业市场价值是指企业在收购和合并交易时的价值或价格，以企业的内在价值为基础，并受人们对企业未来的预期和社会供求关系的影响。在市场上，企业价值主要由企业未来的预期收入和获利能力、企业的创新能力、企业创造稳定净现金流量的能力和企业抗风险能力等因素决定，这些因素构成企业市场价值的决定因素。从另外一个角度来看，企业的市场价值同时受企业定位、企业核心资产、企业资本结构和企业制度创新等因素的制约和影响，这些因素构成了影响企业市场价值的重要影响因素[2]。

（八）清算价值

企业清算价值是企业终止经营时，其全部资产所能实现的价值，在清算条件下企业的出售者是在较短的公开市场期限内非自愿或被迫的处置企业资产，因此，资产的清算价值不考虑企业在未来的可能收益，并且通常低于资产正常交易条件下的市场价值。

账面价值必然不等于市场价值，不相等的原因有两个：

（1）账面价值不包括一家公司的全部资产和负债。一方面，会计角度的资产负债经常忽略某些在经济上有意义的资产。例如，如果有一家公司累积了关于产品质

① 沃伦·巴菲特，查理·芒格，劳伦斯·坎宁安. 巴菲特致股东的信［M］. 修订版. 路本福，译. 北京：北京联合出版公司，2017：128-130.

② 卢纯，程杞国. 企业市场价值与政府政策选择［M］. 北京：中国城市出版社，2000：145-180.

量和可靠性的良好声誉，但这些并不作为资产显示在资产负债表中。同样的，如果一家公司形成了一项作为过去研发支出或人力培训结果的知识库，或者拥有一支优秀的管理团队，也不作为资产显示。这类资产被称为无形资产，无形资产可以增加公司的市场价值，而且与投资决策相关。另一方面，会计角度的资产负债表也忽略了某些经济上有意义的负债。例如，如果一家公司存在等待裁决的诉讼，这将不出现在资产负债表中。这种或有负债的存在及其数量充其量仅在财务报表附注中披露。

（2）一家公司公告的资产负债表所包括的资产和负债是以原始购入成本减去折旧进行计价的，而不是按照当前的市场价值进行计价。

因此，在可以获取市场价值的任何时候，基于决策目的而使用的正确价值都应是市场价值。

（九）股权价值（value of stock right）

股权价值是指某项股权投资的账面余额减去该项投资已提的减值准备。其股权投资的账面余额包括投资成本、股权投资差额。

投资前估值与投资后估值：

投资前估值就是我们在投资前，先说你这个企业值多少钱，比如说，值400万元，那么我要投资100万元，你出让股份的比例就是100/400＝0.25即25%，投资前的估值也就是400万元。

投资后估值就比较简单了，我们还是投资前商量，你的公司还是值400万元，但是我投资的这100万元也要算到公司的估值里，现在公司的估值就是100+400＝500万元，这个时候投资前估值就变成500万元了，出让的比例就变成了100/（100+400）＝0.2即20%。

（十）内部收益率

内部收益率（internal rate of return，IRR）又称财务内部收益率（FIRR）、内部报酬率、内含报酬率。所谓内部收益率，就是使得项目流入资金的现值总额与流出资金的现值总额相等的利率，换言之，就是使得净现值（NPV）等于0时的折现率。

（十一）经营业务现金流

在财务会计中，经营性现金流指的是企业从经营活动中获取的利润除去与长期投资有关的成本以及对证券的投资后剩余的现金流量。经营业务现金流量用于确定公司经营业务现金流量与财务报告中的运营收入或纯收入之间的实际差距水平。经营业务现金流量为公司经营收入的质量把关。它能够充分证明一个公司的盈利水平，而不仅仅是收入情况，因为即使公司财务报告显示有积极的净收入，其仍有可能无力偿还债务。其计算公式：

经营性现金流量＝营业收入-营业成本（付现成本）-所得税＝息税前利润加折旧-所得税。

（十二）初始现金流

初始现金流量是指开始投资时发生的现金流量。初始现金流量通常包括投资在固定资产上的资金和投资在流动资产上的资金两部分。其中投资在流动资产上的资金一般在项目结束时将全部收回。这部分初始现金流量不受所得税的影响。初始现金流量通常为现金流出量。初始现金流量即初始投资额，包括固定资产投资额和运营资金垫支额，营业现金流量包括营业净利和折旧额，终结现金流量包括项目投资净残值和运营资金的回收额等。

初始现金流一般包括如下几个部分：

（1）固定资产上的投资，包括固定资产的购入或建造成本、运输成本和安装成本等。

（2）流动资产上的投资，包括对材料、在产品、产成品和现金等流动资产的投资。

（3）其他投资费用，指与长期投资有关的职工培训费、谈判费、注册费用等。

（4）原有固定资产的变价收入，主要是指固定资产更新时原有固定资产的变卖所得的现金收入。

初始现金流量＝投资在流动资产上的资金＋投资在固定资产上的资金

（十三）沉没成本

沉没成本是指已发生或承诺、无法收回的成本支出，如因失误造成的不可收回的投资。沉没成本是一种历史成本，对现有决策而言是不可控成本，不会影响当前行为或未来决策。

（十四）净现值

净现值是一项投资所产生的未来现金流的折现值与项目投资成本之间的差值。未来的资金流入与资金流出均按预计折现率各个时期的现值系数换算为现值后，再确定其净现值。这种预计折现率是按企业最低的投资收益率来确定的，是企业投资可以接受的最低界限。净现值法就是按净现值大小来评价方案优劣的一种方法。净现值大于 0 则方案可行，且净现值越大，方案越优，投资效益越好。净现值的计算方法：

（1）计算每年的营业净现金流量。

（2）计算未来报酬的总现值。将每年的营业净现金流量折算成现值。如果每年的 NCF 相等，则按年金法折成现值；如果每年的 NCF 不相等，则先对每年的 NCF 进行折现，然后加以合计。将终结现金流量折算成现值。计算未来报酬的总现值。

（3）计算净现值：

净现值＝未来报酬的总现值－初始投资现值

（十五）投资回收期

投资回收期亦称"投资回收年限"，即投资项目投产后获得的收益总额达到该投资项目投入的投资总额所需要的时间（年限）。投资回收期的计算有多种方法。投资回收期的计算公式：

（1）如果投资项目每年的现金净流量相等，则：

投资回收期＝原始投资额/年净现金流量

（2）如果投资项目每年的现金净流量不相等，设投资回收期大于等于 n，且小于 n+1，则：

投资回收期=n+至第 n 期尚未回收的额度/第（n+1）期的现金净流量

（十六）当前价值和未来价值

现值，也称折现值、贴现值、资本化价值。会计计量中的现值，是指对未来现金流量以恰当的折现率折现后的价值，是考虑货币时间价值因素等的一种计量属性。

终值又称将来值或本利和，是指现在一定量的资金在将来某个时点上的价值。单利终值计算公式：

$$F=P\times（1+n\times i）。$$

（十七）现金流时间轴

现金流时间线将经营周期和现金周期以图形的形式表示出来。现金流入和现金流出之间的缺口就是短期财务管理的需求。这与经营周期和应付账款期间的长度相关。经营周期是从购入存货到收取现金之间的期间（经营周期不包括存货到达之前的订货时间）。现金周期是从付出现金到收到现金之间的期间。短期现金流入和流出之间的缺口可以通过借款或持有高流动性的现金及有价证券作为流动性储备来填补。

二、初创企业在确定股份数量和股份比例时应遵循的原则

在股权占比中有几个关键数字：1%拥有工商登记权，也就是说在工商注册登记里面的股东股权占比必须要达到 1%及以上；5%拥有制决策权，可以参与董事会并拥有投票权；10%拥有决议权，可以申请发起召开股东大会以及董事会，可以申请清算；34%拥有一票否决权；51%拥有相对控股权（因为其他的 49%里面还可能有一个 34%的一票否决权，所以只能是相对控股）；67%拥有绝对控股权（因为剩下的股份里再也没有一个能达到 34%的了，所以是绝对控股）。为此，初创企业在确定股份数量和股份比例时应遵循以下原则：

（1）确保股份的稀缺性。股份制公司最稀缺的资源就是股份，因为它跟其他的资源是不一样的，是最稀有的——非股份制公司没有。

（2）具有行业的竞争性。企业家要了解整个行业的发展趋势。例如，企业今天拿出 3%的股份给公司的 CEO，同行没这个先例，而你这么做了，你就是行业的引领者，处于竞争优势地位。假如这个行业里所有企业的股权激励做得已经非常成熟了，大家都在做，而你跟同行相比还差得很远，毫无竞争力，那么企业只是进行简单的股权激励，就没什么意义了。

（3）实现对个体的激励性。值得注意的是，不要因为企业还很小就认为没有必要进行股权激励，即使是在创业阶段，也可以去设计如何进行股权激励。如何吸引人才、如何跟风险投资谈判、如何跟高管谈判、企业要获得什么，企业家在思考这些问题时就要有股权激励的理念。

所以，竞争性针对的是同行，激励性针对的是个体。

（4）保证群体的公平性。公平性指的是对于整体的公平性。企业给某几个人股份，他们会很开心，但是，另外一些人怎么办呢？此时，企业需要考虑公平性。

（5）投资具有经济性。做股权激励时还要考虑，作为一个企业家投资回报的经济性，这也是一个基本原则。

（6）企业的安全性。所谓"企业的安全性"，就是指做股权激励时要考虑公司治理的安全性。

（7）收钱具备合法性。在进行股权激励的过程中，企业还要考虑股份的分配原则，比如收钱转让的合法性

三、创业公司估值的特殊性

（一）创业公司的高成长性和巨大的风险

风险投资主要面向高新技术产业和其他高速成长的项目，这些项目存在迅速成长的潜在可能性，一旦投资成功便可以获得极高的收益。然而，创业初期的高新技术公司，其技术、管理、市场、产品都很不成熟，蕴藏着很大的不确定性。

另外，创业公司又处于快速发展、快速变化的环境中，不可避免地遭受这些外部环境的不确定性影响。风险投资家和创业公司只有尽可能避免这些不确定性带来的损失，才有可能实现公司增至和高额投资收益。

通常，对创业公司进行投资，都面临着技术风险、管理风险、市场风险、财务风险、道德风险等，风险投资需要综合考虑上述风险，并积极应对。

高成长性和巨大的风险意味着对企业进行相对精确的财务预测非常困难，在运用绝对估值法时，不容易对其选择适合的折现系数和增长率。

（二）创业公司经营历史较短

新兴公司没有明确的历史经营业绩可供参考，即便是有一些具有一定经营历史的企业，其未来主营业务的经营状况和盈利情况仍然难以预测。

（三）可比公司少且交易数据不公开

风险投资选择的创业公司一般都具有创新性，是尚未开拓的市场领域，在二级市场中，难以找到真正可比的公司进行比较估值。可比公司可能得到了私募股权投资，但此类交易数据并不公开。因此，利用比较法进行估值受到了限制。

（四）创业团队对公司价值影响巨大

风险投资能否成功，在根本上取决于公司是否具有高素质的创业者和高素质技术、营销和财务管理人员。但财务计划可能会因为关键人员的离职而不能执行，从而使得估值赖以依据的财务数据成为空中楼阁。

团队不仅影响财务计划，更可能直接导致创业失败。同样的项目，只有少数好的团队可以成功实施，而大多数创业团队将面临失败。风险投资家宁要二流的技术和一流的团队，也不要一流的技术和二流的团队[①]。

四、初创企业估值评估的特殊要素

（一）创意

在大多数人的印象里，创意入股是件不太可能的事情，但也确实有凭创意入股

---

① 罗国锋，张超卓，吴兴海. 创新创业融资：天使风投与众筹［M］. 北京：经济管理出版社，2016：168-170.

且占股达 50% 的例子，让人大跌眼镜。其实，创意入股的首要前提在于，这个创意是否新颖、有特色且具有较强的生命力。一个可以源源不断地为公司带来利润的创意，当然有很大的市场价值。尤其是像广告公司、点子公司类的创意型企业，它们的主要价值就在于创意，因此创意型人才的占股比例高也就不足为奇了。

至于创意占股多少、占的是干股还是其他形式的股份，需要创意者和公司创始人进行协商，只要双方达成一致就可以。

（二）技术

创业最不可或缺的资源是什么？

技术型人才是最不可或缺的资源，特别是在当前最为繁荣的互联网创业公司中，他们更是公司财富的直接创造者。

在实际操作中，越是核心的、市场需求量大的技术，占股比例就越大；反之，占股比例就越小。

（三）资金

资金是企业发展的前期基础，毕竟没有资金，一切都是妄谈。充足的资金可以有效提升企业的管理水平、运营能力，增强企业的竞争力，保证生产经营的有序开展。同时，资金也是创业公司股份分配的一个重要考量因素，甚至有些企业直接就会按照出资比例去划分股份。

具体到资金入股的作价问题上，需要考虑两方面因素。一方面是出资时间，例如，两年前你拿 50 万元可以给你 20% 的股份，而两年后公司发展已初具规模，你再出 50 万元就可能只能拿到 10% 的股份；另一方面是具体出资数额，出资越多所占股份越多，出资越少所占股份也就越少。需要注意的是，出资占股应有上限，一般创业公司给投资人的股份不会超过 30%。

（四）资源

很多公司在创业初期都会面临没有客户的烦恼，这时如果有人愿意为你提供稳定的客户资源，但要求你给他一部分股权，你愿不愿意？对初创公司来说，资源的丰富与否关系着公司的生死存亡，没有资源的公司很有可能举步维艰，因此才会有那么多人喜欢与掌握着一定资源的人合作。

有人将资源入股比作技术入股，但是以资源入股的形式在市场监督管理局无法备案。如果创始人与入股者协商一致，可以召开股东大会，在会上规定资源入股者负责的工作及所占股份比例，并将股东大会决议交到市场监督管理局备案。

五、创业企业估值评估与成熟企业的不同之处

创业企业的估值与成熟企业的估值有很大不同。在判断创业企业的价值时，投资者重点关注其不同于成熟企业的一些基本特征：高不确定性、高成长性以及创新的商业模式等。创业企业往往具有非线性成长的特性，具有较强的活力和适应性、自主创新能力强、人力资本的作用突出、对股权融资的依赖性较强等。

创业企业，特别是创新型创业企业，企业形态、业务与盈利模式等方面千差万别，多数情况下其定价也没有可比的上市参照企业，总体上讲，对其进行准确估值是比较困难的。

创新型企业的价值将更多地取决于其所具有的核心竞争力，但这种判断需要很高的专业能力，很大程度上取决于投资者的偏好以及当时的市场形势。对创新型企业的估值要特别注意其与传统企业估值在以下几个方面的区别：

（1）创业企业具有更高的风险和更高的流动性；

（2）创业企业拥有更高的潜在和期权价值；

（3）对风险资本而言，其退出通道和流动性更加重要[①]。

第二节　企业相对估值模型原理

一、相对估值法的原理

企业价值评估的方法一般有两种：绝对估值法和相对估值法。绝对估值法是将未来年度的预计现金流进行折现汇总，计算出当前的价值。由于估计未来年度现金流较为复杂，因而相对估值法更为通俗常用。

相对估值法亦称可比公司分析法，通过寻找可比资产或公司，依据某些共同价值驱动因素，如收入、现金流量、盈余等变量，借用可比资产或公司价值来估计标的资产或公司价值。

相对估值法是建立在同行业公司的许多相关指标符合正态分布、相似性和可比性都很强的假设基础上的。处于同一行业的公司，通常其业务模式和经营管理模式相似，因此同一行业内公司的业务指标和财务指标也具有很强的相似性。

相对估值法就是利用同行业公司的相似性，通过研究行业内可比公司的比例指标并将其作为乘数，乘以某一公司的价值驱动因素，从而计算出公司价值。用公式可以表示为：

公司价值＝价值驱动因素×乘数

公式中的价值驱动因素是指实际驱动公司价值增长的变量。这些驱动因素反映的是公司本身的盈利能力或拥有的资源，可以是利润、每股收益、收入、总资产、净资产或用户数等。乘数是可比公司较为恒定的比率。通常使用的乘数是基于会计的乘数，即公司价值与公司某个财务指标的比值。

在运用相对估值法时，根据价值驱动因素不同可以采用比率指标进行比较，如表8-1所示。比率指标通常包括市盈率（P/E）、市净率（P/B）、企业价值倍数（EV/EBITDA）、市盈率相对盈利增长比率（PEG）、市销率（P/S）、公司价值/销售收入乘数（EV/sales）、重估净资产（RNAV）等，其中最常用的比率指标是P/E和P/B。常用的相对估值法有市盈率倍数法、市净率倍数法、市销率倍数法和公司价值倍数法。

EBITDA，全称为税息折旧及摊销前利润（earnings before interest，taxes，depreciation and amortization）。EBITDA 指标中不包含财务费用，不受企业不同融资政策影响，不同资本结构的企业在这一指标下更具有可比性。EBITDA 为扣除折旧摊销费用之前的收益指标，企业间不同的折旧政策也不会对上述指标产生影响。EBITDA 指标中不包括投资收益、营业外收支等其他收益项目，仅代表了企业主营业务的运营绩效，这也使企业间的比较更加纯粹，真正体现了企业主业运营的经营效果以及由此而应该具有的价值。

表 8-1　相对估值法指标说明

价值/盈利或资产	分子反映价值，可以是市值、股权价值、股价等
	分母反映企业本身的盈利能力或拥有的资源，可以是利润、每股利润、收入、总资产、净资产、用户数等
	这类指标便于估算具有不同盈利能力或资产规模的可比公司的估值
	常用的指标有：市盈率（股价/每股利润）、市净率（股价/每股净资产）、企业价值/EBITDA、企业价值/收入、企业价值/用户数等
价值／盈利或资产 业务增长率	分子为上述第一类指标
	分母为可比公司的业务增长率（通常是若干年的平均年增长率），可以是收入增长率、利润增长率、EBITDA 增长率等
	常用的指标有：企业价值/EBITDA 对 EBITDA 增长率等

二、相对估值法的步骤

相对估值法主要有以下几步：

（1）选取可比公司。可比公司是指公司所处的行业、公司的主营业务或主导产品、资本结构、企业规模、市场环境、风险度以及盈利能力等方面相同或相近的公司。

（2）计算目标公司的企业价值或者股价。通常的估值倍数包括市盈率倍数、市净率倍数、EV/EBITDA 倍数等。

（3）计算适用于目标公司的可比指标。通常，选取可比公司的可比指标的平均数或者中位数作为目标公司的指标值。

（4）计算可比公司的估值目标。用可比指标值乘以目标公司相应的财务指标，从而计算出目标公司的企业价值或者股价。

相对估值法基于可比公司的价值来衡量目标公司的价值。如果可比公司的价值被高估了，则目标公司的价值也会被高估。实际上，所得结论是相对可比公司来说的，以可比公司价值为基准，是一种相对价值，而非目标公司的内在价值。

三、相对估值法的优缺点

（一）相对估值法的优点

相对估值法的主要优点在于预测方法的计算相对简单，基准标杆的确定也相对简单。在证券市场波动性较大的时候，可以敏感地调整估值水平。具体如下：

（1）易于计算，高效快捷。相对估值法通常只需要一个明确的假设，即这些公司的乘数相等，且基于公开信息计算乘数。一旦找到了可比公司，估值过程就变得相当简单。

（2）采用当前股价或交易价格，提高了估值的准确性。有效市场的假设意味着交易价格包括反映趋势、业务风险、发展速度等全部可获得的信息。

（3）少数股权投资最便捷的估值方法。对于仅占少数股权的投资，用相对估值法计算出来的股权价值具有更高的参考性，因为相对估值法的估值结果不包括控制权溢价。

（二）相对估值法的缺点

使用公开市场的可比公司对未上市公司进行估值会因为股权的流动性而复杂化。未上市公司的股权较典型的上市公司缺少流动性，公司估值因此要大打折扣。

（1）很难找到完全一致的可比公司。完全的可比公司是不存在的，公司与公司之间总会存在一些差异。在选择可比公司时，只能从产品类别、产品结构、地理位置、公司规模、盈利能力、成长性以及资本结构等方面寻找与目标公司尽量相似的公司。同时还要根据可比公司和目标公司之间的差异，对可比公司的估值乘数进行调整，这种主观的调整可能会使目标企业的估值存在更大的误差。

（2）估值结果的准确性受市场影响较大。利用相对估值法进行估值的前提条件是市场是有效的，这意味着可比公司的交易价格反映了该公司的实际价值。如果目前整个行业都被高估或低估了，通过相对估值法得到的公司价值也必然会被高估或低估。如果可比公司的市值较小、公众持股量小或交易不活跃，则公司的股价可能已经偏离了其实际价值。尽管可比公司与目标公司有很强的可比性，但是由于市场对可比公司估值的影响，也会影响到目标公司估值的准确性。

（3）会计政策的选择会影响估值的结果。相对估值法的价值驱动因素是会计收入或利润，而不是现金流。由于公司选择的会计准则不同，对公司的收入和利润的核算会有较大影响，因此一家公司选择不同的会计政策，估值的结果也会不同。

（4）不能反映企业发展潜力对公司价值的影响。相对估值法只是以一年的经营结果作为估值基础，而不是公司未来预期的现金流。这个方法实际上没有考虑公司未来发展的潜力对公司价值的影响。

第三节　相对估值模型分类

一、市盈率倍数法

（一）模型的含义

作为相对估值法的代表，市盈率的估值是目前最主流的估值手段之一。市盈率（P/E）是股票当前的每股市价与每股税后利润的比值。

市盈率＝每股市价÷每股净收益

每股净收益的确定方法：

①全面摊薄法：净利润/发行在外的总股本。

②加权平均法：全年净利润/［发行前总股本+本次公开发行股本数×（12-发行月份）÷12］。

市盈率反映了一家公司的股票市值是其净利润的倍数，其倒数可以用来衡量该股票的收益率。市盈率的数学意义表示每1元税后利润对应的股票价格，市盈率的经济意义为购买公司1元税后利润支付的价格，或者按市场价格购买公司股票回收投资所需要的年份。

（二）市盈率倍数法的估值过程

通过市盈率法估值时，首先应计算出被评估公司的每股收益，然后根据一组可比公司的平均市盈率、被评估公司的行业情况（同类行业可比公司股票的市盈率）、公司的经营状况及其成长性等拟订市盈率（非上市公司的市盈率一般要按可比上市公司市盈率打折）。最后，依据市盈率与每股收益的乘积决定估值：合理股价=每股收益（EPS）×合理的市盈率（P/E）。值得注意的是，收益周期性明显的行业和企业，其估值应以多年的平均每股收益来替代最近一年的每股收益，这样才能更合理地使用市盈率来估值。

（三）市盈率倍数法的优缺点

1. 市盈率倍数法的优点

（1）与市盈率倍数计算有关的数据容易取得，且易于计算。

（2）市盈率把价格和收益联系起来，直观反映了投入和产出之间的关系。

（3）市盈率倍数可以作为企业其他特征的代表，如风险性和成长性，具有很高的综合性。

2. 市盈率倍数法的缺点

（1）市盈率倍数法有被误用的可能性。可比公司的定义在本质上是主观的。同行业公司并不一定可比，因为同行业的公司可能在业务组合、风险程度和增长潜力方面存在很大的差异。

（2）当企业的收益或预期收益为负值时，无法使用该方法。

（3）市盈率倍数法使用短期收益作为参数，无法直接比较不同长期增长前景的公司。

（4）市盈率不能区分经营性资产创造的盈利和非经营性资产创造的盈利，降低了企业之间的可比性。

（5）市盈率倍数法无法反映企业运用财务杠杆的水平。当可比公司与目标公司的资本结构存在较大差异时可能会导致错误的结论。

（四）市盈率倍数法的应用

市盈率倍数法主要用在目前收益状况可以代表未来收益及其发展趋势的条件下，及有大量可比较公司的企业。市盈率倍数法不适用于周期性较强的企业，如一般制造业、服务业，每股收益为负的公司，房地产等项目性较强的公司，银行、保险和其他流动资产比例高的公司，难以寻找可比性很强的公司，多元化经营比较普遍、产业转型频繁的公司。市盈率倍数法适用于有形资产较少，主要依靠人才、技术和

255

商业模式盈利的行业，同时也适用于医药、快速消费品等弱周期行业。

从实用的角度看，我们可以认为只有在市盈率等于或低于公司普通每股收益增长率的条件下，才对一家公司进行股权投资。这意味着，如果某公司的每股收益增长率为10%，那么你最高只能支付10倍于该收益的买价。这种做法建立在一个假设前提之上，即一家高速增长的公司比一家低速增长的公司具有更大的价值。这也导致了一个后果，即以一个高市盈率成交的股权交易并不一定比低市盈率的股权交易支付更高的价格。

二、市净率倍数法

（一）模型的含义

市净率（P/B）倍数的计算公式为：

$$市净率倍数=每股市价/每股净资产=市值/净资产$$

市盈率倍数反映了股权的市场价值与账面价值之间的比率关系。在市场持续性上涨或经济基本面较好时，投资者更关心市盈率；而经济持续下跌或经济基本面较差时，投资者往往更愿意使用市净率。

这种方法假设股权价值是净资产的函数，类似企业有相同的市净率，净资产越大则股权价值越大。因此，股权价值是净资产的一定倍数，目标企业的价值可以用每股净资产乘以市净率计算。运用市净率估值的公式如下：

$$目标公司每股价值=可比公司平均市净率×目标公司的每股净资产$$

（二）市净率倍数法的估值过程

通过市净率定价法估值时，首先应根据审核后的净资产计算出被估值公司的每股净资产，然后根据一组可比公司的平均市净率、被估值公司的行业情况（同类行业公司股票的市净率）、公司的经营状况及其净资产收益率等拟定发行市净率（非上市公司的市净率一般要按可比上市公司市净率打折）。最后，依据发行市净率与每股净资产的乘积决定估值。

（三）市净率倍数法的优缺点

1. 市净率倍数法的优点

（1）净资产账面价值的数据容易取得，并容易理解；

（2）市净率的变化比较稳定，可以规避周期性行业波动，因此适用于历史分析；

（3）在各公司所选用的会计政策符合可比性的条件下，市净率可以反映公司价值的变化，可用于鉴别哪些公司的价值被低估，哪些公司的价值被高估；

（4）可以衡量起步发展阶段和陷入困境的公司的价值，即使公司发生亏损或净现金流量小于0时，仍然可以使用市净率倍数法估值；

（5）净资产的账面价值比较稳定，不像利润容易被人操纵。

2. 市净率倍数法的缺点

（1）账面价值受所选用会计政策的影响非常大，各公司如果采用不同的会计标准或会计政策，市净率将不具有可比性；

（2）市净率倍数法仅能反映会计方法能够核算的资产，资产负债表上披露的账面价值并不能公允地反映资产的市场价值，不能反映公司的某些重要价值，如人力资本、企业家才能、经营模式等；

（3）服务型公司和高科技公司的固定资产很少，净资产与公司价值的关系不大，比较其市净率没有实际意义，而风险投资领域的一些创新型公司往往是轻资产型的，所以不适合使用市净率倍数法估计其价值。

（四）市净率倍数法的应用

市净率倍数法主要适用于那些无形资产对其收入、现金流量和价值创造起关键作用的公司，例如银行业、房地产业和投资公司等。这些行业都有一个共同特点，即虽然经营大规模的资产但其利润额比较低。市净率倍数法还适用于高风险行业以及周期性较强的行业，和拥有大量固定资产并且账面价值相对稳定的企业；银行、保险和其他流动资产比例高的公司；业绩较差及重组型公司。市净率倍数法不适用于账面价值的重置成本变动较快的公司，以及固定资产较少、商誉或知识财产权较多的服务行业。

三、市销率倍数法

一般认为，市销率 P/S 比较适合于评估那些初创型、潜在高增长公司或没法显示每年实际净利润的周期性公司。P/S 被认为是市盈率 P/E 和股息率这类需要公司有净盈利指标的替代方案。值得注意的是，这并不是说市销率在分析当前正常盈利公司时没有用，只不过在评估那些尚未盈利或盈利较少的公司时，市销率会更适合。

一般而言，P/S 小于 1，被认为是非常优秀的投资标准，意味着投资者为公司每 1 元的销售额支付的价格不足 1 元，公司股票可能被明显低估，投资价值大。P/S 值介于 1~2 之间，也仍被认为是良好的投资标准。但如果 P/S 值大于 3，则需要慎重考虑，而 P/S 值大于 4，则被认为是明显不利的表现。

P/S 市销率应用示例：

假设 A 公司的季度销售额如表 8-2 所示。其中，第一财年（FY1）4 个季度的销售额为实际销售额，而第二财年（FY2）4 个季度的销售额是公司未来的预测数据（假设我们目前的时间是 FY2 的 Q2），该公司有 1 亿股已发行股票，当前交易价格为 10 元。

表 8-2 某公司销售额情况

时间	FY1-Q1	FY1-Q2	FY1-Q3	FY1-Q4	FY2-Q1	FY2-Q2	FY2-Q3	FY2-Q4
收入（百万美元）	90	100	110	120	130	135	130	135

基于过去 12 个月历史数据（TTM），计算出的结果如下：

（1）过去 12 个月的销售额（TTM）= 4.2 亿元（所有 FY1 总和）

（2）每股销售额（TTM）= 4.2 元（4.2 亿销售额/ 1 亿流通股数量）

（3）市销率 P/S = 2.38（10 元股价/每股 4.2 元的销售额）

基于未来预估的销售额数据，计算出的结果如下：

（1）未来 12 个月的预估销售额=5.3 亿元（所有 FY2 总和）

（2）每股销售额＝5.3元（5.3亿销售额／1亿流通股数量）

（3）市销率P/S＝1.89（10元股价/每股5.3元的销售额）

如果A公司的同行（同一行业，而且市值规模相近）平均市销率P/S（TTM）为1.5，而A公司为2.38，表明A公司被高估，造成这种结果的可能原因在于，相对于FY1而言，FY2将实现26.19%的销售收入增长（4.2亿增加到预估的5.3亿），这可能好于同行其他公司的预期，而这种预期利好反映到股价中的表现就是高估。

使用P/S需要注意的事项：

首先，公司销售收入背后的价值是不一样的。比如，豪华二手车销售公司的销售额很高，但利润通常很微薄，而一般软件公司每100元的销售收入中就可以产生60%甚至80%的净利润。

其次，一些投资者将销售收入看作公司业绩增长更可靠的指标。但实际上，销售收入数据可能并不可靠，不一定能反映出公司的财务健康状况。

最后，市销率P/S除了不考虑公司的盈利情况外，也不会考虑公司债务情况。债务水平高的公司需要用更高的销售额来偿还债务及相关利息，所以，一般没有债务和低P/S指标的公司比高债务和相同P/S的公司更具有吸引力。值得注意的是，有些濒临破产的企业，P/S指标也可以很低，这是因为当它们的股价和市值暴跌时，公司的销售额并没有下降太多。

那么投资者如何区分公司是被低估还是不健康，负债累累的销售情况呢？这时候就需要使用企业价值（enterprise value，EV）/销售额而不是市值（market capitalization）/销售额。企业价值纳入了公司的长期债务，等于市值加上长期债务减去现金。换句话说，企业价值可以看作购买一家公司的总成本，包含了其债务和剩余现金。

（一）模型的含义

市销率也称价格营收比或市值营收比，是以公司市值除以上一财年（或季度）的营业收入，或等价地以公司股价除以每股营业收入。其公式为：

市销率＝总市值/销售收入＝每股市价/每股销售收入

这一指标可以用来确定股票相对于过去业绩的价值，也可用来确定一个市场板块或整个股票市场中的相对估值。市销率越小（比如小于1），通常被认为投资价值越高，这是因为投资者可以付出比单位营业收入更少的钱购买股票。运用市销率估值的公式如下：

目标公司的每股价值＝可比公司平均市销率×目标公司的每股销售收入

（二）市销率倍数法的优缺点

1. 市销率倍数法的优点

（1）不受公司折旧、存货、非经常性收支的影响，稳定可靠不易被操控；

（2）不会出现负值，不会出现没有意义的情况，即使净利润为负也可使用；

（3）对于一些经营尚未成熟但是有良好发展前景的公司来说，虽然盈利水平很低，但是销售额增长迅速，用市销率指标可以准确地预测其未来发展前景，不会因为短期运营困难而低估公司价值。

2. 市销率倍数法的缺点

（1）无法反映公司的成本控制能力，即使成本上升、利润下降，也不影响销售收入，市销率依然不变；

（2）市销率会随着公司销售收入规模的扩大而下降，营业收入规模较大的公司，其市销率较低。

市销率指标的引入主要是为了克服市盈率等指标的局限性。销售收入主要指主营业务收入，在竞争日益激烈的市场中，主营业务收入对于公司未来发展评价起着决定性的作用，公司的市场份额在决定公司生存能力和盈利能力水平方面的作用越来越大。因此市销率有助于考察公司收益基础的稳定性和可靠性，可帮助投资者有效把握其收益的质量水平。市销率主要适用于销售成本较低的服务类公司。

四、公司价值倍数法

（一）基本模型

企业价值倍数（enterprise multiple）= EV/EBITDA，是一种被广泛使用的公司估值指标。

EV/EBITDA 反映了投资资本的市场价值和未来一年企业收益间的比例关系。

EV（enterprise value，企业价值）= 市值+（总负债−总现金）= 市值+净负债（即公司有息债务价值之和减去现金及短期投资）

EBITDA（earnings before interest，tax，depreciation and amortization；息税折旧摊销前利润，即扣除利息、所得税、折旧、摊销之前的利润）= 营业利润+折旧+摊销 = 净利润+所得税+利息+折旧+摊销

运用公司价值倍数法的公式如下：

目标公司每股价值=可比公司平均公司价值乘数×目标公司每股息税折旧及摊销前利润

（二）公司价值倍数法的优缺点

1. 公司价值倍数法的优点

（1）不受所得税率差异的影响，使得不同国家和市场的上市公司估值更具有可比性；

（2）不受资本结构不同的影响，公司资本结构的改变不会影响估值，有利于比较不同公司的估值水平；

（3）排除了折旧摊销这些非现金成本的影响，可以更准确地反映公司价值。

2. 公司价值倍数法的缺点

（1）公司价值倍数法更适用于单一业务或子公司较少的公司估值，如果业务或合并子公司数量众多，就需要做复杂调整，可能会降低其准确性；

（2）对有着很多控股结构的公司估值效果不佳，因为 EBITDA 不反映少数股东现金流，却过多反映控股公司的现金流。不反映资本支出需求，过高估计了现金。

（三）公司价值倍数法的应用

20 世纪 80 年代，伴随着杠杆收购的浪潮，EBITDA 第一次被资本市场上的投资

者们广泛使用，但当时投资者更多地将它视为一个评价公司偿债能力的指标。随着时间的推移，EBITDA 开始被实业界广泛接受，因为它非常适合用来评价一些前期资本支出巨大且需要在一个很长的期间内对前期投入进行摊销的行业，比如核电行业、酒店业、物业出租业等。如今，越来越多的上市公司、分析师和市场评论家们推荐投资者使用 EBITDA 进行分析。

最初，私人资本公司运用 EBITDA，而不考虑利息、税项、折旧及摊销，是因为它们要用自己认为更精确的数字来代替，它们移除利息和税项，是因为它们要用自己的税率计算方法以及新的资本结构下的财务成本算法。而 EBITDA 剔除摊销和折旧，则是因为摊销中包含的是以前会计期间取得无形资产时支付的成本，并非投资人更关注的当期的现金支出。而折旧本身是对过去资本支出的间接度量，将折旧从利润计算中剔除后，投资者能更方便地关注对未来资本支出的估计，而非过去的沉没成本。

因此，EBITDA 常被拿来和现金流比较，因为它和净收入（EBIT）之间的差距就是两项对现金流没有影响的开支项目，即折旧和摊销。然而，由于并没有考虑补充运营资金以及重置设备的现金需求，EBITDA 中也没有调整的非现金项目、备抵坏账、计提存货减值和股票期权成本，因此并不能就此简单地将 EBITDA 与现金流对等，不然很容易将企业导入歧途。EV/EBITDA 与 PE 等相对估值法的指标用法一样。

EV/EBITDA 用企业价值（EV），即投入企业的所有资本的市场价值来代替 PE 中的股价，用息税折旧前盈利（EBITDA）代替 P/E 中的每股净利润。其倍数相对于行业平均水平或历史平均水平而言较高，通常说明企业被高估了，反之则反是。此外，不同行业或板块也有不同的估值（倍数）水平。

公司价值倍数法适用于[①]：
（1）充分竞争行业的公司；
（2）没有巨额商誉的公司；
（3）净利润亏损，但毛利、营业利益并不亏损的公司。
公司价值倍数法不适用于：
（1）固定资产更新变化较快的公司；
（2）净利润亏损、毛利、营业利益均亏损的公司；
（3）资本密集、准垄断或者具有巨额商誉的收购型公司；
（4）有高负债或大量现金的公司。

五、风险投资法

如其名称所示，风险投资方法来自投资者的观点。一个投资者一直在寻找一个特定的投资回报率，比方说 20 倍。此外，根据行业标准，投资者认为你的公司可以在 8 年内以 1 亿美元的价格出售。基于这两个要素，投资者可以在调整稀释后，轻

① 唐松莲. 财务报表分析与估值 [M]. 上海：华东理工大学出版社，2017：157-160.

松确定他/她愿意为你投资的最高价格。

风险投资法估价创业企业一般包括如下五步：

第一步，预测几个年度的权益现金流；

第二步，估计风险资本退出投资的时间（尤其是通过首次公开发行的方式或卖给战略上合适的买家）；

第三步，基于对收入、销售或顾客等所假设的乘数，对退出价格进行估值，这个乘数基于可比的上市公司或可比的交易；

第四步，在一定的比率范围内折现暂时的现金流和退出价值；

第五步，做出风险资本的投资决策。

假设某风险投资公司对 A 公司投资 50 万美元，并对 A 公司的现金流和退出时间有如下预测（M 代表百万美元）：

第一步，预测 A 公司的现金流，如表 8-3 所示。

表 8-3　股权自由现金流

股权自由现金流量	第 0 年	第 1 年	第 2 年	第 3 年	第 4 年	第 5 年
	-5	0	0	0	0	100

第二步，假设基金公司于 5 年后退出。

第三步，假设 A 公司在第五年盈利并且年末上市，采用的市场乘数为收入 1 亿美元的 20 倍。

第四步，以 50% 的折现率估值；

投资后，A 公司估值为 = $100M/(1.5)^5 = 13.2M$

投资前，13.2M - 5M = 8.2M

第五步，计算风险投资公司所要求的股份。

风险投资公司投入 500 万美元，获得 A 公司 $5/13.2 = 38.0\%$ 股份。

假设起初有 $N_0 = 100$ 万股的股票份额，该风险资本将获得 A 公司的股份份额 N_1 是多少？股价为多少？

$N_1/N_1 + 100 = 38\%$，则 $N_1 = 61.2$ 万股；A 公司股价 = $5M/0.612M = 8.17$ 美元

第四节　绝对估值 DCF 模型

一、原理

简单理解：假设现金的年收益率为 10%，那么一年后的 110 万元相当于今天的 100 万元标的企业的现金流或盈利折现。本估值法通过计算未来现金流的现值（或预计未来盈利的现值）来估算企业的公允价值。现金流和终值来自标的企业，而不是投资本身。现金流贴现法（DCF）很灵活，因为其可以适用于任何现金流（或盈利）。在私募股权估值时，该等灵活性使得该估值法适用于其他估值法无法适用的

261

情况。虽然该等估值法也可以适用于处于巨大变化时期的企业，比如救援融资、扭亏为盈、战略性重新定位、亏损或初创阶段，但是在该等情况下使用本估值法存在巨大的风险。

DCF 估值法的劣势主要在于它要求预测具体的现金流、估计终值以及合理的风险调整后的折现率。所有这些都涉及大量主观判断，这些因素的变化会极大地影响得出的现值。

由于该估值法的主观性非常强，DCF 估值法可用于交叉检验以市场为基础的估值法得出的估值；如果独立于其他估值法使用 DCF 估值法，则需要极其谨慎。

二、DCF 计算模型

现金流量贴现法的基本公式：

$$V = \sum_{t=1}^{n} \frac{CF_t}{(1+r)^t}$$

上式中，V——企业的评估现值；

n——资产（企业）的寿命；

CF_t——资产（企业）在 t 时刻（年份）产生的现金流；

r——反映预期现金流的折现率。

从上述计算公式我们可以看出该方法有两个基本的输入变量：现金流和折现率。因此在使用该方法前，首先要对现金流做出合理的预测。在评估中要全面考虑影响企业未来获利能力的各种因素，客观、公正地对企业未来现金流做出合理预测。其次是选择合适的折现率。折现率的选择主要是根据评估人员对企业未来风险的判断。由于企业经营的不确定性是客观存在的，因此对企业未来收益风险的判断至关重要，当企业未来收益的风险较高时，折现率也应较高，当未来收益的风险较低时，折现率也应较低。

三、DCF 的简化及运用

在实际运用中，通常会采用高顿两阶段价值模型，第一阶段是高速增长期，第二阶段是永续年金。首先，逐年计算出第一阶段的自由现金流及其折现，然后对其第二阶段估算一个永续价值，将两阶段的折现值加总得出企业的估值。

假设某企业的快速增长期为 10 年，现值公式：

$$PV_{10} = FCF_1/(1+r) + FCF_2/(1+r)^2 + FCF_{10}/(1+r)^{10}$$

其中 PV_{10} 代表十年现值，FCF1 代表第一年的自由现金流（free cash flow），r 代表贴现率。

10 年之后的永续现值公式：

$$PPV = \frac{FCF_{10} \times (1+g)/(r-g)}{(1+r)^{10}}$$

其中 PPV 代表永续现值，g 代表成长率。

例如，某企业今年底可产生自由现金流 10 亿元，预计五年内自由现金流的年增长 15%。五年后，自由现金流能保持 3% 的年增长。若按照 10% 的折现值估算，企业前五年现金流折现值加总，等于 49.8 亿元（9.1+9.5+9.9+10.4+10.9）。第 6 年，自由现金流 18.01 亿元，其永续现值为 ［18.01（1+3%）/（10%-3%）］/1.77 = 149.6 亿元。由此，测算的企业内在价值约为 49.8 + 149.6 = 199.4 亿元。

创业顾问

从同福客栈 IPO 看懂股权分配 佟湘玉的 60% 股份去哪了[①]

话说在闻名天下的关中七侠镇，有个叫吕轻侯的创业者，他是个知识分子，开了一家客栈——同福客栈。但由于客栈只提供单一的客房服务，再加上吕秀才自身的工作能力也不足，并且团队严重短缺——就他自己一个人，所以生意很一般，都快要关门大吉了。当然，作为这家创业公司的唯一创始人及员工，吕秀才对公司是 100% 控股的，股权结构简单、清晰。

在吕秀才公司经营出现资金周转问题的时候，他的创业伙伴出现了。这就是出嫁到七侠镇的佟湘玉，她带来了几大箱金银细软的嫁妆。佟湘玉一眼就看到这是个不错的商业机会，而餐饮客房服务行业还是个朝阳行业，并且在七侠镇没有第二家。在市场前景和竞争地位上都不错，于是她答应以部分嫁妆入股，与吕秀才一起创业。

吕秀才并没有投入新的资金，因此他同意了佟湘玉的股权分配方案：佟湘玉 70%，吕秀才 30%。两人仍然以创始人股东的身份在客栈工作——佟湘玉做掌柜，吕秀才做账房先生。在资金的支持下，佟掌柜很快补充完善了一个不错的团队：大堂经理——白展堂，小名老白；客服主管——郭芙蓉，小名小郭；行政总厨——李大嘴，小名大嘴。

由于老白在公司初创期就立下大功——从盗神姬无命手中营救了管理团队集体的性命，以及老白的背景对于这种容易受到黑道骚扰的行业有很大帮助，于是经过商量，佟掌柜和吕秀才两位股东一致同意各自无偿送给老白 10% 的股份，这样，佟掌柜的股权减持到 60%，吕秀才的股权减持到 20%，白展堂持股 20%。

于是他们按照这个股权比例正式注册公司——同福客栈有限公司。同福客栈股权变化如图 8-1 所示。

263

---

① 极客公园. 从同福客栈 IPO 看懂股权分配 佟湘玉 60% 股份去哪了［EB/OL］. https://m.163.com/tech/article/B2VUN5D900094P40. html？spss = adap_pc.

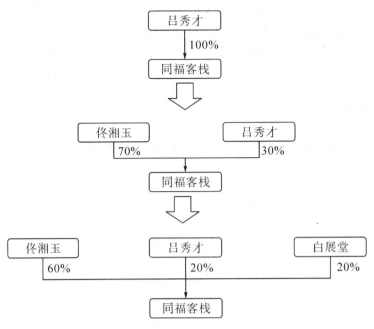

图 8-1　同福客栈股权变化之一

三个创业者确实有一套，同福客栈的生意非常好，这吸引了万利当铺和万兴钱庄的掌柜——钱老板的关注。钱老板发现同福客栈的客房服务在标准化等方面做得都不错，有做大做强的机会，并且餐饮上有特色酒水，菜品有独家配方，而且受专利保护，别的客栈不易抄袭模仿。

与此同时，同福客栈也有开分店的打算，吕秀才已经起草好商业计划书和未来5 年的财务预测，正在四处寻找风险投资。但基本上所有的 VC 都跟他说："你们只有 1 个店，规模还没有做起来，我们不投这么早期的项目，你们还是找天使投资吧。"在四处碰壁之后，吕秀才找到钱老板。在公司估值上，钱老板认为到目前为止（融资前）值 1 500 两白银，而佟掌柜他们三个创业者觉得应该值 2 500 两白银，经过讨价还价，最后商定价格为 2 000 两白银。钱老板投资 500 两白银，占到股份的 20%。计算方式如下：钱老板股份＝投资额／（公司融资前估值＋投资额）→500／（2 000＋500）＝20%。也就是说，融资之后，同福客栈的价值达到了 2 500 两白银。

在钱老板投资后，佟掌柜等公司原股东股份等比例稀释。另外，按照股权比例所示，佟掌柜、吕秀才和老白的公司股权都很值钱了，佟掌柜的股权价值 1 200 两白银，吕秀才和老白的股权价值均为 400 两白银。具体比例如图 8-2 所示。

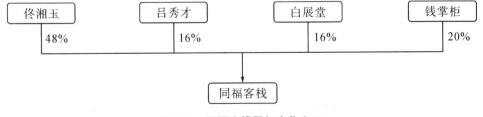

图 8-2　同福客栈股权变化之二

钱老板还拿出了一个投资协议，在其中加入了下面几个条件：

（1）董事会由佟掌柜、吕秀才和钱老板组成。

（2）在没有新的投资进来以前，佟掌柜、吕秀才和老白的工资不得高于每月 5 两白银（当时当地中等水平工资）。

（3）佟掌柜等三人必须在客栈干满至少 4 年，否则，每少干 1 年，他就要将 1/4 的股份无偿转让给其他股东。

（4）如果有新的任何融资行为，须提前通知钱老板。

在被投资后，佟掌柜担任董事会主席，吕秀才和钱老板任董事。佟掌柜还担任公司 CEO，吕秀才任 CFO，老白任主管营销的副总裁兼首席运营官，大嘴任首席技术官，小郭任市场主管。

钱老板将股东在公司的股份写在纸上，做成股票，各自拿着作为凭证。合计一共设置了 15 000 股，内部核算价每股 200 钱，即 0.2 两（1 两白银＝1 000 钱）。

在钱老板的钱到了同福客栈公司的账上之后，公司的价值已经从 2 000 两（融资前）增加到 2 500 两（融资后），以每股 200 钱计算，所有股东的股票共计有 12 500 股。

总股票数量＝公司价/每股价格 ＝2 500 两 ／ 0.2（两/股）＝ 12 500 股

前面提到一共设置了 15 000 股，那么为什么会多出来 2 500 股呢？这些股票的存在实际上是会稀释所有股东的股权比例的。那这些股票是属于谁的呢？为什么公司自己要印这些空头股票呢？钱老板早就想好了：

由于佟掌柜等人的工资不高，他们将根据自己的贡献，以后拿一部分股票作为补偿。

公司的关键员工——小郭、大嘴，以及以后招聘的核心员工，需要给予股票期权。

钱掌柜的 500 两天使投资，按照每股 200 钱的价格，将会获得 2 500 股公司股票，佟掌柜的股权价值为 1 200 两，可以获得 6 000 股，吕秀才和老白的股权价值是 400 两，也分别可以获得 2 000 股，各位股东股权比例如图 8-3 所示。

图 8-3　同福客栈股权变化之三

有了外部投资人的资金支持，公司发展更为成功，半年后不仅在七侠镇开了 5 家分店，还在邻镇十八里铺开了 2 家分店，还在省城开了 1 家分店。但是，500 两投资已经花完了，公司也发展到 100 多人。预留的 2 500 股空头股票也用去了 2 000 股，分别是给了佟掌柜 500 股，给了吕秀才和老白各 200 股，给大嘴等其他员工 1 100 股，如图 8-4 所示。

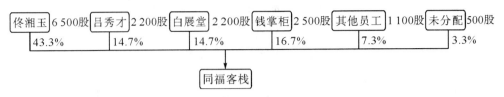

图 8-4 同福客栈股权变化之四

公司发展到这个阶段，他们必须再融资，以满足公司的大规模拓展需要。由于公司前景可观，终于得到了某知名 VC——红树资本的青睐。红树资本为该公司作价 15 000 两白银，这时，该公司的股票就是每股值 1 两白银了（公司已发行的股票是 15 000 股），比钱老板投资时涨了 5 倍（钱老板投资时是每股值 200 钱）。红树资本同意投资 5 000 两白银，即公司融资后估值为 20 000 两白银，红树资本占公司 25% 股份。这样，理论上公司需要给红树资本增发 5 000 股股票，公司的总股数增加到 20 000 股。

但是，红树资本要求投资后新增 5% 的股票，作为以后的员工期权，而红树资本的股份不参与稀释，全部稀释由原股东承担。这 5% 的期权的价值是 1 000 两白银，那 15 000 股老股的价值就只有 14 000 两白银，故公司融资前的每股价格为：

融资前股价＝公司价值/份额总数→14 000 两/15 000 股＝9.333 钱/股

因此，红树资本的 5 000 两白银投资应该可以购买公司的股份不是上述的 5 000 股，而应该是：

红树资本的股份数＝投资额/股价→5 000 两 / 9.333 钱/股＝5 359 股

5% 的新期权股份数量为：

新期权的股份数＝期权价值/股价→1 000 两 / 9.333 钱/股＝1 071 股

公司的总股份数为：15 000＋5 359＋1 071＝21 430 股。算上原来没有发完的 500 股期权股票，投资后期权总数为 1 571 股。

另外，红树资本将委派一人作为公司董事。佟掌柜等原股东还答应，由红树资本帮助从著名酒店集团寻找一位职业经理人做公司的 CEO，佟掌柜改做 COO。

这样，现在公司的股权比例我们以表格来展示如表 8-4 所示。

表 8-4 同福客栈股权变化之五

股东	股票数量/股	持股比例/%	股权价值/两
佟湘玉	6 500	30. 3	6 060
吕秀才	2 200	10. 3	2 060
白展堂	2 200	10. 3	2 060
钱老板	2 500	11. 7	2 340
其他员工	1 100	5. 1	1 020
红树资本	5 359	25	5 000
未分配	1 571	7. 3	1 460
合计	21 430	100	20 000

我们可以发现，红树资本现在已经成为第二大股东了。

两年后，公司总部搬到京城，并在全国各地开连锁分店100多家，同时请到了前龙门客栈集团的COO郭巨侠出任CEO。郭巨侠进入了董事会，并以每股3两白银的价钱获得1 000股的期权。其他员工也分配了一些期权股票。该公司的股价此时比红树资本投资时已经涨了3倍。

郭巨侠到任后，公司进一步发展，董事会决定再一次融资，进入国际市场。由红树资本领头协同另两家VC进行了第二轮15 000两白银的投资（红树资本7 500两、其他VC7 500两）。股份价格为每股5两白银，即：

公司融资前估值＝21 428股×5两/股＝107 140两。

融资后估值为122 140两白银。融资后，公司股权结构如表8-5所示。

表8-5　同福客栈股权变化之六

股东	股票数量/股	持股比例/%	股权价值/两
佟湘玉	6 500	26.6	32 500
吕秀才	2 200	9.0	11 000
白展堂	2 200	9.0	11 000
钱老板	2 500	10.2	12 500
其他员工	1 100	6.1	7 500
红树资本	6 859	28.1	34 295
郭巨侠	1 000	4.1	5 000
其他VC	1 500	6.1	7 500
未分配	171	0.7	855
合计	24 430	100	122 150

这时，天使投资人及VC投资者的股份已占到44%，和创始人股份46%相当，即拥有了一半左右的控制权。

又过了两年，公司成为行业最优秀的企业之一，利润非常可观，并在知名投资银行高盛的帮助下在纳斯达克IPO上市，并增发6 000股。上市时原始股定价每股25两白银。这样，一个创新模式的传统服务型公司在VC的帮助下便创办成功了。上市后，该公司总股本为30 430股，市值大约760 750两白银。

IPO后的股权比例如表8-6所示。

表8-6　同福客栈股权变化之七

股东	股票数量/股	持股比例/%	股权价值/两
佟湘玉	6 500	21.4	162 500
吕秀才	2 200	7.2	55 000
白展堂	2 200	7.2	55 000

表8-6(续)

股东	股票数量/股	持股比例/%	股权价值/两
钱老板	2 500	8.2	62 500
其他员工	1 600	5.3	40 000
红树资本	6 859	22.5	171 475
郭巨侠	1 000	3.3	25 000
其他VC	1 500	4.9	37 500
高盛及股民	6 000	19.7	150 000
未分配	71	0.2	1 755
合计	30 430	100	760 750

这时，创始人佟掌柜、吕秀才等人变成了充满传奇色彩、家财万贯的财主，大嘴等员工也持有价值上万两白银的股票，也成了小财主。但是，佟掌柜等全体公司员工只持有44%左右的股份，公司的所有权的大部分从创始人和员工手里转移到投资者手中。一般来讲，一个创始人在公司上市时还能握有超过20%的股份已经很不错了。

作为最早的投资者，"天使"钱老板的收益最高，投入500两白银，产出62 500两，回报高达124倍。红树资本的第一轮投资获利24倍，第二轮投资和其他两家VC均获利4倍。显然，越早投资于一个有希望的公司获利越大，当然，失败的可能性也越大。一般的VC基金都会按一定比例投入到不同发展阶段的公司，如果公司发展良好，后续还会追加投资。

延伸阅读

职业经理人如何被估值[①]

一、立法宗旨

企业家精神一方面是一种赋予现有资源新价值的革新意识，既包括企业家在创造经济价值过程中体现出的创新精神，又涵盖企业家在不确定环境中展开创新的冒险精神；另一方面是一种内生性的精神力量，能够内化为企业家积极主动的自我规范，进而成为推动现代企业改革和发展的内生动力，与外生性的制度规范所产生的外部强制形成合力，里应外合，共同推进现代企业制度的改革与完善。

第一条 为了规范公司的组织和行为，保护公司、股东、职工和债权人的合法权益，完善中国特色现代企业制度，弘扬企业家精神，维护社会经济秩序，促进社会主义市场经济的发展，根据宪法，制定本法。

......

---

① 李建伟. 2024年公司法新规逐条精讲[EB/OL].https://www.bilibili.com/read/cv33242262/.

二、赋权：董事会中心主义模式的努力

强化董事会中心主义模式，董事会职权在发行资本、催缴出资、企业合规、承担减资与分红责任、启动清算与承担清算工作等领域的扩张，能够突出董事会在公司治理中的中心地位，有利于弘扬企业家精神。

第六十七条 有限责任公司设董事会，本法第七十五条另有规定的除外。

董事会行使下列职权：

（一）召集股东会会议，并向股东会报告工作；

（二）执行股东会的决议；

（三）决定公司的经营计划和投资方案；

（四）制订公司的利润分配方案和弥补亏损方案；

（五）制订公司增加或者减少注册资本以及发行公司债券的方案；

（六）制订公司合并、分立、解散或者变更公司形式的方案；

（七）决定公司内部管理机构的设置；

（八）决定聘任或者解聘公司经理及其报酬事项，并根据经理的提名决定聘任或者解聘公司其他管理人员；

（九）制定公司的基本管理制度；

（十）公司章程规定或者股东会授予的其他职权。

还有：授权资本制；董事会催缴与除名/失权决议等。

……

三、课（苛）责：董监高信义义务、违信责任的强化

第十一条第三款 法定代表人因执行职务造成他人损害的，由公司承担民事责任。公司承担民事责任后，依照法律或者公司章程的规定，可以向有过错的法定代表人追偿。

第一百九十一条 董事、高级管理人员执行职务，给他人造成损害的，公司应当承担赔偿责任；董事、高级管理人员存在故意或者重大过失的，也应当承担赔偿责任。

第一百九十二条 公司的控股股东、实际控制人指示董事、高级管理人员从事损害公司或者股东利益的行为的，与该董事、高级管理人员承担连带责任。

《民法典》第一千一百九十一条第一款 用人单位的工作人员因执行工作任务造成他人损害的，由用人单位承担侵权责任。用人单位承担侵权责任后，可以向有故意或者重大过失的工作人员追偿。

……

四、鼓励创新，宽容失败，容错试错的商业环境

1. 免责：不作不死

第一百二十五条第二款 董事应当对董事会的决议承担责任。董事会的决议违反法律、行政法规或者公司章程、股东会决议，给公司造成严重损失的，参与决议的董事对公司负赔偿责任；经证明在表决时曾表明异议并记载于会议记录的，该董事可以免除责任。

2. 责任保险：免后顾之忧

第一百九十三条 公司可以在董事任职期间为董事因执行公司职务承担的赔偿责任投保责任保险。

公司为董事投保责任保险或续保后，董事会应当向股东会报告责任保险的投保金额、承保范围及保险费率等内容。

3. 无因解职赔偿

第七十一条 股东会可以决议解任董事，决议作出之日解任生效。

无正当理由，在任期届满前解任董事的，该董事可以要求公司予以赔偿。

……

五、真正的挑战：一支成熟、中立、独立的职业经理人队伍的成长

第一百八十条 董事、监事、高级管理人员对公司负有忠实义务，应当采取措施避免自身利益与公司利益冲突，不得利用职权牟取不正当利益。

董事、监事、高级管理人员对公司负有勤勉义务，执行职务应当为公司的最大利益尽到管理者通常应有的合理注意。

公司的控股股东、实际控制人不担任公司董事但实际执行公司事务的，适用前两款规定。

案例

一个虚拟的社交类企业的融资历程①

（1）天使轮：公司由一个连续创业者创办，创办之初获得了天使投资。

（2）A轮：1年后公司获得A轮融资，此时公司月活（Monthly Active User，MAU）达到50万人，ARPU（Average Revenue Per User，单用户贡献）为0元，收入为0元。

（3）A+轮：A轮后公司用户数发展迅猛，半年后公司获得A+轮，此时公司MAU达到500万人，ARPU为1元。公司开始有一定的收入（500万元），是因为开始通过广告手段获得少量的流量变现。

（4）B轮：1年后公司再次获得B轮融资，此时公司MAU已经达到1 500万人，每用户平均收入ARPU为5元，公司收入已经达到7 500万元。ARPU不断提高，是因为公司已经在广告、游戏等方面找到了有效的变现方法。

（5）C轮：1年后公司获得C轮融资，此时公司MAU为3 000万人，ARPU为10元，公司在广告、游戏、电商、会员等各种变现方式上多点开花。公司此时收入达到3亿元，另外公司已经开始盈利，假设有20%的净利润率，为6 000万元。

（6）IPO：以后公司每年保持收入和利润率30%~50%的稳定增长，并在C轮融资1年后上市。

这是一个典型的优秀互联网企业的融资历程，由连续创业者创办，每一轮都获

得著名 VC（风险资本）投资，成立后五年左右上市。

我们再做一些假设，按时间顺序倒着来讲估值。

IPO：上市后，公众资本市场给了公司 50 倍市盈率。

C 轮融资的时候，不同的投资机构给了公司不同的估值，有的是 50 倍 P/E，有的是 10 倍 P/S，有的是单个月活估 100 元人民币，但最终估值都是 30 亿元。

B 轮融资的时候，不同的投资机构给了不同的估值方法，分歧开始出现：某个机构只会按 P/E 估值，按 50 倍市盈率，但公司没有利润，所以公司估值为 0；某个机构按 P/S 估值，按 10 倍市销率，所以公司估值 10×0.75 亿 = 7.5 亿元；某个机构按 P/MAU 估值，他给每个 MAU 100 元人民币，所以公司估值达 100 元×1 500 万人 = 15 亿元。

此时 P/E 估值方法已经失效了，但 P/S、P/MAU 继续适用，但估出来的价格整整差了一倍！假设公司最终是在 7.5 亿~15 亿元之间选了一个中间值 10 亿元，接受了 VC 的投资。

A 轮融资的时候，P/E、P/S 都失效了，但如果继续按每个用户 100 元估值，公司还能有 100 元/人×500 万人 = 5 亿元估值。此时能看懂公司的 VC 比较少，大多数 VC 顾虑都很多，但公司选择了一个水平很高的、敢按 P/MAU 估值、也坚信公司未来会产生收入的 VC，按 5 亿元估值接受了投资。

在天使轮融资的时候，P/E、P/S、P/MAU 都失效了，是怎么估值的呢？公司需要几百万元启动费。考虑到创始人是著名创业者，所以 VC 投了 2 000 万元，占股权 20%，最后按 1 亿元估值成交。

问题讨论

1. 如何判断一个企业的价值？

2. 如何对一个创业型企业进行价值评估？有哪些注意事项？

3. 相对估值模型和风险投资估值法各自的适用范围及优缺点是什么？

4. 市盈率倍数法、市净率倍数法、市销率倍数法、公司价值倍数法各自的适用范围是什么？

本章参考文献

［1］王建华. 现代财务管理 ［M］. 合肥：安徽人民出版社，2002.

［2］刘玉平. 资产评估原理 ［M］. 北京：高等教育出版社，2015.

［3］沃伦·巴菲特，查理·芒格，劳伦斯·坎宁安. 巴菲特致股东的信 ［M］. 修订版. 路本福，译. 北京：北京联合出版公司，2017.

［4］卢纯，程杞国. 企业市场价值与政府政策选择 ［M］. 北京：中国城市出版社，2000.

［5］罗国锋，张超卓，吴兴海. 创新创业融资：天使风投与众筹 ［M］. 北京：经济管理出版社，2016.

［6］房四海. 风险投资与创业板 ［M］. 北京：机械工业出版社，2010.

［7］唐松莲. 财务报表分析与估值 ［M］. 上海：华东理工大学出版社，2017.

第九章
合伙人制度

本章知识结构导图

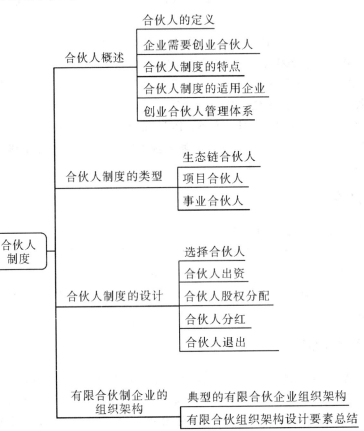

学习目标

（1）了解合伙人制度与雇佣之间的区别；

（2）知道什么是合伙人、合伙人的特点；

（3）了解合伙人制度与雇佣制度之间的差别；

（4）知道合伙人制度设计需要包含的几个模块以及每个模块的具体内容；

（5）了解如何选择合伙人、合伙人如何出资、如何估值、如何分钱、如何退出；

（6）了解有限合伙企业的组织架构设计。

关键概念

合伙人；合伙人特点；合伙人制度；合伙人类型

第一节　合伙人概述

许多成长中的创业公司，一旦规模扩大到 50 人左右时，就很容易走向倒闭。

很多创始人在这个阶段也会出现困惑——是继续坚持无为而治，还是开始集权管理？是从外部招募中层管理人员，还是从内部提拔员工加强管理？是继续扩大招聘以满足增长需求，还是外包团队？

初创公司不断成长的初期到底有什么变化？

1~10 人规模：到某个阶段时，元老级员工就不再愿意接纳新的员工。他们有什么事情不会立即说出来，并且他们内心中开始出现一种愤懑感，特别是需要重复为新来的"菜鸟"展示如何简单地完成某项任务时。他们对新人出错的容忍度极其低，尽管那些错误也是他们曾经犯过的错误。

10~25 人规模：第二批员工开始形成自己的小圈子。他们可能有时候会怀念"过去的好日子"，但他们越来越重视像职位头衔以及公司地位等方面的内容。在日常的交流中，带有"高级"二字的职位名称出现得越来越频繁。

26~39 人规模：在这个阶段，就会出现"权力的游戏"这类现象。如果"青少年"会形成自己的"群体"，那么"而立之辈"则会对公司内部的"顽固守旧派"充满了愤懑和不满情绪。

40~49 人规模："天哪！现在到底是什么状况？"虽然前述各阶段的变化情况并不是适用于所有的创业公司，但当创业公司达到 50 人规模时，总会有遇到类似经历的时候。

一、合伙人的定义

合伙人指的是"合在一起成为一伙"，组合成平等、共创、共担、共享的团体。

273

其具体表现就是获得股份或分红权成为股东①。

所谓的合伙人有两种，一种是法律意义上的，即合伙人企业中的合伙人，包括有限合伙人和普通合伙人两种类型。普通合伙人承担无限连带责任，有限合伙人以所投入的财产份额承担有限连带责任。另一种是企业管理意义上的，我们称之为事业合伙人。事业合伙人是企业为适应知识经济时代的发展要求，真正激发知识资本的创造力而设计的一种内部制度安排。事业合伙人不同于法律意义上的合伙人，但在实际操作中，二者往往兼顾。

二、企业需要创业合伙人

（一）二次创业的需要

中国企业的发展，普遍已到了需要以创新来带动成长的"二次创业"阶段，实现二次创业，就需要改变以往创始人或主要经营者承担责任、制定决策、引领发展的局面，需要打造出一支优秀的企业家队伍。这支队伍要能够共创共担共享，要能够支撑战略转型与落地，要能够高度认同并传承企业文化，要能够持续激发奋斗激情，还要能够保障企业基于未来的核心能力。

（二）获取关键人才的需要

21世纪企业的竞争体现为创新竞争，具有创新精神与能力的关键人才，就成为企业争夺的最有价值的资源。如何获取关键人才？让他们单纯地去打工已经不现实了。在人的价值不断彰显的今天，企业不得不把人才纳入合伙人的行列，与他们共同决定企业命运，与他们共享企业经营成果。

（三）资本市场发展的需要

如果没有股权市场或者资本市场的繁荣，合伙人体制也建立不起来。如果对合伙人的激励都要老板来埋单，创业合伙人机制就不可能像现在这么繁荣。

（四）管理技术发展的需要

任何管理机制都以信息技术为基本保障，信息技术发展不到位，管理机制是无法落地的。目前，管理领域的信息技术越来越细化，核算一个经营单元甚至一个部门的价值与成本可以做到没有任何遗漏，衡量合伙人的贡献就成为可能。

三、合伙人制度的特点

（一）扁平化组织

互联网时代逐渐打破了马克斯·韦伯所提出的科层式组织的理论，淡化了上下级之间的关系，强调信息的对称性。合伙人之间一般没有强隶属关系，彼此主要通过利益机制及价值观捆绑在一起，是真正意义上的扁平化组织。正如任正非所说："把指挥权交给离炮声最近的人。"企业经营有三种境界：员工给老板干、员工给自己干、员工和老板一起干。合伙人制度就是后两种境界，这从根本上提高了人力资源的利用效率。随着角色的转变，上下级之间单向命令式管理逐渐消除，管理成本

① 黄秋玉，罗世美，李阳. 浅谈房企的项目跟投制度 [J]. 经贸实践，2018（18）：63-65.

也就下降了，在这种情况下，员工更愿意付出，因为这样的付出和自己的收益直接相关。

（二）拥有感

没有人会用心擦拭一辆租来的车，合伙人制度最大的特点就是创造拥有感。对员工而言，打工者只是过客，是没有安全感的，于是，在雇佣时代留不住优秀员工就成为常态了。拥有感表现为成就感、存在感和话语权，而成为企业的合伙人或股东本身就是对员工拥有感的肯定。

（三）留人心

企业不仅要把人留下，更要把心留下来，最终表现为把价值留下。薪酬和福利只是把人留下来，而"身在曹营心在汉"的例子不胜枚举。因此成为合伙人就是留人心的过程，是一个事业共创、利益共享和风险共担的过程。

（四）创平台

公司发展的最高境界就是平台化，而平台化的背后则是资源的整合。对于创业型、中小型企业而言，获取资金、人脉资源、渠道资源、先进思想甚至核心技术人才的难度较大。因此这些企业想要获取优质资源，就必须让"资源"参与到企业组织经营中来，将双方利益"捆绑"在一起，责任与风险共担。从某种意义上来说，股权是对资金的看重，而合伙人是对资源的看重。合伙人可以以资金、专业、市场资源、渠道资源、产品资源等任何一种形式加入，灵活分配比例。例如，海尔通过千千万万的合伙人，打造企业的平台化战略；万科通过事业合伙人的平台，进行项目跟投；宗毅的芬尼克兹公司通过"裂变式创业"①，创设了内部合伙人的平台。

（五）引人才

随着时代的变迁，资本的光环在逐渐消退，人本时代即将到来。很多互联网企业在招人才时，会提及他们引以为傲的合伙人制度或股权激励计划。特别是社会代际更替，推动原来的雇佣制加快向合伙制转变，对于目前的"90后"和"00后"而言，原来的事业留人、待遇留人和情感留人已经不能满足他们的心理期望，已经不是最有效的方式了。正如马云所说的：下一轮竞争，不是人才的竞争，而是合伙人的竞争！因此，合伙人制度代表未来十年企业管理的新思维。

四、合伙人制度的适用企业

合伙人制度可以发挥人力资本的最大价值，但也并非所有企业都适合采用合伙人制度。笔者认为以下四种类型的企业可以考虑采用合伙人制度。

（一）知识型企业

这类企业需要不断创新，员工的责任心、投入度、创造性、协作性、学习力等要素是影响企业成败的重要因素。合伙人制度是协调资本与知识的关系的一种有效手段，合伙制企业或核心员工通过有限合伙企业对企业间接持股，使资本持有者和知识持有者之间突破了传统的雇佣和被雇佣的关系，资本和知识共同参与企业剩余

---

① 杨筱卿. 裂变式创业，不让组织"失控"［J］. 中外管理，2016（4）：126-127.

价值分割，从而产生合力效应，促进企业稳健发展。

（二）处于初创期或战略转型期的企业

初创期或战略转型期的企业，需要面对授权、风险、"背靠背"、自主创新、主动协同等管理问题，企业需要建立适宜的激励体系，以匹配企业发展或转型时组织需要的管理行为的变化。合伙人制度的运用，能获得员工的坚定承诺、获得股东的强力支持，从而获得市场的信心与关注。

（三）控制权稳定型企业

合伙人制度的有效性，源于原有股东与合伙人的利益一致。如果原有股权结构过于分散，难以达成一致行动，造成企业行动力和执行力的缺陷，即便引入新的合伙人，也不能解决问题，甚至可能引起更多纷争。

（四）轻资产型企业

轻资产是一种以价值为驱动的资本战略，通过建立良好的管理系统平台，集中力量进行设计开发和市场推广，促进企业发展①。最典型的轻资产型企业就是互联网企业，如阿里巴巴、小米等，其特点是自然资源、厂房和机器设备或者其他有形资产较少。这样的企业推行合伙人制度更易成功。究其原因，主要体现在合伙人的入股价格和股份收益上。较之重资产型企业，轻资产型企业的入股价格较低，而同样的新增利润，轻资产型企业的每股收益会更高，所以，轻资产型企业更易获得合伙人的认可与加入。

五、创业合伙人管理体系

这个管理体系里面包括七个方面，构成了一套完整的合伙人管理体系：

第一要明确建立合伙人机制的目的。

第二是合伙人的机制框架构建，包括层次划分、管理机构的设计、日常管理和权利与义务的界定。

第三是合伙人的资格条件。像万科的合伙人全部都是管理层。但有的公司不以岗位来确定，而是以价值观认同来确定。所以一个厨师可能是公司的"党支部书记"，一个副总却未必能进入合伙人机制中。现在的一些企业里，这样的条件体现得越来越明显，很多管理层最终评价下来，对远大的目标不认同，的确很难进入到合伙人的团队之中。

第四，合伙人的选拔机制。

第五，评价机制。

第六，激励机制，这往往体现为一个股权激励计划。

第七，合伙人退出机制。

---

① 段清泉. 经济结构调整期企业去杠杆化路径研究 ［J］. 现代工业经济和信息化, 2015, 5（23）: 8—10.

第二节　合伙人制度的类型

企业合伙人有两个层面的含义:

一是法律层面。合伙人存在于合伙企业中,有普通合伙人和有限合伙人之分。有限合伙企业由普通合伙人和有限合伙人组成,普通合伙人对合伙企业债务承担无限连带责任,有限合伙人以其认缴的出资额为限对合伙企业债务承担有限连带责任。而股东存在于有限责任公司当中,享有公司法规定的权利和义务。有限责任公司的股东以其认缴的出资额为限对公司承担责任;股份有限公司的股东以其认购的股份为限对公司承担责任。

二是企业管理层面。人们一般把公司当中的创始股东、真正参与公司运作管理的股东称为合伙人,而把仅仅投钱、追求回报、不参与经营的投资人称为股东。

一、生态链合伙人

(一)定义

生态链合伙人是指企业把供应商、经销商、客户、有资源的人等发展成合伙人。此类合伙人一般不是企业的内部员工,不参与企业的内部管理,只是以股权比例的多少来划分利益而已,例如美道家的省级公司合伙人占49%股份,是外部合伙人的范畴。

(二)注意事项

在前面的实操过程中,我们也发现生态合伙人模式也存在潜在的风险,在这里建议各位最好要以合伙企业的形式出现,尽可能避免直接注资股份的方式。供应商成为股东合伙人以后,按照公司法的规定,它有查看企业财务报表的权利,于是企业产品的价格、策略、利润的空间、采购的底线等都会暴露。除了这些之外,我们还需要注意以下几点:

(1)外部合伙人的代理商和非外部合伙人的代理商,他们客观存在责、权、利的区别,任何平衡二者的利益,可能导致代理商的积极性;

(2)外部合伙人代理商进货成本低,出于对短期利益的考虑可能不会进行市场推广,相反,直接进行低价销货,这样将会对企业的产品市场价格体系产生干扰;

(3)外部合伙人模式大大调动了代理商和销售人员之间的积极性,同时从另外一个角度来看,也可能导致代理商盲目扩张。

举一个例子:一家线缆集团公司下面有销售代理商,为实现代理商与生产企业的生产和销售目标,集团公司对代理商实行了激励措施:公司激励股权总份额占30%,同时公司为保证代理商的切身利益,不管是否盈利,公司优先拿出0.5%作为分红分配给完成目标任务的代理商。

具体规定如下:

(1)渠道代理商直接按照公司相关产品的最低价拿货,没有繁重的销售业绩要

277

求就可以赚取最大的利润！（去掉了同行其他企业规定只有完成业绩才能返点的限制）

（2）年底达成预期业绩目标的渠道代理商，除了按照业绩最低 0.5% 利润先行分红外，还享有对公司实际净盈利再分红 30% 的权利，使其成为公司真正的主人即股东！

举例说明：

某代理商在 2015 年实现了业绩目标 1 000 万元，计划先按照最低 0.5% 利益分红 5 万元。实际公司净盈利 1 000 万元，则代理商年底的收入是：

首先获得自己的销售业绩 0.5% 的最低保障利润分红 5 万元，其次再获得公司实际总利润 1 000 万元×30% 即 300 万元的分红给所有符合条件的代理商。

最后获得 1 000 万元的 0.5% 即 5 万元，加上公司实际利润 1 000 万元×30% ＝ 300 万元/N 个符合条件代理商。

显而易见，项目盈利能力极强，如果完成一年的业绩目标，此代理商将得到：

利润+分红+股份＝5 万元+300 万元/N+股权

二、项目合伙人

（一）定义

项目合伙人：根据公司重点项目或产品运营需求，非项目所属部门的人员根据项目工作职能需要，以团队成员的角色参与该项目工作。被派驻参与项目的合伙人并非行政归属，而强调工作角色和业务职能的全融入，同时接受派出部门的业务指导以确保工作输出质量。

（二）分类

根据合伙人参加项目的性质和时长分为固定项目合伙人、多项目合伙人两种类型。

固定项目合伙人：对于项目存续时间在半年以上、工作量要求全职的重点产品业务，或是存在长期协作关系的工作内容，指定专门合伙人固定支撑该项目的情况。

多项目合伙人：对于项目周期相对较短、工作量非单全职的项目，或因临时业务需要组建的虚拟团队性质项目，实施单个合伙人多项目滚动参与的情况，其合作的存续期由双方部门协商确定。

（三）管理

1. 人事关系管理

合伙人的人事关系归属原部门，岗位名称根据其岗位工作内容，列入"BP"（business partner，业务合作伙伴）序列管理，如 UIBP、软件项目经理 BP 等，岗级管理参照公司统一管理。

2. 工作管理

——项目合伙人采用合署办公模式，合伙人须到项目团队工作地点共同办公，以便更深入了解项目情况，提高工作质量。

——项目合伙人的工作实施项目负责制，日常工作首先向项目团队负责人汇报，对项目负责，同时应积极协调所属派出部门专业资源满足项目业务需求；合伙人派出部门负责对合伙人的工作进行专业指导、对输出成果质量审核把关，确保其工作符合公司统一规范和要求。

——合伙人应参加派出及派入部门的工作例会、日常培训等，以便及时掌握专业信息，提升专业素养。

3. 固定项目合伙人的绩效管理

固定项目合伙人绩效考核原则上列入其派入的项目团队部门，合作人派出部门按一定比例参与考核。

（1）季度/月度考核

合伙人考核计划由派入部门主要负责，且经派入、派出部门共同审议确定；绩效沟通与反馈由双方部门共同实时进行。

派入、派出部门考核评分占比为 70∶30。派入部门重点从工作计划完成情况、完成质量、工作态度等各方面全面评价，派出部门重点从工作成果质量进行评价。

备注：员工在考核周期中间月份的 15 日之前（含 15 日）发生派驻，需根据新的工作岗位重新制订当季度绩效计划，其季度绩效自当季度起由派入部门考核评定；中间月份 15 日之后派驻的，其季度绩效自次季度考核期起由派入部门考核评定。

（2）年度考核

年度考核依据派驻存续期评定：合伙人在项目团队工作时长小于全年在公司时间的一半的，其年度绩效在其所属的派出部门考核，派入部门出具考核意见供参考；合伙人在项目团队工作时长大于全年在公司时间的一半，年度绩效在派入的项目团队部门考核，派出部门出具考核意见供参考。

团队负责人的考核评分和派出部门负责人的考核评分在部门经理评分项目中占比为 50∶50。

4. 多项目合伙人的绩效管理

多项目合伙人绩效考核原则上列入其所属的派出部门，合作人派驻的项目团队按一定比例参与考核。

（1）季度/月度考核

合伙人考核计划由派出部门主要负责，须经派入部门审核。绩效沟通与反馈由双方部门共同实时进行。

派入、派出部门考核评分占比为 50∶50，如出现参加多个项目的情况，各项目团队评分的平均分作为派入部门打分结果。

派出部门重点从工作计划完成情况、工作质量、工作效率等各方面做全面评价，派入团队重点从协作支撑意识、协作效能等进行评价。

（2）年度考核

多项目合伙人的年度考核原则上列入合伙人派出部门，派入的项目团队出具考核意见，其团队负责人的考核评分和派出部门负责人的考核评分在部门经理评分项目中占比为 50∶50。

三、事业合伙人

事业合伙人是企业为适应知识经济时代的发展要求，真正激发知识资本的创造力而设计的一种内部制度安排。

（一）企业实践中的四类事业合伙人

从人员范围的角度来看，我们把事业合伙人的模式分成四种类型：

（1）创始人模式。这是狭义的合伙人，特指企业的创始人股东，如小米、腾讯等。在小米，只有雷军等几位创始人拥有合伙人头衔，并且，在公司内部不提或有意弱化合伙人概念。这种模式很多公司比较常见，公司在初始期的时候，创始人就是合伙人，之后再逐步滚雪球似的壮大，这其中坚持的是宁缺毋滥原则。

（2）企业精英模式。合伙人主要是由对企业未来发展有至关重要影响的核心人员构成，比如复星。复星的首批 18 位全球合伙人中，包括复星国际执行董事、复星集团各业务板块和职能板块的核心高管等，把核心的高管层面几乎全都覆盖了。

（3）管理团队模式。这种模式的合伙人范围广泛，包括企业的中高层管理人员，最突出的代表就是万科。当然落到哪一层取决于目的——建立一支共担责任、共创价值的团队，还是赢得公司的控制。目的决定前后次序、优先次序，影响到人员的范围。

（4）全员合伙人模式。有些企业期望所有员工都要具有合伙人精神，打造全员合伙人文化，如在华为、小米，都在实行全员持股计划。华为希望每一位员工都是股东，都是共同的创业者，给予员工最具"合伙人"精神的激励计划、最慷慨的激励额度。小米同样实行全员持股计划，员工持股计划带来的效果是小米人具有很强的"合伙人"精神。

（二）引入新合伙人需要考虑的因素

1. 定人

定人即在股权激励方案设计中确定将哪些人作为激励对象，以此确定激励对象的标准。为了避免以往静态定人存在利益固化、激励不公平等不足，在为企业设计股权激励方案时，通常采用的是兼具公平与适时调整的动态定人思路，保证在股权激励方案设计定人时做到"标准准确、动态调整"原则。在具体定人操作中，股权激励团队一般会采用以下四种方式：

第一种是按合伙人类型分类确定激励对象，如创始合伙人等；

第二种是按员工类型交叉确定激励对象，如以"精英骨干+创业元老+家族成员"交叉人群为激励核心；

第三种是按岗位价值、职能等级分层确定激励对象，依据员工能力套档，人匹配岗确定激励对象；

第四种按不同激励平台如总部管理人员、总部职能平台人员等划分确定激励对象。

至于在方案设计中选择哪一种方式更为合适，需要依据企业自身的具体特点来定。

2. 定量

定量，即在股权激励方案设计中确定用于激励的股份总量及个量。要确定激励的总量，必须得做三方面考量：

其一，考虑企业大股东控制权、业绩目标、企业规模、波动风险的预防这 4 个直接影响激励总量确定的关键因素；

其二，要对股权结构做分析，比如对股权集中程度、原始股东股权激励、股权投资及控制权等做分析，以确定股权激励总额上限；

其三，考虑动态分配股权模式，即根据公司发展阶段、人才需求、行业变化等情况逐年分次释放，一方面避免一次性分配造成的利益固化，另一方面避免过度激励及过度稀释股权。

个量的确定由企业根据自身现状和激励对象人数做具体的配比，需要标明个量授予采取的动态方式，规划明确授予时间及节奏，在持续授予激励的同时，做好风险控制。

在具体定量操作中，根据员工持股经验，一般从总量、阶段、层级三个维度做具体的确定。

在总量维度，以企业上市前确定股权激励数量为主，有"黄金分割律"和"最佳结构"两种形式可确定股权激励总量；

在阶段维度，根据不同发展阶段的公司性质划分，以其阶段性具体情况，采取对应的方式确定股权激励总量；

在层级维度，按照企业内部岗位职能，以高层、中层、基层划分为三个层次，每个层次按照不同的股权配比比率，做具体的激励总量确定。

3. 定价

定价，即在股权激励方案设计中确定授予激励对象股票的每股价格。定价是关于利益的心理博弈，首先得确定企业价值，再次确定每股定价，最后要标明购买方式。除此而外，要使得定价结果更科学，在整个定价过程中需要注意以下三个原则：

（1）明确股价的关键影响因素，即每股价格＝企业估值/总成；

（2）确保"同股同价"，即同一批授予/发行股票价格应该保持一致；

（3）明确大前提，即在公司不亏损的情况下，后面的股票价格比前面的股票价格要高。

在方案设计过程中，"考虑周全、注重原则"，以促使企业设计出的股权激励方案更公正、公平且可落地实施，真正对企业员工起到长久高效的激励作用。

在具体定价操作中，股权激励团队一般会通过对企业估值、定价、付款方式三个方面思考做出具体价格确定。

在企业估值方面，基于企业资产可采用账面价值法、资产评估法估值，基于企业收益可采用现金流折现法、PE 法估值，基于企业产品/服务的市场可采取市场交易类比法进行估值。

在定价方面，需要结合全盘考虑企业特点或者企业投资收益来确定授予价格。

在付款方式方面，可以借鉴实缴出资、分期付款等方式，具体的方式选择需要与企业整体特点做具体匹配确定。

通过对这三个方面的考虑，权衡之后确定出的价格更具有实施操作性。

4. 定条件

定条件，即在股权激励方案设计中确定激励对象的考核条件。从企业层面考虑，如果企业整体业绩条件未达标，则所有激励对象不得行权或解锁获益；如果公司业绩达标，则所有激励对象满足了行权或解锁的条件之一者，再具体根据个人业绩条件确定是否满足考核要求。

于激励对象个人而言，具体授予比例与个人业绩考核结果挂钩。方案设计阶段确切的标明条件，将会避免很多在方案执行过程中可能遇到的阻力与困惑。

在具体的定条件操作中，根据企业具体现状制定具有针对性的考核标准，例如，以考核结果记录得分，从 100 分至 60 分划分为 5 个标准，分别标记为 A、B、C、D、E 五档，对应的每档设定不同的授予比例，比如 1.2、1、0.8、0.6、0，以此为依据确定对股权激励对象的考核条件及标准。

5. 定时间

定时间，即在股权激励方案设计中确定个量动态授予的具体时间及节奏。根据经验，企业以 2~3 年为周期按照授予对象及人数批量授予最为得当，在授予过程中可按 5+3+2 或者 4+3+3 等节奏采取逐步授予（行权条件）的形式，同时，也可根据激励对象具体的绩效计算其每年应获得的股权数量多少，已按照授予节奏规划授予。

在具体的定时间操作中，有 5 个关键的时间节点，需要企业在方案设计时重点把握。

（1）确定以每年或者若干年授予日期；

（2）确定每年分红的时间；

（3）如果是期权，需要确定什么时候行权；

（4）根据相关权利与义务确定股票需要多长时间才能解锁兑现；

（5）确定企业股票在什么时间可以兑现。

除此而外，如果企业有上市计划，还需注意考核期限的设置不要与上市计划有冲突，在上市前要结束期权计划。

6. 定来源

定来源，即确定用于股权激励的股份的来源、资金的来源。股权激励即以股权授予激励对象以起到奖励历史贡献者、留住核心骨干、吸引优秀人才的作用，最终形成企业具有竞争力的人才激励机制。那么，股权哪里来？显然是企业实行股权激励的前置条件。企业股权激励实施是否可行，方案设计中能否明确股权来源，以及来源是否具有可操作性都是很重要的考量因素。

在具体的定来源操作中，有以下三种方式来解决标的股票来源问题：

其一，向激励对象发行股份（增资扩股），总股本增加；

其二，股权转让，原有股东向股权激励对象转让一部分股权；

其三，回购员工退出的股份，部分员工因为离职等原因退出，退出部分可重新授予其他员工。

三种方式各有利弊，企业在定来源时如何组合这三种方式以便趋利避害，需要其根据自身的具体情况做周详规划。

第三节　合伙人制度的设计

一、选择合伙人

总的来说，合伙人首先要对企业文化和价值观高度认同，深刻理解企业的发展战略，善于学习，处于持续创业状态，并且有能力、有激情为公司发展贡献力量，不断创造价值[①]。详细来看，合伙人要具备以下四点基本资格：

（一）合伙人要有"资本"

合伙人的第一个条件就是要有"资本"，这里的"资本"并不单纯指的是金钱，而是合伙人之间要有为企业共同抵御风险的能力。这些能力是什么呢？就是各自的优势互补，比如说三人合伙的话，其中一人有钱，另一人有技术，还有一人有管理和营销能力，这个"黄金三角"就形成了优势互补的资本组合。

（二）合伙人要有共同理想

对于企业经营拥有共同目标的人，非常符合合伙人的条件，因为只有志同道合才能在创业的道路上走得更远！相反，如果没有共同的目标就进行合伙，就如同夫妻之间"同床异梦"，注定合伙会出问题。我们看到许多成功的企业合伙人都是这样，比如阿里巴巴、万科等企业合伙人都拥有共同的理想。

（三）合伙人要有共同的信念

对于合伙人来讲，必须具有坚定的信念和对合伙事业的忠诚。作为合伙人，坚决不能有三心二意，不管企业经历多大的困难，合伙人之间都要同舟共济，不能退缩，相信最后一定能成功！

（四）合伙人要共担责任

这一条也是在合伙事业中最需要的一项品质，需要彼此形成一股合力，提高效率，比如阿里巴巴的马云、新东方的俞敏洪和小米的雷军，他们在企业初创时期都是合伙人，主动分担责任，最后让自己的企业做得越来越强大。

二、合伙人出资

合伙人的出资主要有四类，即现金、实物、无形资产和换股。其中前三类出资比较常见，换股出资多出现在企业的收购兼并中，这类出资需要一定的技术，应引起大家的重视。

（一）现金出资

现金出资是合伙中最常见、最直观、最靠谱的出资方式，一方面，员工对企业

---

① 郑指梁，吕永丰. 合伙人制度 [J]. 当代电力文化，2019（3）：88.

高度认同，愿意共享企业的经营成果，共担企业的经营风险；另一方面，企业可以增加现金流，虽然金额不大。部分企业在推行合伙人制度时，可能遇到员工没钱出资的尴尬现象。在实务中，对于没钱出资的员工，企业可以提供担保贷款、员工本人提供抵押、员工年终奖部分转入、项目承包收益转入等方式。合伙人足额出资与部分出资在责、权、利上应有一定的区分。例如企业可以规定在下一轮合伙人计划中，上一轮部分出资的合伙人须溢价出资，或者合伙份额打折，甚至分红打折等。

（二）实物出资

实物包括房屋、机器、设备、厂房等固定资产。合伙人以实物出资时，应注意如下流程：

1. 评估作价

《中华人民共和国公司法》第二十七条规定，对作为出资的实物应当评估作价，核实财产。所以，合伙人以实物出资时首先应当对实物进行评估作价，既要核实实物的产权，也要对其价值进行真实的评估①。

2. 转移产权

《中华人民共和国公司法》第二十八条规定，以实物出资的，应当依法办理其财产权的转移手续。即合伙人应当在约定的出资日期将实物的产权转移给公司。如以厂房等不动产出资的，则需要在房管部门进行厂房产权的变更登记。如果合伙人是以房屋出资的，我们除了要看房产证、土地证，更应该到当地的房管局、国土局查询其原件及电子档案。

3. 涉税处理

（1）增值税。以公司机器设备、办公设施实物出资的增值税纳税税务问题，适用《国家税务总局关于简并增值税征收率政策的通知》（财税〔2014〕57号）的规定："纳税人销售旧货按照简易办法依照3%征收率减按2%征收增值税。"其所称旧货，是指进入二次流通的具有部分使用价值的货物（含旧汽车、旧摩托车和旧游艇），但不包括自己使用过的物品②。

（2）企业所得税。根据《中华人民共和国企业所得税法实施条例》（国务院令第512号）第五十八条的规定，通过投资方式取得的固定资产，以该资产的公允价值和支付的相关税费为计税基础。第七十二条规定：存货按照以下方法确定成本：第一，通过支付现金方式取得的存货，以购买价款和支付的相关税费为成本；第二，通过支付现金以外的方式取得的存货，以该存货的公允价值和支付的相关税费为成本；第三，生产性生物资产收获的农产品，以产出或者采收过程中发生的材料费、人工费和分摊的间接费用等必要支出为成本③。

（3）印花税。《中华人民共和国印花税暂行条例》第三条：纳税人根据应纳税

---

① 中华人民共和国司法部. 中华人民共和国公司法（2018年修正）[EB/OL].http://lawdb.cncourt.org/show.php? fid = 151664&key = %B9%AB%CB%BE%B7%A8.

② 中国政府网. 国家税务总局关于简并增值税征收率政策的通知（财税〔2014〕57号）[EB/OL] https://www.chinatax.gov.cn/chinatax/n810341/n810765/n812141/201406/c1078631/content.html.

③ 中国政府网. 中华人民共和国企业所得税法实施条例（国务院令第512号）[EB/OL].https://www.gov.cn/flfg/2007-12/11/content_830723.htm.

凭证的性质，分别按比例税率或者按件定额计算应纳税额。具体税率、税额的确定，依照本条例所附《印花税税目税率表》执行。应纳税额不足 1 角的，免纳印花税。应纳税额在 1 角以上的，其税额尾数不满 5 分的不计，满 5 分的按 1 角计算缴纳①。

（4）土地增值税。《关于土地增值税一些具体问题规定的通知》（财税字〔1995〕第 48 号）第二条：对于以房地产进行投资、联营的，投资、联营一方以土地（房地产）作价入股进行投资或作为联营条件，将房地产转让到所投资、联营的企业中时，暂免征收土地增值税。对投资、联营企业将上述房地产再转让的，应征收土地增值税②。

（5）契税。《中华人民共和国契税暂行条例细则》第八条规定：以土地、房屋权属作价投资、入股的，适用契税税率为 3%～5%③。

（三）无形资产出资

1. 涉及无形资产出资的法律法规

（1）《中华人民共和国公司法》第二十七条：股东可以用货币出资，也可以用实物、知识产权、土地使用权等可以用货币估价并可以依法转让的非货币财产作价出资；但是，法律、行政法规规定不得作为出资的财产除外。对作为出资的非货币财产应当评估作价，核实财产，不得高估或者低估作价。法律、行政法规对评估作价有规定的，从其规定④。

（2）《公司注册资本登记管理规定》第五条：股东或者发起人可以用货币出资，也可以用实物、知识产权、土地使用权等可以用货币估价并可以依法转让的非货币财产作价出资。股东或者发起人不得以劳务、信用、自然人姓名、商誉、特许经营权或者设定担保的财产等作价出资⑤。

2. 无形资产出资的程序

用于出资的无形资产须是对公司经营起到重要作用，能产生一定收益的无形资产。一般来说，无形资产出资需经过评估、所有权转移两个程序。

（1）无形资产评估。无形资产出资时需要由第三方评估机构进行价值评估。评估一般首选收益法。收益法常用指标有收益额、收益期限和折现率。收益额是指由无形资产直接带来的未来的超额收益。收益期限是指无形资产具有的实现超额收益能力的时间。总体来说，用收益法进行评估只是一种预测，难免带有主观偏差。因此，如涉及无形资产出资的，企业会委托评估机构对无形资产所涉及的收入部分进行调查，确保无形资产在评估的收益期限内实现了评估的收益价值。

---

① 国家税务总局. 中华人民共和国印花税暂行条例（2011 年修订本）［EB/OL］. https://www.gov.cn/gongbao/content/2011/content_1860821. htm.

② 国家税务总局. 关于土地增值税一些具体问题规定的通知（财税字〔1995〕第 48 号）［EB/OL］. https://guangdong.chinatax.gov.cn/gdsw/zjfg/2011-02/23/content_88c27550755f421188fd5fe8ec9679b9. shtml.

③ 国家税务总局. 中华人民共和国契税暂行条例细则（财法字〔1997〕52 号）［EB/OL］. https://shenzhen.chinatax.gov.cn/sztax/zcwj/zcfgk/zjzcfgk/qszj/199710/c73f8eef054eb0499e08463084f69067. shtml.

④ 中华人民共和国司法部. 中华人民共和国公司法（2018 年修正）［EB/OL］. http://lawdb.cncourt.org/show.php? fid=151664&key=%B9%AB%CB%BE%B7%A8.

⑤ 中国政府网. 公司注册资本登记管理规定（工商总局令第 64 号）［EB/OL］. https://www.gov.cn/zhengce/2014-03/03/content_2627034. htm.

（2）办理财产转移手续。对于无形资产出资，根据公司法，应办理财产转移手续，即将无形资产所有权属由股东变更为公司。

3. 无形资产出资应关注的要点

（1）无形资产产权归属的问题，其中重点关注职务发明的问题。如果是公司用无形资产出资，就要设法证明该项无形资产属于职务发明；如果是自然人股东以无形资产出资，就要设法证明该无形资产不属于职务发明。

（2）无形资产的价值问题，即是否存在高估、是否导致虚假出资。如果出资资产对公司没有价值或不适用于公司经营，由出资股东将账面余额用等值货币或其他资产回购，对不实摊销的部分再以等值货币或其他资产补足。如果出资资产对公司经营非常有必要，先将无形资产全部做减值处理，再由原出资股东将减值补足，计入资本公积。将不实摊销的部分再以等值货币或其他资产补足。

（3）无形资产出资的程序问题，即是否经过评估，中介是否具备相应资质。在合伙人所有出资中，以无形资产出资为最虚，它的价值也最难以量化，例如 2007 年"三鹿"商标价值 150 亿元，2008 年三聚氰胺事件爆发，这个商标最终被浙江三鹿实业有限公司以 730 万元买走。

（四）换股出资

换股出资是指合伙人以股票作为出资，将目标公司的股票按一定比例换成本公司股票的过程。在资本市场，这种以公司形式通过股权互换出资也比较常见。

2015 年 7 月 10 日，君实生物公司的股东合伙人以 2∶1 的估值比换股吸收合并新三板挂牌企业众合医药，两家新药研发企业将借此实现资源共享。根据方案，众合医药的换股价格为 1.32 元/股，君实生物将以 26.23 元/股的价格发行 735 万股股票用于吸收合并众合医药，换股比例为 1∶19.87，即换股股东所持有的每 19.87 股众合医药股票可以换得 1 股君实生物此次发行的股票。新三板首例换股吸合并案由此诞生[①]。

换股出资的特点：①合伙人不需要支付大量现金，因而不会挤占公司的运营资金。②目标公司的股东可以推迟收益实现时间，享受税收优惠。③对目标公司而言，新增发的股票改变了其原有的股权结构，导致股东权益被"淡化"，其结果甚至可能使原先的股东丧失对公司的控制权。④上市公司换股出资比较常见。股票发行要受到证监会的监督以及证券交易所上市规则的限制，发行手续烦琐、迟缓使得竞购对手有时间组织竞购，亦使不愿被并购的目标公司有时间部署反并购措施[②]。

三、合伙人股权分配

早期创业公司主要牵扯到两个本质问题：一个是如何利用一个合理的股权结构保证创始人对公司的控制力；另一个是通过股权分配帮助公司获取更多资源，包括找到有实力的合伙人和投资人。

---

① 同花顺财经网. 君实生物发行 735 万股换股吸收合并众合医药［EB/OL］. https://xinsanban.10jqka.com. cn/20151221/c586580173. shtml.

② 郑指梁，吕永丰. 合伙人制度［J］. 当代电力文化，2019（3）：88.

许多创业公司容易出现的一个问题是在创业早期大家一起埋头打拼，不会考虑各自占多少股份和怎么获取这些股权，因为这个时候公司的股权就是一张空头支票。

等到公司的前景越来越清晰、公司里可以看到的价值越来越大时，早期的创始成员会越来越关心自己能够获取到的股份比例，而如果在这个时候再去讨论股权怎么分，很容易导致分配方式不能满足所有人的预期，导致团队出现问题，进而影响公司的发展。

（一）股权代持

一些创业公司在早期进行工商注册时会采取合伙人股权代持的方式，即由部分股东代持其他股东的股份进行工商注册，来减少初创期因核心团队离职而造成的频繁股权变更，等到团队稳定后再具体分配。

（二）股权绑定

创业公司股权真实的价值是所有合伙人与公司长期绑定，通过长期服务公司去赚取股权，就是说，股权按照创始团队成员在公司工作的年数逐步兑现。

道理很简单，创业公司是大家做出来的，当你到一个时间点就停止为公司服务时，不应该继续享受其他合伙人接下来创造的价值。

股份绑定期最好是4~5年，任何人都必须在公司做够至少1年才可持有股份（包括创始人），然后逐年兑现一定比例的股份。没有"股份绑定"条款，你派股份给任何人都是不靠谱的。

（三）工资与股份

有的合伙人不拿或拿很少的工资，应不应该多给些股份？

在创业早期，很多创始团队成员选择不拿工资或只拿很少工资，而有的合伙人因为个人情况不同，需要从公司里拿工资。很多人认为不拿工资的创始人可以多拿一些股份，作为创业初期不拿工资的回报。问题是，你永远不可能计算出究竟应该给多少股份作为初期不拿工资的回报。

比较好的一种方式是创始人给不拿工资的合伙人打工资欠条，等公司的财务比较宽松时，再根据欠条补发工资。

也可以用同样的方法解决另外一个问题：如果有的合伙人为公司提供设备或其他有价值的东西，比如专利、知识产权等，最好的方式也是通过溢价的方式给他们开欠条，等公司有钱后再补偿。

四、合伙人分红

俗话说赚钱难，分钱更难；同患难容易，共富贵难。《吕氏春秋》中所记载的管仲与鲍叔牙的合伙经营生意已是初具雏形，两人在"分金桥"上完成分钱的过程，其公平性一直为后代所津津乐道，堪称分钱之祖宗。

（一）兜底分钱

兜底分钱，是指企业或股东承诺按一定的比例或固定的投资回报兑现分红，而不论企业业绩是否达标或完成。

2015年9月，上市公司金通灵发布公告称，近日收到公司大股东季伟和季维东提交的《向全体员工发出增持公司股票的倡议书》，二人倡议公司全体员工积极买入金通灵股票，并承诺"凡 9 月 8 日至 9 月 15 日期间，公司员工通过二级市场买入金通灵股票且连续持有 12 个月以上并且在职，若因增持金通灵股票产生的亏损，由本人予以全额补偿，收益则归员工个人所有"①。在实务中，可以在协议中约定固定收益或优选分红权。例如企业在合同中规定不会强制分红，而另行约定公司每年向供应链合伙人支付 100 万元的服务费，通过关联交易来兑现分红的承诺。这是兜底的一种形式。在分钱问题上，公司法规定股东按照实缴的出资比例分取红利。现实问题是企业有利润，大股东就是不分红，怎么办？在实务中，可以在协议中规定大股东"强制分红"条款，即规定企业每年必须拿出一定比例利润来分红。例如投资人向公司投资 1 000 万元，占 10%股份，双方约定大股东要确保投资人每年保底收益率为 10%，即 100 万元的收益，这就是兜底协议。甚至有的国家有强制性的法律法规来要求强制分红。例如，美国 19 世纪就出现了强制分红的相关法律规定。如新墨西哥州、北卡罗来纳州、新泽西州以及公司法都对股份公司强制分红进行了规定：股份公司必须每年拿出盈余的一定比例进行现金分红②。

（二）增量分钱

增量分钱，是指企业或股东按照实际的营销增量来进行分钱，类似于我们常见的销售提成。比如，某企业是专业生产电动切割工具的高新技术企业，主营 10 种不同的产品。2015 年 5 月，公司导入了合伙人制度，得出业务员的月度平衡点，并且统计各区域市场的业务完成情况，业务员作为合伙人参与销售增量的分钱，故业务员作为企业合伙人，若企业营销增量越多，按照增量分钱的模式，其获得的提成（分钱）就越多③。

（三）考核分钱

考核分钱，是指按照既定的考核标准对股东进行绩效考核，按照绩效考核的结果来进行分钱。绩效考核的第一原则是权、责、利对等，所以有奖有罚应成为常态。比如，某公司 A 合伙人若达成了绩效考核标准，可以获得 1.0 的分红系数，但是若 A 合伙人未达到考核标准，则其只能获得 0.5 的分红系数。

五、合伙人退出

著名音乐人周治平在歌词中写道：如果我们不再相爱了，我会找一个雨天安静地离开。倘若合伙人之间能做到爱情不在友情在，大家友好分手，也是一件幸事！经典名曲《爱的代价》中有一句这样的歌词："也曾伤心流泪，也曾黯然心碎，这是爱的代价。"这是对合伙人退出心态的最佳注解。故合伙人退出如同离婚，好聚好散。在实务操作中，合伙人退出的方式主要包括荣誉合伙人退出、回购退出、IPO 上市退出、绩效考核退出④。

① 严政. 金通灵控股股东倡议员工买股 承诺兜底亏损［EB/OL］. https://finance.eastmoney.com/a/20150907545036279.html.
② 马秀萍. 基于中小投资者权益保护的上市公司现金股利政策探析［D］. 南昌：江西财经大学，2010.
③ 郑指梁，吕永丰. 合伙人制度［J］. 当代电力文化，2019（3）：88.
④ 郑指梁，吕永丰. 合伙人制度［J］. 当代电力文化，2019（3）：88.

（一）荣誉合伙人退出

2016 年 8 月 22 日，阿里巴巴集团发布公告，陆兆禧卸任 CEO，正式退休。按照阿里巴巴合伙人退休制度，陆兆禧将担任阿里巴巴荣誉合伙人。那么阿里巴巴对合伙人的退休是如何规定的？成为荣誉合伙人有什么条件呢？根据阿里巴巴的章程，合伙人的自身年龄以及在阿里巴巴集团工作的年限相加总和等于或超过 60 岁，可申请退休并担任阿里巴巴荣誉合伙人。荣誉合伙人无法行使合伙人权利，但是能够得到奖金池的一部分分配。陆兆禧在 1969 年出生，2000 年加入阿里巴巴，年龄加工作年限总和超过 60 岁，完全符合上述条件。

（二）回购退出

1. 回购价格

（1）溢价或者折价。溢价是指高出原来的投资款，例如原来某个合伙人出资 10 万元，他退出时 11 万元，溢价 1 万元。反之，折价是指低于原来的投资款。这种回购价格相对比较简单，可以在合伙人协议中约定，双方同意即可操作。

（2）按照估值打折扣。一般而言，引进投资者后，公司估值会远高于原值，合伙人的股权或合伙金相对溢价较多。例如某公司投资后 10 倍 PE 的估值，这时合伙人可以按照 7 倍或 8 倍的投资款退出。假如某公司出让 10% 的股份，本轮获得投资 100 万元。那么本轮投资该公司投资后的估值（简称"投资后估值"，Post-Money），即投资后估值 = 100 万元÷10% = 1 000 万元。投资前估值（Pre-Money）= 投资前估值 - 本轮投资额（100 万）= 900 万元①。

（3）每股净资产或每股净利润：某合伙人拥有公司 10 万股的注册股，当时公司每股净资产假设是 1 元/股，退出时 3 元/股，那么公司回购他的股份需要 30 万元，溢价 200%（20÷10）。这种回购价格需要注意的是：退出时如何保证每股净资产的真实性？在实务中，一般请外部独立的资产评估机构来操作。

2. 回购类型

回购退出可以分成股权退出和合伙金退出两种类型。

（1）股权退出

股权退出特指股东合伙人的退出，因此其已持有的股权由公司回购。这里要明确的是股东与员工身份是不同的，例如有些具有股东身份的员工因为劳动合同到期不再续签，此时员工身份自然终止，公司没有必须发放薪酬的义务；但其股东身份还在，其权利与义务受公司法保护，仍然能享受公司的分红。在这种情形下，公司要免除其股东的身份时就需要涉及回购的价格问题，谈妥后才能办理相应的工商变更手续。对于离职后不交出股权的合伙人，可在章程中约定高额违约金。

（2）合伙金退出

合伙金退出是指非股东合伙人的退出，即以当初缴纳的合伙金按照溢价或折价方式回购。此时的合伙人从本质上来说还是公司的员工而非股东，操作时不受公司法的调整，属于公司内部治理的范畴。

① 郑指梁，吕永丰. 合伙人制度 [J]. 当代电力文化，2019（3）：88.

（三）IPO上市退出

这里的退出是指股东合伙人的退出。对于股东合伙人来说，能通过IPO上市退出是最理想的状态，投资回报率也是最大的。通过股权退出，往往在实务中有着非常多争议的情况发生，比如合伙人退出的时候价格的确定。比如合伙人投了100万元，占股20%，那退出的时候怎么退？如果是在公司亏损的情况下，你要中途退出，是要经过2/3以上的股东同意还是全部股东一致同意，你才能退出？所以IPO退出当然是股东合伙人最喜欢看到的情况。当然，这也考验着股东合伙人的耐心，毕竟IPO需要较长的等待期，并不是每个合规的企业都能够上市的[1]。

我国对IPO上市的退出要求是不同的。主板、中小板和创业板退出比较容易，在禁售期结束后就可以出售或者转让其持有的股份，我国法律规定如下：①主板上市公司的控股股东及实际控制人所持股票在公司上市之日起至少锁定36个月，而新三板市场则规定控股股东及实际控制人所持有股票在挂牌之日、挂牌满一年以及挂牌满两年这三个时点可分别转让所持股票的1/3。②对于公司其他股东而言，主板上市公司股票在公司上市之日起至少锁定12个月。而新三板公司的董事、监事、高级管理人员所持新增股份在任职期间每年转让不得超过其所持股份的25%，所持本公司股份子公司股票上市交易之日起一年内不得转让。上述人员离职后半年内，不得转让其所持本公司股份。

（四）绩效考核退出

绩效考核退出是指公司和股东之间提前约定好绩效考核标准，若股东达不到绩效考核标准，就强制按照规定执行退出程序。但是，在实务中的很多企业绩效考核方案，基本上超过目标就皆大欢喜，正向激励比较多，例如超额利润分享、超销售目标奖励及各种荣誉。然而如果没有完成目标，就会找各种各样的理由去开脱，例如市场因素、资源不足、人员未到位等。最后老板只好妥协，特别是对那些手握重权的销售精英们。因此绩效考核退出在实务中并未得到严格执行，绩效考核往往成了摆设，成则英雄，败却不一定成为"寇"[2]。

第四节　有限合伙制企业的组织架构

相对于有限责任公司制度的资合性特征，合伙企业制度呈现出非常强的开放性特征，合伙企业法对企业运营层面的强制性规范很少，几乎事事可以协商，投资各方有非常大的协议空间，因此，合伙企业法内容虽然少于公司法，但在实践运作中，其条款设计要求很高，应当充分利用好法律技术手段。不同的企业组织架构对合伙人之间的权利与义务关系有着重要的影响，在制定合伙人协议之前，投资者的首要任务是研究各种企业组织架构方案，并从中选择出最能满足自身需求的企业组织架构。

① 李永清. 论初创企业股权设计研究［J］. 法制与社会，2018（29）：62-63.
② 郑指梁，吕永丰. 合伙人制度［J］. 当代电力文化，2019（3）：88.

一、典型的有限合伙企业组织架构

典型的有限合伙企业架构直接由有限合伙人（LP）和普通合伙人（GP）组成，合伙人人数为 2~50 人，有限合伙人作为投资者持有企业的绝大部分财产份额，根据法律规定不得执行合伙事务，以认缴的出资额为限承担有限责任，普通合伙人为企业的经营者，出资比例一般不超过 3%，对企业债务承担无限连带责任。其企业组织架构如图 9-1 所示。

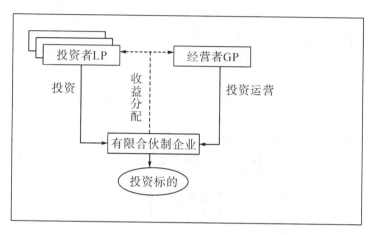

图 9-1　典型的有限合伙企业组织架构

其特点为：

◇ 普通合伙人以自身资产和信用对合伙企业债务承担无限责任，出现商业道德风险的概率低；

◇ 有限合伙人不能参与企业经营（否则将突破有限责任），易产生投资信心不足的问题；

◇ 内部机构简单，运营成本低；

◇ 普通合伙人的决策缺乏监督；

◇ 合伙人人数不能超过 50 人。

在这个制度架构下，由于普通合伙人需对合伙企业的债务承担无限连带责任，从而使企业治理实践中常见的经营者道德风险问题一定程度上得以避免或者降低，这有利于增强作为投资人的有限合伙人的信心，但同时，普通合伙人享有充分的经营决策权，这种架构下企业的发展将完全取决于普通合伙人的能力，有限合伙人难以形成对普通合伙人运营决策的事前监管。

简单的有限合伙企业架构显然难以满足复杂的现实需要，作为投资人的有限合伙人与作为经营者的普通合伙人虽然在合作共赢上的追求是一致的，但在具体需求上的考虑却是不同的。有限合伙人所重视的是投资资金的安全、有限的经营风险、项目素质、投资收益、投资人话语权等；而普通合伙人则更看重的是有限合伙人的资金投入、经营话语权等，要求对方给予无条件的信任是不切实际的，一个能够打消各方顾虑，可以被各方认可的企业组织架构至关重要。

（一）经营者主导型 A 组织架构

这是一种有利于经营者的企业组织架构设计，具体见图9-2。相对于典型的组织架构方案，实际控制企业运营的经营者本身不作为 GP，而由所控制的基金管理公司担任，这有两方面的优势：

其一，基金管理公司作为 GP，合伙企业的经营管理、投资决策等将更为专业；

其二，经营者通过基金管理公司运营合伙企业在事实上享受了 GP 的权能，但又无须直接承担 GP 应负的无限连带责任，经营者自身的商业风险大大降低。相反，从有限合伙人 LP 的角度看，虽然合伙企业在基金管理公司的运作下更为专业，但经营者不需要承担无限连带责任从而导致经营者的商业道德风险代价降低。此外，在这种架构下，有限合伙人难以形成对普通合伙人运营决策的事实监管，这可能会导致投资者信心不足。

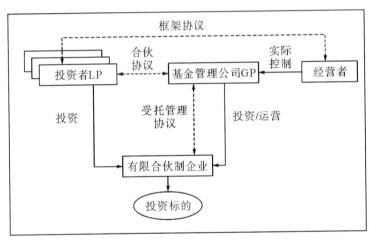

图 9-2　经营者主导型 A 组织架构

（二）经营者主导型 B 组织架构

相较于上一种企业架构，这是一种更倾向于经营者的企业架构方案，具体见图9-3。它由经营者控股或实际控制的项目公司作为 GP，再由基金管理公司受托行使普通合伙人管理权限，在这种架构下，不仅经营者无须作为普通合伙人对合伙企业债务承担连带责任，基金管理公司也从中脱离出来。对于有限合伙人而言，由于经营者所承担的责任进一步减少，合伙企业出现商业道德风险的概率更大。此外，在这种架构下，有限合伙人仍然难以形成对普通合伙人运营决策的监管。

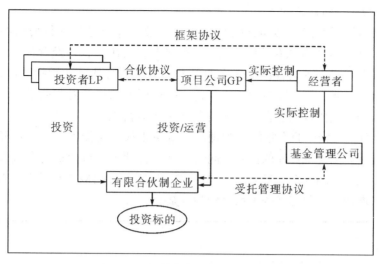

图 9-3　经营者主导型 B 组织架构

（三）投资者主导型组织架构

这是一种倾向于有限合伙人利益的企业架构，具体见图 9-4。现行合伙企业法没有禁止投资者的关联公司成为普通合伙人，基于此，有限合伙人在自身作为 LP 的同时，可将其控股或实际控制的项目公司作为 GP 加入合伙企业参与经营管理活动，形成双 GP 运营架构。在这种架构下，投资者一方面可以享有有限责任的法律保护，另一方面可通过项目公司形成对合伙企业事实上的经营管理与投资决策权。在这种架构下，可以消除投资人对于资金安全和决策风险的顾虑，有利于投资人的资金投入，但是从经营者的角度而言，其独立的经营管理与投资决策控制权将被要求共同行使。

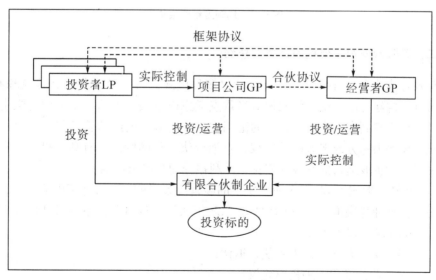

图 9-4　投资者主导型组织架构

293

（四）均衡型组织架构

在均衡型组织架构（具体见图9-5）中，投资者通过其项目公司的加入作为GP，在事实上形成了合伙企业的共同经营管理与投资决策；在经营者方面，由项目公司代替经营者成为普通合伙人从而使经营者无须对合伙企业承担无限连带责任；为了解决合伙企业决策效率与专业化问题，由投资人和经营者共同组建基金管理公司以受托管理方式代替执行合伙人负责合伙企业运营工作。在这种架构下，既能满足LP形成对合伙企业的实际经营管理与投资决策权，又能解决GP在经营决策权受限之下对于无限连带责任的担心，同时以基金管理公司行使执行合伙人权限的方式解决了合伙企业的效率与专业性问题。该架构涉及的主体/机构较多，合伙企业的运营成本将增加，权利与义务关系也较为复杂。

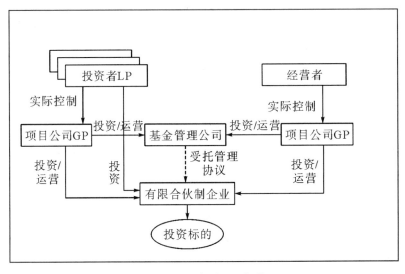

图9-5　均衡型组织架构

二、有限合伙组织架构设计要素总结

有限合伙的企业组织架构可以设计出多种模式，每种模式各有其特点和利弊。总体而言，构建有限合伙组织架构应当重点考虑以下四个方面：①利用有限责任制度将投资风险控制在一个可以控制的范围内；②所采取的经营管理与投资决策机制应能充分反映出一方或多方的话语权，打消合伙伙伴的疑虑，有利于投资，有利于经营决策；③企业运营的有效性安排；④利益分配与退出机制。

多GP模式形成了LP对企业事实上的经营决策影响力。在单GP条件下，合伙企业的经营管理与决策权限由GP享有，LP不执行合伙事务，不得对外代表有限合伙企业，除非基于以下事项：

（1）参与决定普通合伙人入伙、退伙；

（2）对企业的经营管理提出建议；

（3）参与选择承办有限合伙企业审计业务的会计师事务所；

（4）获取经审计的有限合伙企业财务会计报告；

（5）对涉及自身利益的情况，查阅有限合伙企业财务会计账簿等财务资料；

（6）在有限合伙企业中的利益受到侵害时，向有责任的合伙人主张权利或者提起诉讼；

（7）执行事务合伙人怠于行使权利时，督促其行使权利或者为了本企业的利益以自己的名义提起诉讼；

（8）依法为本企业提供担保。第三人有理由相信有限合伙人为普通合伙人并与其交易的，该有限合伙人对该笔交易承担与普通合伙人同样的责任。有限合伙人未经授权以有限合伙企业名义与他人进行交易，给有限合伙企业或者其他合伙人造成损失的，该有限合伙人应当承担赔偿责任。解决途径是多 GP 模式（注：有些地区注册双 GP 可能会有障碍），多 GP 模式下有限合伙人通过其实际控制的合伙主体成为一方普通合伙人，共同组成执行合伙人会议，通过民主程序决定合伙企业的所有重大经营工作，以间接的方式形成了 LP 对企业的经营决策影响力①。

项目公司可以规避经营主体所面临的无限连带责任风险。为了规避普通合伙人的无限连带责任问题，可以通过成立项目公司作为 GP 予以化解，项目公司将在实际控制人与合伙企业之间形成一道屏障，阻止合伙企业的债务蔓延到实际控制人。项目公司除了可以用来阻止实际控制人的风险外，也可化解资产管理公司作为 GP 时所面临的无限连带责任风险。

资产管理公司可以有效解决合伙企业的运营问题。合伙企业作为一个投资平台具有天然的优势，但是作为一个经营平台则存在一定的局限性，其内部机构由合伙人协商设置，内部机构之间的权限、义务等均采取约定方式形成，此外，投资性质的合伙企业通常存续时间较短，一般随着投资计划的完成，劳动关系等问题不易处理，通过基金管理公司作为 GP 或受托管理的方式可以很好地处理好这个问题：一方面，基金管理公司的股东（大）会、董事会、监事会是实践中行之有效的企业运营机制，对于有关权利与义务，法律均有明确的规定，实践中不容易产生争议；另一方面，基金管理公司是长期存续的经营主体，人员结构稳定，专业积累与投资决策比合伙企业更有优势。

普通合伙人只对负债承担无限连带责任，不对亏损承担无限连带责任。

《中华人民共和国合伙企业法》第二条第三款规定："有限合伙企业由普通合伙人和有限合伙人组成，普通合伙人对合伙企业债务承担无限连带责任，有限合伙人以其认缴的出资额为限对合伙企业债务承担责任。"

合伙企业"先分后税"，不是合伙企业"不交税"。

《中华人民共和国合伙企业法》第六条规定："合伙企业的生产经营所得和其他所得，按照国家有关税收规定，由合伙人分别缴纳所得税。"这是关于合伙企业"先分后税"的依据，很多人据此认为合伙企业层面"不交税"，这也是一种误读。正确的理解是：所得税，在合伙企业层面不缴纳，由合伙人分别缴纳；流转税，如增值税，在合伙企业层面仍应依法缴纳。也就是说，"先分后税"的说法，限于所

---

①　中华人民共和国合伙企业法［EB/OL］．http://www.npc.gov.cn/npc/c2/c183/c198/201905/t20190522_25951.html.

得税领域。应是"合伙目的""合伙经营范围",而不是合伙企业目的、合伙企业经营范围。《中华人民共和国合伙企业法》第十八条规定:"合伙协议应当载明下列事项:(一)合伙企业的名称和主要经营场所的地点;(二)合伙目的和合伙经营范围……"所以,合伙协议中准确的用语应该是"合伙目的""合伙经营范围",而不是"合伙企业目的""合伙企业经营范围"①。这是一个小小的文字表述的差别,无伤大雅,但关键时刻,可以从细节上体现专业性。

合伙企业法未规定合伙人会议,而是授权合伙人按照合伙协议享有权利、履行义务。合伙协议经常会约定合伙人会议及其职权。但实际上,合伙企业法并未规定合伙人会议这样的权力机构,更没有对这类机构的职权做规定,而只是授权合伙人按合伙协议享有权利并履行义务。《中华人民共和国合伙企业法》第十九条规定:"合伙协议经全体合伙人签名、盖章后生效。合伙人按照合伙协议享有权利,履行义务。"当然,这并不排斥合伙协议约定组建合伙人会议这一机构,也不禁止为合伙人会议设定职权。只是合伙企业法不做强制性规定,而是充分"放手"、授权。它给我们的启示是:合伙人会议是合伙人创设的权力机构,其职权也是合伙人创设生成的。只要不违法,自由就属于合伙人。

有限合伙可以有两个及两个以上的普通合伙人。

《中华人民共和国合伙企业法》第六十一条规定:"有限合伙企业由二个以上五十个以下合伙人设立;但是,法律另有规定的除外。有限合伙企业至少应当有一个普通合伙人。"这里面说的是至少有一个普通合伙人,意味着两个或两个以上的合伙人均是可以的。

有限合伙可以有两个及两个以上的执行事务合伙人。

《中华人民共和国合伙企业法》第六十七条规定:"有限合伙企业由普通合伙人执行合伙事务。"此处仅要求执行事务合伙人必须是普通合伙人,并未限制执行事务合伙人人数。第二十七条规定:"依照本法第二十六条第二款规定委托一个或者数个合伙人执行合伙事务的,其他合伙人不再执行合伙事务。"据此,合伙企业可以有一个或数个合伙人执行合伙事务。再结合第六十一条的规定,有限合伙可以有两个及两个以上的普通合伙人,当普通合伙人为多人时,执行事务合伙人也可以为多人。

有限合伙可以有两个及两个以上的执行事务合伙人委派代表。

《中华人民共和国合伙企业法》第二十六条规定:"按照合伙协议的约定或者经全体合伙人决定,可以委托一个或者数个合伙人对外代表合伙企业,执行合伙事务。作为合伙人的法人、其他组织执行合伙事务的,由其委派的代表执行。"

委派代表由执行事务合伙人委派,代表执行事务合伙人执行合伙事务;当执行事务合伙人是两个及两个以上时,委派代表可以是两个或两个以上。

有限合伙可以有条件地将全部利润分配给部分合伙人。

《中华人民共和国合伙企业法》第六十九条规定:"有限合伙企业不得将全部利润分配给部分合伙人;但是,合伙协议另有约定的除外。"这意味着,合伙协议约

---

① 中华人民共和国合伙企业法[EB/OL]. http://www.npc.gov.cn/npc/c2/c183/c198/201905/t20190522_25951.html.

定将全部利润分配给部分合伙人是合法的。

有限合伙不得约定由部分合伙人承担全部亏损。这是一个比较隐晦的规定。

《中华人民共和国合伙企业法》第三十三条（普通合伙企业部分）规定："合伙协议不得约定将全部利润分配给部分合伙人或者由部分合伙人承担全部亏损。"第六十九条（有限合伙企业部分）又规定："有限合伙企业不得将全部利润分配给部分合伙人；但是，合伙协议另有约定的除外。"①

《中华人民共和国合伙企业法》第六十条对法条适用做了规定，即"有限合伙企业及其合伙人适用本章规定；本章未做规定的，适用本法第二章第一节至第五节关于普通合伙企业及其合伙人的规定。"将几点结合，结论是：合伙协议不得约定将全部利润分配给部分合伙人或者由部分合伙人承担全部亏损；但是，在有限合伙中，合伙协议可以约定将全部利润分配给部分合伙人。

但是，在有限合伙中，并未允许合伙协议约定由部分合伙人承担全部亏损。所以，通盘分析，在有限合伙企业中，不得由部分合伙人承担全部亏损。

在有限合伙中，LP 转让合伙份额，其他合伙人无法定优先购买权。

在普通合伙企业中，合伙人转让合伙份额，其他合伙人有优先购买权，但合伙协议可以排除该项权利。对此，《中华人民共和国合伙企业法》第二十三条规定："合伙人向合伙人以外的人转让其在合伙企业中的财产份额的，在同等条件下，其他合伙人有优先购买权；但是，合伙协议另有约定的除外。"

在有限合伙中，有限合伙人转让合伙份额，其他合伙人无法定优先购买权，但合伙协议可以做出此类约定。对此，《中华人民共和国合伙企业法》第七十三条规定："有限合伙人可以按照合伙协议的约定向合伙人以外的人转让其在有限合伙企业中的财产份额，但应当提前三十日通知其他合伙人。"

需要说明的是，此处还是存在争议的，有人认为第七十三条并没有说其他合伙人没有优先购买权，而只是强调可以"按合伙协议的约定"对外转让；无特殊规定时，应适用第二十三条的规定，认为其他合伙人有优先购买权。

法院强制执行合伙企业财产份额时，其他合伙人有同等条件下的优先购买权。

《中华人民共和国合伙企业法》第七十四条规定："有限合伙人的自有财产不足以清偿其与合伙企业无关的债务的，该合伙人可以以其从有限合伙企业中分取的收益用于清偿；债权人也可以依法请求人民法院强制执行该合伙人在有限合伙企业中的财产份额用于清偿。人民法院强制执行有限合伙人的财产份额时，应当通知全体合伙人。在同等条件下，其他合伙人有优先购买权。"

合伙协议经签署即生效，市场监督管理局登记不是合伙协议的生效要件。

《中华人民共和国合伙企业法》第十九条规定："合伙协议经全体合伙人签名、盖章后生效。合伙人按照合伙协议享有权利、履行义务。修改或者补充合伙协议，

297

---

① 中华人民共和国合伙企业法［EB/OL］. http://www.npc.gov.cn/npc/c2/c183/c198/201905/t20190522_25951.html.

应当经全体合伙人一致同意；但是，合伙协议另有约定的除外。"①

新合伙人的加入，自修改合伙协议之日生效；工商变更登记不是生效要件。

《中华人民共和国合伙企业法》第二十四条规定："合伙人以外的人依法受让合伙人在合伙企业中的财产份额的，经修改合伙协议即成为合伙企业的合伙人，依照本法和修改后的合伙协议享有权利、履行义务。"

合伙企业也可以破产。

《中华人民共和国合伙企业法》第九十二条规定："合伙企业不能清偿到期债务的，债权人可以依法向人民法院提出破产清算申请，也可以要求普通合伙人清偿。合伙企业依法被宣告破产的，普通合伙人对合伙企业债务仍应承担无限连带责任。"

合伙企业没有像公司一样的"减资"程序。

公司需要减少注册资本时，必须编制资产负债表及财产清单。公司应当自做出减少注册资本决议之日起十日内通知债权人，并于三十日内在报纸上公告。

合伙企业减资时，没有这么严格的程序规定。《中华人民共和国合伙企业法》第三十四条规定："合伙人按照合伙协议的约定或者经全体合伙人决定，可以增加或者减少对合伙企业的出资。"

创业顾问

阿里巴巴的合伙人制度②

自 2013 年以来，人们在谈及合伙人制度时，几乎一定会提到阿里巴巴。这不仅是因为阿里巴巴是过去十几年间崛起的具有世界级声誉和影响力的公司，更是因为其合伙人制度的独特性：作为公司小股东的合伙人，却拥有绝对的公司发展控制权。让我们来详细了解一下阿里巴巴的合伙人制度的两大核心内容。

一、全员持股计划

阿里巴巴在公司成立之初便推行了全员持股计划。这里所说的"全员持股"，并不是指进入到公司的所有员工都持有公司的股份，而是指针对公司全体员工的持股计划。具体是指，那些满足一定条件的阿里巴巴员工，均有资格持有一定数量或比例的阿里巴巴股份，不具备相应条件的员工虽然暂时不能持有公司的股份，但未来也有希望持有。总之，阿里巴巴的员工持股计划是针对所有员工而展开的。有资料显示，截至 2014 年 9 月 19 日阿里巴巴在纽约证券交易所上市之前，阿里巴巴的股权结构为：日本软银持有 34.4%，美国雅虎持有 22.6%，马云和蔡崇信共持有 12.5%，其余股份为关联公司和阿里巴巴的员工所持有。其中，阿里巴巴员工持有比例为 3% 左右。别小看了这 3% 左右的员工持股，其市值可是高达 20 多亿美元啊。我们曾与阿里巴巴的前高管关先生做过三年的间接同事。据我们了解，关先生在任职阿里巴巴期间，曾获得阿里巴巴网络公司 0.5% 左右的股份，后来不断被稀释，

① 中华人民共和国合伙企业法［EB/OL］. http://www.npc.gov.cn/npc/c2/c183/c198/201905/t20190522_25951.html.

② 搜狐网.【深层解析】阿里巴巴的合伙人制度［EB/OL］. https://www.sohu.com/a/253399757_783510.

到 2010 年 8 月 19 日，关先生实际持有已在香港联合交易所上市的阿里巴巴网络公司 0.18% 的股份。2010 年 8 月 19 日当天，关先生将其所持股份减持到 0.15%，减持总数共计 120 万股，套现 2 000 万元。可以这么说，让员工从公司的发展中获得红利，是阿里巴巴合伙人制度的核心内容和思想前提。

二、完善的与全员持股配套的管理政策

员工持股只是阿里巴巴合伙人制容易让人看见的侧面，人们往往忽略了与员工持股计划相配套的那些十分关键的内容，包括：公司的事业梦想与业务逻辑，公司选拔和任用人才的标准，公司考核和奖罚人才的标准，公司的文化准则和人才培养体系。正是这些与管理相关内容的存在与不断完善，才使得阿里巴巴的员工股权激励计划得以顺利地落地和基本有效。

三、完善的合伙人制度设计

（1）合伙人的资格要求

合伙人必须在阿里巴巴服务满 5 年；

合伙人必须持有公司股份，且有限售要求；

由在任合伙人向合伙人委员会提名推荐，并由合伙人委员会审核同意其参加选举；

在一人一票的基础上，超过 75% 的合伙人投票同意其加入，合伙人的选举和罢免无须经过股东大会审议或通过。

此外，成为合伙人还要符合两个弹性标准：对公司发展有积极贡献；高度认同公司文化，愿意为公司使命、愿景和价值观竭尽全力。

（2）合伙人的提名权和任命权

合伙人拥有提名董事的权利；

合伙人提名的董事占董事会人数一半以上，因任何原因董事会成员中由合伙人提名或任命的董事不足半数时，合伙人有权任命额外的董事以确保其半数以上董事控制权；

如果股东不同意选举合伙人提名的董事，合伙人可以任命新的临时董事，直至下一年度股东大会召开；

如果董事因任何原因离职，合伙人有权任命临时董事以填补空缺，直至下一年度股东大会召开。

（3）合伙人的奖金分配权

阿里巴巴每年会向包括公司合伙人在内的公司管理层发放奖金。其在招股书中强调，该奖金属于税前列支事项。这意味着，合伙人的奖金分配权将区别于股东分红权。股东分红是从税后利润中予以分配，而合伙人的奖金分配将作为管理费用处理。

（4）合伙人委员会的构成和职权

合伙人委员会共 5 名委员，负责审核新合伙人的提名并安排其选举事宜；推荐并提名董事人选；将薪酬委员会分配给合伙人的年度现金红利分配给非执行职务的合伙人。

299

委员会委员实施差额选举，任期3年，可连选连任。合伙人委员会是阿里巴巴合伙人架构中最核心的部门，把握着合伙人的审核及选举事宜。

永辉超市合伙人制度形成历程①

一、超市员工怠工原因

激烈的市场竞争让零售企业更多地关注如何获取外部客户，既包括维系老顾客，又包含吸引新的客户。但是过度的竞争却也让企业忘了它的"内部客户"，也就是员工，尤其是一线员工。

尽管内部客户给企业带来的是"间接受益"，但他们对消费者的购买、购买行为有着不小的影响。如果非要按照数据来折算的话，那么内部员工的意义是，他们到底是让80%客户能多买一点，还是让80%客户少买一点。

可问题在于，直接提升一线员工收入的情况也是不现实的：

（1）单纯增加员工薪资，就会增加企业成本负担，影响超市盈利；

（2）加多少合适？加多了老板不愿意，加少了激励性弱，效果短暂。

比如永辉超市在全国有6万多名员工，假如每人每月增加100元的收入，永辉一年就要多付出7 200多万元的薪水——大概10%的净利润。

况且，100元对于员工的激励是极小的，效果更是短暂，总不能每隔几个月就全员提薪100元吧？

为此，既为了增加员工的薪酬，也为了节约成本（果蔬的损耗）以及提升运营收入（吸引更多消费者的购买），所以永辉超市在执行副总裁柴敏刚的指挥下开始了运营机制的革命，即对一线员工实行"合伙人制"。

二、永辉采用的合伙人制度

最早的合伙人诞生于10世纪前后的意大利、英国等国。当时海上贸易很赚钱，有人说，"我想做这事，但我不懂航海，我可以出钱"；另有人说，"我懂航海，但我钱不多，我可以出力"。于是，两者展开了合作，利润各半，自然而然地就逐步形成了资源互补前提下的利益共同体，即合伙人制度。

现在，基本上可以认为市面上流行着三种合伙人模式：

（1）合伙人就是名义股东（股份），也有的将实际股东称为合伙人，这只是名称上的转变。

（2）由于公司治理结构的需要，注册有限合伙企业作为持股平台，在合伙企业中有两种角色，一种是普通合伙人（GP，公司创办人或控制人），一种是有限合伙人（LP，投资人）。这里的LP都是投资人，没有决策权和代表权，参与分享投资收益（收益权）。

（3）以打造团队经营者为核心的增值合伙人（OP）。OP出钱又出力、做增量价值、分享增值收益。

永辉采用的即是OP合伙人模式：不承担企业风险，但担当经营责任；根据价

① 张诗信，王学敏. 合伙人制度顶层设计［J］. 企业管理，2018（12）：4.

值进行多次利益分配；灵活退出、晋级制度；通常与法律风险无关；关注团队与个人的价值贡献；注重自身价值、人脉、资源。

三、永辉合伙人制度细节

永辉在品类、柜台、部门达到基础设定的毛利额或利润额后，由企业和员工进行收益分成。

其中，对于一些店铺（主要是精品店），甚至可能出现无基础消费额的要求。"在分成比例方面，都是可以沟通、讨论的，在我们的实施过程中，五五开、四六开，甚至三七开都有过。"

这样一来，员工会发现自己的收入和品类或部门、科目、柜台等的收入是挂钩的，只有自己提供更出色的服务，才能得到更多的回报，因此合伙制对于员工来说就是一种在收入方面的"开源"。

另外，鉴于不少员工组和企业的协定是利润或毛利分成，那么员工还会注意尽量避免不必要的成本浪费。以果蔬为例，员工至少在码放时就会轻拿轻放，并注意保鲜程序，这样一来，节省的成本就是所谓的"节流"。这也就解释了在国内整个果蔬部门损耗率超过30%的情况下，永辉超市只有不到5%损耗率的原因。

在合伙制条件下，永辉的放权还不止这些，对于部门、柜台、品类等的人员招聘、解雇都是由员工组的所有成员决定的——你当然可以招聘10名员工，但是所有的收益大家是共同分享的。

这也就避免了有人无事可干，也有人被累死的情况。最终，这一切都将永辉的一线员工绑在了一起，大家是一个共同的团体，而不是一个个单独的个体，极大地降低了企业的管理成本不说，员工的流失率也有了显著的降低。

四、OP合伙人收益分配

（1）合伙人获得收益的方式：

出钱→投资：保底收益、投资收益、投资份数、预设价值；

出力→贡献：增值分配、价值衡量、二次分配、贡献价值。

（2）合伙人收益规则：

第一部分：贡献收益60%；

第二部分：投资收益30%；

第三部分：二次分配10%。

将管理层区分类型、层次，设定对应的预设价值分，以倍数确立基础资格分。

▲价值分层

以贡献价值作为分配依据，若实际增量值为利润250万元，每份实际可得分红5 000元，每份平均分红率 = 83.33%。在实际分配时，以价值分为依据。

例如，第一轮合伙人的总分值为400分，总经理个人的价值分为90分，而人事经理的价值分为13分。

总经理实际分红 = 750 000/400×90 = 168 750 元；

个人收益率 = 168 750/（18×6 000）= 156.25%；

人事经理实际分红 = 750 000/400×13 = 24 375 元；

个人收益率 = 16 250/（6×6 000）= 67.71%。

设定特别加分项、扣分项，必须属于公共分值，对企业发展具有重大意义，以强化对合伙人的价值挖掘及相关约束。

五、中途有合伙人退出或进入的规定

按协议规定退回合伙金，给予利息补偿；考虑新的合伙人加入给予补充；无论是退出合伙人的份数，还是预留未分配出去的份数，其收益最终归公司所有；中途新进入的合伙人，根据加入时间核算个人合伙分红。

六、永辉合伙人的显著成果

在 2014 中国版财富 500 强榜单中，零售企业共有 31 家，其中永辉超市以营业收入 305.43 亿元领衔超市业态。

数据显示，永辉超市在这一榜单中的排名一直在大踏步前进，从 2012 年的 224 名，到 2013 年的 197 名，2014 年已经是第 176 名，其营业收入增长率超过 20%，利润率也从 2013 年的 2% 提升到 2014 年的 2.3%，在整个超市行业净利率不足 1% 的困局之下，永辉超市的利润率几乎可以领跑整个行业。

这种在业界看来很不可思议的增长是和永辉超市的创新计划分不开的，而这些创新也不仅仅是其对待消费者的方式，更体现在永辉超市对"内部客户"的激励机制和满足。事实上这才是永辉超市高速发展的关键原因。

永辉超市合伙人制度的成功，具有很强的代表性。

思考题：

1. 为什么永辉超市选择采取增值合伙人模式？
2. 永辉超市合伙人制度的核心内容和思想是什么？
3. 永辉超市的合伙人分红机制是什么？
4. 永辉超市合伙人退出机制的优缺点是什么？
5. 永辉超市合伙人制度为何如此成功？
6. 永辉超市合伙人制度有哪些地方可以改进？

延伸阅读

激励提升了奋斗者德行，提高了奋斗者综合素养[①]

想要成就一番大事业，需要企业家极高的视野和分享精神。要求他人共同创造财富容易，要求自己与他人共同分享财富难。前者是想革别人的命，后者是自我革命。任正非几十年如一日，从华为创立伊始就设置了员工持股制度，不断与员工分享股权。股权比例虽然是越来越小，但是团结起来的员工却越来越多，与员工一起集体奋斗，集体分享，方有今日之成果。如果当年不分股权出去的话，华为又会怎样呢？任正非的回答是："当年如果不分股份给大家，我们可能就是一个小公司，干一干就散了，又重新去干一个行业。"正是这种"股散人聚"的机制，使得华为

---

① 叶城洋. 共同富裕，华为奋斗者股权激励的 5 个 "启发" [EB/OL].http://www.chnstone.com.cn/index.html.

众志成城，面对美国的高压仍可以保持队伍保持军心，并且笑称"这不是华为的至暗时刻"。

"没有伤痕累累，哪来的皮糙肉厚？自古英雄多磨难。"华为一路走来，多次经历危机。团结在一起的奋斗者，在2004年华为被摩托罗拉拒绝收购的关键时刻，做出了负重前行，坚定走下去的重大决策；在2020年华为被美国打压时，已经内部退休离开工作岗位的人纷纷申请回来，不需要工资参加工作，视对抗美国无理打压为一辈子难得一遇的重大战役，一生的骄傲！可见，富起来的华为人，不仅富了口袋，更富了脑袋。

实现共同富裕是一个物质积累的过程，也是一个精神丰实的过程，两者相辅相成，缺一不可。共同富裕，就是要"富口袋"和"富脑袋"，既要"仓廪实衣食足"，实现物质生活水平的提高，也要"知礼节明荣辱"，实现精神文化生活丰富，最终是人的全面发展和社会全面进步。

华为的发展与其奋斗者股权激励密不可分。华为30多年的股权激励实践经验，有五大方案、九大运行机制，有不断的物质回报，也有远大梦想的不断指引，值得学习、研究和借鉴之处是太多太多了。

案例

温氏股份员工股权激励计划解读①

1936年，温北英出生于广东省新兴县簕竹镇石头冲村。20岁那年，温北英考上了肇庆师范学校，毕业后他被分配到四会县小学当老师。但后来由于一些特殊原因，温北英被学校辞退，回到了老家。而这也成了他人生的重要转折点。

1983年，他和儿子组织了村里8户家庭，共同筹集了8 000元成立了簕竹畜牧公司。凭借扎实的养鸡技术，公司很快就实现了盈利。1986年，簕竹鸡场产值连翻数倍达到36万元，也是在这一年，合作模式终于有了突破。当地农户何凤林因为经营砖窑生意失败，想赊购一些鸡苗自养。温北英考虑到他技术薄弱，养鸡风险较大，于是免费提供了鸡苗，还捎带辅以饲料、药物和技术服务，最后还帮忙出售了肉鸡。没想到何凤林经营得越来越好，吸引了周边更多农户过来赊购鸡苗。随着业务范围的扩大，温北英开始更周到地为村民提供鸡苗、饲料、药物、专业技术、成品鸡销售的"一条龙"服务。凭借这种模式，温北英的公司逐渐发展壮大，营业收入从1986年的30多万元飙升到了1987年的100多万元，到1988年，更是突破了200万元。

1989年，肉鸡市场疲软，温北英采取了保价回收的方式，让养殖户旱涝保收。"靠谱"的温氏口碑一下子就传开了，越来越多的农户加入进来。1994年，温氏集团开始向全国各地扩张，温北英却因肺癌晚期去世了。

温鹏程开始带领公司在华东、华中、西南市场布局，复制"公司+农户"模式，

---

① 深圳证券信息有限公司. 温氏食品集团股份有限公司第四期限制性股票激励计划［EB/OL］. http://static.cninfo.com.cn/finalpage/2023-02-17/1215888139. PDF.

带领温氏集团进入发展快车道。1995年，考虑到在当时的市场行情下养猪的利润比养鸡高，他开始向生猪行业扩张。

1997年，他开始将"公司+农户"的模式复制到肉猪养殖领域，然而养鸡的模式在养猪行业根本走不通。

第一批种猪投放后，养殖户能力有限，根本没办法让猪的"自繁自养"良性循环起来。经过一两年时间的探索，温鹏程开始推行投放肉猪苗给养殖户育肥的模式。养殖中温氏提供饲料、防疫药品、免费技术指导，并保证170~190元/头猪的收益。

自此，养猪模式基本成型，并在此后逐渐成为公司的营业收入主力。2016年，温氏股份肉猪的销售额已经超过销售总额的65%。当年，温氏集团实现上市肉猪1713万头、肉鸡8.19亿只，总销售收入594亿元，成为行业中当之无愧的巨无霸。

2018年1月，温氏股份披露公司上市以来首份激励计划。这份计划的激励对象包括公司高管、核心业务人员在内，共2559名员工，拟授予股份数量超过1亿股。具体来看，此次计划拟授予不超过10035万股的限制性股票，占公司股本总额的1.92%。授予价格：13.17元/股，为公司1月16日收盘价26.97元/股的48.83%。

2019年，温氏股份披露第二次限制性股票激励计划。激励方式：限制性股票；授予对象：涵盖了公司基层、中高层干部和核心技术（业务）骨干人员。授予数量：本激励计划拟向2822人授予不超过12097万股的限制性股票，占当前公司股本总额的2.28%；其中，首次授予11597万股，预留500万股，作为未来补充人才、持续吸引人才的支撑，从而凝聚优秀人才，实现大众创业，为实现"百年温氏"打下新的基础。公告显示，股票来源为向激励对象定向发行股票。授予价格：17.42元/股。

2021年，温氏股份披露第三次限制性股票激励计划。激励对象共计3388人，本次第二类限制性股票拟归属数量：10786.5099万股，占目前公司总股本的1.70%，本次第二类限制性股票归属价格（调整后）：9.06元/股。

2023年，温氏股份披露第四次限制性股票激励计划。本次限制性股票激励计划拟向激励对象授予约1.85亿股，其中首次授予不超过4076名激励对象，合计约1.76亿股；员工持股计划拟授予20人，合计不超过1139万股。首次授予部分限制性股票的授予价格为10.15元/股。

人才是企业发展的基石，温氏的全员持股模式，增强了企业对人才的吸引力。温氏的造富奇迹，在当地一直是个传奇。2015年11月2日，温氏股份通过吸收合并大华农的方式完成创业板上市，成为创业板第一股，6800多名员工身价飙升，有48人成为亿万富翁，上千人成为千万富翁。

问题讨论

1. 相较于雇佣制，合伙人制度有哪些优点？
2. 合伙人制度可能有哪些弊端，应当如何避免？
3. 在合伙人制度设计中需要注意哪些方面？
4. 在你熟悉的企业中，哪些企业适合采用合伙人制度？哪些不适合？为什么？

5. 选择一家你认为适合采用合伙人制度的企业，为其设计合适可行的合伙人制度方案。

本章参考文献

[1] 郑指梁，吕永丰. 合伙人制度 [J]. 当代电力文化，2019 (3)：88.

[2] 黄秋玉，罗世美，李阳. 浅谈房企的项目跟投制度 [J]. 经贸实践，2018 (18)：63-65.

[3] 于莹. 企业如何改善与员工的关系，调节内部矛盾 [J]. 劳动保障世界，2016 (27)：3.

[4] 杨筱卿. 裂变式创业，不让组织"失控" [J]. 中外管理，2016 (4)：126-127.

[5] 段清泉. 经济结构调整期企业去杠杆化路径研究 [J]. 现代工业经济和信息化，2015，5 (23)：8-10.

[6] 中华人民共和国司法部. 中华人民共和国公司法（2018 年修正）[EB/OL]. http://lawdb. cncourt. org/show. php？ fid = 151664&key =% B9% AB% CB% BE% B7%A8.

[7] 中国政府网. 国家税务总局关于简并增值税征收率政策的通知（财税〔2014〕57 号）[EB/OL]. https://www. chinatax. gov. cn/chinatax/n810341/n810765/n812141/201406/c1078631/content.html.

[8] 中国政府网. 中华人民共和国企业所得税法实施条例（国务院令第 512 号）[EB/OL].https://www.gov.cn/flfg/2007-12/11/content_830723. htm.

[9] 国家税务总局. 中华人民共和国印花税暂行条例（2011 年修订本）[EB/OL].https://www.gov.cn/gongbao/content/2011/content_1860821. htm.

[10] 国家税务总局. 关于土地增值税一些具体问题规定的通知（财税字〔1995〕第 48 号）[EB/OL].https://guangdong. chinatax. gov. cn/gdsw/zjfg/2011-02/23/content_88c27550755f421188fd5fe8ec9679b9. shtml.。

[11] 国家税务总局. 中华人民共和国契税暂行条例细则（财法字〔1997〕52 号）[EB/OL]. https://shenzhen. chinatax. gov. cn/sztax/zcwj/zcfgk/zjzcfgk/qszj/199710/c73f8eef054eb0499e08463084f69067. shtml.

[12] 林新奇，权贵杰. 合伙人制度研究综述 [J]. 现代管理科学，2018 (11)：123-130.

[13] 闻贡源. 企业亏损战略原理及其案例解读 [J]. 企业改革与管理，2017 (1)：5-6.

[14] 万敏. 纯粹型控股公司股权价值评估 [J]. 三峡大学学报（人文社会科学版），2005 (6)：80-84.

[15] 李永清. 论初创企业股权设计研究 [J]. 法制与社会，2018 (29)：62-63.

[16] 张诗信，王学敏. 合伙人制度顶层设计 [J]. 企业管理，2018 (12)：4.

[17] 中国政府网. 公司注册资本登记管理规定（工商总局令第 64 号）[EB/OL].https://www.gov.cn/zhengce/2014-03/03/content_2627034. htm.

305

［18］同花顺财经网. 君实生物发行 735 万股换股吸收合并众合医药［EB/OL］. https://xinsanban.10jqka.com.cn/20151221/c586580173. shtml.

［19］严政. 金通灵控股股东倡议员工买股 承诺兜底亏损［EB/OL］. https://finance.eastmoney.com/a/20150907545036279. html.

［20］马秀萍. 基于中小投资者权益保护的上市公司现金股利政策探析［D］. 南昌：江西财经大学，2010.

［21］人民网 IT. 阿里巴巴披露合伙人退休制度［EB/OL］. http://it.people.com.cn/n1/2016/0823/c1009-28658490. html.

［22］李永清. 论初创企业股权设计研究［J］. 法制与社会，2018（29）：62-63.

［23］中国人大网. 中华人民共和国合伙企业法［EB/OL］. http://www.npc.gov.cn/npc/c2/c183/c198/201905/t20190522_25951. html.

［24］搜狐网.【深层解析】阿里巴巴的合伙人制度［EB/OL］. https://www.sohu.com/a/253399757_783510.